U0142961

邱皓政 —— 著

潛在異質性分析
潛在結構模式與進階應用

Analysis of Latent heterogeneity:
Latent Structural Modeling and Beyond

五南圖書出版公司 印行

序

　　這本書原本有一個比較白話的書名，跟「看不見」有關，一方面是想找個柔軟的名詞來調和一下這本書的內容的硬，但其實是想表達我長年以來在心理、教育、管理領域遊走的特別興趣：用統計方法去看到那些看不見的「東西」。那些「東西」就在那裡，摸不著、看不透，但卻真真實實的存在，影響了我們的心情、左右我們的行動；可能讓我們廢寢忘食的瘋狂追求、最後平步青雲、功成名就；也會讓我們盲目跟從、無可救藥的犯下相同的錯誤、總是做了自己知道不該做的事……

　　聽起來很玄？不，其實都有學問。在行銷學中，這些現象可能被稱為「衝動性購買者」；在組織行為教科書，你會被歸類為「魅力型領袖人物」；心理學家傾心研究「愛情」有哪幾種；教育學者努力找出學生為何老是學不會的「學習障礙」是哪一類；在醫學裡，有許多看得到類似症狀卻無法找到根本病因的毛病，即使進行 DNA 基因定序研究也未必能夠找到答案……。這種種概念或現象，如果要給一個名詞來統稱也行，就叫做看不見的「特質」（trait）或「構念」（construct）；用統計的術語來說，就是看不見的「潛在變數」（latent variable）。用來評估人類心理「特質」或「構念」狀態的學問稱為「心理計量學」（psychometrics），拿來估計潛在變數強弱高低的方法則稱為「潛在變數模式」（latent variable modeling）。他們的共同點都是在關心「看不見」（unobserved）的東西，都是深奧的專門學問。「看不見」一詞或許說來柔軟輕盈，實則是學者們心中或研究工作當中不易承受之輕。

　　從博士班的學習開始，我努力學習打造一把抽象的「尺」，去度量這些看不見的東西，例如編製一套測驗去評量「創造力」，安排一場面談去評估應徵者的「領導才能」，要學的是因素分析、項目反應理論、或大家現在常講的「結構方程模式」（structural equation modeling）；現在的我，則是好奇真的是要用一把尺去度量嗎？還是要以歸納分類方法去找出物以類聚的「群」？如此一來，就要用到這本書所介紹的潛在類別分析、潛在剖面分析、潛在轉移分析，或者總的來說，就是有限混合模式（finite mixture modeling）。還不只是尺或群的爭議而已，只是分「群」或量「尺」，都可能不足以來看見那些看不見的東西，因為可能是

群中帶尺，也可能是尺中帶群，更可能隨時間而發生轉移變化。在第一章，我們就會帶入「群尺光譜」（dimensional–categorical spectrum）的議題，第二章則是從中學所教的「機率」談起，一步一步在第三、四、五、六章邁向「看不見」的分類世界，到了第七章走入縱貫資料的時光隧道當中，第八章則是加油添醋的導入前因後果進行輔助變數分析，其實一路走來我自己的心情就像端著萬花筒看見花花世界，搜尋了大量的經典與當代文獻走了一趟大觀園，繞回原點來寫序時，真有《賈島》那種《只在此山中、雲深不知處》的心境，時而是採藥師傅，也是松下童子。

這本書，原來是一本 2008 年舊書《潛在類別分析》的改版，當年因為好奇、因為想完成潛在變數模型的知識拼圖缺口，而開始研究 LCA，15 年後的今天，LCA 的基本模型雖然沒變，機率模型照舊，但是應用發展則是開枝散葉，運算效能越來越提升，技術發展太快。所以改版改不了，只好重新寫，寫了 300 頁仍然寫不完，只好割捨一些留待下一冊，或讓有心人來寫，例如認知診斷模型，或是最新的貝氏金字塔，只在最後一章結語中簡單交代。

如同我的其他著作的成書過程，這本有點生硬而冷僻的專書能夠完稿付梓，真要感謝身邊的學生友人，像是已經等不及出版而在台南大學教育系開了這門課的曾明基教授，從開始動筆到落筆，都有他的參與協助與討論，更是義務協助校對，即使小小的公式符號都逃不過他的法眼而獲得更正，如果還沒有改到，就是他的法眼仍有「看不到」的地方。另外就是長年協助我出版事務的林碧芳教授，除了直接在寫作與出版工作上的具體協助，更要感謝，如果不是多年前的一場「看得到」還是「看不到」的異質性辯論，以及後續的合作論文發表，這本書不會出現在各位的眼前。

序言裡講了一些「看不見」或許是為了趣味幽默，或是引導話題，不一定需要被看到，但書裡各章當中關於「看不見」的統計數理知識與技術則是真心希望能被看到，希望讀者真能在這本書裡看到些什麼、更能做出東西，一起採藥、一起看到知識的趣味，看到引領進步的未來。過程中如果有心得分享或有訛誤指正，真心歡迎。

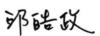

於台師大管院

2023/4

目　錄

1 異質性分析概說

Introduction to heterogeneity analysis

1.1 前言：異質的世界

　　人類社會充滿歧異，有著男男女女、三教九流各種人物，社會現象五花八門、形形色色，如同萬花筒的繽紛世界，一方面說明了人類生活的多彩多姿，但也可能讓我們不明就裡、陷入刻板印象，造成錯誤的歸因與行動。

　　例如我們走進圖書館，看到座位區坐滿了人，你可能第一直覺是考期將近所以學生們來苦讀，但是仔細一看，裡面有老有少、或坐或趴、多在獨自專心閱讀，但也有眉來眼去、竊竊私語者，此時你還會認為他們都是來準備考試的學生嗎？還有其他的可能類型？如果你是控制人流的館員，你要如何因應呢？

　　又或者在人滿為患的醫院候診室，你會聽到咳嗽聲此起彼落，搗頭發燒比比皆是，還有人不時地拿著面紙擤鼻涕，他們都是染了什麼病呢？即使是同一種病，病毒株都相同嗎？沒有症狀的人就都沒事嗎，但是為什麼手中拿著兩條線的快篩試劑呢？醫生從問診、把脈、量體溫就可以得知他們怎麼了嗎？還是要靠 PCR 檢測或血液檢查才可以確定病毒類型？很現實的問題是，當下醫生要開什麼藥，要不要把病人隔離？對於病情類型的診斷與處理，如何做才是最好、最正確的呢？

　　類似的場景實在不勝枚舉，共同的問題都是：我們要如何去辨識我們所觀察到的外顯事物背後「真實存在」的類別屬性與差異呢？圖書館裡埋頭用功的是同一類人，聊天談戀愛的是另一類人；發燒頭痛流鼻水是 A 型流感，如果伴隨嗅覺味覺異常就可能是 covid-19。以更學術的用語來說，在某一個或某些屬性具有相同狀態的人們是同一個族群，具有同質性（homogeneity），相對來說，不屬於同一個族群的人則具有異質性（heterogeneity）。有時候異質性（或同質性）很容易被看到，但更多時候無法直接觀察快速辨識：圖書館員或許可以從過卡資料判定入館的人是誰，但無從得知他們的目的是要來讀書、借書、消遣、戀愛或借廁所；醫生靠他們的專業知識、訓練與經驗來問診或許可以猜到病因，但最後還是要靠生化檢驗。那麼學術工作者呢？市場調查專家呢？他們有沒有什麼特別的方法或工具呢？

　　本書所介紹的統計方法，就是特別用來探討「看不見」的異質性，本書稱之為潛在異質性（latent heterogeneity），如果說這些統計模型是科學家的秘密武器、獨門暗器，實不為過，因為這些方法與技術不會出現在一般的教室課堂，不常在

學術研討會上被討論，更不會拿來作為國考試題。但是對於潛在異質性的辨識與估計真的有一套獨特學理，在理論與實務上都有具體的貢獻與作用，值得深入探究學習。

1.2 異質性的意義

1.2.1 異質性的字源

雖然人們經常把異質、同質掛在嘴邊，但「異質性」一詞是非常專業的學術用語，更有統計上的專門定義。就其字意而言，異質性包含著差異（difference）、變異（variety）與多樣（diversity）等多重意義，所相對的概念是相同（similarity）、不變（invariance）、均一（uniformity）等意涵，綜合起來就是「同質性」。換言之，異質乃相對於同質而言，反之亦然，兩詞源自於古希臘語的 ὁμογενής（homogenēs）與 ἐτερογενής（heterogenēs），字首當中的 homos 與 heteros 即為「相同」與「不同」，字根則為 genos，亦即「種」，白話來說就是個體或事物。

在牛津字典中，異質性定義為「事物的特性與內容所具有的不同性質或狀態」（the quality or state of being diverse in character or content），劍橋字典的定義則是指「事物的組成部分彼此間具有差異的事實」（the fact of consisting of parts or things that are very different from each other）。更具體來說，如果事物具有異質性，表示其不同的組成元素或部分特徵（例如色彩、形狀、大小、重量、高度、溫度、分布、質地、徵狀、架構、設計……等）有所不同或有不同的狀態。也就是說，決定事物是否異質（或同質）的因素是事物本身的屬性或元素，可能是單一因素，也可能是多重因素。決定因素的多寡，將影響異質性的複雜度。

1.2.2 統計學中的異質性

社會與行為科學關心各種人類行為與社會現象，涉及某一議題的全體樣本集合或研究者所欲推論的對象稱之為母體（population）。例如教育研究者探討大學入學方式與學生學習狀況的關係，此時全體大學生即為母體；管理學者分析

不同部門的員工工作態度與績效表現，此時性質類似的企業組織員工即為母體；運動分析師探討美國職籃 NBA 球員的球場表現，所有第一線的 NBA 球員即為母體。

雖然母體當中的每一個體具有共同特徵才得以視為母體的一部分，但個體之間並非完全相同，而可能在某些面向具有集體性的差異，亦即存在著**次母體**（subpopulation），其成員是由一群同質性個體組合，不同次母體之間所存在的差異稱為**母體異質性**（population heterogeneity）。次母體可能可以直接觀察辨識區分（例如不同入學管道的大學生、不同部門的員工、不同位置的 NBA 球員），但也可能難以辨識（例如具有不同學術性向的學生、具有管理與領導能力的員工）。換言之，母體異質性可能是外顯、可觀察的異質性（observed heterogeneity），稱為**外顯異質性**（manifest heterogeneity），也可能是隱性、不可觀察的異質性（unobserved heterogeneity），稱為**潛在異質性**（latent heterogeneity）（Jedidi et al., 1997; Heckman, 2001; Lubke & Muthén, 2005），兩者雖然本質與概念相似，但是在實務操作與研究分析上卻有截然不同的研究方法論。

由於母體的外顯異質性可以直接測量與觀察，因此從統計的角度來看，外顯異質性是由一個明確且先驗存在的分組變數造成觀察資料的變化，藉由統計分析得知異質母體存在的狀態。換言之，外顯異質性的界定是一個事前、先驗的程序（Becker et al., 2013），而帶有異質性的次母體則可視為不同的**組別**（group），例如實驗研究當中的實驗組與對照組、調查研究當中不同的人口學變數（例如性別、年齡層）、時間序列研究（panel study）中的不同波次與時點等。此時用來描述次母體的差異的變數是一個可觀察的**外顯類別變數**（observed manifest categorical variable）。

在不涉及時間變化的橫斷面分析中，外顯異質性所涉及的統計方法為**多樣本分析**（multiple-group analysis）（Lubke & Muthén, 2005），包括傳統的統計分析方法或複雜的多變量分析。例如不同族群是否在某個變數的平均數具有明顯差異，可利用雙樣本差異的 *t*-test 或變異數分析（ANOVA）；次數分配的異質性可用卡方檢定來分析列聯表細格中的機率變化；迴歸分析所關注的調節效果，則是在檢視迴歸係數的異質性（條件化效果）。如果資料涉及縱貫性的追蹤測量，那麼外顯異質性的效果則可利用帶有重複量數因子的變異數分析來進行分類比較；在時間序列分析當中，也可以納入類別共變項來進行落後效果或平均數移動的差異檢驗，這些多屬於傳統統計教材或多變量分析的內容。

如果異質性無法直接觀察，就必須使用特殊的統計模式來估計。從統計的觀點來看，異質性的分群辨識與受測者的分類是一個事後（post hoc）的分類學分析（taxometric analysis）（Becker et al., 2013），以潛在變數模型的測量模型（measurement model）中的潛在類別變數（latent categorical variable）來描述異質性的狀態，分類後的潛在異質性次母體則以潛在類別（latent class）稱之（Lubke & Muthén, 2005, p.22），如果是在重複測量的潛在轉移分析，異質母體在不同時點下的估計則稱之為潛在狀態（latent status），這些名詞將在本書所沿用。

1.3 異質性的分析策略

異質性分析的核心概念是以個人中心（person-centered），將受測者區分為不同的顯性組別（外顯異質分群）或潛在類別（潛在異質分群），關注不同族群之間所存在的差異；相對之下，如果將觀察資料視為單一同質母體的隨機樣本而不去討論群體差異的統計分析則稱為變數中心（variable-centered）的分析模式，例如相關與迴歸、因素分析等等（Morin, Meyer, Creusier, & Biétry, 2016; Wang & Hanges, 2011）。兩種策略雖然並不衝突而可以融合，但個人中心的分析取向以分群為先，變數關係的討論為後；變數中心的分析取向則是著重於變數關係的討論，受測者的分組狀況被以模型當中的某一個變數來看待。

在最近的組織研究方法的一份特刊中，Woo, Jebb, Tay, & Parrigon（2018）把個人中心取向的分析方法明確定義成「對個體的分群而非變數」"clustering of people as opposed to variables"（p.816），主張個體中心分析可以與分群（clustering）一詞交互使用，並將分群的分析策略區分成算術取向（algorithmic approaches）與潛在變數取向（latent-variable approaches）兩類，前者是指基於幾何演算原理所發展出來的集群分析（cluster analysis），後者則涉及本書所關心的潛在變數分群模式，例如潛在類別分析與潛在剖面分析等。廣義來說，這兩種分群取向都可以視為潛在異質性的探究策略。但基於本書對於潛在變數模型的關注，對於傳統上在多變量統計所介紹的集群分析、K-mean 法不予介紹，有興趣的讀者請自行參閱相關書籍。

值得注意的是，雖然「以個體為中心」的分析取向強調母體當中所存在的異質性，重視受測者的分群與分類，但並不排斥「以變數為中心」的分析觀點，甚

至有朝向整合的發展趨勢,例如近年來文獻中所討論的多階段輔助模式分析,或是結合貝氏估計的潛在結構分析,都是將「個體中心」與「變數中心」的分析方法加以結合的進階模型,本書將在後續的章節中介紹。

1.3.1 外顯異質性的分析策略

外顯異質性的分析,主要是透過一個外顯類別變數,亦即分組變數(grouping variable),將受測者區分成不同組別後,以自變數(independent variable; IV)的角色來檢驗不同族群的受測者在某一或某些變數上的差異,或是討論變數之間所存在的族群差異或效果,例如學生學習或消費者購物行為的性別差異比較、實驗研究的實驗操作效果分析。分組變數也可能是被影響的依變數(dependent variable; DV),作為其他變數的影響結果。

表 1.1 異質母體分析的常見方法

分析方法	分析內容
外顯異質性	
平均差異檢定 analysis of mean difference	平均數的差異分析
列聯表分析 contingency table analysis	次數分配異質性分析
對數線性模式 log-linear modeling	多重次數分配異質性分析
(多變量)變異數分析 (M)ANOVA	平均數結構的變異分析
區別分析 discriminant analysis	異質性的預測分析
羅吉斯迴歸 logistic regression	異質性的預測分析
潛在異質性	
潛在類別分析 latent class analysis	次數分配的潛在異質性
潛在剖面分析 latent profile analysis	平均數結構的潛在異質性
潛在轉移分析 latent transition analysis	潛在類別的隨時變動
混合迴歸分析 mixture regression analysis	迴歸參數的潛在異質性
因素混合模式 factor mixture modeling	因素模式的潛在異質性
成長混合模式 growth mixture modeling	變動軌跡的潛在類別分析

　　由於外顯類別變數最明顯的特徵就是不同的組別，因此所進行的分析皆可稱為多樣本分析。分組變數指定異質團體的存在，而異質性必須反映在某個或某些變數（依變數），或能被某個或某些變數解釋（自變數）。當自、依變數的型態不同或數量不同時，分析方法就有所不同，如表 1.1 所示。

　　如果被影響的變數為單一外顯類別變數，可使用卡方檢定來進行該類別變數（作為依變數）所存在的次數分配如何受到分組變數（作為自變數）影響的異質性分析，稱為列聯表分析（contingency table analysis）；如果被影響的外顯類別變數不只一個，則可使用對數線性模式（log-linear modeling），分析多維次數分配如何受到分組變數影響的外顯異質性分析。

　　如果被影響的變數為單一連續變數，分組變數為二分變數，可利用 *t*-test 檢定兩個母體平均數差異，若分組變數的組數超過兩組，則可進行平均數差異的變異數分析（analysis of variance; ANOVA）。如果被影響的連續變數超過一個，則可進行多變量變異數分析（multivariate analysis of variance; MANOVA）。

　　前面幾種分析是將外顯類別變數作為形成異質性的來源（自變數），如果逆轉角色，將外顯類別變數所存在的異質母體作為被決定的結果，則可利用區別分析（discriminant analysis）或羅吉斯迴歸／次序迴歸（logistic or ordered polychromous regression）來進行組別預測分析。這些統計方法在一般的統計教科書或多變量分析方法都會介紹，但不會特別強調是關於異質性的探究，有興趣的讀者可以自行參閱相關統計專書（例如邱皓政，2019、2021）。

　　值得注意的是，如果被外顯類別變數所影響的依變數是潛在變數，或是影響外顯類別變數的自變數是潛在變數，例如利用探索性因素分析（exploratory factor analysis）所得到的因素得分、驗證性因素分析（confirmatory factor analysis）的測量模型、項目反應理論（item response theory）所得到的潛在特質分數等等，這些分析當中的潛在變數都是連續型態，如果模型當中納入了外顯類別變數，可進行帶有平均數結構的分析、參數的多樣本分析，甚至討論試題差異功能（differential item function; DIF）、測量恆等性（measurement invariance）等等，由於分類變數本身可直接觀察而非估計所得，因此這些分析仍可被視為外顯異質性的分析（Lubke & Muthén, 2005）。關於這些方法的討論，屬於這些潛在變數模式的進階應用，可在潛在變數模式的相關專書中得到（例如邱皓政，2011；余民寧，2006，2009），本書不特別加以討論。但是如果潛在變數是類別型態，就屬於本書所討論的潛在異質性的探討範圍。

1.3.2 潛在異質性的分析策略

本書所關注的異質性分析為潛在的母體異質性，而探討潛在異質性的主要統計原理是有限混合模式（finite mixture model）（Everitt & Hand, 1981; McLachlan & Peel, 2000）。其中「有限」一詞是指一群同質個體所形成的有限數量異質次母體，次母體的外顯觀察資料是「混合」在一個樣本空間當中，藉由統計模式當中的參數來估計觀察資料的異質狀態，藉以降低異質群體內的亂度，得到最大的群體間差異性，即可辨識潛在異質性。

有限混合模式起初是應用於生物統計的動物分群（Agresti, 1994; Norris & Pollock, 1996），逐漸延伸到潛在變數模式（Arminger et al., 1999; Dolan & van der Maas, 1998; Jedidi et al., 1997）。事實上，早在六十年代，研究者即已經注意資料背後的結構不一定是連續空間而是離散變數，提出潛在結構分析的概念來進行潛在類別的估計（Goodman, 1974; Lazarsfeld, 1950; Lazarsfeld & Henry, 1968），進而與潛在變數模式結合成為混合模式（mixture modeling）。

1.3.2.1 潛在變數分析的基本形式

由於潛在異質性由潛在類別反映，因此必須透過潛在變數模式來估計潛在類別的狀態。基本上，潛在變數模式中的潛在變數（latent variable）是利用一組觀察變數（observed variable）來估計。定義觀察變數與潛在變數的模型稱為測量模型（measurement model）。假設今天以 J 個觀察變數 $y=(y_1,\ldots\ldots,y_J)$ 來估計一個潛在變數 η，測量模型如圖 1.1 所示。

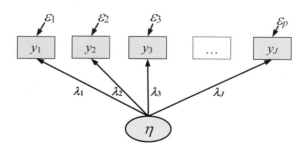

圖 1.1 共同因素模式的概念圖示

　　如果觀察變數 Y 與潛在變數都是連續變數，圖 1.1 稱為共同因素模式（common factor model），η 稱為因素（factor），$\lambda_1,...,\lambda_J$ 稱為因素負荷量（factor loading），此一測量模型稱為因素分析（factor analysis），模型定義如下：

$$Y = v + \Lambda \eta + \varepsilon \tag{1-1}$$

　　如果觀察變數為考題型態的二分變數或等級變數，但潛在變數仍為連續變數，測量模型可用來進行受測者能力高低的潛在特質分析（latent trait analysis）（Heinen, 1996; Lord, Novick, & Birnbaum, 1968），常用於教育考試測驗題目的分析，因此又稱為項目反應理論（item response theory; IRT）。由於共同因素模式或 IRT 當中的潛在變數都是連續尺度，潛在變數僅是一種程度強弱高低的反映，而非類型上的差異，因此潛在變數的數值空間非有限類別的狀態差異。

1.3.2.2 潛在結構分析

　　如果將潛在變數設定為類別變數（以 C 表示），表示模型中帶有潛在異質性的估計，當觀察變數 Y 為類別變數時，此一測量模型的分析稱為潛在類別分析（latent class analysis; LCA）；如果觀察變數 Y 為連續變數，稱為潛在剖面分析（latent profile analysis; LPA）。Lazarsfeld 與 Henry（1968）的專書《潛在結構分析》（latent structure analysis; LSA）同時介紹這兩種技術，且以 LCA 為主軸，因此後人多以 LCA 來統稱潛在變數為類別變數的分析方法，而以 LPA 為延伸應用模式。基本上，LCA 與 LPA 雖然觀察變數性質不同，但結構上兩者有相同的測量模型，如圖 1.2 所示。

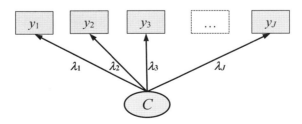

圖 1.2 潛在類別模式的概念圖示

　　LCA 的觀察變數 Y 是類別變數，與潛在類別變數 C 的 K 個水準構成二維的列聯表，列聯表的細格次數分配的變化係受到 C 的影響，因此以 $C{\rightarrow}Y$ 表示影響方向，但 Y 並不帶有殘差項，構成 C 與 Y 關係的λ係數性質為條件機率而非迴歸係數；如果是 Y 為連續變數的 LPA，C 對 Y 的影響關係即為變異數分析。

　　在 LCA 中，觀察變數 Y 為類別變數，其機率質量函數如下：

$$P(Y) = \sum_{k=1}^{K} \pi_k P(y|C = k) \tag{1-2}$$

　　在 LPA 中，觀察變數 Y 是連續型態的機率密度函數：

$$f(Y) = \sum_{k=1}^{K} \pi_k \left[f(y)|(C = k) \right] \tag{1-3}$$

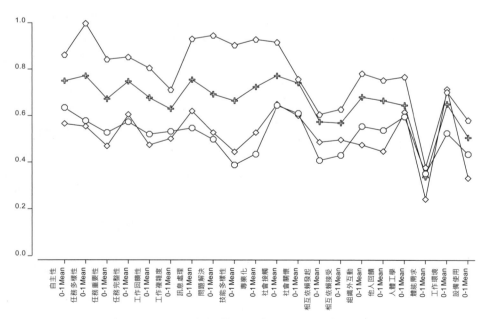

圖 1.3　工作特徵量表的潛在剖面分析圖示
（取自邱皓政、周怡君、林碧芳，2010，p.166）

表 1.2 四種基本的潛在變數模式

潛在變數	觀察變數	
	類別	連續
連續	潛在特質分析 Latent Trait Analysis	因素分析 Factor Analysis
類別	潛在類別分析 Latent Class Analysis	潛在剖面分析 Latent Profile Analysis

(1-2)與(1-3)兩式中最特別的參數是 π_k，反映異質母體的規模，這是典型因素分析或 IRT 所沒有的參數，而異質性則由潛在變數 C 的各水準下的參數來反映：LCA 為各潛在類別下的觀察變數 Y 的條件機率，LPA 則為各潛在類別下的 Y 的組平均數與變異數。例如邱皓政、周怡君、林碧芳（2010）的工作特徵分析研究，投入的觀察變數是 20 個量表分數（連續變數），因此各潛在類別是不同的測量剖面（profile），因而被稱之為「潛在剖面」分析，如圖 1.3 所示。有關 LCA 與 LPA 的統計原理，我們將在第 3 章與第 6 章介紹。

綜合前述的討論，可以整理出四種關於潛在變數估計的基本模型（表 1.2）：以「類別」觀察變數來估計「連續」潛在變數的潛在特質分析；以「連續」觀察變數來估計「連續」潛在變數的因素分析；以「類別」觀察變數來估計「類別」潛在變數的潛在類別分析；以「連續」觀察變數來估計「類別」潛在變數的潛在剖面分析。後面兩者的共同點是帶有類別屬性的潛在變數，能夠估計潛在異質性，是有限混合模式一種特例，統稱為潛在結構分析（LSA），是本書所關心的焦點。

值得注意的是，由於潛在變數可以是類別型態，也可以是連續尺度，兩種形式的潛在變數當然也可能存在於同一個模型當中，例如測量模型中設定了共同因素之後，進一步探討共同因素所可能存在的異質性，稱為因素混合分析（factor mixture analysis; FMA）（Dolan & van der Maas, 1998; McLachlan & Peel, 2000; Muthén, 2008; Lubke & Neale, 2006; Yung, 1997）。基本上，FMA 是更廣義的潛在類別分析，因為潛在異質性不僅可能是觀察變數背後的異質母體，也可能是另一個潛在變數的因素分數的異質性，存在於因素本身的平均水準，或是測量模型當中的各類參數，因而又有混合因素分析（mixture factor analysis）的區別，有興趣的讀者可以參考相關的專書（例如 Hancock & Samuelson, 2008）。

1.4 潛在變數的混合與群尺光譜

自從潛在異質性的概念被納入潛在變數模式之後，許多統計模式紛紛出現。如果將連續變數視為度量向度（dimension）上的一把「量尺」，類別變數所關心的是事物背後類別屬性（categorical）的「分群」，如此可將各種模式以群尺光譜（dimensional–categorical spectrum; DCS）的概念來加以串連（Masyn et al., 2010）。

對於 J 個觀察變數 y_1 至 y_J 若受到一個共同因素（η）的影響，光譜處於圖 1.4 的左側極端，此時為因素分析（FA）或潛在特質分析（LTA），估計得到的連續性潛在變數 η 的高低可用來度量個別差異的強弱，就像一把度量強度的「尺」，尺的單位通常是 z 分數或 logit 分數，分數的「刻度」在圖例中是以常態曲線或柱狀下方的橫線來表現。

η 假設呈常態分配 $N(0,\Psi)$，Ψ 是變異數共變數矩陣（variance/covariance matrix），反映度量結果的變異範圍，又稱為隨機效果（random effect）。在圖例中，η 的下方留有一個單箭頭，表示潛在變數必須估計的隨機效果，有其基本假設必須維繫，因此是一種參數分析（parametric analysis）。但如果在估計當中基於模型簡潔或其他考量而令應該存在的隨機效果為 0，即使模型中帶有連續潛在變數，只是藉由 η 作為一把「尺」去度量受測者強度差異，而非以參數形式來估計 η 的內涵，因此稱為非參數因素分析（non-parametric FA）。

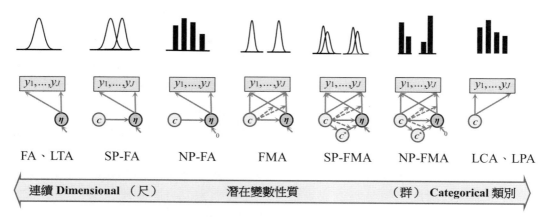

圖 1.4 潛在變數模式的群尺光譜與圖例

相對之下，測量變數 Y 若受到一個潛在類別變數 C 的影響，則光譜處於圖 1.4 的另一個極端，類別潛在變數的作用就是把受測者歸入不同且唯一的異質「群」體，而不是測量程度高低強弱，因此稱為分「群」。每一個個體都會被完全分類窮盡，除了各潛在類別機率和限定為 1.00 之外，潛在變數本身並沒有被附加其他的假設，因此是一種非參數分類（non-parametric classification）。

很明顯的，光譜的兩極端都是純粹的獨立因素「度量」或單一分類系統的「分群」，因此混合程度為 0。隨著往光譜的中間移動，共同因素與潛在類別同時並存，混合程度升高。其中因素混合分析（FMA）是光譜當中混合程度最高的模型，其他分析都可以視為是 FMA 的一種特例（Maysn et al., 2010）。

圖 1.4 當中的 FMA 圖例顯示，以常態分配呈現的因素分數被潛在類別分割而成為兩個分離的常態分配，虛線箭頭表示各因素的負荷量可能存在差異，導致不同潛在類別下雖有共同因素，但因素得分的量尺具有不同的度量基礎（尺中帶群）。

在光譜當中的其他四種混合分析也同時存有潛在特質與共同因素，所不同的是對部分參數的假設與限定條件的差異。例如半參數與非參數因素分析之下的共同因素異質性僅發生在因素分數，因素負荷限制為強恆等（strict factorial invariance）（Meredith, 1993）來確保因素結構的同質性，估計時先得到共同因素再估計異質性，因此雖然所有的參數都是在同一個模型當中估計，但是在概念上是先有「尺」再分「群」，潛在類別的異質性成分較為微弱。

相對之下，半參數與非參數因素混合分析則著重於異質群體的辨識，其思考邏輯是先從觀察變數當中區分異質群體，進一步在「群」中藉由共同因素量尺來估計異質性，共同因素的功能僅用來定位「潛在類別」中的「潛在類別」的位置，因此概念上來說是先有「群」再用「尺」來度量。非參數分析是將共同因素的變異數設為 0，因此不同異質群體在共同因素量尺上的得分將成為單一數值（各潛在類別估計平均），共同因素的機率分配不再使用機率密度函數的曲線變化，而是一種機率質量函數（probability mass function），也就是圖 1.4 當中長方形柱狀的機率多寡。

由前述的光譜介紹可以得知，潛在變數的分析模式非常多元，而異質性的議題則屬於光譜的一端。礙於篇幅，本書作為潛在異質性的緒論性專書，將對光譜極端的 LCA 與 LPA 進行原理性的介紹與分析方法的示範，進一步擴展到縱貫資料的潛在轉移分析（LTA），以及帶有輔助變數的延伸應用，至於其他方法則有待本書的進階版本來加以介紹討論。

1.5 分析軟體

目前坊間有多種軟體可以進行潛在結構分析，例如整合性最強的 Mplus，專門為潛在結構分析設計的 LatentGold，能夠結合大量統計分析工具的 SAS 等等，免費軟體 R 也有多種套件，以下僅對比較常用的幾種軟體加以介紹。

■Mplus http://www.statmodel.com/

進行潛在結構分析發展最快、功能最完整的軟體是由 Muthén 教授與其團隊成員所發展的 Mplus（Muthén & Muthén, 1998-2019），目前已經發展到第 8.9 版。事實上，潛在結構分析只是 Mplus 當中的一個子模型，Mplus 可以用來處理傳統迴歸分析與因素分析、路徑分析、結構方程模式、項目反應理論、多層次模式、成長模式等，幾乎涵蓋了當代所有重要的高等統計技術。從第六版之後所增加的貝氏估計，解決諸多估計問題，大幅擴展各類模型的應用效率，普遍獲得學界的重視（參見邱皓政，2020）。

Mplus 的潛在結構分析是利用混合模式分析（Analysis: Mixture）所屬的設定方式來進行，除了一般性的潛在變數模型的結果輸出，並有多種技術指令可以提供各式專用報表。Mplus 的操作主要是透過程式指令，但是語法內容還算簡單易學。除了提供圖表功能，也有學生版提供學習與教學用途，但限制是六個測量變數與兩個自變數。

本書選用 Mplus 作為示範的主要軟體，最重要的原因是軟體開發者不精進軟體、提升分析效率與功能，Muthén 教授本身雖然已經從 UCLA 退休，但仍持續帶領專業團隊成員發表學術論文，提供創新技術，在引領諸多高階技術的概念發展之餘，也將分析指令即時納入軟體新增功能，提供其他研究者運用。例如輔助模式分析當中的各種最新發展的多階段分析策略，Mplus 都能提供對應的分析程序，甚至提供簡潔指令來簡化操作，減少使用者的負擔，相關的技術細節與操作原理都詳細列載於 Mplus Web Notes: No. 15 與 No. 21，並不斷更新。以 No. 21 為例，該份文件於 2014 年第一次提出，歷經多次改版，目前已經是第 11 版（Asparouhov & Muthén, 2021）。

然而 Mplus 的優點也成為其缺點之一，亦即因為 Mplus 集合 SEM、MLM、LGM、IRT 等高階模型於一身，各類設定變化多端，轉寫語法與分析除錯需要

相當深入的學習與經驗累積才能上手。而軟體設計者為了顧及使用者的便利性與簡化統計學理的複雜性，通常會以預設方式來簡化一些複雜語法的內容或模式設定，反而失去彈性，也讓使用者不容易掌握 Mplus 的演算原理。

關於 Mplus 的操作使用方式與語法撰寫要領可參見本書最後的附錄 A。

■LatentGOLD http://www.statisticalinnovations.com/

LatentGOLD 可以說是潛在結構分析的專用軟體，開發者即是此一方法的主要學者荷蘭蒂爾堡大學（Tilburg university）Jeroen K. Vermunt 教授與 Statistical Innovations, Inc.創辦人 Dr. Jay Magidson，兩人著有多篇關於潛在類別分析的經典論文，並從 1999 年開始發展 LatentGOLD，至今已經是第六版（Vermunt & Magidson, 2021），大幅提升分析功能與演算效能。在 LatentGOLD 出現之前，Vermunt（1997）曾經發展 LEM 軟體，後來則由 LatentGOLD 取代，最近的改版不僅納入 Bakk 與 Kuha（2018）及 Vermunt（2010）所提出的多階段輔助變數分析策略，提供多種概似比檢定方法（例如 LMR、BLRT），擴充多層次模式應用，並導入潛在馬卡夫模型（hidden Markov model）來分析潛在類別的動態變化。也提出潛在類別樹（LC tree）來解決模型選擇問題。

LatentGOLD 使用圖形介面進行程序控制，具有良好的繪圖與資料整理能力，基本的功能包含潛在類別聚類分析（LC Cluster models）、多因素模型（DFactor models）與潛在類別迴歸分析（LC Regression models），此外還包涵了高階的統計功能與模型設定，例如貝氏常數（Bayes constants）、二維殘差分析（bivariate residuals, BVR）、自動多重初始值（auto starting values）、多層次模型（multilevel LC model）等功能，報表中也提供了標準誤估計量。雖然 LatentGOLD 也有學生版軟體提供學生學習與教學之用，但是學生版軟體僅能使用軟體所附掛的範例，無法執行研究者自己的資料庫。若加掛進階模組則可處理連續潛在變數、多層次分析、複雜取樣分析、項目反應理論（IRT）分析等。

■SAS PROC LCA、LTA、TRAJ

同樣是由潛在類別分析的主要學者所主導，在統計軟體 SAS 可利用 PROC LCA 與 PROC LTA 進行潛在類別分析與潛在轉移分析（前身是 WINLTA 軟體），這兩個模組是由賓州州立大學的方法學中心（The Methodology Center）所開發，

由 Linda M. Collins、Stephanie T. Lanza 等學者所主導，目前版本為 1.3.2 版，相容於視窗環境的 SAS9.1 以上環境，https://www.latentclassanalysis.com/software/proc-lca-proc-lta/。如果是縱貫型態的類別變動軌跡分析則有匹茲堡大學的 Bobby L. Jones 與卡內基馬隆大學的 Daniel S. Nagin 所發展的 PROC TRAJ（Jones, Nagin, & Roeder, 2001）模組可資運用 https://www.andrew.cmu.edu/user/bjones/index.htm。

如同 Mplus 與 LatneGOLD 軟體，PROC LCA 與 LTA 模組也提供了多階段輔助變數分析程序，以及 LMR、BLRT 等概似比檢定方法，具有資料加權的功能，同時也提供多樣本分析，因此能夠進行測量恆等性的評估。由於 SAS 處理資料的能力相當強大，需要相對應的硬體環境與語法編寫經驗來操作 SAS 軟體，如果熟悉 SAS 操作的使用者，可以利用這些專用模組進行所需要的分析。

■R 套件與其他軟體

基於開源軟體的開放性，R 有多種可以執行潛在結構分析與混合模式的套件，例如 LCMM（Proust-Lima, Philipps, Liquet, 2017）、OpenMX（Boker et al., 2018; Neale et al., 2016）、Flexmix（Leisch, 2004）、Mclust（Scrucca et al., 2016）、Mixtools（Benaglia, Chauveau, Hunter, & Young, 2009）。這些套件主要是由資料科學或工程應用的專業技術人員基於實務需要或技術開發興趣所編寫，相關的討論多出現在網路社群中，較少被學術論文所引用，因此雖然有使用上的彈性、便利與免付費的優點，若是要在學術領域發表成果，可能需要詳細說明軟體的技術條件與操作程序，以利評估分析結果的適切性。

前面所介紹的軟體多數都隨著技術發展不斷更新，因此持續出現在文獻當中，其他一些較為早期發展的軟體則逐漸被取代或忽略。例如 1977 年由賓州州立大學 Clifford Clogg 教授所發展的在 DOS 環境下的 MLLSA（Maximum Likelihood Latent Structure Analysis）；荷蘭中央統計局的 Humphreys et al.（1994）等研究人員所發展的 PANMARK（Panel Analysis Using Markov Chains）；John Uebersax（1999）則提出以 FORTRAN 語言為基礎的 LLCA（Located Latent Class Analysis）；WINMIRA 2001 軟體由 Matthias von Davier（2001）發展，可以用來分析潛在類別分析，以及單參數的 IRT 模型（Rasch models）與混合模型（Rasch mixture models）。LCAP 則由華盛頓醫學大學的 Rosalind Neuman（1999）所自行發展的類似於 MLLSA 的潛在類別分析分析軟體。

進一步閱讀文獻

如果要深入瞭解個人取向的分析方法與思路，以及各種研究落實的形式，可參考 Woo, S. E., Jebb, A. T., Tay, L., & Parrigon, S. (2018). Putting the "Person" in the Center: Review and Synthesis of Person-Centered Approaches and Methods in Organizational Science. *Organizational Research Methods, 21*(4), 814–845. https://doi.org/10.1177/1094428117752467

關於群尺議題的討論，下列文章整合了一系列有關的統計模型與分析方法，涵蓋層面廣泛：Masyn, K. E., Henderson, C. E., & Greenbaum, P. E. (2010), Exploring the latent structures of psychological constructs in social development using the dimensional-categorical Spectrum. *Social Development, 19*(3), 470-493. https://doi/org/10.1111/j.1467-9507.2009.00573.x.

2 類別資料的機率運算

Foundation of Probability

　　要瞭解潛在結構分析，首先必須對於類別變數的特徵與機率運算方法有所瞭解，然後才能就其如何處理潛在變數的萃取與分析進行進一步的探討。類別變數與連續變數最大的不同在於變數的數值是間斷的數值，每一個數值代表不同的屬性或類別，每一個類別可以得到一定的次數，類別變數的分析主要是針對這些次數轉換成機率來加以處理，因此類別變數的分析與機率理論有密不可分的關聯，並可利用概似原理來進行概似運算。如果變數數目少時，可以利用簡單的次數分配表來描述資料，兩個類別變數的關係可以利用列聯表來呈現，並使用卡方考驗來檢驗細格次數是否顯著不同於期望值。然而，當變數數目超過兩個以上時，列聯表分析也不敷使用，需利用對數線性模式來分析變數間的關係，潛在類別模式的根本，就是延伸自這些類別變數的數據分析，進一步延伸到潛在變數模式的應用當中。

2.1 機率原理

2.1.1 類別資料與機率

　　類別資料通常由兩種途徑測得：以**名義尺度**（nominal scale）所測量得到（稱為名義變數），用以反應不同類型的類別；以及以**順序尺度**（ordinal scale）所測量得到（稱為順序變數），用以反應不同順序、等級、名次。透過這兩種尺度可將觀察對象區分成不同類別、組別或水準（level），所得到的變數稱為**類別變數**（categorical variable），可利用**次數**（frequency）或**百分比**（percentage）來呈現觀察資料的分布情形。各水準的次數除以總觀察次數（N）再乘以 100% 可得到百分比，以小數點形式表示就是**機率**（probability）。

　　從統計的觀點來看，類別變數不同水準的次數是隨機事件或實驗的**結果**（outcome），例如賭徒擲骰子得到全部六點的狀況、信眾擲筊得到一正一反的「聖筊」，這些活動的結果帶有一定的或然率，因此稱為**隨機實驗**（random experiment）。隨機實驗所有可能出現的結果所形成的集合稱為**樣本空間**（sample space），以 S 表示。樣本空間的部分集合稱為**事件**（event），是實驗的一種特定結果。而機率必須滿足以下幾個基本**公理**（axioms），才構成機率的基本要件，得以進行機率運算（Kolmogorov, 1956）：

公理 1：任何事件 A 的機率必為正數且介於 0 與 1 之間

$$0 \le P(A) \le 1 \qquad A \in S \tag{2-1}$$

公理 2：樣本空間內的所有樣本點機率和為 1

$$P(S) = 1 \tag{2-2}$$

公理 3：可加性（additivity）：互斥事件的機率和為個別事件機率相加

$$P(A_1 \bigcup A_2 \bigcup ... \bigcup A_N) = P(A_1) + P(A_2) + ... + P(A_N) \tag{2-3}$$

前述機率公理所討論的「A」事件，是來自某一個隨機實驗的一種結果，例如擲骰子（隨機實驗）得到 1 點，可以表述為 A_1，出現 6 點則表述為 A_6。如果從社會科學常用的調查研究為例，隨機實驗就好比問卷調查的題目，每問一題就是一次隨機實驗，問 N 個受訪者就是 N 次嘗試，如果問卷調查問到「性別」，可能出現的結果不是男，就是女，可以表述為 A 男與 A 女。由於實驗結果只有兩種可能結果，稱為伯努利嘗試（Bernoulli trial），多次伯努利嘗試所構成的機率分配稱為二項分配（binomial distribution），問卷調查得到的「性別」變數稱為二分變數（dichotomous variable）。二分變數的類別數目（或水準數，以 Q 表示）為 2，亦即 Q=2，如果類別變數有 q 個水準且 q>2，就是一般的類別變數。

2.1.2 次數分配與列聯表

對於單一類別變數的實驗或調查結果，可利用次數分配表來呈現觀察資料的分布情形，例如 N=50 個受訪者的性別為 f 男=20、f 女=30，此即性別變數的次數分配（frequency distribution），除以 N 得到機率 P 男=.4、P 女=.6。兩個機率值均介於 0 至 1，兩者相加總和為 1.0，符合機率公理。

如果是兩個類別變數的次數分配，則稱為列聯表（contingency table）。列聯表兩側所呈現的兩變數各水準次數分配稱為邊際次數分配（marginal frequency distribution），除以樣本數 N 得到邊際機率（marginal probability）。基於公理 2，每個變數的邊際機率總和為 1.00，稱為機率運算的限制條件。兩個變數交集部

表 2.1 病人症狀的 2×2 列聯表數據

B 咳嗽	A 發燒						總和	
	無 (i=1)			有 (i=2)				
	f_{ij}	P_{ij}	$\hat{P}_{ij}$	f_{ij}	P_{ij}	$\hat{P}_{ij}$	f	P
無 (j=1)	45	.45	.30	15	.15	.30	60	.60
有 (j=2)	5	.05	.20	35	.35	.20	40	.40
總和	50	.50	.50	50	.50	.50	100	1.00

註：$\hat{P}_{ij}$ 為局部獨立下的聯合機率，亦即期望機率。

分的次數稱為細格次數分配（cell frequency distribution），除以樣本數 N 得到細格機率（cell probability），又稱為交集機率或聯合機率（joint probability），同樣的，所有細格機率總和必為 1.00 的限制條件也必須成立。

以一個模擬的例子來說明：假設今天某醫院接受 100 名看診病患，量體溫發現有 50 位有發燒現象，另外 50 位體溫正常，進一步問診發現有 40 位有咳嗽症狀，其中有 35 位伴隨發燒。由於發燒與咳嗽兩者在此一範例都是二分類別變數，可構成一個 2×2 的列聯表，如表 2.1 所示。其中發燒（A_i）有兩個水準，足標 $i \in \{1,2\}$；咳嗽（B_j）也有兩個水準，足標 $j \in \{1,2\}$。

由於表 2.1 中發燒人數各半，因此 A 因子（發燒）所在的橫列邊際機率（$P_{i\cdot}$）為 $P_1.=.50$ 與 $P_2.=.50$，兩者相加為 1.0。B 因子（咳嗽）所在的縱欄邊際機率（$P_{\cdot j}$）為 $P_{\cdot 1}=.60$ 與 $P_{\cdot 2}=.40$，兩者相加亦為 1.0。兩個變數所構成的細格觀察機率 P_{ij} 分別為 $P_{11}=.45$、$P_{21}=.15$、$P_{12}=.05$、$P_{22}=.35$，這四個 A 與 B 事件交集機率稱為聯合機率（joint probability），四個機率相加仍為 1.0。

2.1.3 乘法律與局部獨立

如果 A 與 B 兩個變數獨立，依機率乘法律（multiplication law），P_{ij} 可由邊際機率連乘得到，又稱為獨立事件的期望機率（expected probability; $\hat{P}_{ij}$），乘以觀察數目（N）即得到期望次數（expected frequencies; $\hat{\mu}_{ij}$）：

$$P(A \bigcap B) = P(A)P(B) = P_{i\cdot} \times P_{\cdot j} = \hat{P}_{ij} \tag{2-4}$$

	A(1)	A(2)	合計
B(1)	.3	.3	.6
B(2)	.2	.2	.4
合計	.5	.5	1.0

	A(1)	A(2)	合計
B(1)	.45	.15	.6
B(2)	.05	.35	.4
合計	.5	.5	1.0

(a)獨立事件（期望）機率   (b)相依事件（觀察）機率

圖 2.1　列聯表中的獨立與相依兩種聯合機率圖示

當 A 與 B 的聯合機率具有(2-4)式的關係時，稱為 A 與 B 兩者所構成的聯合機率分配具有局部獨立性（local independence）。

以表 2.1 的資料為例，邊際機率相乘得到的聯合機率分別為.3、.3、.2、.2，此即基於局部獨立假設下的獨立事件細格期望機率，如圖 2.2(a)所示，相對的，圖 2.2(b)所列出的實際觀察細格機率就不具備邊際機率相乘的特性，也就是說，實際觀察到的細格機率不具備局部獨立性。期望機率的運算過程如下：

沒發燒沒咳嗽：　　$\hat{P}_{11} = P_{1.} \times P_{.1} = .5 \times .6 = .3$　　$< \quad P_{11} = .45$

有發燒沒咳嗽：　　$\hat{P}_{21} = P_{2.} \times P_{.1} = .5 \times .6 = .3$　　$> \quad P_{21} = .15$

沒發燒有咳嗽：　　$\hat{P}_{12} = P_{.1} \times P_{.2} = .5 \times .4 = .2$　　$> \quad P_{12} = .05$

有發燒有咳嗽：　　$\hat{P}_{22} = P_{2.} \times P_{.2} = .5 \times .4 = .2$　　$< \quad P_{22} = .35$

很明顯的，獨立事件下的聯合機率與表中觀察到的細格聯合機率有相當明顯的差距，例如實際觀察到沒發燒沒咳嗽的聯合機率 $P_{11} = .45$，遠大於獨立下的聯合機率 $\hat{P}_{11} = .3$，而有發燒有咳嗽的實際觀察聯合機率 $P_{22} = .35$，也遠大於獨立聯合機率 $\hat{P}_{22} = .2$，顯示本範例當中的發燒與咳嗽並未具有局部獨立性，而是具有相依性。非獨立事件下，A 與 B 的聯合機率無法從兩者的邊際機率連乘而得，而需要採條件機率（conditional probability）的運算：

$$P(A \cap B) = P(A)P(B|A) = P(B)P(A|B) \tag{2-5}$$

對於 A 與 B 兩者而言，藉由貝氏定理（Bayes' theorem），$P(A|B)$ 與 $P(B|A)$ 兩者的條件機率運算可以互換，稱為逆機率（inverse probability）：

$$P(A|B) = \frac{P(A \cap B)}{P(B)} \qquad P(B|A) = \frac{P(A \cap B)}{P(A)} \tag{2-6}$$

2.1.4 獨立性卡方檢定

　　當變數間非獨立時，表示變數具有相依關係，可利用卡方檢定（chi-square test）來檢驗兩者間的相依關係是否具有統計意義，其原理是計算列聯表中觀察次數與期望次數之間的差異量，亦即殘差（residuals），各細格殘差取標準化值平方後相加，得到的統計量服從卡方分配，此概念是 Carl Pearson 提出，因此稱為 Pearson 卡方統計量（Pearson's chi-square statistic）：

$$\chi^2_{(df)} = \sum\sum \frac{(f_{ij} - \hat{\mu}_{ij})^2}{\hat{\mu}_{ij}} \tag{2-7}$$

　　另一種檢定程序是求取概似比統計量（log-likelihood ratio statistic），或稱為 G^2 統計量，在樣本數足夠時，G^2 亦服從卡方分配（Soka & Rohlf, 1981），這兩種統計量的檢定程序稱為獨立性卡方檢定（Chi-square test of independence），檢定時所使用的卡方分配臨界值如本書最後的附錄 B。

$$G^2 = 2\sum\sum f_{ij} \ln\left(\frac{f_{ij}}{\hat{\mu}_{ij}}\right) \tag{2-8}$$

　　以表 2.1 的數據計算得到 Pearson's χ^2=37.5 與 G^2=41.01，服從自由度為 1 的卡方分配，兩者皆達到.01 顯著水準，顯示發燒與咳嗽不具獨立性。

$$\chi^2 = \sum\sum \frac{(f_{ij} - \hat{\mu}_{ij})^2}{\hat{\mu}_{ij}} = \frac{(45-30)^2}{30} + \frac{(15-30)^2}{30} + \frac{(5-20)^2}{20} + \frac{(35-20)^2}{20} = 37.5$$

$$G^2 = 2\sum\sum f_{ij} \ln\left(\frac{f_{ij}}{\hat{\mu}_{ij}}\right) = 2\left[45\ln\left(\frac{45}{30}\right) + 15\ln\left(\frac{15}{30}\right) + 5\ln\left(\frac{5}{20}\right) + 35\ln\left(\frac{35}{20}\right)\right] = 41.01$$

　　然而獨立性卡方檢定雖然可以檢驗變數之間的關聯性，但無法對變數相依性的本質提供進一步的資訊。例如相依性組成結構為何？是否能夠被其他變數解釋？如果變數間的相依性被一個潛在類別變數來解釋後能維持局部獨立性，除了能夠對此一潛在分類狀態加以討論，還可納入其他變數（是否有打過疫苗、家人有無確診肺炎）來探討變數間的關係，此即潛在類別分析的基本任務。

2.2 機率與概似運算

前面所介紹的概念術語都是機率，但什麼是概似（likelihood）？概似與機率的差別在哪裡呢？

簡單來說，「機率」與「概似」兩者都是在描述「不確定性」：「機率」是從參數（parameter）（θ）來看資料（data）（Y）的發生情形，以 $P(Y|\theta)$ 表示；「概似」則是從資料（Y）來瞭解參數（θ）的發生情形，以 $L(\theta|Y)$ 表示。對於同一組資料與參數來說，機率與概似兩者使用相同的統計分配，機率模式相同，$L(\theta|Y)$ 等同於（$\propto$）$P(Y|\theta)$，稱為概似法則（law of likelihood）（Royall, 1997）：

$$L(\theta|Y) \propto P(Y|\theta) \tag{2-9}$$

假設今天 Y 為二分變數，機率分配為二項分配，$Y\sim Bin(N,\pi)$，N 為嘗試次數（樣本數），π 為出現「+」的機率。在給定 π 的情形下，Y 發生的可能性（機率）可由二項分配機率函數求出，以 $P(Y|\pi)$ 表示，稱為機率函數（probability function）：

$$P(Y|\theta) = P(Y = y|\pi) = C_y^N \pi^y (1-\pi)^{N-y} \tag{2-10}$$

同樣是基於二項分配，在給定 Y 的情形下，各種 π 發生的可能性（稱為概似值）也可由機率分配求出，以 $L(\pi|Y)$ 表示，稱為概似函數（likelihood function）：

$$L(\theta|Y) = L(\pi|Y) = \prod C_y^N \pi^y (1-\pi)^{N-y} \tag{2-11}$$

上式中的連乘符號 Π，表示概似值是 N 個觀察值帶入機率函數進行連乘的結果，每個觀察值都是隨機抽樣而得，具有獨立性，因此機率可以連乘。

由於概似值為機率的連乘，數值為極小的小數點，不利於判讀。若對概似函數進行對數處理，取指數值來進行概似運算，稱為對數概似函數（log likelihood function; LL）。然而 LL 性質是指數，雖有利於數學運算，但 LL 值為負值，若將 LL 乘以 -2 可得到 $-2LL$，數值為正值，稱為離差量數或離異數（deviance）。而對於一組觀察資料，將其帶入概似函數，可得到最大概似函數值或最小 $-2LL$ 的參數值，稱為最大概似估計值（maximum likelihood estimator; MLE）。

假若今天某醫院接生了 10 名新生兒，6 男 4 女。如果新生兒性別為男嬰的母體機率為 π，女嬰機率為 $1-\pi$，每一名新生兒就是從母體當中的一次抽樣，各次觀察相互獨立，這批 10 名新生兒性別的樣本資料的概似函數 $L(\pi|Y)$ 如下：

$$L(\pi|Y) = \prod C_y^N \pi^y (1-\pi)^{N-y} = C_6^{10}[\pi^6 \times (1-\pi)^4]$$

將上式帶入母體參數 π 的不同可能數值，所得到的 $L(\pi|Y)$、$LL(\pi|Y)$ 與 $-2LL(\pi|Y)$ 列於表 2.2。$\pi = .6$ 的概似值 $L(\pi|Y)=0.2508$ 與對數概似值 $LL(\pi|Y)=-0.601$ 數值最大，但離異數 $-2LL(\pi|Y)=1.201$ 最小。基於「最大」概似值、「最大」對數概似值或「最小」離異數三個指標來看，觀察資料最可能是從 $\pi = .6$ 的母體抽樣得到。換言之，當生男生女為二項分配且 $\pi = .6$ 時，前述 10 名新生兒為六男四女的情形最可能發生，$\pi = .6$ 即為最大概似估計值（MLE）。

值得注意的是，由於此例只有 $N=10$，屬於小樣本範例，概似值所反映的母體狀況未必是真實的狀況，若增加觀察值，概似分配會逐漸收斂到真正的母體分配，亦即概似估計的大樣本漸進性。

表 2.2 性別的二項分配概似運算

π	$L(\pi|y)$	$LL(\pi|y)$	$-2LL(\pi|y)$
.10	0.0001	-3.861	7.722
.15	0.0012	-2.904	5.807
.20	0.0055	-2.259	4.518
.25	0.0162	-1.790	3.580
.30	0.0368	-1.435	2.869
.35	0.0689	-1.162	2.323
.40	0.1115	-0.953	1.906
.45	0.1596	-0.797	1.594
.50	0.2051	-0.688	1.376
.55	0.2384	-0.623	1.246
.60	**0.2508**	**-0.601**	**1.201**
.65	0.2377	-0.624	1.248
.70	0.2001	-0.699	1.397
.75	0.1460	-0.836	1.671
.80	0.0881	-1.055	2.110
.85	0.0401	-1.397	2.794
.90	0.0112	-1.952	3.905
.95	0.0010	-3.016	6.031

2.3 機率的閾值運算

　　機率數值由低（0.0）至高（1.0）雖可以反映事件發生可能性的高低，具有數值連續變動的特徵，但機率值是一個受限範圍的數列，$0 \leq P \leq 1$，與一般連續變數數值介於$\pm\infty$的使用習慣不同，因此在統計模式通常會利用閾值（threshold）（τ）來將機率進行轉換，得到發生與不發生某事件 A 的分割點：

$$\tau = \ln\left(\frac{P(A)}{P(A')}\right) = \ln P(A) - \ln P(A') \tag{2-12}$$

　　τ 數值範圍介於$\pm\infty$，對稱於 0。$\tau=0$ 所對應的機率值為.5，表示發生與不發生事件 A 的機率相當，$\tau > 0$ 且數值愈大表示發生 A 相對於不發生 A 的機率愈高，相反的，$\tau < 0$ 且數值愈大表示發生 A 相對於不發生 A 的機率愈小。例如當 $P(A)$=.2、.5、.8 的 τ 數值分別為-1.386、0、$+1.386$：

$$P(A)=.2 \cdot P(A')=1-P(A)=.8 \qquad \tau = \ln(.2/.8) = \ln(.25) = -1.386$$

$$P(A)=.5 \cdot P(A')=1-P(A)=.5 \qquad \tau = \ln(.5/.5) = \ln(1) = 0$$

$$P(A)=.8 \cdot P(A')=1-P(A)=.2 \qquad \tau = \ln(.8/.2) = \ln(4) = +1.386$$

　　如果 Y 為計分 {0,1} 的二分變數，若 $P(A)=P(Y=1)$，則 $P(A')=P(Y=0)$。將 (2-12) 式轉換成機率形式，可計算出發生 $Y=1$ 與發生 $Y=0$ 的機率與閾值關係如 (2-13) 與 (2-14) 式，兩者具有相反的對應關係，如圖 2.2 所示。

$$P(A) = P(Y=1) = \frac{\exp(\tau)}{1 + \exp(\tau)} \tag{2-13}$$

$$P(A') = P(Y=0) = \frac{1}{1 + \exp(\tau)} \tag{2-14}$$

　　值得注意的是，當 Y 為帶有 A 與 B 兩個選項的二分變數，只需要一個閾值就可區分發生 A 與不發生 A（亦即發生 B）的機率比值，此時 B 被視為參照組；如果 Y 為帶有 K 個選項的類別變數，需要 $K-1$ 個閾值來區分發生與不發生前面 $K-1$ 個選項的機率比值，最後一個選項被視為參照組。

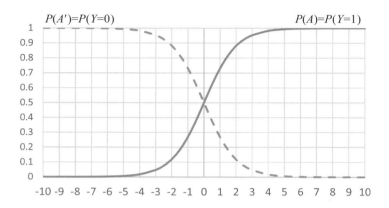

圖 2.2 閾值（X軸）與機率值（Y軸）對應圖示

　　基本上，機率的閾值運算是一種成功機率 $P(Y=1)$ 對比於失敗機率 $P(Y=0)$ 的勝算（*Odds*）機率比的對數轉換，亦即 logit 值的計算：

$$\text{logit} = \ln(Odds) = \ln\left(\frac{P(Y=1)}{P(Y=0)}\right) \tag{2-15}$$

　　Odds=1 表示成功與失敗的機率相當，logit=τ=0；*Odds* > 1 表示成功機率高於失敗機率，logit > 0（τ > 0）。*Odds*=2 表示成功機率是失敗機率的兩倍，logit=τ=.69，計算過程列於表 2.3。但是如果是將 $P(Y=0)$ 對比於 $P(Y=1)$，所得到的閾值恰為 logit 的倒數，亦即 τ=1/logit，在計算時必須注意對比位置為何。

表 2.3 閾值（logit）的計算程序與勝算值 Odds 對照表

τ	$P(Y=1)$	$P(Y=0)$	*Odds*
+15	exp(15)/(1+exp(15))=3269017/(1+3269017)=1.00	1−$P(Y=1)$=.00	3.27×10^{6}
+5	exp(5)/(1+exp(5))=148.4/(1+148.4)=.99	1−$P(Y=1)$=.01	148.41
+2	exp(2)/(1+exp(2))=7.39/(1+7.39)=.88	1−$P(Y=1)$=.12	7.39
+.69	**exp(.69)/(1+exp(.69))=2/(1+0.5)=.67**	**1−$P(Y=1)$=.33**	**2.00**
0	exp(0)/(1+exp(0))=1/(1+1)=0.5	1−$P(Y=1)$=.50	1.00
−.69	exp(-.69)/(1+exp(-.69))=(0.5)/(1+0.5)=.33	1−$P(Y=1)$=.67	0.50
−2	exp(-2)/(1+exp(-2))=(0.135)/(1+0.135)=.12	1−$P(Y=1)$=.88	0.14
−5	exp(-5)/(1+exp(-5))=(0.007)/(1+0.007)=.01	1−$P(Y=1)$=.99	0.01
−15	exp(-15)/(1+exp(-15))=(3.1×10^{-7})/(1+3.1×10^{-7})=0	1−$P(Y=1)$=1.0	3.06×10^{-7}

2.4 對數線性模式

2.4.1 模式設定原理

類別變數的分析，除了可以利用列聯表來分析細格的次數，另一種方法是將次數轉換成機率，取對數後的指數值可進行線性運算，若把細格機率當作依變數，各變數的水準狀態作為自變數（依變數的變異影響因子），利用線性模式可將各影響源效果（effect）進行分析，即為對數線性模式（log-linear modeling）。

例如當細格機率由 A、B、C 三個類別變數組成，細格機率的高低首先取決於 A、B、C 三個變數的邊際機率分配，這三個變數所具有的影響力稱為主要效果（main effect），進一步的，細格機率受到三個變數的兩兩交互作用的影響，其中包括 A×B、A×C、B×C 的二階交互作用（2nd order interaction effect），以及 A×B×C 的三階交互作用（3rd order interaction effect）。

對數線性模式的主要特色將機率運算以取對數的 logit 形式來進行運算，兩個機率的比值稱為勝算（odds），兩個勝算比的比值稱為勝算比（odds ratio），其數值分布服從羅吉斯分配（logistic distribution），取對數後的 logit 值可以一般線性模型來分析。

由於線性方程式的組合形式可以任意改變，因子數目不受限制，因此對數線性模式不受制於傳統列聯表一次只能分析兩個類別變數的限制，各影響因子的組合形式也可以依據研究者的需要來安排，因此在模型檢測上十分具有彈性，可以說是類別變數最重要的一種模型分析技術。而且基於機率對數轉換的類似原理，LCA 也可視為對數線性模式的一種延伸應用，也就是帶有潛在變數的對數線性模式（log-linear models with latent variables）（Hagenaars, 1993）。

2.4.2 二因子模式

以分別帶有 i 與 j 個水準的 A 與 B 兩個類別變數對數線性分析為例，兩變數所構成的觀察細格次數（F_{ij}^{AB}），有三個影響源：A、B、A×B，可利用兩個參數 η 與 τ 來描述：

$$F_{ij}^{AB} = \eta \tau_i^A \tau_j^B \tau_{ij}^{AB} \tag{2-16}$$

η 表示整體效果（overall effect），亦即樣本數 N，τ_i^A 與 τ_j^B 分別表示兩個類別變數的主要效果；τ_{ij}^{AB} 表示兩個變數的交互作用。若將 η 移項至左，得到細格觀察機率如下：

$$\frac{F_{ij}^{AB}}{\eta} = P_{ij}^{AB} = \tau_i^A \tau_j^B \tau_{ij}^{AB} \tag{2-17}$$

如果兩個變數之間具有局部獨立性，細格期望次數與期望機率如下：

$$\hat{F}_{ij}^{AB} = \eta \tau_i^A \tau_j^B \tag{2-18}$$

$$\hat{P}_{ij}^{AB} = \tau_i^A \tau_j^B \tag{2-19}$$

將(2-17)式與(2-19)式取對數，可得到機率的對數方程式：

$$\ln(P_{ij}^{AB}) = \lambda_i^A + \lambda_j^B + \lambda_{ij}^{AB} \tag{2-20}$$

$$\ln(\hat{P}_{ij}^{AB}) = \lambda_i^A + \lambda_j^B \tag{2-21}$$

λ_i^A、λ_j^B、λ_{ij}^{AB} 三者是對數值，分別表示 A 變數主要效果、B 變數主要效果、A×B 交互作用。基於機率公理限制條件，一個完整的邊際分配或細格分配的機率和為 1，因此 λ_i^A、λ_j^B、λ_{ij}^{AB} 的和也必須為 0，亦即各效果的總和為 0，例如當 A 有三個水準，若 $\lambda_1^A=1$、$\lambda_2^A=2$，第三個水準 $\lambda_3^A=-3$。

$$\Sigma \lambda_i^A = \Sigma \lambda_j^B = \Sigma \lambda_{ij}^{AB} = 0 \tag{2-22}$$

值得注意的是，(2-20)式包含了與 A 及 B 有關的所有影響源，稱為**飽和模型**（saturated model），P_{ij}^{AB} 為 $I×J=W$ 個觀察細格機率，皆由觀察得到資料所計算出來；(2-21)式僅帶有 A 與 B 的效果，沒有交互作用項，稱為**獨立模型**（independent model），$\hat{P}_{ij}^{AB}$ 反映滿足獨立條件的細格機率期望值。將(2-20)與(2-21)兩式相減，

即可得到交互作用為觀察細格機率與期望細格機率的對數差值，也恰為 P_{ij}^{AB} 與 $\hat{P}_{ij}^{AB}$ 的勝算比對數值：

$$\lambda_{ij}^{AB} = \ln\left(\frac{P_{ij}^{AB}}{\hat{P}_{ij}^{AB}}\right) = \ln(P_{ij}^{AB}) - \ln(\hat{P}_{ij}^{AB}) \tag{2-23}$$

反映交互作用的 λ_{ij}^{AB} 又稱為**非獨立量數**（measure of non-independence），λ_i^A 與 λ_j^B 則為主要效果的勝算比，主要效果的勝算比對數運算如下：

$$\lambda_i^A = \ln\left(\frac{P_i^A}{\hat{P}_i^A}\right) = \ln(P_i^A) - \ln(\hat{P}_i^A) \tag{2-24}$$

$$\lambda_i^B = \ln\left(\frac{P_j^B}{\hat{P}_j^B}\right) = \ln(P_j^B) - \ln(\hat{P}_j^B) \tag{2-25}$$

各式的勝算比是機率函數的運算，若將觀察資料帶入機率函數進行連乘運算得到概似值，並可換算成 G^2 檢定量或離異數（–2LL）。當樣本數足夠大時 G^2 檢定量與–2LL 近似於卡方分配（Wilks, 1935, 1938），可據以進行卡方檢定。

以表 2.1 的數據為例，將 100 筆觀察值細格資料帶入(2-23)式計算交互作用（λ_{11}^{AB}）的效果，得到的 G^2 檢定量如下：

$$G^2 = 2\sum_{j=1}^{2}\sum_{i=1}^{2} f_{ij} \ln\left(\frac{P_{ij}}{\hat{P}_{ij}}\right) = -2\sum_{j=1}^{2}\sum_{i=1}^{2} f_{ij}\left(\ln P_{ij} - \ln\hat{P}_{ij}\right)$$

$$= 2\left[45 \times \ln\left(\frac{.45}{.30}\right) + 15 \times \ln\left(\frac{.15}{.30}\right) + 5 \times \ln\left(\frac{.05}{.20}\right) + 35 \times \ln\left(\frac{.35}{.20}\right)\right] = 41.01$$

值得注意的是，上式中各細格勝算比對數值以各細格觀察機率 F_{ij} 進行加權，是因為觀察資料進行連乘時的各細格人數不同。G^2=41.01，服從 df=1 的卡方分配，此一概似比檢定值達到.01 的統計顯著性，顯示發燒與咳嗽具獨立性的虛無假設被推翻，兩者具有相依性而非局部獨立。此一檢定的結果與先前第 2.1.4 節介紹概似比檢定的結果相同，表示獨立性檢定為對數線性模式的一種特例。

　　前述的運算也可以利用次數來進行，亦即求取各細格觀察次數（μ_{ij}）與期望次數（$\hat{\mu}_{ij}$）比值，取對數後以各細格觀察次數加權後相加得到概似比檢定量：

$$G^2_{(df)} = 2\sum\sum f_{ij} \ln\left(\frac{f_{ij}}{\hat{\mu}_{ij}}\right) = 2\sum\sum f_{ij}(\ln f_{ij} - \ln \hat{\mu}_{ij}) \qquad (2\text{-}26)$$

以第一個細格為例：

飽和模型： $\ln(f_{11}) = \mu + \lambda_1^A + \lambda_1^B + \lambda_{11}^{AB}$
$$= 4.605 + (3.912 - 4.605) + (4.094 - 4.605) + (3.807 - 3.401)$$

獨立模型： $\ln(\hat{\mu}_{11}) = \mu + \lambda_1^A + \lambda_1^B$
$$= 4.605 + (3.912 - 4.605) + (4.094 - 4.605)$$

兩者相減即為細格勝算比對數值：

$$\lambda_{11}^{AB} = \ln(f_{11}) - \ln(\hat{\mu}_{11}) = 3.807 - 3.401 = 0.406$$

表 2.4　病人症狀的 2×2 列聯表數據的對數運算

B 咳嗽		A 發燒				合計
		無 $i=1$		有 $i=2$		
		觀察	期望	觀察	期望	
無 $j=1$	f	**45**	**30**	**15**	**30**	**60**
	$\ln(f)$	3.807	3.401	2.708	3.401	4.094
	P	**.45**	**.3**	**.15**	**.3**	**0.6**
	$\ln(P)$	-0.799	-1.204	-1.897	-1.204	-0.511
有 $j=2$	f	**5**	**20**	**35**	**20**	**40**
	$\ln(f)$	1.609	2.996	3.555	2.996	3.689
	P	**.05**	**.2**	**.35**	**.2**	**0.4**
	$\ln(P)$	-2.996	-1.609	-1.050	-1.609	-0.916
合計	f	**50**		**50**		**100**
	$\ln(f)$	3.912		3.912		4.605
	P	**0.5**		**0.5**		**1.0**
	$\ln(P)$	-0.693		-0.693		0

　　將四個細格的交互作用加總，即可得到 G^2=41.01，數值與機率運算時相同，相關數據列於表 2.4：

$$G_{(1)}^2 = 2\sum\sum \mu_{ij} \ln\left(\frac{f_{ij}}{\hat{\mu}_{ij}}\right) = 2\sum\sum f_{ij}(\ln f_{ij} - \ln \hat{\mu}_{ij})$$

$$= 2\left[45\times(3.807-3.401)+15\times(2.708-3.401)+5\times(1.609-2.996)+35\times(3.555-2.996)\right]$$

$$= 2\times 20.5038 = 41.01$$

2.4.3 多因子模式

　　前面所說明是 A 與 B 兩個類別變數的列聯表對數線性模型，當變數數目增加，對數線性模型可以直接加以擴展，例如有 A、B、C、D 四個類別變數的對數線性模型，將包括四個主要效果、六個二階交互作用、三個三階交互作用與一個四階交互作用，機率模式當中共有 14 項：

$$P_{ijkh}^{ABCD} = \tau_i^A \tau_j^B \tau_k^C \tau_h^D \left(\tau_{ij}^{AB} \tau_{ik}^{AC} \tau_{ih}^{AD} \tau_{jk}^{BC} \tau_{jh}^{BD} \tau_{hk}^{CD} \tau_{ijk}^{ABC} \tau_{ijh}^{ABD} \tau_{jkh}^{BCD} \tau_{ijkh}^{ABCD} \right) \tag{2-27}$$

　　取對數後展開得到對數線性模式如下：

$$\begin{aligned}
\ln(P_{ijkh}) &= \lambda_i^A + \lambda_j^B + \lambda_k^C + \lambda_h^D \\
&+ \lambda_{ij}^{AB} + \lambda_{ik}^{AC} + \lambda_{ih}^{AD} + \lambda_{jk}^{BC} + \lambda_{jh}^{BD} + \lambda_{hk}^{CD} \\
&+ \lambda_{ijk}^{ABC} + \lambda_{ijh}^{ABD} + \lambda_{jhk}^{BCD} + \lambda_{ijkh}^{ABCD}
\end{aligned} \tag{2-28}$$

　　除了 A、B、C、D 四個主要效果外，其他 10 項均為交互作用，亦即(2-27)式右側括弧內的 10 項效果，是造成局部獨立性無法維持的來源。對於四個變數是否存在局部獨立性的概似比檢定，可以設定無交互作用的獨立模型對數線性方程式：

$$\ln(P_{ijkh}) = \lambda_i^A + \lambda_j^B + \lambda_k^C + \lambda_h^D \tag{2-29}$$

　　將(2-28)式的飽和模型與(2-29)式的獨立模型相減，即可得到交互作用的總和效果，將其轉換成概似比檢定量，即可進行獨立性卡方檢定。由於飽和模型的

卡方值為 0，獨立性卡方檢定量即是(2-29)式的 2 倍的概似比對數值，分別在各細格中求取觀察機率與局部獨立期望機率的勝算比對數值：

$$\lambda_{ijkh}^{ABCD} = \ln(P_{ijkh}^{ABCD}) - \ln(\hat{P}_{ijkh}^{ABCD}) = \ln\left(\frac{P_{ijkh}^{ABCD}}{\hat{P}_{ijkh}^{ABCD}}\right) \tag{2-30}$$

現以一個模擬資料為例，假設今天有 A、B、C、D 四個取值為{0,1}的二分變數觀察數據 1000 筆，其中 A 與 B 回答 1 的機率較低（42%與 41%），兩者相關為.194（$p<.001$）；C 與 D 回答 1 的機率較高（57%），兩者亦有顯著相關.202（$p<.001$），描述統計與相關係數資料列於表 2.5。四個變數可構成 16 個細格，每個細格可計算觀察機率與局部獨立期望機率的勝算比：

$$\begin{aligned}
G^2 &= 2N\sum_{A}\sum_{B}\sum_{C}\sum_{D} P^{ABCD}\ln\left(\frac{P^{ABCD}}{\hat{P}^{ABCD}}\right) \\
&= 2\times\left[105\times\ln\left(\frac{.105}{.065}\right) + 70\times\ln\left(\frac{.070}{.084}\right) + ... + 97\times\ln\left(\frac{.097}{.055}\right)\right] \\
&= 98.318
\end{aligned}$$

表 2.6 列出了範例資料的細格觀察次數與機率於(a)與(b)欄，局部獨立期望次數與機率列於(c)與(d)欄，將(b)欄的觀察機率與(d)欄的期望機率相除，即為勝算比（(e)欄），乘以 2 及細格次數即得到 $2LL$ 值（(f)欄），將(f)欄加總，即得到概似比檢定量 $G^2=98.318$，$df=16-4-1=11$，$p<.001$，拒絕觀察變數具有局部獨立的虛無假設，四個變數具有相依關係。

表 2.5 模擬的四維對數線性模式的觀察資料

Var.	Mean	SD	A	B	C
A	0.420	0.494	1		
B	0.410	0.491	0.194**	1	
C	0.570	0.496	0.046	0.048	1
D	0.570	0.496	0.050	0.085**	0.202**

* $p <.05$　　** $p <.01$

表 2.6 模擬資料的概似比檢定量計算資訊

A	B	C	D	(a)f	(b)P	(c)$\hat{\mu}$	(d)$\hat{P}$	(e)odds	(f)$2LL$
0	0	0	0	105	.105	64.780	.065	1.621	101.422
0	0	0	1	70	.070	84.140	.084	0.832	-25.758
0	0	1	0	77	.077	84.828	.085	0.908	-14.910
0	0	1	1	139	.139	110.178	.110	1.262	64.600
0	1	0	0	49	.049	44.277	.044	1.107	9.932
0	1	0	1	38	.038	57.510	.058	0.661	-31.492
0	1	1	0	33	.033	57.980	.058	0.569	-37.197
0	1	1	1	68	.068	75.307	.075	0.903	-13.881
1	0	0	0	54	.054	47.103	.047	1.146	14.759
1	0	0	1	40	.040	61.179	.061	0.654	-33.994
1	0	1	0	43	.043	61.680	.062	0.697	-31.025
1	0	1	1	66	.066	80.112	.080	0.824	-25.579
1	1	0	0	30	.030	32.195	.032	0.932	-4.236
1	1	0	1	47	.047	41.816	.042	1.124	10.985
1	1	1	0	44	.044	42.158	.042	1.044	3.763
1	1	1	1	97	.097	54.757	.055	1.771	110.930
								Sum=	98.318

　　基本上，對數線性模式所關心的是各階交互作用的檢驗，各階交互作用都是可觀察到的資料所構成，相對之下，潛在類別分析是利用潛在類別變數來估計變數間的各階交互作用，若以 X 表示帶有 l 個水準的潛在類別變數，具有局部獨立的期望機率如下：

$$\hat{P}_{ijkh}^{ABCD|X} = \tau_i^A \tau_j^B \tau_k^C \tau_h^D \left(\tau_{il}^{A|X} \tau_{jl}^{B|X} \tau_{kl}^{C|X} \tau_{hl}^{D|X} \right) \tag{2-31}$$

取對數後得到對數線性模型：

$$\begin{aligned} \ln(\hat{P}_{ijkh}^{ABCD|X}) = {}& \lambda_i^A + \lambda_j^B + \lambda_k^C + \lambda_h^D \\ & + \lambda_{il}^{A|X} + \lambda_{jl}^{B|X} + \lambda_{kl}^{C|X} + \lambda_{hl}^{D|X} \end{aligned} \tag{2-32}$$

　　主要效果以外的各階交互作用基於潛在類別變數 X 的存在，由各觀察變數的條件效果吸收，使各觀察變數具有局部獨立性，此即帶有潛在變數的對數線性模式的表述形式，LCA 的詳細原理我們將在下一章介紹。

進一步閱讀文獻

關於類別變數的資料特性與分析方法，包括 Log-Linear Modeling 的詳細介紹，可參閱 Alan Agresti (2013). *Categorical data analysis* (3rd Ed.), NJ: John Wiley & Sons, Inc.

潛在類別分析的基礎是機率運算，充分的數理統計基礎對於此一方法的入門會有很大的助益，可參考教材 Robert V. Hogg, Joeseph W. Mckean, Allen T. Craig (2020). *Introduction to mathematical statistics* (8th Ed.), NY: Pearson, Inc. 或經典教科書 Sokal, R. R., & Rohlf, F. J. (1981). *Biometry: The principles and practice of statistics in biological research* (2nd Ed.). New York: Freeman.

3

潛在類別分析原理

Principles of Latent Class Analysis

潛在類別分析（latent class analysis; LCA）是建立在潛在變數模型基礎上的機率多變量分析。其核心概念是利用一個能將受測者區分成 K 群潛在類別的潛在變數 C，來吸收 J 個類別觀察變數之間的相依性藉以達成局部獨立。每一群潛在類別不僅規模大小比重不同，觀察變數的機率高低組合情形也不一樣，這些訊息都是由機率來表現，也就是 LCA 的測量模型當中的參數，可以用來對各潛在類別加以命名，呈現異質母體的「潛在異質性」的內涵。最後，利用這些模型參數可以計算每一個受測者在每一群的分類機率，據以將每一個受測者分入一個最可能潛在類別（most likely class; MLC），整個過程都是機率的運算。以下針對 LCA 的統計原理與各項概念逐一加以介紹。

3.1 LCA 的模型設定

如果今天有一組類別觀察變數 $Y_j=(y_1 \cdot y_2 \cdot \ldots \cdot y_J)$，$j=1,\ldots,J$，聯合機率為 $P(y_1, y_2,\ldots,y_J)$，當這些變數相互獨立，聯合機率為各變數機率的連乘：

$$P(y_1, y_2,\ldots,y_J) = P(y_1)P(y_2)...P(y_J) = \prod_{j=1}^{J} P(y_j) \tag{3-1}$$

若這一群觀察資料不是來自同一個母體，而是來自 k 個異質母體（$k=1,\ldots,K$）的隨機觀察值，如果異質母體以類別變數 C 表示，各異質母體下的觀察資料聯合機率如下：

$$P(y_1, y_2,\ldots,y_J|C=1) = P(y_1|C=1)P(y_2|C=1)...P(y_J|C=1) = \prod_{j=1}^{J} P(y_j|C=1)$$

$$P(y_1, y_2,\ldots,y_J|C=2) = P(y_1|C=2)P(y_2|C=2)...P(y_J|C=2) = \prod_{j=1}^{J} P(y_j|C=2)$$

...

$$P(y_1, y_2,\ldots,y_J|C=K) = P(y_1|C=K)P(y_2|C=K)...P(y_J|C=K) = \prod_{j=1}^{J} P(y_j|C=K)$$

由於各異質母體下的觀察資料具有獨立性而可以由個別機率連乘得到聯合機率，亦即局部獨立（local independence），將這些具有局部獨立的 K 個異質母體聯合機率相加，即為有限混合（finite mixture）的機率分配，其中 $P(C=k)$ 為各異質母體的比重，從觀察資料來估計(3-2)式的各項機率參數，即是 LCA。

$$P(y_1, y_2, ..., y_J) = \sum_{k=1}^{K} P(C=k) \prod_{j=1}^{J} P(y_j | C=k) \tag{3-2}$$

LCA 估計出來的 K 個異質母體之所以稱為「潛在類別」，是因為異質母體無法直接觀察，必須從觀察資料透過測量模型來估計，因此 C 稱為潛在類別變數（latent class variable），C 的各組稱為潛在類別（latent class），例如來醫院看診的病患是因為哪一種病毒引起的何種疾病（C）可以透過醫生問診來估計，醫生問診的題目就是觀察變數（Y_j），病毒疾病類型就是潛在類別。各潛在類別完全互斥（不同病毒株或不同型態肺炎者不會重疊），每一個觀察資料僅可能被歸屬於某一水準，被歸屬於同一個潛在類別者具有同質性。一旦考慮潛在屬性之後，觀察變數之間的關係被潛在類別解釋後具有條件獨立性，各潛在類別下的觀察變數彼此之間獨立無關，此即局部獨立假設下的 LCA。

LCA 的模型參數可利用機率函數式表示，亦即機率參數化（probabilistic parameterization）（McCutcheon, 2002; Goodman, 2002），以潛在變數模型的術語來說，潛在類別模型就是一種測量模型（measurement model）的應用，如圖 3.1 所示。模型當中除了觀察變數 Y_j 與所對應的潛在類別變數 C 之外，沒有其他變數，因此稱為無條件模型（unconditional model）。

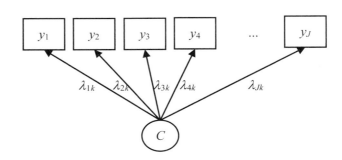

圖 3.1 潛在類別模型的測量模型圖示

3.2 LCA 的參數

　　無條件 LCA 就是一個單純的測量模型，各觀察變數的機率狀態在不同異質母體不同，亦即是 C 決定 Y 的機率變化，因此圖 3.1 是從 C 指向 Y，C 對 Y 的影響力由λ反映，亦即測量參數（measurement parameter）。每一個觀察變數的λ係數在各潛在類別下不同，性質類似因素分析的因素負荷量，但是在 LCA 當中λ的性質是非線性的條件機率，而非線性的迴歸係數。至於潛在類別的規模可利用對數線性模型來估計，亦即潛在變數 C 的分群機率，可視為結構模型的**結構參數**（structure parameter），但因為圖 3.1 的無條件模型結構簡單，結構參數僅有分群機率。

3.2.1 潛在類別機率

　　今天若有 N 個受測者的觀察資料（以矩陣符號 $\mathbf{Y}$ 表示）進行帶有 K 個潛在類別的 LCA，統計模型表述如下：

$$P(\mathbf{Y}) = \sum_{k=1}^{K} \pi_k P(\mathbf{Y}|C=k) \tag{3-3}$$

　　(3-3)式右項 $P(\mathbf{Y}|C=k)$ 為觀察資料的條件機率分配，π_k 則為**潛在類別機率**（latent class probability）或分群機率，分群機率 π_k 越大表示該潛在類別在觀察資料當中的占比越高，在潛在變數各水準具有較重要的地位：

$$\pi_k = P(C=k) \tag{3-4}$$

π_k 具有機率總和為 1.00 的限制條件：

$$\sum_{k=1}^{K} \pi_k = \sum_{k=1}^{K} P(C=k) = 1 \tag{3-5}$$

　　由於(3-3)式為機率函數，取對數後即成為 LCA 的對數線性模型（Haberman, 1979; Vermunt & Magidson, 2004），對於各潛在類別的條件機率對數模式如下：

$$\ln P(\mathrm{Y}|C=k) = \alpha_k + \sum_{j=1}^{J} \beta_{jk} \tag{3-6}$$

基於(3-5)式的限制條件，K 個潛在類別只有 $K-1$ 個 π_k 參數必須估計，以對數模型的截距參數（α_k）求得：

$$\pi_k = P(C=k) = \frac{\exp(\alpha_k)}{\sum_{k=1}^{K} \exp(\alpha_k)} = \frac{\exp(\alpha_k)}{\exp(\alpha_1) + \exp(\alpha_2) + ... + \exp(\alpha_K)} \tag{3-7}$$

若以最後一個潛在類別（$C=K$）為參照組，因此 $\alpha_K=0$，以滿足限制條件。

3.2.2 題項反應機率

LCA 的基本工作是去探究各潛在類別的狀態為何，也就是去討論 J 個帶有 Q 個水準的觀察變數 $\mathbf{Y}$ 與 K 個潛在類別的潛在變數 C 的關係。由於 $\mathbf{Y}$ 與 C 都是類別變數，因此 $\mathbf{Y}$ 與 C 之間的關係是條件機率 $P(\mathbf{Y}|C=k)$，稱為**題項反應機率**（item response probability），亦即各潛在類別條件下 $\mathbf{Y}$ 的發生機率，具局部獨立性：

$$P(\mathrm{Y}|C=k) = \prod_{j=1}^{J} P(y_j|C=k) = \prod_{j=1}^{J} \prod_{q=1}^{Q} P(y_j=q|C=k) = \prod_{j=1}^{J} \lambda_{jkq} \tag{3-8}$$

(3-8)式中的 $P(y_j=q|C=k)$ 是指各潛在類別內，觀察變數取值為 q 時的題項反應條件機率，以 λ_{jkq} 表示。λ_{jkq} 數值越高，表示該觀察變數在該潛在類別中的回答 q 選項的機率越高。

在 LCA 的任何一個潛在類別內，各觀察變數的 Q 個水準的條件機率 λ_{jkq} 必須符合總和為 1.00 的限制條件：

$$\sum_{q=1}^{Q} \lambda_{jkq} = 1 \tag{3-9}$$

(3-9)式表示在各潛在類別內，各觀察變數當中的每一個水準的題項反應機率總和必須限制為 1.00。當其他條件機率被估計後，最後一個題項反應機率自動被決定。因此，LCA 當中 K 個潛在類別必須估計 $J \times K \times (Q-1)$ 個題項條件機率。例如三個二元計分的觀察變數（$J=3, Q=2$）估計三個潛在類別（$K=3$）的 LCA，共有 $J \times Q \times K = 3 \times 2 \times 3 = 18$ 個題項條件機率，但僅有 $3 \times 2 \times (3-1) = 12$ 個 λ 有待估計。

各題項反應機率 λ 用於說明各潛在類別與觀察變數間的關係，亦即可以協助研究者解釋各潛在類別的內容與性質。分群機率（潛在類別機率）π_k 則說明各群的重要性。整個無條件 LCA 模型有 $J \times K \times (Q-1)$ 個 λ 與 $K-1$ 個 π，待估參數數目（number of parameters; $Npar$）為 $J \times K \times (Q-1) + (K-1)$。

基於最大概似函數估計法，一旦觀察資料的機率分配 $P(Y|C=k)$ 決定之後（例如觀察變數是二分變數時取二項分配，觀察變數是連續變數時取常態分配），將觀察資料帶入概似函數，取令概似函數值最大化的各參數值，即為 LCA 的最大概似參數估計數（maximum likelihood estimator; MLE）。

3.2.3 範例資料說明

假設今天有 1000 位看診病患在是否發燒（y_1）、是否咳嗽（y_2）、是否流鼻水（y_3）三個問題上的症狀如表 3.1 所示，亦即有三個二元計分的觀察變數，每一個變數具有兩個數值 $y=0$ 與 $y=1$，各題回答{1}的機率分別是.643、.663、.621，這三個機率的性質是邊際機率，也就是說，全體看診病患中 64.3%發燒、66.3%咳嗽、62.1%流鼻水。

三個問診題目各有兩種答案，因此共有 $2 \times 2 \times 2 = 8$ 種作答組合，也就是三個觀察變數可以構成 8 個細格觀察機率，{000}表示三題皆回答「否」，{111}表示三題皆回答「是」。由表 3.1 的數據可知，反應次數最高者是發燒、咳嗽、流鼻水三題都回答「是」，共有 357 人（35.7%），其次是發燒+咳嗽（11.0%）與咳嗽+流鼻水（10.1%）。

本範例以 y_1、y_2、y_3 三個觀察變數來估計 C，由於三個觀察變數皆為二分變數（$Q=2$），$P(\mathbf{Y})$ 是帶有八種組合狀況的二項分配聯合機率，為了簡化參數的表示（省略 q 足標），二分觀察變數在 k 個潛在類別下回答{1}（$q=1$）的條件機率為 λ_{jk}，回答{0}（$q=2$）的條件機率為 $1-\lambda_{jk}$。基於多元伯努利的二項分配，LCA 模型如下：

表 3.1　1000 位病患在三個問診項目的作答情形

作答反應	y_1 發燒	y_2 咳嗽	y_3 流鼻水	f	P	%
{000}	0	0	0	93	.093	9.3
{001}	0	0	1	68	.068	6.8
{010}	0	1	0	95	.095	9.5
{011}	0	1	1	101	.101	10.1
{100}	1	0	0	81	.081	8.1
{101}	1	0	1	95	.095	9.5
{110}	1	1	0	110	.110	11.0
{111}	1	1	1	357	.357	35.7
小計						
y={0}	.357	.337	.379			
y={1}	.643	.663	.621			
總和				643	1.00	100

$$P(\text{Y}) = P(y_1, y_2, y_3) = \sum_{k=1}^{K} \pi_k P(\text{Y}|C=k) = \sum_{k=1}^{K} \pi_k \prod_{j=1}^{J} \lambda_{jk}^{y_j} (1-\lambda_{jk})^{1-y_j} \qquad (3\text{-}10)$$

　　表 3.1 的範例數據經過 LCA 的估計結果得知 1000 位病患在三個問診項目的作答可被一個帶有三個組別的潛在變數進行分群。分群機率係透過對數線性模型的截距參數估計而得（以第三群為參照組，$\alpha_{(C=3)}=0$），運算過程如下：

$$\hat{\pi}_1 = P(C=1) = \frac{\exp(-.597)}{\exp(-.597) + \exp(.579) + \exp(0)} = .165$$

$$\hat{\pi}_2 = P(C=2) = \frac{\exp(.579)}{\exp(-.597) + \exp(.579) + \exp(0)} = .535$$

$$\hat{\pi}_3 = P(C=3) = \frac{\exp(0)}{\exp(-.597) + \exp(.579) + \exp(0)} = .300$$

表 3.2　1000 名病患的潛在類別模型機率估計結果

		潛在變數 *C*			
		C=1	*C*=2	*C*=3	Total
觀察變數	$\alpha_k=$	-.597	.579	0	
	$\pi_k=$	**.165**	**.535**	**.300**	**1.000**
y_1 發燒	*y*=1	.095 (.578)	.507 (.947)	.041 (.137)	.643
	y=0	.070 (.422)	.029 (.053)	.258 (.863)	.357
y_2 咳嗽	*y*=1	.004 (.022)	.451 (.843)	.166 (.554)	.663
	y=0	.161 (.978)	.085 (.127)	.133 (.446)	.337
y_3 流鼻水	*y*=1	.064 (.384)	.430 (.804)	.169 (.566)	.621
	y=0	.101 (.616)	.106 (.196)	.130 (.434)	.379

註：括弧內的機率為各潛在類別內的觀察變數條件機率 λ。

　　三個潛在類別機率分別為 $\hat{\pi}_1$=.165、$\hat{\pi}_2$=.535、$\hat{\pi}_3$=.300，三者的總和為 1.00。其中第二組分群機率為.535，顯示病患類型以第二個潛在類別為多數，超過全體樣本的一半以上。

　　進一步說明各潛在分群內的測量參數，表 3.2 列出了各潛在類別下的各題作答機率。以發燒（y_1）為例，回答 *y*=1 與 *y*=0 兩選項在三個潛在類別下的細格機率估計值，將三個潛在類別下的各機率估計值加總，即為各題的邊際機率，例如 y_1=1（有發燒者）的邊際機率=$\Sigma\hat{p}_{jk(q=1)}$=.095+.507+.041=.643，y_1=0（沒發燒者）的邊際機率=$\Sigma\hat{p}_{jk(q=0)}$=.07+.029+.258=.357。

	C=1	*C*=2	*C*=3
y_1=1：	$\hat{p}_{111}$=.095	$\hat{p}_{121}$=.507	$\hat{p}_{131}$=.041，
y_1=0：	$\hat{p}_{110}$=.070	$\hat{p}_{120}$=.029	$\hat{p}_{130}$=.258，

　　各細格機率除以分組機率即為條件機率，可用於在解釋各潛在類別與觀察變數的對應關係，藉以反映潛在類別的內涵與意義：

$y_1=1|C=1$：$\hat{\lambda}_{11} = \hat{p}_{111}/\hat{\pi}_1 = .095/.165 = .578$

$y_2=1|C=1$：$\hat{\lambda}_{21} = \hat{p}_{211}/\hat{\pi}_1 = .004/.165 = .022$

$y_3=1|C=1$：$\hat{\lambda}_{31} = \hat{p}_{311}/\hat{\pi}_1 = .064/.165 = .384$

　　例如對於第一個潛在類別（$C=1$）而言，作答者在三個題目的回答{1}的條件機率分別為.578、.022、.384，顯示此一潛在類別除了在第一題發燒的條件機率稍高之外，在另兩個題目上回答{1}的機率偏低，亦即此類受訪者只有發燒症狀但沒有咳嗽與流鼻水，這群人占了16.5%。

　　若是第二個潛在類別（$C=2$），作答者在三個題目的回答{1}的條件機率分別為.947、.843、.804，顯示此一潛在類別在三個題目上回答{1}的機率都很高，也就是此類求診者同時有發燒、咳嗽、流鼻水三種症狀，這群人占了53.5%。

$y_1=1|C=2$：$\hat{\lambda}_{12} = \hat{p}_{121}/\hat{\pi}_2 = .507/.535 = .947$

$y_2=1|C=2$：$\hat{\lambda}_{22} = \hat{p}_{221}/\hat{\pi}_2 = .451/.535 = .843$

$y_3=1|C=2$：$\hat{\lambda}_{32} = \hat{p}_{321}/\hat{\pi}_2 = .430/.535 = .804$

　　以第二個潛在類別（$C=2$）為例，發燒、咳嗽、流鼻水的閾值分別為$\hat{\tau}_{12}=-2.881$、$\hat{\tau}_{22}=-1.41$、$\hat{\tau}_{32}=-1.682$，三者皆為負值，表示在這個潛在類別中，發燒、咳嗽、流鼻水的發生條件機率很高，運算過程如下：

$y_1=1|C=2$：$\hat{\lambda}_{12} = 1/(1+\exp(\hat{\tau}_{12})) = 1/(1+\exp(-2.881)) = .947$

$y_2=1|C=2$：$\hat{\lambda}_{22} = 1/(1+\exp(\hat{\tau}_{22})) = 1/(1+\exp(-1.41)) = .843$

$y_3=1|C=2$：$\hat{\lambda}_{32} = 1/(1+\exp(\hat{\tau}_{32})) = 1/(1+\exp(-1.682)) = .804$

　　總結前述題項反應機率的估計狀況，可以將三個潛在類別當中比重最大者（$C=2$）命名為發燒、咳嗽、流鼻水的「多重共症狀患者」；比重次之者（$C=3$）為沒有發燒，但有咳嗽與流鼻水的「不發燒的雙重呼吸道症狀患者」；最後是發燒、流鼻水但不咳嗽的「發燒中的可能呼吸道症狀患者」。由於本範例資料是模擬而來而非真實資料，因此潛在類別的命名方式僅供參考。

3.3 LCA 分類

3.3.1 後驗分類機率

　　LCA 的另一項工作是分類（classification），經過 LCA 的分群估計之後，得到模型參數的估計值，進而可以估計聯合期望機率 $\hat{P}(y_1, y_2, ..., y_J)$，導出各受測者在各潛在類別的後驗機率（posterior probability），可用於分類，因此稱為分類機率（classification probability），$P_k' = P(C = k|y_1, y_2, ..., y_J)$，定義如下：

$$P_k' = P(C = k|Y_j) = \frac{P(C = k)P(Y_j|C = k)}{\sum_{k=1}^{K} P(C = k)P(Y_j|C = k)} = \frac{P(C = k)\prod_{j=1}^{J} P(y_j|C = k)}{\sum_{k=1}^{K} P(C = k)\prod_{j=1}^{J} P(y_j|C = k)} \tag{3-11}$$

　　每一個受測者在各潛在類別的分類機率 P_k' 高低有別，其中機率最高者為模型目標類別（modal class），亦即最可能潛在類別（most likely class; MLC），透過此一比較程序，可將每一個受測者分派至其中一個潛在類別，創造一個新的分類變數來表示各受測者的後驗類別屬性（posterior membership），為了避免混淆，後驗分類變數以 G_g 表示，$g=1, ..., G$，G 的組數與潛在類別變數 C 相同：$G=K$。

3.3.2 分派原則

　　若以 P_{ik}'' 表示第 i 個受測者被分派入 G 變數各組的機率，受測者若有 P_{ik}' 機率最高者時被分派進入第 g_k 組，表示 $P_k'' = P(G = g_k|Y) = 1$，分派進入其他類別的機率 $P_k'' = 0$，稱為硬分派（hard partitioning）或模型分派（modal assignment）。相對之下，如果僅以分類機率 P_{ik}' 表示被分入第 g_k 組的分派機率（$P_{ik}' = P_{ik}''$）則為軟分派（soft partitioning）或部份分派（proportional assignment）（Vermunt, 2010）。

　　基於軟分派的原則，被分派到同一個潛在類別的受測者，P_{ik}' 的平均稱為平均分類機率（average classification probability; $\overline{P_k'}$）或平均後驗分派機率（average posterior probability of assignment; APPA）（Asparouhov & Muthén, 2014）。

■**範例資料說明**

　　本範例的 1000 位看診病患的分類結果列於表 3.3，例如病患在發燒（y_1）、咳嗽（y_2）、流鼻水（y_3）三題都答「是」的{111}作答型態細格者的期望機率如下：

$$C=1 \qquad \hat{P}_{k=1} = \pi_{k=1}\lambda_{j=1|k=1}\lambda_{j=2|k=1}\lambda_{j=3|k=1} = .165 \times .578 \times .022 \times .384 = .001$$

$$C=2 \qquad \hat{P}_{k=2} = \pi_{k=2}\lambda_{j=1|k=2}\lambda_{j=2|k=2}\lambda_{j=3|k=2} = .535 \times .947 \times .843 \times .804 = .343$$

$$C=3 \qquad \hat{P}_{k=3} = \pi_{k=3}\lambda_{j=1|k=3}\lambda_{j=2|k=3}\lambda_{j=3|k=3} = .300 \times .137 \times .554 \times .566 = .013$$

而{1,1,1}細格在三個潛在類別的後驗分類機率是.002、.962、.036：

$$C=1 \qquad P'_{k=1} = .001/(.001+.343+.013) = .002$$

$$C=2 \qquad P'_{k=2} = .343/(.001+.343+.013) = .962$$

$$C=3 \qquad P'_{k=3} = .013/(.001+.343+.013) = .036$$

表 3.3　1000 位病患在三個問診題目的期望機率與分類情形

$\{y_1,y_2,y_3\}$	觀察數據		期望機率 $\hat{P}$			期望次數 $\hat{f}$			硬分派結果 G		
	f	p	$C=1$	$C=2$	$C=3$	$C=1$	$C=2$	$C=3$	$G=1$	$G=2$	$G=3$
{000}	93	.093	.042	.001	**.050**	42	1	50	0	0	93
{001}	68	.068	.001	.005	**.062**	1	5	62	0	0	68
{010}	95	.095	.026	.004	**.065**	26	4	65	0	0	95
{011}	101	.101	.001	.019	**.081**	1	19	81	0	0	101
{100}	81	.081	**.057**	.016	.008	57	16	8	81	0	0
{101}	95	.095	.001	**.084**	.010	1	84	10	0	95	0
{110}	110	.110	.036	**.064**	.010	36	64	10	0	110	0
{111}	357	.357	.001	**.343**	.013	1	343	13	0	357	0
Total	1000		**.165**	**.535**	**.300**	165	535	300	81	562	357

因為在第二個潛在類別 $C=2$ 的分類機率 $P'_{k=2}=.962$ 最高，因此其最可能類別 MLC 為第二群，因此被分類進入 $G=2$。對於八種細格逐一進行計算其 MLC 分派結果，得到 G=1、2、3 的比例為.081、.562、.357，亦即硬分派的結果。若基於 **Mplus** 報表輸出格式，比例軟分派與模型硬分派的結果分別如下：

FINAL CLASS COUNTS AND PROPORTIONS FOR THE LATENT CLASSES
BASED ON ESTIMATED POSTERIOR PROBABILITIES

```
    Latent
    Classes

      1          165.07685          0.16508
      2          534.97724          0.53498
      3          299.94591          0.29995
```

FINAL CLASS COUNTS AND PROPORTIONS FOR THE LATENT CLASSES
BASED ON THEIR MOST LIKELY LATENT CLASS MEMBERSHIP

Class Counts and Proportions

```
    Latent
    Classes

      1                81            0.08100
      2               562            0.56200
      3               357            0.35700
```

所有受測者在各 MLC 的分類機率加以平均後得到平均分類機率 $\overline{P}'_{k|k'}$ 如下

Average Latent Class Probabilities for Most Likely Latent Class Membership (Row)
by Latent Class (Column)

```
         C1       C2       C3
   G1   0.709    0.192    0.098
   G2   0.067    0.874    0.059
   G3   0.195    0.080    0.725
```

前述這些分類的程序，是經由各題在各組的期望機率 $\hat{P}$ 來計算各細格期望次數 $\hat{f}$ 以及事後分類結果。以在比例最重的第二組（$C=2$）為例，最高的期望機率是{111}的 $\hat{P}_{111}=.343$，其次是{101}的 $\hat{P}_{101}=.084$ 與{110}的 $\hat{P}_{110}=.064$，表示發燒+咳嗽+流鼻水的病患，以及發燒搭配咳嗽、流鼻水其中一項的病患，在三個潛在類別的發生期望機率都是最高的，因此他們的模型組別即為 $C=2$，這個類別可能是感染某一種病毒株，經過分類，共有 56.2% 的受測者被歸入 $G=2$。

在比重次之的 $C=3$，期望機率較高且在三個潛在類別的期望機率最高者分別為{011}（$\hat{P}_{011}=.081$）、{010}（$\hat{P}_{010}=.065$）、{001}（$\hat{P}_{001}=.062$）與{000}（$\hat{P}_{000}=.05$），這些觀察反應類型的共通點都是不會發燒，可能另一種病毒株感染，事後分類有 35.7%的受測者被歸入 $G=3$。最後只剩下單純發燒{100}（$\hat{P}_{100}=.057$）的反應類型，全部歸為第一個潛在類別，共有 8.1%的受測者被歸入 $G=1$。

3.3.3 分類正確與分類誤差：D矩陣

基於期望機率與後驗機率，每一個受測者在每一個潛在類別的期望機率與期望次數都可以被計算得出，因此可以計算出應分至特定 k 組而且分入該組的正確分類機率，以及應分至特定 k 組但並非分入該組的錯誤分類機率，被視為分類誤差（classification error）。Mplus 報表列於 Classification Probabilities for the Most Likely Latent Class Membership (Column) by Latent Class (Row) 矩陣中（Asparouhov & Muthén, 2014, p.330），又稱為 **D** 矩陣（Vermunt, 2010）。例如應被分到 C 的第一群(c_1)而被分入 G 的第一群(g_1)受測者的正確分類機率($d_{g_1|c_1}$)如下：

$$d_{g_1|c_1} = P(G = g_1|C = c_1) = \frac{\sum_{G=g_1}\hat{P}(C = c_1 \mid Y)}{P(C = c_1)} \qquad (3\text{-}12)$$

應該屬於潛在類別變數 C 的 c_2 但是被分到 g_1 的錯誤分類機率（ $d_{g_1|c_2}$ ），與被分到 g_3 的錯誤分類機率（ $d_{g_3|c_2}$ ）如下：

$$d_{g_1|c_2} = P(G = g_1|C = c_2) = \frac{\sum_{G=g_1}\hat{P}(C = c_2 \mid Y)}{P(C = c_2)} \qquad (3\text{-}13)$$

$$d_{g_3|c_2} = P(G = g_3|C = c_2) = \frac{\sum_{G=g_3}\hat{P}(C = c_2 \mid Y)}{P(C = c_2)} \qquad (3\text{-}14)$$

　　對於某一個模型估計的潛在類別而言，正確分類與錯誤分類的機率和為 1.0，例如 $C=c_2$：$d_{g_2|c_2} + d_{g_1|c_2} + d_{g_3|c_2} = 1.0$，範例資料的計算如下：

$$d_{g_2|c_2} = \frac{\hat{P}_{100.c_2}}{P(C=c_2)} = \frac{.016}{.535} = .029$$

$$d_{g_1|c_2} = \frac{\hat{P}_{101.c_2} + \hat{P}_{110.c_2} + \hat{P}_{111.c_2}}{P(C=c_2)} = \frac{.084+.064+.343}{.535} = .918$$

$$d_{g_3|c_2} = \frac{\hat{P}_{000.c_2} + \hat{P}_{001.c_2} + \hat{P}_{010.c_2} + \hat{P}_{011.c_2}}{P(C=c_2)} = \frac{.001+.005+.004+.019}{.535} = .053$$

　　將所有的分類正確與錯誤機率彙整，得到 D 矩陣結果如下：

Classification Probabilities for the Most Likely Latent Class Membership (Column) by Latent Class (Row)

	G=1	G=2	G=3
C=1	**0.348**	0.230	0.422
C=2	0.029	**0.918**	0.053
C=3	0.027	0.110	**0.863**

　　上述分類過程與傳統的集群分析（cluster analysis）類似，因此又稱為潛在類別分群（LC clustering）（Magidson & Vermunt, 2001; Vermunt & Magidson, 2002），所不同的是集群分析是利用觀察值的距離來判定同質性，潛在類別分群是利用機率來判定同質性。Wolfe（1970）最早將 LCA 與集群分析的原理一併探討，1990 年代後，由於電腦的普及與性能提升，將 LCA 的概念應用於集群分析的理論與技術不斷被提出，例如 McLachlan 與 Basford（1988）與 Everitt（1993）所提出的混合概似集群法（mixture-likelihood approach to clustering），Banfield 與 Raftery（1993）與 Bensmail，Celeux, Raftery, Robert（1997）提出了模基集群法（model-based clustering），Cheeseman & Stutuz（1995）的貝氏分類法（Bayesian classification），Bacher（2000）的機率集群法（probabilistic clustering）。

3.4 LCA 的 Mplus 分析範例

　　前面所討論的是 LCA 的原理，從實務操作的觀點來看，LCA 的保守做法是採探索性方式，從潛在類別數目為 1 的基準模型，逐漸增加潛在類別的數目，逐一檢驗每一個模型的適配性，藉以選擇出最佳模型，稱為**探索性 LCA**（exploratory LCA）。相對之下，如果研究者有特定研究目的，或對於參數有特殊的設限或比較，所採行的 LCA 稱為**驗證性 LCA**（confirmatory LCA），我們將於第五章介紹。

　　探索性 LCA 的主要任務，在於「探索」觀察變數聯合機率中的相依性能夠被幾個潛在類別吸收最多，以達成局部獨立性。當 K 個潛在類別能夠解釋最大的觀察變數相依性時，會使基於局部獨立假設的理論模型最接近觀察資料，有最佳的模型適配數值（例如 AIC、BIC、分類亂度等等，將於下一章介紹），此一 K 個類別（K-cluster）的模型即為最佳模型。每一個潛在類別由一群具有相同特徵（高同質性）的受測者所組成，Vermunt 與 Magidson（2005）將此探索性取向的 LCA 稱為**潛在類別集群模型**（latent class cluster model）。分析過程需經過下列幾個步驟：

■ 估計初始模型（K=1 的 1-cluster 模型）。

■ 逐步增加類別數目，進行各模型的參數估計，計算模型適配。

■ 進行模型適配與差異檢定，決定最佳模型。

■ 進行潛在類別的命名與參數估計結果整理。

■ 進行分類，決定各受測者的歸屬類別。

　　本節的目的在以實徵資料（鳶尾花資料集[註1]）示範 LCA 的分析程序，由於尚未介紹模型適配的概念與內容，因此本節將直接進行特定潛在類別數目的無條件 LCA，以利讀者瞭解 LCA 分析一些重要內容與參數意義。

[註1] 鳶尾花資料集（Iris data set）是美國生物學家 Edgar Anderson 於 1936 年在加拿大加斯帕半島測量所得，英國統計學家 Ronald Fisher 將其應用在分類研究而廣為人知，又稱為費雪鳶尾花資料集（Fisher's Iris data set）。可自美國加州大學歐文分校（UCI）機器學習資料庫取得 http://archive.ics.uci.edu/ml/datasets/Iris。

3.4.1 範例資料

鳶尾花資料集（Iris data set）是資料探勘與大數據分析最常使用的範例資料。Iris 一詞源於希臘文的「彩虹」，中文又稱「愛麗絲」，花朵顏色鮮豔，花瓣像一件華麗的裙子，全球有超過 2000 種品種。資料集中包含了瓣窄萼寬的山鳶尾（Setosa）、花色豐富的變色鳶尾（Versicolor）、瓣大萼大的維吉尼亞鳶尾（Virginica）三個品種各 50 個樣本，記錄了花瓣與花萼的長寬資料，如表 3.4 所示。

鳶尾花資料集當中，各項測量數據皆為連續變數，如果把連續變數轉換成類別變數，即可進行 LCA 潛在類別分群。資料轉換的方法是將各變數取 33.33 與 66.67 百分位數，區分成觀察值個數相等的低（L）、中（M）、高（H）三組，由於資料中有許多同分數據，因此每一組不一定恰為 50 筆觀察值，分組後的測量變數狀況如表 3.5 所示。其中山鳶尾（Setosa）的花瓣長寬都屬於低分組，與另兩種品種完全沒有交集，在花萼長寬的類型則與另兩個品種有部分交集。相對之下變色鳶尾（Versicolor）與維吉尼亞鳶尾（Virginica）的四種測量類型的分類就多所交集，因此可以預見會與前一節有類似的結果：Setosa 最容易被正確分群，Versicolor 與 Virginica 兩品種則會有較多的分群錯誤狀況發生。

表 3.4 鳶尾花資料集的測量內容（N=150）

		全體	1.山鳶尾 Setosa	2.變色鳶尾 Versicolor	3.維吉尼亞鳶尾 Virginica
Y1 瓣寬 PW Petal Width	M SD	11.93 7.57	2.46 1.05	13.26 1.98	20.06 2.90
Y2 瓣長 PL Petal Length	M SD	37.79 17.78	14.62 1.74	43.22 5.36	55.52 5.52
Y3 萼寬 SW Sepal Width	M SD	30.55 4.37	34.28 3.79	27.64 3.14	29.74 3.23
Y4 萼長 SL Sepal Length	M SD	58.45 8.27	50.10 3.54	59.36 5.16	65.88 6.36

註：測量單位為公釐（millimetre, mm）

表 3.5 鳶尾花資料集資料轉換後的描述統計（N=150）

測量變數	組別	原始尺度 (mm)	全體		1.山鳶尾 Setosa		2.變色鳶尾 Versicolor		3.維吉尼亞鳶尾 Virginica	
			f	%	f	%	f	%	f	%
U1 瓣寬	L	1~6	50	33.3	50	100.0	0	0.0	0	0.0
PWG	M	7~15	49	32.7	0	0.0	45	90.0	4	8.0
	H	16~25	51	34.0	0	0.0	5	10.0	46	92.0
U2 瓣長	L	10~19	50	33.3	50	100.0	0	0.0	0	0.0
PLG	M	30~49	51	34.0	0	0.0	45	90.0	6	12.0
	H	50~69	49	32.7	0	0.0	5	10.0	44	88.0
U3 萼寬	L	20~28	48	32.0	1	2.0	28	56.0	19	38.0
SWG	M	29~32	59	39.3	16	32.0	20	40.0	23	46.0
	H	33~44	43	28.7	33	66.0	2	4.0	8	16.0
U4 萼長	L	43~54	52	34.7	45	90.0	6	12.0	1	2.0
SLG	M	55~62	47	31.3	5	10.0	30	60.0	12	24.0
	H	63~79	51	34.0	0	0.0	14	28.0	37	74.0

3.4.2　Mplus LCA分析語法與結果

　　LCA 的 Mplus 語法，若以最簡單的方式來撰寫，僅需簡單的幾行文字。比較重要的指令是分析類型需指定為 TYPE=MIXTURE，表示將處理類別潛在變數。同時也需指定哪些觀察變數被納入分析，觀察變數是否為類別變數等資訊。

　　另一個重要指令是指明有幾個潛在類別：Class=C(K)，其中 K 為潛在類別數目，由研究者給定一個數值，Mplus 一次只能執行一種模型，因此，如果要分析組別數目為 1、2、3、4、5 等五種模型，則需執行五次 LCA 分析。

　　Output 指令則是要求列印出不同的報表，Save Data 可輸出每一觀察值被分到哪一個類別的分類結果檔案。除了一般性的報表之外，其他比較重要的指令如 Tech 1：列出模型設定狀況，提供參數的訊息。Tech 7：列出每一個潛在類別的樣本統計量。Tech 8：列出疊代估計的過程與相關數據，以利檢查。Tech 10：列出當模型中有類別依變項時的單變量與雙變量的模型適配結果。本節的語法（Syn3.4C3.inp）與主要結果報表如下：

■Syn3.4C3.inp

```
TITLE:      Latent Class Analysis on Iris Data
DATA:       FILE=iris.csv;
VARIABLE:   NAMES=ID TYPE Y1-Y4 U1-U4;
            USEV=U1-U4;              !選擇研究變數
            CLASSES=c(3);           !設定潛在類別的名稱與群數
            CATEGORICAL=U1-U4;      !指定類別觀察變數
ANALYSIS:   TYPE=MIXTURE;           !選擇分析方式為混合模型
            STARTS = 100 10;        !指定隨機起始值
OUTPUT:     TECH1 TECH7 TECH10 TECH14;
PLOT:       TYPE=PLOT3;
SAVEDATA:   FILE IS Syn3.4C3.dat; SAVE = CPROB;
```

■結果報表

```
Mplus VERSION 8.9
MUTHEN & MUTHEN
03/09/2023    8:52 PM

INPUT INSTRUCTIONS

    TITLE:      Latent Class Analysis on Iris
    DATA:       FILE=iris.csv;
    VARIABLE:   NAMES=ID TYPE Y1-Y4 U1-U4;
                USEV=U1-U4;              !選擇觀察變數
                CLASSES=c(3);           !設定潛在類別的名稱與群數
                CATEGORICAL=U1-U4;      !指定類別觀察變數
    ANALYSIS:   TYPE=MIXTURE;           !選擇分析方式為混合模型
                !STARTS = 100 10;       !指定隨機起始值
    OUTPUT:     TECH1 TECH7 TECH10 TECH14;
    PLOT:       TYPE=PLOT3;
    SAVEDATA:   FILE IS Syn3.4C3.dat; SAVE=CPROB;
```

Latent Class Analysis on Iris

SUMMARY OF ANALYSIS

```
Number of groups
Number of observations
Number of dependent variables
Number of independent variables
Number of continuous latent variables
Number of categorical latent variables
```

資料摘要
列出資料庫的內容：包括樣本數
（150）、觀察變數(依變數)數目(4)、
潛在類別變項數目（1）等

```
                                                    1
                                                  150
                                                    4
                                                    0
                                                    0
                                                    1
```

Observed dependent variables

```
    Binary and ordered categorical (ordinal)
    U1          U2          U3          U4
```

Categorical latent variables
    C

UNIVARIATE PROPORTIONS AND COUNTS FOR CATEGORICAL VARIABLES

```
    U1
        Category 1      0.333            50.000
        Category 2      0.327            49.000
        Category 3      0.340            51.000
    U2
        Category 1      0.333            50.000
        Category 2      0.340            51.000
        Category 3      0.327            49.000
    U3
        Category 1      0.320            48.000
        Category 2      0.393            59.000
        Category 3      0.287            43.000
    U4
        Category 1      0.347            52.000
        Category 2      0.313            47.000
        Category 3      0.340            51.000
```

觀察資料資訊
類別觀察資料的各水準
機率與次數：
Category 1 表示 y=1(低)
Category 2 表示 y=2(中)
Category 3 表示 y=3(高)

MODEL FIT INFORMATION

模型適配
列出參數數目、概似值
與各指標與檢定資訊

Number of Free Parameters   26

Loglikelihood

```
        H0 Value                        -419.992
        H0 Scaling Correction Factor       1.0071
            for MLR
```

Information Criteria

```
        Akaike (AIC)                     891.984
        Bayesian (BIC)                   970.260
        Sample-Size Adjusted BIC         887.975
            (n* = (n + 2) / 24)
```

Chi-Square Test of Model Fit for the Binary and Ordered Categorical
(Ordinal) Outcomes

```
        Pearson Chi-Square

        Value                             27.237
        Degrees of Freedom                    54
        P-Value                            0.9991

        Likelihood Ratio Chi-Square

        Value                             27.407
        Degrees of Freedom                    54
        P-Value                            0.9990
```

FINAL CLASS COUNTS AND PROPORTIONS FOR THE LATENT CLASSES
BASED ON THE ESTIMATED MODEL

```
    Latent
    Classes

        1           53.88387          0.35923
        2           46.11613          0.30744
        3           50.00000          0.33333
```

分群狀態
模型估計的各潛在類別次
數與機率

FINAL CLASS COUNTS AND PROPORTIONS FOR THE LATENT CLASSES
BASED ON ESTIMATED POSTERIOR PROBABILITIES

```
    Latent
    Classes
        1          53.88387              0.35923
        2          46.11613              0.30744
        3          50.00000              0.33333
```

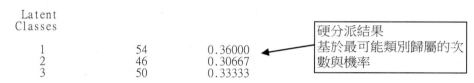

軟分派結果
以模型估計的後驗機率進
行分群的次數與機率

FINAL CLASS COUNTS AND PROPORTIONS FOR THE LATENT CLASSES
BASED ON THEIR MOST LIKELY LATENT CLASS MEMBERSHIP

Class Counts and Proportions

```
    Latent
    Classes
        1          54                    0.36000
        2          46                    0.30667
        3          50                    0.33333
```

硬分派結果
基於最可能類別歸屬的次
數與機率

CLASSIFICATION QUALITY

```
    Entropy                    0.944
```

Average Latent Class Probabilities for Most Likely Latent Class Membership (Row)
by Latent Class (Column)

```
              1        2        3
     1     0.967    0.033    0.000
     2     0.036    0.964    0.000
     3     0.000    0.000    1.000
```

從 G 來看分類結果：受測者分類進入各
群後的各潛在類別平均分類機率

Classification Probabilities for the Most Likely Latent Class Membership (Column)
by Latent Class (Row)

```
              1        2        3
     1     0.970    0.030    0.000
     2     0.038    0.962    0.000
     3     0.000    0.000    1.000
```

從 C 來看分類結果：正確與錯誤分類。
D 矩陣的對角線為正確分類機率，橫列
左右為錯誤分類機率

Logits for the Classification Probabilities for the Most Likely Latent Class
Membership (Column) by Latent Class (Row)

```
              1         2        3
     1     13.785    10.325    0.000
     2     10.549    13.777    0.000
     3    -13.816   -13.816    0.000
```

正確與錯誤分類機率的 logit 數值，以第
三群為參照組

MODEL RESULTS

各潛在類別閾值、標準
誤及 z 檢定值

	Estimate	S.E.	Est./S.E.	Two-Tailed P-Value
Latent Class 1				
Thresholds				
U1$1	-15.000	0.000	999.000	999.000
U1$2	1.934	0.492	3.928	0.000
U2$1	-15.000	0.000	999.000	999.000
U2$2	2.067	0.605	3.415	0.001
U3$1	0.508	0.295	1.725	0.085
U3$2	15.000	0.000	999.000	999.000
U4$1	-1.902	0.419	-4.538	0.000
U4$2	1.139	0.353	3.222	0.001

C2 組當中的 U1 第 1 個閾值=-15，表示 C2 的 U1 題第 1
個選項的機率幾乎為 0，第 2 個閾值=-3.135，表示第 1+2
個選項的累積機率也很低，第三個選項的機率非常高

	Estimate	S.E.	Est./S.E.	Two-Tailed P-Value
Latent Class 2				
Thresholds				
U1$1	-15.000	0.000	999.000	999.000
U1$2	-3.135	1.354	-2.316	0.021
U2$1	-15.000	0.000	999.000	999.000
U2$2	-2.606	0.720	-3.618	0.000
U3$1	-0.898	0.352	-2.547	0.011
U3$2	1.284	0.370	3.469	0.001
U4$1	-15.000	0.000	999.000	999.000
U4$2	-1.534	0.457	-3.358	0.001

C3 組當中的 U3 第 1 個閾值=-3.892，表示第 1 個選項的
發生機率很低，第二個閾值=-.663，表示第 1+2 個選項的
累積機率也很低，因此最後一個選項的機率高

	Estimate	S.E.	Est./S.E.	Two-Tailed P-Value
Latent Class 3				
Thresholds				
U1$1	15.000	0.000	999.000	999.000
U1$2	15.000	0.000	999.000	999.000
U2$1	15.000	0.000	999.000	999.000
U2$2	15.000	0.000	999.000	999.000
U3$1	-3.892	1.010	-3.853	0.000
U3$2	-0.663	0.299	-2.222	0.026
U4$1	2.197	0.471	4.661	0.000
U4$2	15.000	0.000	999.000	999.000

Categorical Latent Variables

對數線性模型的平均值，
以 C=3 為參照組

	Estimate	S.E.	Est./S.E.	Two-Tailed P-Value
Means				
C#1	0.075	0.205	0.365	0.715
C#2	-0.081	0.216	-0.375	0.708

QUALITY OF NUMERICAL RESULTS

Condition Number for the Information Matrix   0.121E-01
  (ratio of smallest to largest eigenvalue)

RESULTS IN PROBABILITY SCALE

	Estimate	S.E.	Est./S.E.	Two-Tailed P-Value
Latent Class 1				
U1				
Category 1	0.000	0.000	0.000	1.000
Category 2	0.874	0.054	16.077	0.000
Category 3	0.126	0.054	2.325	0.020
U2				
Category 1	0.000	0.000	0.000	1.000
Category 2	0.888	0.060	14.703	0.000
Category 3	0.112	0.060	1.862	0.063
U3				
Category 1	0.624	0.069	9.033	0.000
Category 2	0.376	0.069	5.433	0.000
Category 3	0.000	0.000	0.000	1.000
U4				
Category 1	0.130	0.047	2.743	0.006
Category 2	0.628	0.069	9.100	0.000
Category 3	0.243	0.065	3.735	0.000
Latent Class 2				
U1				
Category 1	0.000	0.000	0.000	1.000
Category 2	0.042	0.054	0.771	0.441
Category 3	0.958	0.054	17.714	0.000
U2				
Category 1	0.000	0.000	0.000	1.000
Category 2	0.069	0.046	1.491	0.136
Category 3	0.931	0.046	20.192	0.000
U3				
Category 1	0.290	0.072	3.994	0.000
Category 2	0.494	0.077	6.386	0.000
Category 3	0.217	0.063	3.449	0.001
U4				
Category 1	0.000	0.000	0.000	1.000
Category 2	0.177	0.067	2.662	0.008
Category 3	0.823	0.067	12.337	0.000
Latent Class 3				
U1				
Category 1	1.000	0.000	0.000	1.000
Category 2	0.000	0.000	0.000	1.000
Category 3	0.000	0.000	0.000	1.000
U2				
Category 1	1.000	0.000	0.000	1.000
Category 2	0.000	0.000	0.000	1.000
Category 3	0.000	0.000	0.000	1.000
U3				
Category 1	0.020	0.020	1.010	0.312
Category 2	0.320	0.066	4.851	0.000
Category 3	0.660	0.067	9.852	0.000
U4				
Category 1	0.900	0.042	21.213	0.000
Category 2	0.100	0.042	2.357	0.018
Category 3	0.000	0.000	0.000	1.000

題項反應機率
將閾值轉換成機率值，用來說明各潛在類別組成的條件機率。以及標準誤與 z 檢定結果

第一個選項的機率=exp(-15)/[1+exp(-.15)]=0。第一與第二個選項的機率=exp(-3.135)/[1+exp(-3.135)]=.069，第二個選項的機率為.069-0=.069，第三個選項的機率為 1-0-.069=.931

第一個選項的機率=exp(-3.892)/[1+exp(-.892)]=.02。第一與第二個選項的機率=exp(-.663)/[1+exp(-.663)]=.34，第二個選項的機率為.34-.02=.32，第三個選項的機率為 1-.02-.32=.66

■結果討論

由前述的分析可知，Mplus所進行的$K=3$的LCA得到三個潛在類別分群機率為：$\pi_1=.359$（C#1）、$\pi_2=.307$（C#2）、$\pi_3=.333$（C#3），比例相當。這三組內的四個觀察變數：U1（瓣寬）、U2（瓣長）、U3（萼寬）、U4（萼長）的題項反應機率高低說明了各潛在類別的性質：

C#1：在U1（瓣寬）、U2（瓣長）、U4（萼長）三個變數上落入低度組（L）的機率分別為0、0、.13，落入中度組（M）的機率為.874、.888、.628，至於U3（萼寬）則是偏低（.624），顯示此品種是花萼偏短、中型花瓣的鳶尾花，有可能是變色鳶尾（Versicolor）。

C#2：在U1（瓣寬）、U2（瓣長）、U4（萼長）三個變數上落入高度組（H）的機率分別為.958、.931、.823，在U3（萼寬）則是偏中度（.494），明顯可知此品種是大花瓣的鳶尾花，應該是維吉尼亞鳶尾（Virginica）。

C#3：在U1（瓣寬）、U2（瓣長）兩變數上完全落入低度組（L），U4（萼長）也偏短（.900），但U3（萼寬）偏寬（.660），可以明確的知道是小花瓣的鳶尾花品種，一定是山鳶尾（Setosa）。

如果利用後驗機率得到MLC的分組情形（儲存於Syn3.4C3.dat的最後一欄），與資料檔案中原來所提供花的真實品種進行交叉表（表3.6），可以得知山鳶尾100%被模型正確分類，變色鳶尾則有90%被正確分類，但有5朵被誤判為大花瓣的維吉尼亞鳶尾，而維吉尼亞鳶尾雖有82%的正確分類機率，但也有9朵被誤認為變色鳶尾，顯示這兩種鳶尾花比較容易搞混，用花瓣與花萼的大小長寬無法充分分類。

表 3.6 鳶尾花品種 Mplus 分群結果

MLC 品種	真實品種						Total	%
	Setosa	%	Versicolor	%	Virginica	%		
g_1	0	0	45	90	9	18	50	36.0
g_2	0	0	5	10	41	82	46	30.7
g_3	50	100	0	0	0	0	50	33.3
Total	50		50		50		150	

3.4.3 LatentGold LCA示範與結果

　　由於 LatentGOLD 是專門用來分析 LCA 的專用軟體,因此執行起來有其簡便性,最重要的是 LatentGOLD 是以圖形界面來設定分析條件,比起需要寫語法的 Mplus 相對簡單,資料讀取可以直接連結 SPSS、EXCEL 檔案,輸出結果也十分豐富多元,因此對於簡單的 LCA 分析,可使用 LatentGOLD。操作程序如下:

一、開啟軟體視窗,選取資料檔案。

二、1. 開啟工具列中的 Model ,選擇 Cluster ,亦即 LCA 分析。

　　2. 選擇所需要的變數,移至 Indicators 。

　　3. 變數預設的量尺是順序尺度(Ord),此時將游標停在 indicators 對話方格中,即可按滑鼠右鍵,浮現出量尺修改的選擇按扭,選取適當量尺型態。如果按下 Scan,電腦將自動掃描資料庫,檢查出各變數各有幾個水準數。

　　4. 利用 Clusters 數字框指定潛在類別的數目或數目範圍。

　　5. 變數視窗的下方,有一個 Clusters 數字框,可以輸入單一數值,表示有幾個潛在類別。例如選 1,代表僅有一個類別(虛無模型),選 5 則為 5 個潛在類別。如果鍵入 1-5,則分別執行當潛在類別數目為 1、2、3、4、5 等五種模型。

三、選擇 Output 中所需的分析數據。以及技術條件的設定等。一般情形下,可以不必進行調整,以預設的功能即可執行。

■介面圖說

一、開啟軟體視窗,選取資料檔案:

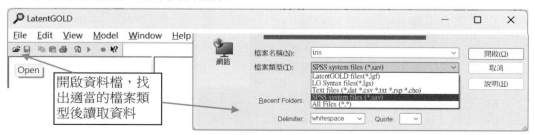

二、開啟工具列中的 Model，選擇 Cluster，選入觀察變數，指定分群數：

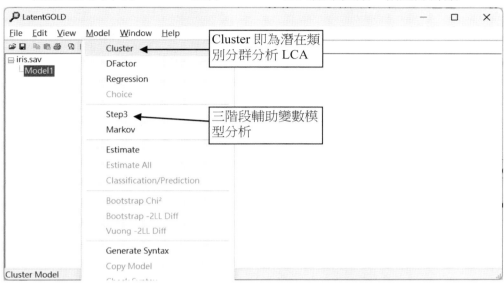

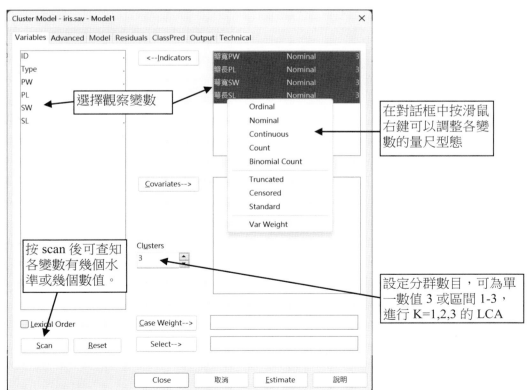

三、選擇 Output 中所需的分析數據，以及技術條件的設定：

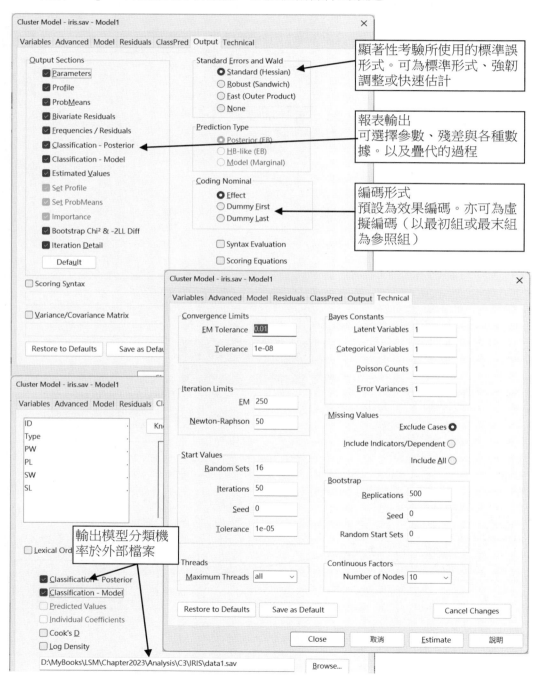

■報表解釋

　　LatentGOLD 下達估計指令即進行估計，並將分析結果列於輸出視窗中。視窗的左邊是目錄，右邊是結果。利用滑鼠點選左邊的目錄，將會整理出不同的資料表格，並可將各畫面儲存為 html 檔或.txt 檔。

　　LatentGOLD 最早出現的結果畫面是模型的適配指標。參數估計的結果列於左邊目錄視窗的 Parameters 選單之下。點選＋號後可開啟下列畫面，出現各觀察變數在各潛在類別的條件機率與顯著性檢定值。

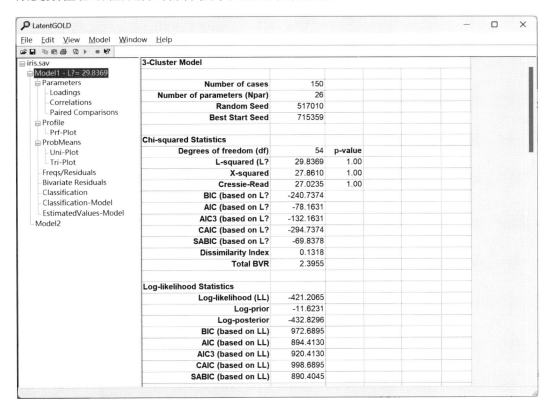

　　由所列出的參數可知，每一個觀察變數的不同水準被潛在類別解釋的強度被逐一列出，各參數的編碼形式為效果編碼（effect coding），因此總和為 0。各題的參數檢定（Wald 檢定）、p 值與 R^2 數值都一併列出。以第一個觀察變數（瓣寬）為例，被三個類別解釋的百分比是 82.6%(.826)，Wald=31.758，$p<.01$，亦即本題在三組的變異具有統計意義。

Models for	Cluster1	s.e.	z-value	Cluster2	s.e.	z-value	Cluster3	s.e.	z-value	Wald	p-value	R2
瓣寬PW												
低	-2.635	1.575	-1.673	4.846	1.341	3.613	-2.212	1.587	-1.393	31.758	2.1e-6	0.826
中	2.451	1.095	2.239	-2.248	1.593	-1.411	-0.204	1.172	-0.174			
高	0.183	1.081	0.170	-2.599	1.565	-1.661	2.415	1.087	2.222			
瓣長PL												
低	-2.566	1.573	-1.631	4.866	1.339	3.635	-2.300	1.577	-1.458	38.842	7.5e-8	0.827
中	2.406	1.075	2.238	-2.323	1.567	-1.482	-0.084	1.112	-0.075			
高	0.160	1.091	0.147	-2.544	1.580	-1.609	2.383	1.081	2.204			
萼寬SW												
低	1.891	0.766	2.469	-1.920	0.566	-3.393	0.029	0.455	0.063	26.137	3.0e-5	0.217
中	0.482	0.750	0.642	-0.143	0.437	-0.326	-0.339	0.421	-0.806			
高	-2.373	1.462	-1.623	2.063	0.755	2.731	0.310	0.768	0.404			
萼長SL												
低	-0.285	0.761	-0.374	3.164	0.942	3.360	-2.880	1.357	-2.122	55.985	2.0e-11	0.486
中	0.085	0.505	0.169	-0.214	0.771	-0.277	0.128	0.768	0.167			
高	0.199	0.759	0.262	-2.951	1.368	-2.158	2.752	0.942	2.920			

Intercepts	Overall	s.e.	z-value	Wald	p-value
瓣寬PW					
低	-0.772	1.062	-0.727	0.612	0.74
中	0.190	0.922	0.206		
高	0.582	0.894	0.651		
瓣長PL					
低	-0.792	1.060	-0.748	0.574	0.75
中	0.307	0.899	0.341		
高	0.486	0.900	0.540		
萼寬SW					
低	-0.106	0.428	-0.248	7.951	0.019
中	0.796	0.384	2.075		
高	-0.690	0.728	-0.948		
萼長SL					
低	-0.443	0.741	-0.597	2.413	0.30
中	0.756	0.488	1.550		
高	-0.314	0.745	-0.421		

Model for Intercept	Cluster1	s.e.	z-value	Cluster2	s.e.	z-value	Cluster3	s.e.	z-value	Wald	p-value
	0.079	0.130	0.612	0.002	0.115	0.019	-0.082	0.135	-0.602	0.455	0.80

　　點選 loadings 會列出各潛在類別機率（cluster size），分別是.360、.333、.307，總和為 1.0，以及各潛在變數下的觀察變數條件機率（測量參數），反映潛在變數與觀察變數的關聯強度，是用於解釋各潛在類別內涵的主要參數。如果需要進行顯著性考驗，則可按滑鼠右鍵，即可得到標準誤數值，進行 z 檢定。

　　LatentGOLD 除了列出各潛在類別的條件機率，並以折線圖的方式來呈現（如圖 3.2），各潛在類別的反應型態透過折線變化一目了然，條件機率越接近 1.0 者，表示該潛在類別在該題的出現機率高，越接近 0 者，表示該潛在類別在該題的出現機率低，在命名時，潛在類別的性質與高條件機率者有關。

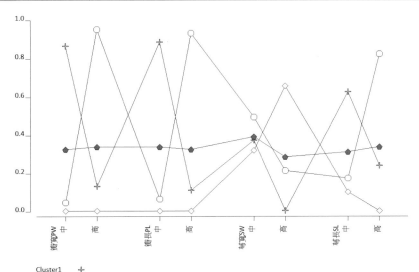

		Cluster1	s.e.	Cluster2	s.e.	Cluster3	s.e.	Overall	s.e.
Cluster Size		0.360	0.045	0.333	0.038	0.307	0.043		
Indicators									
瓣寬PW									
	低	0.002	0.006	0.996	0.009	0.002	0.007	0.333	0.038
	中	0.865	0.058	0.002	0.007	0.047	0.050	0.327	0.038
	高	0.133	0.058	0.002	0.007	0.951	0.051	0.340	0.039
瓣長PL									
	低	0.002	0.006	0.996	0.009	0.002	0.007	0.333	0.038
	中	0.886	0.058	0.002	0.007	0.066	0.050	0.340	0.039
	高	0.112	0.057	0.002	0.007	0.932	0.050	0.327	0.038
萼寬SW									
	低	0.621	0.069	0.022	0.021	0.290	0.071	0.320	0.038
	中	0.374	0.068	0.320	0.066	0.495	0.077	0.393	0.040
	高	0.005	0.016	0.658	0.067	0.214	0.062	0.287	0.037
萼長SL									
	低	0.131	0.046	0.896	0.043	0.003	0.008	0.347	0.039
	中	0.628	0.069	0.101	0.043	0.174	0.066	0.313	0.038
	高	0.241	0.063	0.002	0.007	0.823	0.066	0.340	0.039

圖 3.2 鳶尾花品種 LCA 分類機率剖面圖

　　題項反應機率以單維圖示表示時，會分別反映四個類別與各觀察變數的關係。因此圖中會有四條軸線，分別標示出各題的條件機率。如下所示：

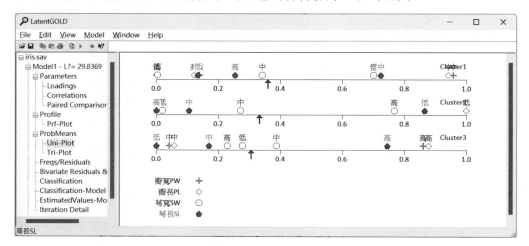

　　除了單維的圖形，也可以利用三維的圖示來說明題項反應機率。三維的圖形適用於潛在類別數目在三個以上，但一次只能處理三個維度。如下所示：

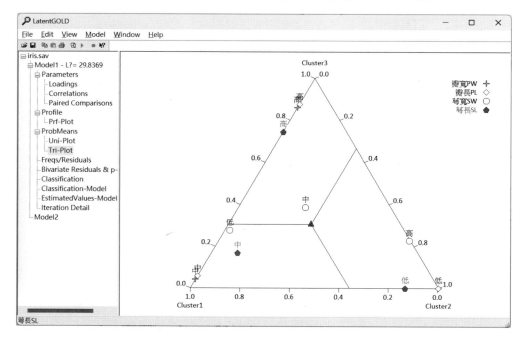

　　以第C#1群為例,在PWG(瓣寬)、PLG(瓣長)、SLG(萼長)三個變數上落入低分組L的機率分別為1.0、1.0、.90,在SWG(萼寬)則有66%屬於最寬H,顯示第C#1群是一種花瓣小朵但花萼很寬的鳶尾花品種,也即為山鳶尾Setosa,這就是為何我們會將第C#1群命名為Setosa的原因(我們並不能確知第C#1群是否就是Setosa,而是透過機率來判定)。

　　在條件機率方面,兩種軟體所估計得結果也非常近似(見表3.7),比較明顯的差異在於潛在類別的順序。LatentGOLD係以潛在類別的概率值大小依序排列,最大至最小機率依序為.360、.333、.307,Mplus則無此一排序原則,而是以原始估計先後順序排列之。但兩者的分組機率值完全相同。

　　LCA的最後一個工作是進行分組。每一個觀察值(受測者)都會被分到某一個潛在類別中,但是每一個細格(每一種回答組合)被歸類的次數(期望機率)也可以被估計出來,因此,細格估計值與實際各細格的人數的落差就是模型估計的殘差,殘差越大,模型適配越差。LatentGOLD呈現了各題目回答「有」與「無」者,被歸類到四個類別的比例,如果點選ProbMeans,則列出這些機率(這些機率並非條件機率,而是分類的歸屬機率:membership probability)。

表 3.7 Mplus 與 LatentGOLD 參數估計比較表

			Mplus						LatentGOLD		
			C1		C2		C3		C1	C2	C3
	Cluster Size		0.360		0.307		0.333		0.360	0.333	0.307
			p	τ	p	τ	p	τ	p	p	p
瓣寬 PW	1	低	.000	-15.00	.000	-15.00	1.000	15.00	.002	.996	.002
	2	中	.874	1.934	.042	-3.135	.000	15.00	.865	.002	.047
	3	高	.126		.958		.000		.133	.002	.951
瓣長 PL	1	低	.000	-15.00	.000	-15.00	1.000	15.00	.002	.996	.002
	2	中	.888	2.067	.069	-2.606	.000	15.00	.886	.002	.066
	3	高	.112		.931		.000		.112	.002	.932
萼寬 SW	1	低	.624	.508	.290	-.898	.020	-3.892	.621	.022	.290
	2	中	.376	15.00	.494	1.284	.320	-0.663	.374	.320	.495
	3	高	.000		.217		.660		.005	.658	.214
萼長 SL	1	低	.130	-1.902	.000	-15.00	.900	2.197	.131	.896	.003
	2	中	.628	1.139	.177	-1.534	.100	15.00	.628	.101	.174
	3	高	.243		.823		.000		.241	.002	.823

	Cluster1	Cluster2	Cluster3
Overall	0.360	0.333	0.307
Indicators			
瓣寬PW			
低	0.000	1.000	0.000
中	0.958	0.000	0.042
高	0.139	0.000	0.861
瓣長PL			
低	0.000	1.000	0.000
中	0.942	0.000	0.058
高	0.122	0.000	0.878
萼寬SW			
低	0.701	0.021	0.278
中	0.342	0.271	0.387
高	0.004	0.767	0.229
萼長SL			
低	0.134	0.865	0.000
中	0.724	0.106	0.169
高	0.255	0.000	0.745

Left tree panel:
iris.sav
- Model1 - L?= 29.8369
  - Parameters
    - Loadings
    - Correlations
    - Paired Comparisons
  - Profile
    - Prf-Plot
  - ProbMeans
    - Uni-Plot
    - Tri-Plot
  - Freqs/Residuals
  - Bivariate Residuals & p-
  - Classification
  - Classification-Model
  - EstimatedValues-Model
  - Iteration Detail
- Model2

　　Freqs/Residuals 列出了三個題目各 3 個選項的 3^3=27 個細格的觀察次數、期望次數與標準化殘差，標準化殘差絕對值若大於 1.96，表示該細格的分類有明顯的落差，亦即模型對於該細格解釋力低。以第一個「低低低低」組合為例，觀察次數只有 1 個，但「高中高中」組合的標準化殘差高達 2.446，大於 1.96，表示該細格的標準化殘差明顯不為零，被模型解釋的情況不理想。

　　最後，Standard classification 中列出了八題所產生的各種回答組合的觀察次數，以及被模型分配到哪一潛在類別，以及各類別的分類機率。第三個「低低高低」組合的觀察次數是 28，在三個潛在類別的分類機率分別為 0、1、0，因此被分類到第 2 個潛在類別中。利用各反應類型在各組的分組情形，也可以協助我們進行潛在類別的命名。

LatentGOLD — □ ×

File　Edit　View　Model　Window　Help

iris.sav
　Model1 - L?= 29.8369
　　Parameters
　　　Loadings
　　　Correlations
　　　Paired Comparisons
　　Profile
　　　Prf-Plot
　　ProbMeans
　　　Uni-Plot
　　　Tri-Plot
　　Freqs/Residuals
　　Bivariate Residuals & p-
　　Classification
　　Classification-Model
　　EstimatedValues-Model
　　Iteration Detail
　Model2

瓣寬PW	瓣長PL	萼寬SW	萼長SL	Observed	Estimated	StdResid
低	低	低	低	1.000	0.977	0.024
低	低	中	低	16.000	14.237	0.467
低	低	高	低	28.000	29.208	-0.224
低	低	高	中	5.000	3.305	0.933
中	中	低	低	5.000	3.364	0.892
中	中	低	中	17.000	16.159	0.209
中	中	低	高	4.000	6.239	-0.896
中	中	中	低	1.000	2.025	-0.720
中	中	中	中	8.000	9.734	-0.556
中	中	中	高	7.000	3.793	1.647
中	高	低	中	3.000	2.146	0.583
中	高	低	高	1.000	1.264	-0.235
中	高	中	中	1.000	1.403	-0.341
中	高	中	高	2.000	1.290	0.625
高	中	低	低	1.000	0.518	0.670
高	中	低	中	2.000	2.622	-0.384
高	中	低	高	1.000	1.642	-0.501
高	中	中	中	3.000	1.740	0.956
高	中	高	中	1.000	0.127	2.446
高	中	高	高	1.000	0.517	0.671
高	高	低	中	5.000	2.372	1.706
高	高	低	中	8.000	9.851	-0.590
高	高	中	中	1.000	3.703	-1.404
高	高	中	高	20.000	16.681	0.813
高	高	高	中	1.000	1.523	-0.424
高	高	高	高	7.000	7.190	-0.071

iris.sav
　Model1 - L?= 29.8369
　　Parameters
　　　Loadings
　　　Correlations
　　　Paired Comparisons
　　Profile
　　　Prf-Plot
　　ProbMeans
　　　Uni-Plot
　　　Tri-Plot
　　Freqs/Residuals
　　Bivariate Residuals & p-
　　Classification
　　Classification-Model
　　EstimatedValues-Model
　　Iteration Detail

瓣寬	瓣長	萼寬	萼長	ObsFreq	Modal	Cluster1	Cluster2	Cluster3
低	低	低	低	1.000	2	0.000	1.000	0.000
低	低	中	低	16.000	2	0.000	1.000	0.000
低	低	高	低	28.000	2	0.000	1.000	0.000
低	低	高	中	5.000	2	0.000	1.000	0.000
中	中	低	低	5.000	1	1.000	0.000	0.000
中	中	低	中	17.000	1	1.000	0.000	0.000
中	中	低	高	4.000	1	0.995	0.000	0.005
中	中	中	低	1.000	1	1.000	0.000	0.000
中	中	中	中	8.000	1	0.999	0.000	0.001
中	中	中	高	7.000	1	0.985	0.000	0.015
中	高	低	中	3.000	1	0.953	0.000	0.047
中	高	低	高	1.000	1	0.621	0.000	0.379
中	高	中	中	1.000	1	0.877	0.000	0.123
中	高	中	高	2.000	3	0.366	0.000	0.634
高	中	低	低	1.000	1	0.996	0.000	0.004
高	中	低	中	2.000	1	0.944	0.000	0.056
高	中	低	高	1.000	1	0.579	0.000	0.421
高	中	中	中	3.000	1	0.857	0.000	0.143
高	中	高	中	1.000	3	0.152	0.000	0.847
高	中	高	高	1.000	3	0.014	0.000	0.986
高	高	低	中	5.000	3	0.132	0.000	0.868
高	高	低	高	8.000	3	0.012	0.000	0.988
高	高	中	中	1.000	3	0.051	0.000	0.949
高	高	中	高	20.000	3	0.004	0.000	0.996
高	高	高	中	1.000	3	0.002	0.000	0.998
高	高	高	高	7.000	3	0.000	0.000	1.000

進一步閱讀文獻

關於 LCA 的原理介紹文章：Berlin, K. S., Williams, N. A., & Parra, G. R. (2013). *An introduction to latent variable mixture modeling (Part 1):Overview and cross-sectional latent class and latent profile*. Faculty Publications, Department of Child, Youth, and Family Studies. 89.　https://digitalcommons.unl.edu/famconfacpub/89

介紹關於 LCA 所需要注意的重要事項：Nylund-Gibson, K., & Choi, A. Y. (2018). Ten frequently asked questions about latent class analysis. Translational Issues in *Psychological Science, 4*(4), 440–461.　http://dx.doi.org/10.1037/tps0000176

4 參數估計與模型評估

Parameter Estimation and Model Evaluation

前章所介紹的 LCA 是基本的潛在類別模型，模型中並沒有其他的變數或其他的限制條件，因此是一種無條件的測量模型。模型中有兩種參數需要估計：潛在類別機率 π_k、題項反應機率 λ_{jk}，利用觀察資料來估計研究者所提出的模型參數，稱為參數估計（parameter estimation）。在估計方法的使用上，LCA 也是如同一般的潛在變數模型，以最大概似法來進行參數估計，亦即求取能夠讓概似函數收斂得到最大值的一組參數 $\hat{\theta}_{MLE}$，作為 LCA 的終解（final solutions），概似運算過程所使用的演算法是以 EM 法為主，搭配 NR 法進行迭代估計。

參數估計完成之後的重要工作是去評估模型的優劣，稱為模型評估（model evaluation），利用收斂得解的概似值轉換成 $-2LL$ 與指標準則（AIC、BIC、saBIC），可用來評估研究者所提出的模型與觀察資料的匹配情形，稱為模式適配統計量（goodness-of-fit statistic），如果要比較不同模型或選擇一個最佳模型，稱為模型比較（model comparison）或模型選擇（model selection），常用的方法例如概似比差異檢定。本章即針對從參數估計到模型評估的相關概念與議題加以介紹。

4.1 LCA 的參數估計

4.1.1 LCA的參數型態

在一個統計模型中，有待估計的參數稱為自由估計參數（free parameters），但可能基於某些限制條件或研究需要，會將參數進行限制，稱為受限參數（restricted parameters）。自由參數若為機率數值，數值範圍介於 0 到 1，若為閾值或其他類型參數，則有各種數值範圍。相對之下，受限參數則有固定參數（fixed parameters），例如固定為 0 或 1，或有其他條件的限定參數（constrained parameters），例如兩個自由估計參數具有相同強度的恆等設限（invariance constraint），或是幾個參數總和為 1 的效果編碼設限（effect coding constraint）。

模型當中的參數多寡，最直接的影響是模型的自由度（degree of freedom）。所謂自由度，是指在計算某一個統計量時可以自由變動的資訊數量。例如某一個 2×2 的列聯表共有 4 個細格，如果受測者人數為 50 人，三個細格若各為 5、10、15，最後一個細格必為 20，自由度為「細格數減 1」，$df=3$。

　　在 LCA 當中，觀察資料所構成的細格數目扮演重要的角色，因為這些細格提供了估計所需的觀察資料，有幾個細格就有多少個資料點（data points），以 W 表示。前面所提到的「細格數減 1」，是因為如果要讓細格次數能夠維持自由變動且讓總觀察次數維持固定，必須損失一個細格的自由變化能力，稱之為限制條件（constraint）。如果再扣除模型當中待估參數數目（number of parameter; $Npar$），即得到模型自由度 df_M：

$$df_M = (W-1) - Npar \tag{4-1}$$

　　模型中的待估參數就像數學公式當中的未知數，要能夠順利求出一組最佳解，那麼參數數目必須少於資料點，亦即模型自由度 df_M 必須大於 0，此即模型辨識（model identification）。

　　假設今天有三個觀察變數（J=3）各帶有三個水準（Q=3），尚未分群時，觀察資料將構成 $W=Q^J=3 \times 3 \times 3=3^3=27$ 個細格，在沒有潛在變數 C 的設定時，初始自由度 $df_0=W-1=27-1=26$。如果 LCA 模型帶有一個 K=4 的潛在類別變數 C，在沒有特殊設限的情況下，將會估計 $K-1$=3 個潛在類別機率（π）與 $K \times J \times (Q-1)$=$3 \times 3 \times (3-1)$=18 個題項條件機率（λ），待估參數 $Npar$=22，模型自由度 df_M=27-1-22=4，因為 $df_M > 0$，此一模型是可以辨識的模型。

　　如果 $df_M < 0$，將造成模型的辨識不足問題，無法進行收斂求解的迭代估計。最直接的解決方法，不是增加觀察變數數目，就是調整模型來減少待估計的自由參數。另一種做法是將部分的參數設定限制，改變估計的條件。

■範例說明

　　在前一章當中，我們曾示範 150 朵鳶尾花的花瓣寬（U1）、花瓣長（U2）、花萼寬（U3）、花萼長（U4）四個類別變數（有低、中、高三個水準）來進行帶有三個潛在類別的 LCA。亦即觀察資料的樣本數 N=150、觀察變數題數 J=3、各題水準數 Q=3，這些資料形成 $W=3^4$=81 個觀察細格。在模型部分，潛在類別變數 C 的分群數 K=3，參數的狀況說明如下：

1. 分群機率：潛在類別數目 K=3，模型中有三個分群機率（π_1、π_2、π_3），由於各分群機率和為 1.0 之限制，因此若以最後一群為參照組，僅需要估計 $K-1$=2 個分群機率，亦即要估計對數線性模型的兩個截距參數 α_1、α_2。

2. 題項反應機率：三個潛在類別皆由四個觀察變數估計，每一題有三個選項，因此共有 3×(4×3)=36 個題項反應條件機率 λ_{kjq}，以各題的最後一個選項為參照組，需要估計 $K \times [J \times (Q-1)] = 3 \times [4 \times (3-1)] = 24$ 個閾值參數 τ_{kjq}。

3. 自由度：細格數 $W=3^4=81$，待估參數 $Npar=2+24=26$，$df=W-1-Npar=81-1-26=54$。

4. 在 Mplus 當中下達 Tech1 技術指令，可以得到每一個參數的位置與編號：

```
TECHNICAL 1 OUTPUT

        PARAMETER SPECIFICATION FOR LATENT CLASS 1
        PARAMETER SPECIFICATION FOR LATENT CLASS 2
        PARAMETER SPECIFICATION FOR LATENT CLASS 3
        PARAMETER SPECIFICATION FOR LATENT CLASS INDICATOR MODEL PART
            TAU(U) FOR LATENT CLASS 1
            U1$1        U1$2        U2$1        U2$2        U3$1
            _____    _____    _____    _____    _____
               1           2           3           4           5

            TAU(U) FOR LATENT CLASS 1
            U3$2        U4$1        U4$2
            _____    _____    _____
               6           7           8

            TAU(U) FOR LATENT CLASS 2
            U1$1        U1$2        U2$1        U2$2        U3$1
            _____    _____    _____    _____    _____
               9          10          11          12          13

            TAU(U) FOR LATENT CLASS 2
            U3$2        U4$1        U4$2
            _____    _____    _____
              14          15          16

            TAU(U) FOR LATENT CLASS 3
            U1$1        U1$2        U2$1        U2$2        U3$1
            _____    _____    _____    _____    _____
              17          18          19          20          21

            TAU(U) FOR LATENT CLASS 3
            U3$2        U4$1        U4$2
            _____    _____    _____
              22          23          24

        PARAMETER SPECIFICATION FOR LATENT CLASS REGRESSION MODEL PART
            ALPHA(C)
            C#1         C#2         C#3
            _____    _____    _____
              25          26           0
```

群內設定
各潛在類別內沒有個別的參數設定，因此沒有資訊

斜率（閾值）參數
第 1 至 24 個參數為各潛在類別下各題閾值參數，共 24 個 TAU(U)

截距（分群機率）參數
第 25 至 26 個參數為各潛在類別的分群機率，第 C#3 群作為參照組不估計，共有 2 個 ALPHA(C)

4.1.2 最大概似估計

就像一般的潛在變數模型，LCA 所關心的是存在於資料背後的無法直接觀察的潛在變數（潛在異質性），從統計的術語來說，潛在變數是模型當中的**不完整資料**（incomplete data），必須透過估計來補足。由於潛在類別分析的觀察資料與潛在變數都是類別變數，因此 LCA 模型中的參數估計主要都是機率的運算。基於機率質量函數明確，因此可以將資料導入概似函數，求取讓概似函數具有最大值的參數數值，稱為最大概似估計值（MLE）。

傳統上，最大概似估計法是在連續機率密度的基礎上來進行估計，不僅潛在變數是連續變數，觀察變數也是連續變數，因此最大概似估計得以在多元常態分配的機率模型中進行估計運算。基於多元常態分配假設的確立，在樣本數量夠多時，概似估計具有漸進不偏、對稱、常態與有效的優良特質，又稱為**常態理論基礎的最大概似估計法**（normal theory-based maximum likelihood method），是傳統結構方程模型的主流估計策略（Bollen, 1989; Jöreskog, 1969）。如果觀察變數或潛在變數不是連續變數，或是觀察資料的常態性不足，基於多元常態假設所執行的 ML 估計就會出現問題，也就是**穩健性**（robustness）受到影響。

很明顯的，由於 LCA 的資料型態並非連續機率密度，因此參數估計必然會遇到穩健性問題，尤其是參數的抽樣分配的常態性不足，標準誤失真，造成檢定失效，因此必須在 ML 估計過程中加以修正，稱為**穩健最大概似估計**（robust ML）。其中最基本的穩健校正是針對抽樣分配的變異估計，在 Mplus 稱為 MLR（maximum likelihood parameter estimates with standard errors），其修正做法是在估計抽樣分配的標準誤時，以**三明治估計值**（sandwich estimate）（Huber, 1967; White, 1982），導入實際資料的殘差資訊來修正變異數估計，得以不受常態假設的限制。也因此概似函數的卡方適配統計量也得以校正，使得概似運算具有較佳的穩健性。

4.1.3 概似估計演算法

在第二章 2.2 節介紹最大概似估計的概念時，我們曾以一個最簡單的二項分配來討論，當時僅有一個 π 參數需要估計，概似函數相對簡單，然而 LCA 模型

所涉及的參數數目遠多於此，因此參數的估計值無法從公式推導得出，而必須採用迭代估計法，從給定各參數起始值開始，利用 EM（expectation-maximization）演算法（Dempster, Laird, & Rubin, 1977）或合併 NR（Newton-Raphson）演算法，來逐次求取參數估計值，直到達到研究者所設定的迭代停止條件，求出令概似函數有最大值的參數估計值，作為模型的最大概似估計值。

4.1.3.1　EM演算法

　　EM 演算法是最常用來估計無法觀測的資料（例如潛在變數或遺漏值）的概似演算程序。由 E-step（expectation）與 M-step（maximization）兩個步驟組成：

■ E-step期望階段

　　期望階段的工作是給定參數值透過觀察資料 **Y** 來估計未完整資料，亦即潛在變數或遺漏值，也就是資料增廣（data augmentation）。對於 N 個受測者進行帶有 K 個潛在類別的增廣概似函數如下：

$$L(\Theta|\Delta) = \prod_{i=1}^{N}\prod_{k=1}^{K}\left[\pi_k P(Y_i = y_i|\lambda_k)\right]^{\delta_{ik}} \tag{4-2}$$

　　δ_{ik} 反映第 i 個受測者是否落入第 k 個潛在類別；Θ表示模型參數的混合矩陣，所包含的參數包括分群機率（π）與題項反應機率（λ），$\Theta=(\pi,\lambda)$；Δ表示在觀察資料 $\mathbf{y}_i$ 的基礎上進行增廣資料，$\Delta=(\delta_1, \delta_2,..., \delta_N)=P(C=k|\mathbf{Y}_i=\mathbf{y}_i)$。對$\delta_{ik}$ 的期望值估計可利用貝氏定理，求取各受測者歸屬於第 k 個潛在類別的後驗機率（p_{ik}）：

$$E(\delta_{ik}) = \frac{\pi_k P(Y_i = y_i|\lambda_k)}{\sum_{k=1}^{K}\pi_k P(Y_i = y_i|\lambda_k)} = p_{ik} \tag{4-3}$$

　　對於每一個受測者，後驗機率 p_{ik} 的限制式如下：

$$\sum_{k=1}^{K} p_{ik} = 1 \tag{4-4}$$

■ M-step最大化階段

M-Step 是在第 t 次迭代參數值 $\Theta^{(t)}$ 及後驗機率計算的基礎上，以 p_{ik} 取代(4-2)式中的 δ_{ik}，使對數概似函數最大化求得新的參數估計值 $\Theta^{(t+1)}$：

$$\max_{\pi,\lambda} LL(\Theta^{(t)}|\Delta) = \max_{\pi,\lambda} \sum_{i=1}^{N} \sum_{k=1}^{K} \left[p_{ik} \ln(\pi_k^{(t)}) + p_{ik} \ln P(Y_i = y_i|\lambda_k^{(t)}) \right] \tag{4-5}$$

(4-5)式中的 p_{ik} 就是加權值。概似函數取對數後分成獨立兩部分，左項與分群機率（π_k）有關，右項是題項反應機率（λ_k），兩部分可分別進行最大化，得以「更新」（update）參數估計值。反覆進行 E-Step 與 M-Step 直到參數不再變動為止，EM 程序如表 4.1 所示（Chen, Han, & Lim, 2022）。

不論參數起始值 $\Theta^{(0)}$ 如何給定，一旦啟動迭代程序後，EM 演算法可以穩定進行參數更新，如果模型參數數目較多或是當觀察數量龐大時，會影響 EM 的估計效率，尤其在接近收斂時會拉長估計時間。因此實務上在估計初期先以 EM 演算法進行迭代估計來尋找參數估計值，當接近收斂時以 NR 演算法進行最終求解，藉以兼顧 EM 的穩定性與 NR 的估計效率（Camilleri, 2009; Vermunt & Magidson, 2002）。

表 4.1　EM 演算法的執行流程

1. (1)給定參數的起始值 $\Theta^{(0)}$（實際分析時應採隨機產出的多重起始值）
   (2)設定收斂容忍值 ϵ^*（設定迭代終止原則）
2. 進行迭代估計（t=1），收斂檢核值 $\epsilon^t > \epsilon^*$
3. **E-Step**
   (1) 將 $\Theta^{(0)}$ 帶入機率函數，進行 N 個觀察值帶入函數進行概似運算
   (2) 以(4-3)式進行期望運算求取後驗機率 p_{ik}
4. **M-Step**
   (1) 以 p_{ik} 為加權值對(4-5)式左項的分群參數進行概似極大化，得到 $\pi_k^{(1)}$
   (2) 以 p_{ik} 為加權值對(4-5)式右項的題項參數進行概似極大化，得到 $\lambda_k^{(1)}$
5. 計算收斂檢核值 $\epsilon^* = \|\Theta^{(1)} - \Theta^{(0)}\|_1$
6. 若 $\epsilon^t > \epsilon^*$，則 $t = t+1$
7. 反覆進行參數更新求得 $\pi_k^{(t+1)}$ 與 $\lambda_k^{(t+1)}$，直到 $\epsilon^t < \epsilon^*$

4.1.3.2　NR演算法

　　NR 演算法（簡稱牛頓法）是以數學微分求解的方式，在迭代過程將概似函數在第 t 次迭代的參數值 $\Theta^{(t)}$ 進行一階泰勒式展開（first-order Taylor series expansion），進行一階與二階導函數的近似運算：

$$\frac{\partial LL(\Theta)}{\partial \Theta} \approx \frac{\partial LL(\Theta^{(t)})}{\partial \Theta} + \frac{\partial^2 LL(\Theta^{(t)})}{\partial \Theta \partial \Theta'}\left(\Theta - \Theta^{(t)}\right) \tag{4-6}$$

　　令導函數為 0 可評估參數的變化程度，第 t+1 次迭代的參數更新如下：

$$\Phi^{(t+1)} = \Phi^{(t)} - H(\Phi^{(t)})^{-1}g(\Phi^{(t)}) \tag{4-7}$$

　　由上式可知，參數迭代更新評估是多維梯度向量（$g(\Theta^{(t)})$）與海塞矩陣（Hessian matrix）（$H(\Theta^{(t)})$）的倒數運算，運算十分複雜，但是 NR 法以二階逼近運算，相對於 EM 的一階逼近法，在迭代過程中收斂快，精確性高，如果以 EM 演算法先得到逼近最佳值的參數估計值，再進行 NR 演算，可以大幅提升迭代估計的演算效率。

4.1.4 迭代終止原則

　　不論是 EM 或 RN 演算法，都是基於最大概似法的迭代運算，在研究者所設定的條件下停止估計運算。迭代運算終止法則有二：第一，設定最大迭代次數（maximum number of iteration），亦即給定某次最大概似估計的迭代次數上限。第二，也是較重要的迭代終止法則，是設定某收斂標準（convergence criterion）（以 ϵ^* 表示），來追蹤概似值達到的變動程度，若低於 ϵ^* 則停止迭代估計。

　　LCA 常用的收斂指標 ϵ^* 是最大絕對離差（maximum absolute deviation; MAD），亦即當模型所估計的參數估計值接近能讓概似值最大化時，相鄰兩次迭代的參數估計數值變動幅度會愈來愈小，此時計算收斂檢查值 ϵ'，若低於 ϵ^*，即可視為參數變動是可忽略的穩定狀態，所給定的收斂指標 ϵ^*（例如 MAD=10^{-6}）即為終止標準（Collins & Lanza, 2010），亦即參數相鄰兩次迭代估計值最大差異在 1/1000000 以下時停止迭代估計。

　　一般進行迭代演算都會併用這兩個終止法則，任一法則達到都會停止迭代，但所謂參數估計達成收斂，是指先達到 ϵ^* 標準，所使用的迭代次數小於最大迭代次數。如果達到最大迭代次數而尚未達到 ϵ^* 標準時，稱為收斂失敗。一般而言，如果模型收斂狀況不佳，多會建議增加最大迭代次數，讓模型迭代估計繼續進行，以達到收斂標準。至於 ϵ^* 標準並不會輕易更改，因為放寬 ϵ^* 標準（取用較大的 MAD 數值、允許較大的參數變動幅度）將會降低參數估計的精確性。

　　另一種改善模型收斂的方法是採用貝氏估計法，其原理是利用蒙地卡羅馬可夫鏈（MCMC）演算程序來達成各參數的收斂狀態，而非仰賴最大概似估計收斂指標來決定迭代終止時機（Asparouhov & Muthén, 2011; Chung, Lanza, & Loken, 2008; Garrett & Zeger, 2000; Lanza, Collins, Schafer, & Flaherty, 2005; Muthén, 2008）。

　　貝氏估計特別適用於 LCA 這類型的複雜混合模型估計，或是參數有異常狀態（例如不符合數學要件的非正定情形），以及樣本數無法達到理想數量時，但是貝氏估計的使用必須要有更充分的估計條件設計，例如提供合適的先驗分配設定，估計時間也可能增加，但隨著估計運算能力提升與軟體的進步，其普及速度越來越快（參見邱皓政，2020）。

4.1.5　參數收斂與MLE解

　　以最大概似法來估計參數，必須提供起始值（starting values），$\Theta^{(0)}$，來導引出第一次迭代運算的參數估計值。如果模型設定理想，任何一組起始值都可以有效導引出最後的最大概似估計值，但是相對的，如果模型設定不理想，例如潛在類別的數目不合理，模型參數可能就無法獲得理想的估計值，甚至於無法收斂。

　　如果今天有一個參數 θ，在不同估計值下的概似值變化情形如圖 4.1 所示，當概似值達到最大時的參數值，即為達到收斂狀態的 MLE。當模型設定合理，迭代過程參數變化的曲線為平滑單峰型態，不論從哪一個起點進行估計，參數都可以在單一最大值處達成收斂，稱為 MLE 可得到單一辨識（un-identification），即使起始值位於極端位置，也只是需要較多迭代次數與較長的估計時間即可達到最高點，如圖 4.1(a)所示。

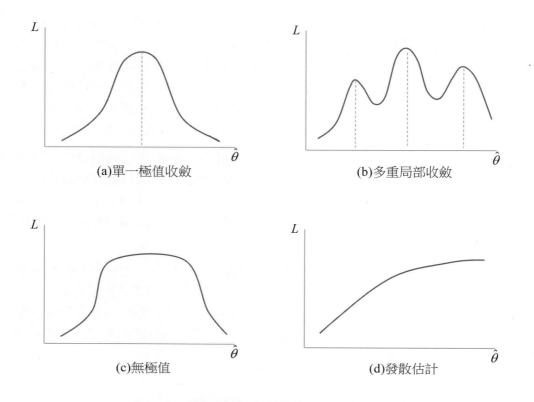

圖 4.1 參數估計($\hat{\theta}$)與概似值(L)的對應情形

　　相對之下，如果參數變化曲線不平滑且具有多個高峰，將會發生局部收斂的狀況，若以不同的起始值進行估計，會在不同的高峰收斂，得到不同的最大概似解，稱為局部解（local solution）。例如圖 4.1(b)具有三個局部極值（local maximum），第二個局部極值才是整個參數空間的整體極值（global maximum），當起始值落在整體極值附近，才可能得到模型最大概似解。

　　如果參數變化曲線即使不是多峰型態且具有平滑性，但是在參數數值的某個區間都存在相同的概似極大值，如圖 4.1(c)，無法得到單一辨識的最大化參數估計值，或是如圖 4.1(d)所描繪的概似值在參數空間的邊際達到最大，都會發生無法收斂。

4.1.6 隨機起始值

對於複雜的統計模型，由於參數數目眾多且具有關聯性，因此容易發生局部收斂問題，因此實務上進行 ML 估計時，會給予多重隨機起始值（random starting values），從不同的起點進行迭代估計，以獲得整體極值作為參數的最大概似解（MLE）。必要時可以增加隨機起始值以獲得合理估計。

如果 v_{ij} 是第 i 個參數的第 j 個起始值，Mplus 的多重隨機起始值給定方式如下（Asparouhov & Muthén, 2021）：

$$v_{ij} = \omega_{ij} + s \times r_{ij} \times b_i \tag{4-8}$$

ω_i 是第 i 個參數的初始起始值，r_{ij} 是均等分配 $U(-.5,.5)$ 的隨機值，b_i 是各參數的基本單位，s 是決定隨機跳動的幅度（預設為 STSCALE=5 倍），較大的 s 值會放大跳動幅度，隨機起始數值分散，容易造成無法收斂或局部極值問題；而太小的 s 值會因為隨機起始數過於集中，無法涵蓋足夠的參數空間，同樣也會造成局部極值收斂問題。

在 Mplus 中，迭代過程分成初始階段與收斂階段，收斂階段如果過於漫長，也可分成前後兩階段，因此可能有三個階段。如果是人為給定起始值，可直接在 Model 設定下的各參數後附加 *value 來給定，如果要進行多重隨機起始值（Type=Mixture 預設此一設定），則是在 Analysis 下以 Starts=#L1 #L2 #L3 與 STITER=#I1 #I2 指令指定隨機起始值與迭代條件：L1(20)、L2(4)、L3(10)是三個階段的隨機起始值數目（括弧內為預設值），L2 與 L3 是指第二與第三階段的迭代僅保留第一階段概似值最高的前#L2 與#L3 個隨機起始值繼續迭代，如果 L3 ≥L2 表示第二階段所保留的每一個隨機起始值會使用到收斂為止，如果 L3 < L2 表示第二階段的各隨機起始值未必使用到最後收斂。至於 STITER 的 I1（10）、I2 則是指定初始與收斂階段的最高迭代次數，其中 I1 預設為 10，I2 則不提供預設值。

一般而言，觀察變數與潛在類別數量少的簡單 LCA 模型不需要調整多重隨機起始預設值設定，L3 也無須給值，以確保收斂時可得到兩個以上的對數概似值來確保收斂的穩定性，因此絕大多數實際案例僅使用兩個設定值：例如 STARTS=160 40。但是如果潛在類別變數數目不止一個，或是潛在類別數目（K）

較多,可放大多重隨機起始值個數,例如初始階段 300 個、收斂階段 100 個隨機起始值、第三階段再取第二階段的 50 個隨機起始值進行最終迭代,亦即 STARTS=300 100 50,此時同時限縮第三階段的隨機起始值,可以只挑選第二階段中一部分數量的優異隨機起始進行最終迭代,降低運算負擔。

在 Mplus 中,關於起始值的設定狀態,除了在報表一開始的技術環境中列出,在結果部分則指出收斂階段的資訊,另外在技術指令 TECH1 可得知初始起始值。以前一章的鳶尾花 LCA 範例(Syn3.4),若以預設方式與指定條件來進行 LCA 迭代演算估計設定與主要報表如下:

Mplus 預設 (無須在語法中標明)	指定條件:
STARTS = 20 4 10;	STARTS = 300 100 25;
STITER = 10;	STITER = 30 50;
STSCALE= 5;	STSCALE= 8;
STCONVERGENCE = 1;	STCONVERGENCE = 2;
STSEED = 0;	STSEED = 123;

報表所輸出的估計條件與結果如下:

■Mplus 預設

```
Random Starts Specifications
    Number of initial stage random starts              20    !預設的 L1
    Number of final stage optimizations                 4    !預設的 L2
    Number of initial stage iterations                 10    !預設的 L3
    Initial stage convergence criterion          0.100D+01   !預設的收斂標準
    Random starts scale                          0.500D+01   !預設的隨機幅度
    Random seed for generating random starts            0    !預設的隨機種子

Final stage loglikelihood values at local maxima, seeds, and initial stage start numbers:

        -419.992    573096          20
        -419.992    533738          11    ◄── 收斂階段結果
        -419.992    903420           5        第二階段隨機起始值個數預設為 L2=4,
        -419.992    195873           6        因此僅有四個隨機起始值#20 #11 #5 #6 完
                                              成收斂。LL 值收斂於-419.992
```

■指定條件

```
    Number of initial stage random starts             300    !指定的 L1=300
    Number of final stage optimizations               100    !指定的 L2=100
    Number of initial stage iterations                 30    !指定的 I1=30
    Initial stage convergence criterion          0.200D+01   !指定的收斂標準
    Random starts scale                          0.800D+01   !指定的隨機幅度
    Random seed for generating random starts          123    !指定的隨機種子
```

RANDOM STARTS RESULTS RANKED FROM THE BEST TO THE WORST LOGLIKELIHOOD VALUES

Final stage loglikelihood values at local maxima, seeds, and initial stage start numbers:

-419.992	170521	221
-419.992	664345	52
-419.992	291603	160
-419.992	536673	133
-419.992	92238	120
-419.992	998546	61
-419.992	141241	196

…(略)

收斂階段結果
第二階段隨機起始值個數指定為 L2=100，因此有 100 個隨機起始值#160 #133 …完成收斂。LL 值收斂於-419.992

4.1.7 標號交換議題

由於 LCA 所估計得到的潛在變數帶有 K 個潛在類別，各類別並沒有特定順序與強度意義，亦即 k=1、2、3…各是指哪一個潛在類別，並沒有固定的標號（label），若有 K 個潛在類別，類別標籤就可能有 $K!$ 種排列方式，因而在進行 LCA 估計時，因為起始值是隨機給定，可能會遇到標號交換（label switching）現象，也就是不同起始值所估計的 K 個潛在類別順序發生改變（Celeux, Hurn, & Robert, 2000; Chung, Loken, & Schafer, 2004; Jasra, Holmes, & Stephens, 2005; Pan & Huang, 2014; Papastamoulis, 2016; Richardson & Green, 1998; Stephens, 2000）。當研究者使用不同的軟體或估計程序，進行同一組觀察數據的相同模型所得到的分群情形不同，也是一種標號交換的現象，並非分群內容有何實質上的改變。

標號交換問題容易發生於樣本規模小且潛在類別組數多的情況下，另外在貝氏估計的 MCMC 迭代過程中的初期階段，也容易發生標號改變，以致於收斂軌跡發生劇烈變動的狀態。雖然標號交換問題對於分析結果不會有實質的影響，而也可以透過一些檢查指令來偵測，甚至有專屬程式來處理，例如在 R 的 label.switching 套件（Papastamoulis, 2016），研究者必須瞭解隨機起始值的使用是如何影響 ML 估計過程與結果，如果遇到估計結果不同，應檢視是否是標號發生改變。例如原來的第一個潛在類別變成第三個潛在類別，但各潛在類別下的題項條件機率參數的狀態並沒有不同。

在 Mplus 中，如果想要改變各潛在類別順序，可選擇特定種子（ANALYSIS: OPTSEED=#;）搭配 OUTPUT: SVALUES (#1 #2 #3…#K); 指令來設定。但是隨機起始值即回復到預設的 STARTS=20 4; 的條件。

4.2 模式適配評鑑

　　決定一個最能夠解釋觀察資料的模型，是 LCA 的關鍵決策。從研究設計的觀點來看，統計模型的提出必須有其學理基礎，符合統計假設與基本條件，並選擇合宜且充分的觀察資料來進行參數估計。從分析的觀點來看，理想的統計模型必須能夠反映（或去解釋）觀察資料的狀態，例如迴歸分析所計算得到的 R^2 反映迴歸模型對於依變數變異狀況的解釋力，高階的統計模型（例如結構方程模式）則是評估模型導出的共變矩陣（Σ）與觀察共變矩陣（S）的差異，在 LCA 則可評估模型所導出的細格期望聯合機率與觀察細格機率的接近程度。如果模型能夠充分反映觀察資料，稱為具有*良好適配*（goodness-of-fit），亦即是 the model fits the data，至於要達到何種程度才稱為「充分反映」，則需要仰賴各種統計量或檢定方法，來進行模式適配評估。

　　屬於有限混合模式一族的 LCA，在進行分析之前往往難以事先決定最合理的潛在類別數量，因此多半需要進行探索性的過程，透過模式適配評估來選擇最佳潛在類別數量（K）。此外，研究者經常需要在不同的模型之間進行比較，此時也必須仰賴模式適配指標。又或者研究者想要評估利用 LCA 模型進行分類的品質好壞，也是一種模式評估程序，因此模式評估是 LCA 的重要工作，所涉及的適配統計量、檢定方法或評估方法相當多元，整理於表 4.2。

4.2.1 絕對適配評估

　　LCA 的模型評估過程，如果僅針對特定統計模型是否能夠適配於觀察資料，不涉及不同模型的比較時，稱為*絕對適配*（absolute model fit）評估。常用的方法包括 $-2LL$、G^2、LRT，逐一介紹於後。

4.2.1.1　$-2LL$ 與 G^2

　　如同一般的潛在變數模型的模型評估，LCA 模型是否適配觀察值，可利用 LCA 得到的最大概似參數估計 Θ_{MLE} 所求得到概似函數值取對數後乘以 -2，得到離異數 $-2LL$ 來評估：

表 4.2 各種模型評估策略與指標

簡稱	指標或檢定
A. 絕對適配（absolute model fit）	
LL	對數概似值 log-likelihood statistic*
$-2LL$	-2 對數概似值 -2 log-likelihood statistic*
G^2	概似比卡方值 likelihood ratio chi-square statistic*
LRT	概似比檢定 likelihood ratio test*
B. 相對適配（relative fit）	
LMR-LRT	LMR-LRT 檢定 Lo-Mendell-Rubin likelihood ratio test (Lo et al., 2001)*
BLRT	拔靴概似比檢定 Bootstrap likelihood ratio test (Langeheine et al. 1996)*
LIP	概似增量比例 likelihood increment percentage (McArdle et al., 2002)
C. 訊息準則（information criteria）	
AIC	Akaike information criteria (Akaike, 1973)*
BIC	Bayesian information criterion (Schwarz, 1978; Raftery, 1986)*
saBIC	sample-size adjusted BIC (Sclove (1987)*
CAIC	consistent Akaike information criterion (Bozdogan (1987))
AWE	approximate weight of evidence (Banfield & Raftery (1993)
D. 解釋力評估策略（explanation evaluation）	
LIP	概似增量比例 likelihood increment percentage (McArdle et al., 2002)
BF	貝氏因子 Bayes factor (Wagenmakers, 2007; Wasserman, 1997)
cmP	近似校正模型機率 approximate correct model probability (Schwarz (1978)
E. 分類診斷策略（classification diagnostics）	
Entropy	亂度 entropy (Celeux & Soromenho, 1996; Zhao & Pesin, 2014)*
NEC	規範化亂度準則 normalized entropy criterion (Celeux & Soromenho, 1996)
APPA	平均後驗分類機率 average posterior class probability (Nagin, 2005)
OCC_k	正確分類率占比 odds of correct classification ratio (Nagin, 2005)
$mcaP_k$	目標組分類比例 modal class assignment proportion (Nagin, 2005)
CLC	分類概似準則 classification likelihood criterion (Biernacki & Govaert, 1997)
ICL	整合 CLC integrated classification likelihood criterion (Biernacki et al, 1998)

註：*表示 Mplus 提供結果，+表示可由 Mplus 資訊推導得出。括弧內的人名為發展者或倡導者。

$$-2LL = -2\left[L(\Theta|\mathbf{Y})_{MLE}\right] = -2\sum_{i=1}^{N}\sum_{k=1}^{K}\left[p_{ik}\ln(\pi_k^{(t)}) + p_{ik}\ln P(\mathbf{Y}_i = y_i|\lambda_k^{(t)})\right] \qquad (4\text{-}9)$$

由於概似估計是一連串的機率連乘，因此最大概似值（$L(\Theta|\mathbf{Y})_{MLE}$）是非常

多小數位數的小數值，取對數後則變成非常大的負值，乘以–2 之後的離異數（–2LL）轉成正數，–2LL 數值愈小表示模式適配愈佳，判斷上具有便利性。

LCA 模型的絕對適配亦可藉由概似比卡方統計量（likelihood ratio chi-square statistic）來評估，亦即將各細格的觀察次數（f_w）與期望次數（$\hat{f}_w$）的比值對數轉換，經過 f_w 加權後，得到 G^2 統計量（也稱為 L^2 值）。若 J 個觀察變數各有 Q 個類別，構成 $Q^J = W$ 個細格，G^2 統計量如下：

$$G^2 = 2\sum_{w=1}^{W} f_w \ln(f_w / \hat{f}_w) \tag{4-10}$$

當 f_w 與期望次數 $\hat{f}_w$ 差異很大時，G^2 數值將會很大。反之，當 f_w 與 $\hat{f}_w$ 差異很小並趨近相同時，G^2 將會趨近於 0，$\ln(f_w/\hat{f}_w)=\ln(1)=0$。LCA 的細格期望次數（$\hat{f}_w$）如下：

$$\hat{f}_w = N\sum_{k=1}^{K} \hat{\pi}_k \hat{\lambda}_{wk} \tag{4-11}$$

在 Mplus 與 LatentGOLD 另外提供了 Pearson 卡方統計量（Pearson's chi-square statistic）（Vermunt & Magidson, 2016, p.68），基於相同的估計條件，χ^2 與 G^2 數值相近，自由度相同，評估方式相同。

$$\chi^2 = \sum_{w=1}^{W} \frac{(f_w)^2}{\hat{f}_w} - N \tag{4-12}$$

4.2.1.2 概似比檢定（LRT）

當樣本數足夠大時，–2LL、G^2、χ^2 統計量服從卡方分配，自由度 $df=W-Npr-1$，因此–2LL、G^2、χ^2 的統計意義皆可利用卡方檢定來評估，稱為概似比檢定（likelihood ratio test; LRT）。LRT 的進行方式是將研究者所檢測的 LCA 模型作為虛無模型（null model; H$_0$ model），以飽和模型（帶有所有效果的觀察資料分配）作為對立模型（alternative model; H$_1$ model），如果概似比檢定尾機率過高（例如 $p \geq .05$），保留 H$_0$ 模型，表示研究者所提出的模型有良好適配；相對地，如果概似比檢定尾機率很小（例如 $p<.05$），H$_0$ 模型被拒絕，表示研究者的模型沒有優於飽和模型。

表 4.3 鳶尾花 LCA 範例期望次數與適配統計量運算過程（K=3）

細格	U1	U2	U3	U4	(a) f	(b) $\hat{f}$	(c) $\hat{p}$	(d)LL	(e)G^2
1	低	低	高	低	28	29.70	.198	-45.346	-3.301
2	高	高	中	高	20	16.78	.112	-43.809	7.022
3	高	高	低	中	5	2.41	.016	-20.655	1.263
4	中	中	低	中	17	16.38	.109	-37.648	3.372
5	高	中	低	低	1	0.54	.004	-5.627	-3.442
6	高	中	高	高	1	0.49	.003	-5.724	-3.345
7	中	中	中	高	7	3.86	.026	-25.620	-0.664
8	低	低	中	低	16	14.4	.096	-37.495	-3.710
9	高	高	低	高	8	9.92	.066	-21.729	8.333
10	高	中	低	高	1	1.64	.011	-4.516	-2.665
11	中	中	低	低	5	3.39	.023	-18.949	3.886
12	中	中	中	中	8	9.86	.066	-21.777	4.155
13	低	低	高	中	5	3.30	.022	-19.084	-0.924
14	中	高	低	中	3	2.17	.014	-12.708	7.298
15	高	中	低	中	2	2.52	.017	-8.173	1.943
16	中	中	低	高	4	6.36	.042	-12.642	-1.426
17	高	高	高	高	7	7.34	.049	-21.121	3.443
18	中	高	中	高	1	1.23	.008	-4.804	-0.989
19	高	高	中	高	1	1.58	.011	-4.553	-0.915
20	高	高	中	中	1	3.79	.025	-3.678	-0.673
21	中	高	中	低	1	2.04	.014	-4.298	-0.414
22	高	中	中	中	3	1.69	.011	-13.458	2.010
23	高	中	高	中	1	0.12	.001	-7.131	0.211
24	中	高	中	中	1	1.40	.009	-4.674	1.232
25	低	低	低	低	1	0.90	.006	-5.116	1.427
26	中	高	低	高	2	1.21	.008	-9.640	4.241
Sum								-419.992	27.407

■範例說明

在鳶尾花的 LCA 範例中，各細格的觀察次數（f）、期望次數（$\hat{f}$）、期望機率（$\hat{p}$）、概似對數值（LL）與 G^2 的資訊列於表 4.3。其中第(d)欄為各細格期望機率對數值的加權概似對數值，總和得到 $LL=-419.992$：

$$LL = f_w \ln\left[\sum_{k=1}^{K} \hat{\pi}_k \prod_{j=1}^{J} \hat{p}(Y = q|C = k)\right]$$
$$= 28\ln(.198) + 20\ln(.112) + ... + 2\ln(.008) = -419.992$$

表 4.3 的第(e)欄則列出各細格的觀察次數與期望次數比值對數值的 2 倍加權值 $2f_w \ln(f_w / \hat{f}_w)$，將其加總後即得到 $G^2=27.407$：

$$G^2 = \sum_{w=1}^{W} 2f_w \ln(f_w / \hat{f}_w)$$

$$= [2 \times 28 \times \ln(28/29.7) + 2 \times 20 \times \ln(20/16.78) + ... + 2 \times 2 \times \ln(2/1.21)]$$

$$= (-3.301) + 7.022 + ... + 4.241 = 27.407$$

這些概似估計與檢定資訊，可以從 Mplus 的 MODEL FIT INFORMATION 結果報表中找到，如下所示：

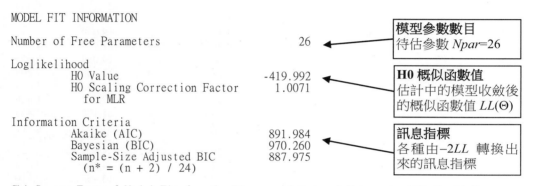

```
MODEL FIT INFORMATION

Number of Free Parameters                    26

Loglikelihood
        H0 Value                        -419.992
        H0 Scaling Correction Factor      1.0071
          for MLR

Information Criteria
        Akaike (AIC)                     891.984
        Bayesian (BIC)                   970.260
        Sample-Size Adjusted BIC         887.975
          (n* = (n + 2) / 24)
```

模型參數數目
待估參數 Npar=26

H0 概似函數值
估計中的模型收斂後
的概似函數值 $LL(\Theta)$

訊息指標
各種由 $-2LL$ 轉換出
來的訊息指標

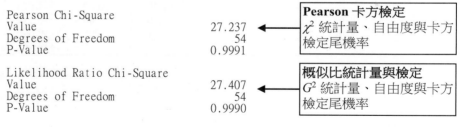

```
Chi-Square Test of Model Fit for the Binary and Ordered Categorical(Ordinal) Outcomes

        Pearson Chi-Square
        Value                             27.237
        Degrees of Freedom                    54
        P-Value                           0.9991

        Likelihood Ratio Chi-Square
        Value                             27.407
        Degrees of Freedom                    54
        P-Value                           0.9990
```

Pearson 卡方檢定
χ^2 統計量、自由度與卡方
檢定尾機率

概似比統計量與檢定
G^2 統計量、自由度與卡方
檢定尾機率

　　雖然 LRT 是直接取用卡方檢定的概念與程序，但是 LCA 當中所存在的諸多限定條件（機率和為 1），使得 LRT 檢定量僅是近似的卡方分配。此外，以卡方統計量為基礎的檢定是仰賴大樣本的漸進統計量，因此以 LRT 來檢驗 LCA 的適配狀況會受到樣本數不足的影響，也存在稀疏性問題（issue of sparseness），亦即各細格的期望次數偏低，以致檢定失效。

　　資料稀疏容易發生在樣本數（N）偏低或細格數（W）偏高的情境，使得每一個細格的期望分配數量不足。更具體來說，稀疏性與 N/W 比值有關，當 $N/W<5$，G^2 已經偏離卡方分配（Larntz, 1978）。當 LCA 的觀察變數增加時，細格數量急遽增加，即使很大的樣本數也可能不足以支持每一個細格的平均期望次數大於

5。改善方法是採取拔靴法（McLachlan & Peel, 2000）或貝氏估計（Gelman, Meng, & Stern, 1996; Hoijtink, 1998）來增廣資料規模，藉以維持機率分配要求。

相反的一個問題，是當樣本數過大或模型複雜時，LRT 則會發生過度拒絕的現象。亦即當樣本數增大，檢定值會放大而造成拒絕虛無假設（模型為適配的假設）的結果，或是當模型趨於複雜、細格數增多時，檢定值也會增大而造成拒絕虛無假設的結果。因此實務上多不採取模式適配優劣的絕對考驗法來判定模型的優劣，而建議採用階層性或嵌套模型的模式適配差異比較。

4.2.2 相對適配評估

絕對適配評估是針對某一個模型的估計結果所進行模型優劣評估，如果研究者想要比較不同模型的適配狀況，判斷各模型的優劣，則需採取 相對適配（relative fit）的評估觀點，例如使用概似比差異卡方檢定或訊息指標等。

4.2.2.1 概似比差異卡方檢定

不同的統計模型如果要相互比較，最理想狀況是具有嵌套關係的模型比較。所謂 嵌套模型（nested models）是指 A 與 B 兩個模型存在一個或一組參數的差異，自由度較小者嵌套在自由度較大的模型內。例如具有 K 個潛在類別的 A 模型（參數較多、自由度較少）與具有 $K-1$ 個潛在類別的 B 模型（參數較少、自由度較大）相互比較；或是一個非設限模型（參數較少、自由度較大）與另一個設限模型（參數較多、自由度較小），亦為嵌套模型。

基於絕對適配的觀點來看，兩個結構類似的嵌套模型，其 G^2 或是$-2LL$ 較低者模式適配較佳，但由於兩者自由度不同而無法直接相比，但計算兩個模型的 G^2 差異量（(4-12)式）或$-2LL$ 差異量（$-2LL_{diff}$）（(4-13)式），若差異量服從卡方分配，可利用概似比卡方差異檢驗（likelihood-ratio chi-square difference test）來判定差異量是否顯著不等於 0。

$$\Delta G^2 = G_B^2 - G_A^2 \tag{4-13}$$

$$-2LL_{diff} = -2(LL_B - LL_A) \tag{4-14}$$

概似比差異檢驗的優點是簡單且直觀，而且兩個嵌套模型都有相似的估計條件（樣本數相同、模型複雜度相近），因此不會出現過度拒絕的現象，但正因必須建立在卡方檢定的基本假設之上，常有違反的疑慮，Nylund、Asparouhov 與 Muthen（2007）稱之為直觀卡方（naive chi-square; NCS），認為不應倚賴此種檢驗方式，可使用其他近似性的概似比檢定策略。

4.2.2.2 近似概似比檢定

近似概似比檢定（approximate likelihood ratio test）主要是針對卡方檢定假設容易遭到違反的替代策略。其中 Lo、Mendell 與 Rubin（2001）引用 Vuong（1989）的概念，在計算尾機率 p 值時不採用卡方分配，而是估計帶有 K 群與 $K-1$ 群兩個 LCA 模型的概似比差異漸近分配，稱為 LMR-LRT 檢定法（Lo-Mendell-Rubin likelihood ratio test）。

另一種替代，是以拔靴法（bootstrap method）來建立帶有 K 群與 $K-1$ 群兩個 LCA 模型概似比差異量的重抽分配，據以估計拔靴尾機率或拔靴信賴區間來評估概似比統計量的差異，稱為拔靴概似比考驗（bootstrap likelihood ratio test; BLRT）（McLachlan & Peel, 2000）。同樣也是採取重抽樣本的策略，Lubke 與 Campbell（2016）所建議的程序是除了以拔靴法估計抽樣不確定性，同時評估每一個重抽樣本的訊息準則（例如 AIC 與 BIC），如果兼採兩種策略，可提高 BLRT 的敏感度。

模擬研究支持了 LMR-LRT 與 BLRT 兩種方式所估計的檢定尾機率 p 值能夠提升卡方差異檢驗的效率（Nylund, Asparouhov, & Muthén, 2007），這兩種替代策略已經被 Mplus 所納入，可利用 Tech11 與 14 技術指令獲得。

Mplus 提醒使用者，Tech11 與 14 指令自動選取 $K-1$ 組的 LCA 進行概似比差異比較，而 $K-1$ 組的 LCA 的隨機起始值設定與 K 組相同，如果 $K-1$ 的收斂狀況發生變化，應增加 $K-1$ 隨機起始值的數量以確保比較的穩定性，尤其是當潛在類別數量偏高時（例如 $K=5$）（Asparouhov & Muthén, 2012），設定的方法是在 Analysis 指令中增加 K-1STARTS=#L1 #L2 的設定。

以下我們即以 K 組的 STARTS=100 10 與 $K-1$ 組的 STARTS=50 15 的執行結果為例，將 Tech11 與 14 的報表列舉如下：

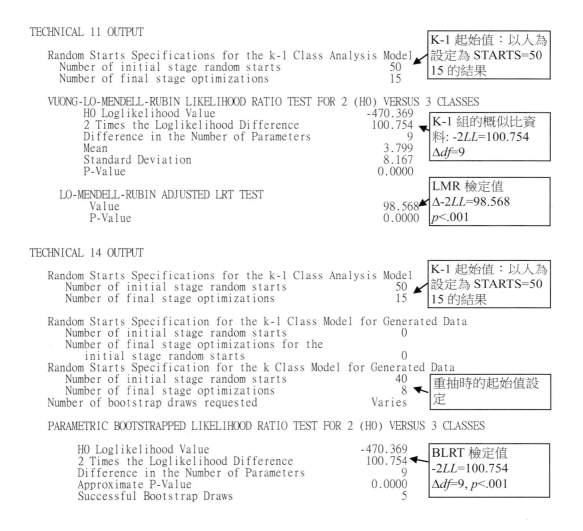

TECHNICAL 11 OUTPUT

Random Starts Specifications for the k-1 Class Analysis Model
 Number of initial stage random starts   50
 Number of final stage optimizations   15

 K-1 起始值：以人為設定為 STARTS=50 15 的結果

VUONG-LO-MENDELL-RUBIN LIKELIHOOD RATIO TEST FOR 2 (H0) VERSUS 3 CLASSES
 HO Loglikelihood Value   -470.369
 2 Times the Loglikelihood Difference   100.754
 Difference in the Number of Parameters   9
 Mean   3.799
 Standard Deviation   8.167
 P-Value   0.0000

 K-1 組的概似比資料: $-2LL$=100.754 Δdf=9

LO-MENDELL-RUBIN ADJUSTED LRT TEST
 Value   98.568
 P-Value   0.0000

 LMR 檢定值 Δ-$2LL$=98.568 p<.001

TECHNICAL 14 OUTPUT

Random Starts Specifications for the k-1 Class Analysis Model
 Number of initial stage random starts   50
 Number of final stage optimizations   15

 K-1 起始值：以人為設定為 STARTS=50 15 的結果

Random Starts Specification for the k-1 Class Model for Generated Data
 Number of initial stage random starts   0
 Number of final stage optimizations for the
  initial stage random starts   0
Random Starts Specification for the k Class Model for Generated Data
 Number of initial stage random starts   40
 Number of final stage optimizations   8
Number of bootstrap draws requested   Varies

 重抽時的起始值設定

PARAMETRIC BOOTSTRAPPED LIKELIHOOD RATIO TEST FOR 2 (H0) VERSUS 3 CLASSES

 HO Loglikelihood Value   -470.369
 2 Times the Loglikelihood Difference   100.754
 Difference in the Number of Parameters   9
 Approximate P-Value   0.0000
 Successful Bootstrap Draws   5

 BLRT 檢定值 $-2LL$=100.754 Δdf=9, p<.001

    值得一提的是，Grimm, Mazza 與 Davoudzadeh（2017）提出一種交叉檢核（cross-validation）的模型比較策略，將觀察資料隨機分割成 M 個不相重疊的褶層（fold），利用 M–1 個褶層分別估計模型參數（稱為訓練組），將參數帶入最後一個褶層（測試組）進行 M–1 次交叉檢核，據此選擇最佳模型。同時也可以計算交叉檢核誤差（cross-validation error; CVE）（Nielsen et al., 2014），可作為模型的預測效力指標。這些交叉檢核技術普遍使用於資料量龐大的資料探勘與機器學習，如果樣本數不大，並不適用，相對之下，如果資料量大，交叉檢核程序是一個具有潛力的做法，也提升了 LCA 在機器學習選模、建模的應用價值。

4.3 訊息準則

在統計領域，對於模型優劣的評估常會應用**訊息準則**（information criteria; IC），由 Akaike 在 70 年代所發展，適合應用於模型競爭比較的模型選擇研究。

訊息準則的統計定義是指一個模型對於未觀察資料（或未來資料）的**預測正確性度量**（measures of predictive accuracy），可由概似比統計量來評估（Gelman et al, 2013, p. 169）。其原理是在概似比統計量增加一個**懲罰項**（penalty term; PT）來進行調整或控制：

$$IC = -2LL + PT \tag{4-15}$$

藉由懲罰項的設定，IC 可對影響模式適配的特定參數或樣本大小等額外訊息納入考量，發展出不同的訊息指標，藉以提升模式適配比較的彈性與效能。以下即介紹幾種常用的訊息準則。

4.3.1 AIC

最早發展的訊息準則是 Akaike（1973, 1987)的 Akaike **訊息準則**（Akaike information criteria; AIC），適合於比較兩個或多個模型的適配情形。

假設今天某模型有參數估計值 $\hat{\theta}$ 的對數概似值 $LL = \ln P(y|\hat{\theta})$。對於同一組資料帶入不同的模型時，$LL$ 值愈大者，表示模型對資料的預測力佳，但如果不同模型的參數數目不同，LL 值的比較將是在不同的基礎上進行而發生偏誤。因為 $Npar$ 愈多模式適配越佳，因此將對數概似值扣除參數數目 $Npar$（在公式中以 p 表示）來進行校正，稱為 AIC 準則（Akaike, 1973）：

$$AIC = -2[\ln P(y|\hat{\theta}) - Npar] = -2LL + 2 \times p \tag{4-16}$$

在 LatentGOLD 提供的 AIC3 指標（Andrews & Currim, 2003），係針對懲罰項以三倍參數量來處理：

$$AIC3 = -2LL + 3 \times p \tag{4-17}$$

由於 AIC 準則在樣本數偏低時表現並不理想，Hurvic 與 Tsai（1989）在 AIC 當中增加一個調整項來進行修正，稱為修正 AIC（corrected AIC; AICc）。當樣本數放大時，(4-18)式右項趨近於 0，使 AICc 趨近 AIC。

$$\text{AICc} = -2LL + 2 \times p + \frac{2p^2 + 2p}{N - p - 1} \tag{4-18}$$

以範例資料的數據為例，鳶尾花分群的 LCA 分析得到 LL=−419.992，求得 AIC、AIC3、AICc 數值如下：

$$\text{AIC} = -2LL + 2 \times p = -2 \times (-419.992) + 2 \times 26 = 891.984$$

$$\text{AIC3} = -2LL + 3 \times p = -2 \times (-419.992) + 3 \times 26 = 917.984$$

$$\text{AICc} = -2LL + 2 \times p + \frac{2p^2 + 2p}{N - p - 1} = -2 \times (-419.992) + 2 \times 26 + \frac{2 \times 26^2 + 2 \times 26}{150 - 26 - 1} = 903.399$$

4.3.2 BIC

由於 AIC 並未考慮樣本數 N 的影響，因此當樣本數愈大時，AIC 變化不明顯，無法反映模型估計的優劣比較。Schwarz（1978）提出了 BIC（Bayesian information criterion）來改善此一缺點：

$$\text{BIC}_{LL} = -2LL + \ln(N) \times p \tag{4-19}$$

若取 G^2 值來計算 BIC，則以自由度取代 $Npar$ 參數數目（Raftery, 1986）

$$\text{BIC}_{G^2} = G^2 + \ln(N) \times df \tag{4-20}$$

在相同概似值的情況下，當模型愈精簡，BIC 數值愈低。當比較兩個或多個模型的適配度時，Kass 與 Raftery（1995）以及 Jeffreys（1961）建議兩個模型的 BIC 差異判定標準如表 4.4 所示。

表 4.4 BIC 差異量的判斷標準

強度	BIC 差異
弱 Weak	$0 \leq \Delta BIC < 2$
正 Positive	$2 \leq \Delta BIC < 6$
強 Strong	$6 \leq \Delta BIC < 10$
非常強 Very strong	$10 \leq \Delta BIC$

4.3.3 saBIC

BIC 準則的計算過程中，由於加入了 $\ln(N)$ 的調整項，將樣本數的影響納入考量，而且是對每一個參數都進行調整，比 AICc 的調整更為顯著，提升了模型比較的敏感度。但如果樣本數偏低或不同模型的樣本數差異大時，BIC 準則會有較大的波動，Sclove（1987）提出樣本調整 BIC（sample-size adjusted BIC; saBIC），以 n^* 取代 N，將樣本數進行修正，藉以修正 BIC 因樣本數波動大所造成的影響：

$$n^* = (N+2)/24 \tag{4-21}$$

saBIC 適用於當不同模型的樣本數差異很大，或是模型當中參數數目多而樣本數少的模式適配評估。將樣本數進行修正的 saBIC 在判斷 LCA 模型優劣時，有非常理想的表現（Yang, 1988, 2006）。

以範例資料的數據為例，鳶尾花分群的 LCA(K=3) 分析 LL=−419.992，求得 BIC、n^*、saBIC 數值如下：

$$BIC = -2LL + \ln(N) \times p = -2 \times (-419.992) + \ln(150) \times 26 = 970.260$$

$$n^* = (N+2)/24 = (150+2)/24 = 6.333$$

$$saBIC = -2LL + \ln(n^*) \times p = -2 \times (-419.992) + \ln(6.333) \times 26 = 887.975$$

4.3.4 CAIC

另一個類似於 BIC 的修正是 Bozdogan（1987）提出一致性 AIC（consistent Akaike information criterion; CAIC）準則：

$$CAIC = -2LL + [\ln(N) + 1]df_h \qquad (4-22)$$

由(4-22)式可以看出，CAIC 的懲罰項較 BIC 更大，對複雜模型過度參數化的懲罰較 AIC 與 BIC 嚴格，因而對於較簡單的模型更為有利。同時，類似於 saBIC 的調整原理，CAIC 也可以將樣本數加以調整，成為 saCAIC。

另一個相近的準則是近似證據加權準則（approximate weight of evidence criterion; AWE）（Banfield & Raftery, 1993），也是取準則數值較低者為較佳模型。

$$AWE = -2LL + [\ln(N) + 1.5]df_h \qquad (4-23)$$

根據學者的模擬研究發現，各個訊息準則的表現在不同的條件下各有擅長。一般而言，BIC 類的指標會優於 AIC 類指標（Nylund, Asparouhov, & Muthén, 2007）。Lin 與 Dayton（1997）指出當模型參數數目較少時（模型較簡單時），以及樣本數較大時，宜採取 BIC 指數，複雜模型也可以參考 AIC 的資訊。在測量變數為類別變數情況下，AIC 用於檢測適配模型的表現並不理想（Yang, 2006）。

雖然各種準則的使用建議不盡相同，對於探索性 LCA 來說，逐漸增加潛在類別數量(K)，會將各種訊息準則的遞減變化以肘彎圖（elbow plot）表現（Nylund-Gibson, & Choi, 2018），檢視各項準則的最低點出現在哪一個模型（手肘低點），藉以判定模型優劣，不失為兼顧各準則的折衷方案，如圖 4.2 所示。

對於訊息指標與概似比差異檢定選擇，Nylund, Asparouhov 與 Muthén（2007）認為拔靴概似比考驗（BLRT）會較 BIC 更能正確判定潛在類別的正確模型，但 BLRT 與 BIC 均須仰賴對於分配的假定與基本假設的維持。例如當某一個潛在類別當中具有明顯偏態，或帶有特殊的極端值時，BLRT 的穩定性就不得而知了。實徵調查數據的資料型態往往不是十分理想，LMR 策略可能會較佳。因此 Nylund, Asparouhov 與 Muthén（2007）建議，研究者可以先利用 BIC 與 LMR 策略來找到較佳模型後，再利用要耗費時間的 BLRT 來慢慢估計，進行更精確的比較。目前軟體多已經將 BLRT 納入，大幅提高了這類檢驗的方便性。

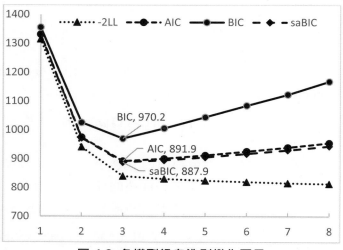

圖 4.2 各模型訊息準則變化圖示

以先前的鳶尾花（N=150）範例資料為例，進行 K=1 到 K=8 的八個探索性 LCA 的模式適配結果列於表 4.5，並以肘彎圖繪製訊息準則的變化於圖 4.2。

由肘彎圖可以看出，在八個 LCA 模型中，以分 3 群（M3）的 AIC=894.4、BIC=972.7、saBIC=890.4 最低。同時概似比統計量到了 M3 之後的遞減情形變得平緩，顯示 M3 是最適配於觀察資料的模型。

表 4.5　LCA 範例的訊息準則與適配指標

	LL	-2*LL*	AIC	BIC	saBIC	*Npar*	G^2	*df*	ΔG^2	Δdf	LMR*p*	BLRT*p*	亂度
M1	-657.7	1315.3	1331.3	1355.4	1330.1	8	502.8	72	-	-	-	-	1.000
M2	-470.4	940.8	974.7	1025.9	972.1	17	128.2	63	374.6	9	<.001	<.001	1.000
M3	-419.9	840.0	**891.9**	970.2	**887.9**	26	27.4	54	100.8	9	<.001	<.001	**.944**
M4	-415.1	830.2	900.3	1005.7	894.9	35	17.8	45	9.8	9	.254	.250	.910
M5	-412.1	824.2	912.2	1044.7	905.4	44	11.6	36	5.8	9	.427	1.000	.881
M6	-409.9	819.8	925.8	1085.3	917.6	53	7.2	27	4.4	9	.0009	.250	.823
M7	-407.7	815.4	939.5	1123.2	930.0	62	2.9	18	4.3	9	.228	1.000	.892
M8	-406.5	813.0	955.0	1168.7	944.0	71	0.4	9	2.5	9	.785	.667	.880

4.4 解釋力評估策略

4.4.1 概似增量比例

各種潛在變數模型多以最大概似法來估計參數，最後都會得到概似函數值，因此可以利用概似值的變動比例來反映模型的解釋力，亦即**概似增量比例**（likelihood increment percentage; LIP）（McArdle et al., 2002），藉由待檢驗的模型（M_1）與基準模型（M_0）的$-2LL$差異量占比，來反映待檢模型的效果強弱：

$$\text{LIP} = 100 \times \left(\frac{-2LL_0 - (-2LL_1)}{-2LL_0} \right) = 100 \times \left(1 - \frac{-2LL_1}{-2LL_0} \right) \qquad (4\text{-}24)$$

由於待檢模型 M_1 估計參數多於基準模型 M_0，因此 LIP 反映了 M_1 模型當中所增加的參數對於模式適配的改善幅度，解釋方式類似迴歸分析當中的 R^2，亦即待檢模型能夠額外解釋資料狀態的比例為何，由於 LIP 的數值範圍介於 0 至 100 的百分比，度量單位具有固定範圍的規範化特性，因此不同模型的 LIP 可以進行相互比較，這是 LIP 優於訊息準則之處。此外，由於 LIP 是對數值的比值，樣本數的影響在除式中被消除，LIP 的大小數值也不會受到樣本數的影響。但如同迴歸分析的 R^2 的數值沒有絕對性的高低判斷準則，因此 LIP 也無法提供高低效果的建議標準。

基於 LIP 的比例性質，Grimm, Houpt, & Rodgers（2021）將 LIP 視為 LCA 模型的**效果量**（effect size）指標，藉以反映參數估計值的**務實意義**（practical significance）；相對之下，χ^2-test、LRT 等假設檢定所評估的是參數估計的**統計意義**（statistical significance）。

以本範例的資料來計算，K=3 對比於 K=1 及 K=2 的解釋增量，分別為 36.1% 與 1.07%，顯示分三組僅比分二組解釋力僅增加 1 個百分點，效果量並不明顯。

$$\text{LIP}_{(3,1)} = 100 \times \left(1 - \frac{-2LL_{k=3}}{-2LL_{k=1}} \right) = 100 \times \left(1 - \frac{840}{1315.3} \right) = 100 \times \left(1 - .639 \right) = 36.1\%$$

$$\text{LIP}_{(3,2)} = 100 \times \left(1 - \frac{-2LL_{k=3}}{-2LL_{k=2}} \right) = 100 \times \left(1 - \frac{840}{940.8} \right) = 100 \times \left(1 - .893 \right) = 1.07\%$$

4.4.2 貝氏因子

類似於 LIP 的對比性質，貝氏因子（Bayes factor; BF）也是利用兩個模型概似值比值（勝算比）來進行適配比較（Wagenmakers, 2007; Wasserman, 1997）。Kass 與 Raftery（1995）提出以 Schwarz Information Criterion（SIC）（Schwarz, 1978）作為 BF 的近似運算，提供模式適配比較之用。假設今天有 M_0 與 M_1 兩個模型，$P(\mathbf{Y}|M_0)$ 與 $P(\mathbf{Y}|M_1)$ 為兩模型的概似分配，貝氏因子 BF 定義如下：

$$BF_{(1,0)} = \frac{P(Y \mid M_1)}{P(Y \mid M_0)} \qquad (4\text{-}25)$$

由於 SIC=−0.5BIC，因此 BF 亦可利用 BIC 來近似運算（McLachlan & Peel, 2000, p. 210; Wagenmakers, 2007; Asparouhov & Muthén, 2021）：

$$BF_{(1,0)} = \exp(SIC_1 - SIC_0) = \exp\left(\frac{BIC_0 - BIC_1}{2}\right) \qquad (4\text{-}26)$$

當 M_1 與 M_0 兩個模型的概似值相同時，BF=1；當 BF＞1，表示 M_1 優於 M_0，當 BF＜1，表示 M_0 優於 M_1。由於 M_0 通常作為參照組（基準模型或虛無假設），因此 BIC 值較大，M_1 的 BIC 較小。

BF 值愈大者表示資料支持對立模型的證據愈強，如果 BF＞10，可以宣稱有足夠的差異支持對立模式適配較佳（Wasserman, 2000）。關於學者所提出 BF 值的強度判定標準並不一致（e.g., Kass & Raftery, 1995, p. 777; Wasserman, 1997），如表 4.6 所示，但是 BF＞20 皆被視為是模型比較的強勢證據。

表 4.6 貝氏因子的判斷標準

Kass & Raftery (1995)		Wasserman (1997)	
Weak	$1 < BF < 3$	Weak	$1 < BF < 3$
Positive	$3 < BF < 20$	Moderate	$3 < BF < 10$
Strong	$20 < BF < 150$	Strong	$10 < BF$
Very strong	$150 < BF$		

以本範例來看，$K=3$ 分別以 $K=2$ 及 $K=4$ 為基準模型的 BF 都遠遠超過 150，顯示分三群的模型遠遠優於另兩個模型。

$$\text{BF}_{(3,2)} = \exp\left(\frac{\text{BIC}_2 - \text{BIC}_3}{2}\right) = \exp\left(\frac{1025.9 - 970.2}{2}\right) = 1.245 \times 10^{12}$$

$$\text{BF}_{(3,4)} = \exp\left(\frac{\text{BIC}_4 - \text{BIC}_3}{2}\right) = \exp\left(\frac{1005.7 - 970.2}{2}\right) = 5.114 \times 10^{7}$$

事實上，Schwarz（1978）曾經利用 SIC 來計算 cmP（correct model probability），藉以進行 J 個模型的相互比較，cmP 的估計式如下，兩個模型的 cmP 比值就如同 BF，因此可以將兩者視為近似的評估策略。

$$cm\hat{P}_A = \frac{\exp(\text{SIC}_A - \text{SIC}_{\max})}{\sum_{j=1}^{J} \exp(\text{SIC}_j - \text{SIC}_{\max})} \tag{4-27}$$

4.5 分類診斷策略

前面所討論的模式適配評估或比較策略，都是基於模型估計所得到概似資訊來轉換各類統計量或準則。另一種評估方法，則是檢視特定模型建立之後，利用後驗分類機率（posterior class probability）將受測者分類進入各目標類別後，進行分類精確性的分類診斷（classification diagnostics）（Collins & Lanza, 2010; Masyn, 2013; G. van der Nest, et al., 2020）。（關於潛在類別分類原理參見第3.3節）

4.5.1 亂度指標

最常用的分類評估指標是亂度（entropy）或熵（Celeux & Soromenho, 1996; Ramasway et al., 1993），其原理是利用分類錯誤比例（(4-27)式的右項）計算LCA分類不確定性統計量 $E(K)$（Celeux & Soromenho, 1996）：

$$E(K) = \sum_{i=1}^{N} \sum_{k=1}^{K} \left[-p'_{ik} \ln(p'_{ik}) \right] \tag{4-28}$$

$E(K)$數值是由每一個受測者的分類機率 p'_{ik} 取對數加權計算而來,數值愈高表示分類的不確定愈高。由於$E(K)$的數值並沒有固定範圍,無法用來比較,因此必須經過量尺化,得到$Entropy$係數(Zhao & Pesin, 2014; Ramaswamy, DeSarbo, Reibstein, & Robinson, 1993):

$$Entropy = 1 - \frac{E(K)}{N \ln(K)} \tag{4-29}$$

$Entropy$數值介於0至1,愈接近1表示群內同質性高、資料亂度低、分類效果好,愈接近0表示群內同質低、資料亂度高、分類效果不好。以本節範例來計算所得到的結果如下:

$$Entropy = 1 - \frac{\sum_{i=1}^{N} \sum_{k=1}^{K} -p'_{ik} \ln(p'_{ik})}{N \ln(K)} = 1 - \frac{9.88}{150 \times \ln(3)} = 1 - .060 = .940$$

文獻上並未提供亂度判定的絕對標準,但一般而言,$Entropy$達到.80以上即屬良好的分群結果,若未達.6則有疑慮。$Entropy$指標的判斷原則如下(Berlin et al., 2014; Clark & Muthén, 2009; Masyn, 2013; Ram & Grimm, 2009):

$Entropy = 1$　　　完全分類

$Entropy \geq 0.8$　　良好分類

$Entropy \geq 0.6$　　可接受的分類

$Entropy < 0.6$　　不理想的分類

另一種量尺化策略是計算分類改善比例的規範化亂度標準(normalized entropy criterion; NEC)(Celeux & Soromenho, 1996),其原理是將亂度資訊以概似比差異量進行再量尺化:

$$NEC = \frac{E(K)}{-2LL_{diff}} \tag{4-30}$$

關於亂度的另一個延伸評估方式，是利用待檢驗模型與基準模型的 *Entropy* 差異量比值，可以計算出類似迴歸解釋力 R^2 的模型分類解釋力 *Entropy R^2* （Magidson & Vermunt, 2010）：

$$Entropy\ R^2 = \frac{E(K_0) - E(K_1)}{E(K_0)} = 1 - \frac{E(K_1)}{E(K_0)} \tag{4-31}$$

值得注意的是，即使模型 *Entropy* 達到理想水準，如果某一個潛在類別的分群機率過小（例如$\pi<1\%$）或分類人數太少（例如 $n<25$），該潛在類別是否具有實務意義也應加以考慮（Berlin et al., 2014; Lubke & Neale, 2006），雖然該群受測者可能是狀況特殊的一群，但也可能是極端數值的集合。尤其是採取最大概似估計時，小規模潛在類別的穩定性低，應避免選擇包含太小規模潛在類別模型來進行分類診斷。

4.5.2 亂度訊息準則

$E(K)$與 *Entropy* 除了用來評估模型的分類品質，也可以比照訊息指標的運算原理，作為懲罰項來評估訊息的變化，例如 Biernacki 與 Govaert（1997）所提出的 CLC 準則（classification Likelihood criterion）：

$$CLC = -2LL + 2E(K) \tag{4-32}$$

CLC 如果用 BIC 來進行近似運算，稱為 ICL 準則（integrated classification likelihood criterion）（Biernacki et al, 1998）或是 ICL-BIC 準則（McLachlan & Peel, 2000）。應用的策略與其他訊息準則相反，CLC 數值較高者表示分類品質較佳。

值得提醒的是，$E(K)$雖然反映分類品質，但不應用來進行分群數不同的模型比較，例如當探索性 LCA 逐步進行 $K=2$、$K=3$、$K=4$...的分析時，隨著分群數目增加，亂度自然變差。如果不分群（$K=1$），沒有群間差異，亂度當然最理想

Entropy=1。隨著 *K* 增加，即使 *Entropy* 接近 1，分類誤差還是可能大量存在，只因為分組太細只是將原屬於錯誤分類的受測者被分到其他的群組。因此亂度通常用來評估模型是否有足夠的分類能力或效用（utility）：*Entropy* 愈低表示該模型沒有能力去分出清晰的不同群體，愈「不實用」，但 *Entropy* 愈高並不代表模型有真正的價值。

4.5.3 變數亂度

基於亂度的計算原理，除了計算整體模型的分類亂度，個別觀察變數的**變數殊化亂度**（variable-specific entropy）（Asparouhov & Muthén, 2018）可被計算出來。在Mplus中由 Output: Entropy 指令輸出得到 Univariate Entropy。亂度過低的觀察變數會造成分類品質不佳，可視為不良的題項而加以排除。例如IRIS範例中，整個模型*Entropy*=.944，四個觀察變數當中的第U3題（鳶尾花的花萼寬度）的單變量亂度僅有*Entropy*_U3=.269，顯示以該題來分類的效果最差。如果僅以三題來進行鳶尾花三個品種的分類，*Entropy*提高到.958。

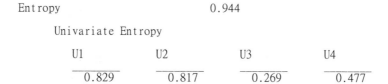

```
CLASSIFICATION QUALITY

    Entropy                        0.944

        Univariate Entropy

            U1            U2            U3            U4
          ‾‾‾‾‾‾        ‾‾‾‾‾‾        ‾‾‾‾‾‾        ‾‾‾‾‾‾
           0.829         0.817         0.269         0.477
```

4.5.4 類別亂度

如同變數亂度可以評估特定觀察變數的分類能力，類別亂度則是一種**類別殊化指標**（class-specific index），可針對LCA模型中的各潛在類別進行個別的分類品質評估（Masyn, 2013; Nagin, 2005）。

第一種指標是**平均後驗分派機率**（average posterior probability of assignment; APPA）（Asparouhov & Muthén, 2014; Nagin, 2005），係求取每一個潛在類別的後驗分類機率平均值，藉以評估各群的分類品質。

$$\text{APPA}_k = \frac{1}{n_k} \sum_{i=1}^{n_k} \left(p'_{ik} \middle| G = k \right) \tag{4-33}$$

$E(K)$ 與 *Entropy* 所反映的是整體模型的分類品質，APPA 則針對各潛在類別來評估。由於 APPA 的性質是機率，因此數值範圍介於 0 至 1，數值愈高表示分類品質愈佳。APPA >.7 表示該潛在類別能夠有效的分離受測者（Nagin, 2005）。

若計算 APPA 在分群機率的占比，可以得到**正確分類率占比**（odds of correct classification; OCC）（Nagin, 2005）：

$$\text{OCC}_k = \frac{\text{APPA}_k / (1 - \text{APPA}_k)}{\hat{\pi}_k / (1 - \hat{\pi}_k)} \tag{4-34}$$

OCC 將 APPA 以各分群比例作為比較基礎進行比率轉換，當 APPA 接近最理想的 1.0，OCC 的數值將會快速放大，例如 OCC=5，表示正確分類的勝算比是分群勝算比的五倍，數值愈大表示各潛在類別的分類品質愈理想。

另一種評估各潛在類別的分類品質，是計算**目標組分類比例**（modal class assignment proportion; $mcaP_k$），反映各組分類的確定性：

$$mcaP_k = \frac{\sum_{i=1}^{N} I\{\hat{c}_{m,i} = k\}}{N} \tag{4-35}$$

若受測者分入目標組人數越多，$mcaP_k$ 比例愈高。當 $mcaP_k$ 愈接近分群機率 $\hat{\pi}_k$，表示該潛在類別能夠達成的有效分類愈高，分類能力愈強。藉由計算 $mcaP_k$ 的 95%CI，檢驗是否涵蓋 $\hat{\pi}_k$，可進行顯著性是否存在的評估（Masyn, 2013）。

總結本章的討論，模式適配是評估參數估計結果的整體評估程序，所謂「整體評估」是指所有參數所形成的整個模型的估計品質，而非個別參數的優劣好壞的檢核，換言之，個別參數的估計與解釋是「見樹」的過程，模型評估則是站在「見林」的高度來為模型品質進行把關，也是模型之間得以進行相互比較的憑藉依據。雖然「樹」一多之後就會看到「林」，因此似乎「見樹」應先於「見林」，但是從方法論的角度來看，模型先於參數存在，有了模型才知道哪些參數要加

以估計，各式各樣的參數必須放在理論模型的框架下才能看到存在的意義，由此看來，「見林」其實應該先於「見樹」，先完成整體評估再進行參數意義的解釋才是正途。

進一步閱讀文獻

關於 EM 演算法的介紹，以及較新的發展：Chen, H., Han, L., & Lim, A. (2022). Beyond the EM algorithm: Constrained optimization methods for latent class model. *Communications in Statistics-Simulation and Computation, 51*(9), 5222-5244. http://dx.doi.org/10.1080/03610918.2020.1764034

可查閱各種關於 LCA 與混合模型的適配指標與評估方法的整理，尤其是作者自己曾經提出的一些概念：Grimm, K. J., Houpt, R., & Rodgers, D. (2021). Model fit and comparison in finite mixture models: A review and a novel approach. *Frontier of Education, 6*: 613645. http://dx.doi.org/10.3389/feduc.2021.613645

如果要對隨機起始值有更深入完整的瞭解，以及指令設計原理，可以參考 Mplus 官方網站的文件：Asparouhov, T., & Muthén, B. (2019). *Random starting values and multistage optimization*. http://www.statmodel.com/download/StartsUpdate.pdf

5

參數設限與多群組分析

Parameter Constraint and Multigroup Analysis

　　潛在類別分析與其他多變量統計模型分析技術（例如結構方程模式、對數線性模式）一樣，經常會面對哪一個模型比較適配的決策難題。除了使用概似比差異檢定來比較不同模型的適配優劣，另一種做法是針對特定的參數進行設限或調整，檢驗模型適配的改變情形。此時，研究者必須對於特殊的限定與模型結構的改變，提出理論或文獻上的支持證據，提出特定的研究假設據以驗證，因此McCutcheon（1987）將設限模型（restricted model）的潛在類別分析稱為驗證性LCA（confirmatory LCA）。

　　在 LCA 中，參數的限定主要有定值與等值兩種方法（McCutcheon, 2002）。定值限定（deterministic restrictions）是將模型中的參數給予特定的數值（通常是0 或 1），而不讓該參數自由估計；等值限定（equality restrictions）是將模型中的多個參數設定具有相同的數值，然後進行參數估計與模型適配檢驗，常用於測量恆等性（measurement invariance）的研究。。

　　此外，參數設限也常用於多個樣本的 LCA，亦即多群組潛在類別模式（multi-group latent class modeling; MG-LCM）（McCutcheon, 1987, 1996），可同時分析兩群或兩群以上受試者在同一組觀察變數作答情形背後的潛在異質性，比較不同樣本的 LCA 結果是否有所不同，又稱為同時潛在類別分析（simultaneous latent class modeling; SLCM）（Clogg & Goodman, 1984, 1985, 1986）。在操作上只需要在模型中增加外顯分類變數，即可進行多群組 LCA。如此一來，LCA 分析的應用範圍將可擴大到多母群的架構下，增加了 LCA 的應用價值，例如在 LCA 當中納入性別變數，可以探討 LCA 的測量參數在不同性別之間是否具有恆等性或異質性。本章首先介紹模型設限的做法，再擴及多群組 LCA 的討論應用。

5.1 LCA 的限定模式

5.1.1 參數限定原則

　　潛在類別模型中的參數，主要有潛在類別機率與條件機率兩種。前者涉及各潛在類別的相對重要性，條件機率則涉及潛在類別的組成結構。一般而言，潛在類別模型的限定，是以結構限定為主，亦即對於條件機率的等值與定值限定

估計（McCutcheon, 2002），而非對於潛在類別機率進行設限，因為潛在類別決定於各觀察變數的組合，因此潛在類別機率是在參數估計完成之後才得以計算其強度，對於潛在類別機率的限定模型不易達成合理的收斂。

對於等值與定值兩種限定策略，實務上定值限定較少被使用，因為研究者必須提出強而有力的先驗理論或文獻，來說明所給定的機率數值是多少，在研究實務上困難度較高。相對之下，等值限定將模型的參數設為等值，除了在文獻與理論說明的舉證較容易之外，也可以讓模式更簡單，提高模型的簡效性，因此應用價值較高。

由於類別變數不像連續變數有各種統計量數可以運用，僅能將各反應類別的次數轉換成機率，再將兩個機率相除得到勝算比來進行分析，參數的數目決定於觀察變數的數目與水準數，若對參數進行浮濫設限，將會大幅度減少參數數目，導致模型參數過少的過度簡效問題。因此，在進行限定模型分析時，研究者必須提出設定的理論基礎與必要性，而不是為改善模型適配而調整。此外，在解釋研究結果時，也必須特別注意參數設限的影響，以及參數意義的解釋，否則將可能錯誤解讀數據。

5.1.2 等值限定分析

所謂等值限定（equality restrictions），是指將潛在類別模型當中的多個參數設定具有相同的數值，然後進行參數估計與模型適配檢驗，比較設定前與設定後的模型適配的變化。

在等值限定中，最常被使用的一種限定策略是平行指標（parallel indicators）的假設，也就是觀察變數被潛在變數的影響強度相當，亦即測量恆等性的檢測。例如我們假設帶有 A 與 B 兩個觀察變數在潛在變數 C 的各類別都有一樣的強度，模式設定必須增加令兩個觀察變數條件機率相等的限定條件。若 A 與 B 各有 q 個水準，參數限定條件如下：

$$P(y_A|Q=q, C=k) = P(y_B|Q=q, C=k)$$
$$\lambda_{qk}^A = \lambda_{qk}^B$$

(5-1)

另一種可能的等值限定，是令某一個觀察變數的不同水準在不同的潛在類

別具有相同的分類誤差，稱為相等誤差假設（equal error rate hypothesis）（Goodman, 1974; Hagenaars, 1990）。在帶有重複測量的縱貫分析模型經常會用到誤差等值設定。

在設定模型的模型適配檢驗中，經常會以無限定的模型作為基準模型，然後在無限定模型中逐一增加不同的限定條件，例如分別增加前面平行指標與相等誤差兩個假設，藉以進行模型的競爭比較。此時所評估的不是模式的絕對適配，而是相對適配的卡方差異檢驗。

5.1.3 定值限定分析

除了將參數設為相等的等值設限外，LCA 的另一種限定方式，是基於特定的假設主張下，將參數指定某一特定數值來進行潛在類別估計。例如假設某一個潛在類別的成員，對某個測驗的每一題都會做，亦即**完全測量**（perfect measure），此時即可將該變數在第一類潛在類別的條件機率設為 1.00。假設有 X、Y、Z 三個考題，完全測量的等值設限如下：

$$P(\lambda_{qk}^X|C=1) = P(\lambda_{qk}^Y|C=1) = P(\lambda_{qk}^Z|C=1) = 1 \tag{5-2}$$

在 Mplus 當中，題項反應機率的設定是以閾值進行。若觀察變數編碼為 {0,1}，欲得到答對機率 $P(Y=1)=1.00$，閾值設定為 -15。欲得到答錯機率 $P(Y=0)=1.00$，閾值設定為 $+15$。設限模型的分析步驟相似，程序如下：

■ 估計未限定模型。

■ 增加限定的參數，並進行模型的參數估計，計算適配性。

■ 進行適配性考驗與差異檢定，以決定模型適配有無變化。

■ 如果適配變得不好，放棄該模型，以未限定模型作為最適配模型，或繼續進行其他模型的估計。

■ 如果適配沒有變得不好，則保留該限定，重新進行各潛在類別的命名與參數估計的說明。

■ 進行分類，瞭解各觀察值的分類情形。

5.2 設限模型範例

5.2.1 範例數據

　　本節採用一個實際的疫情擔憂的調查數據來進行參數設限的 LCA 模型。該調查是以 8 個二分變數題目詢問 1366 個台灣民眾關於疫情期間的心理與行為狀況，各題的題目以及反應次數與百分比列於表 5.1。

　　經由探索性分析結果發現，四個潛在類別的模型具有最理想的模式適配性，亦即以 $K=4$ 的無設限模型作為基準模型（探索性分析的數據可參考表 5.7），四個潛在類別的命名與機率如下，各題的分群剖面圖列於圖 5.1：

■C1 心理反應群(25.3%)：除了 U2 的高擔憂反應之外（.968），還有 U1「緊張不安」（.839）、U8「避免出入公共場所」（.825）。

■C2 行為反應群(23.6%)：第 U7、U8 等行為反應題目有較高的答「是」的條件機率較高，尤其 U7「每週做環境消毒」的反應機率達到.93。

■C3 多重反應群(19%)：幾乎在所有的題目都有最高的條件機率。

■C4 輕度反應群(32.1%)：無明顯心理與行為反應群：多數題目都是傾向回答「無」。

表 5.1 疫情期間心理與行為反應調查題目（N=1366）

	題目	無 ($q=1$)		有 ($q=2$)	
U1	覺得緊張不安	638	46.7%	728	53.3%
U2	擔憂不幸事件可能發生在自己或親人身上	276	20.2%	1090	79.8%
U3	有睡眠問題（如失眠）	1130	82.7%	236	17.3%
U4	比以前慮病，對自己身體狀況敏感懷疑生病	845	61.9%	521	38.1%
U5	盡量與人保持距離，不做不必要的交談	882	64.6%	484	35.4%
U6	隨身攜帶可消毒的東西（如酒精）	909	66.5%	457	33.5%
U7	每星期做屋內或居家環境消毒的工作	715	52.3%	651	47.7%
U8	避免出入公共場所、醫院或人潮擁擠的地方	408	29.9%	958	70.1%

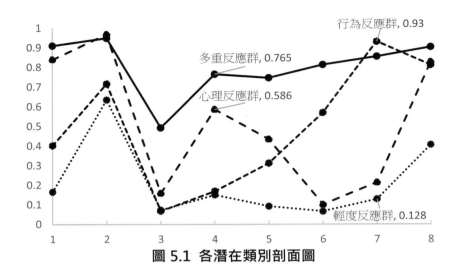

圖 5.1 各潛在類別剖面圖

　　由表 5.2 所列出的題項反應機率可以看出各題的狀況。例如 C1（心理反應群）與 C3（心理與行為多重反應群）在心理反應的題目上，有類似的反應模式。因此，我們可以假設第 U1 與 U2 的題項反應機率，在 C1 與 C3 條件機率相等。同理，C2 的行為反應群與 C3 的心理與行為多重反應群中，在行為反應的題目有類似反應模式，亦即 U7 與 U8 在 C2 與 C3 的條件機率相等。

表 5.2 無限定 LCA 的題項反應機率整理表

題目		C1 心理反應群	C2 行為反應群	C3 多重反應群	C4 輕度反應群	全體
	π_k	.253	.236	.190	.321	
U1	緊張不安	**.839**	.402	**.910**	.165	.533
U2	擔憂不幸	**.968**	.716	**.949**	.635	.798
U3	睡眠問題	.158	.068	.493	.073	.173
U4	慮病疑病	.586	.169	.765	.150	.381
U5	保持距離	.434	.312	.746	.092	.354
U6	隨身消毒	.100	.569	.812	.066	.335
U7	環境消毒	.213	**.930**	**.854**	.128	.477
U8	避免群聚	.825	**.810**	**.902**	.405	.701

註：所列機率為各題回答「有」的題項反應機率。

其次，為了示範定值參數的設定方式，我們可以假設 C4 輕度反應群應該在主要的心理與行為指標的反應機率為 0，亦即 U3 的「睡眠問題」、U6「隨身攜帶消毒用具」，以 Mplus 軟體來進行驗證性 LCA 的示範。

5.2.2 無限定模型分析

首先，第一個模型（M1）是沒有任何設限的無條件 LCA。經過估計的結果，得到 *Npar*=35，−2*LL*=12258.2，*G²*=307.459（*p*<.001），由 TECH1 技術指令可以看出模型當中的 35 個待估參數為何，資料點有 2^8=256，*df*=256−35−1=220。語法（Syn5.2.M1.inp）與主要的模式適配資訊如下：

■**Syn5.2.M1.inp**

```
TITLE:      LCA M1 CLASS=4
DATA:       FILE IS CH5.DAT;
VARIABLE: NAMES  = ID U1-U8 GENDER AGE;
            USEVAR = U1-U8;
            CATEGOR= U1-U8;
            CLASSES= C(4);
ANALYSIS: TYPE=MIXTURE;
OUTPUT:     TECH1;
```

```
Number of Free Parameters                    35          待估參數為 35

Loglikelihood
        H0 Value                        -6129.106
        H0 Scaling Correction Factor       1.1856
          for MLR

Information Criteria
        Akaike (AIC)                    12328.212
        Bayesian (BIC)                  12510.900
        Sample-Size Adjusted BIC        12399.719
          (n* = (n + 2) / 24)

Chi-Square Test of Model Fit for the Binary and Ordered Categorical Outcomes

        Pearson Chi-Square
        Value                            443.431
        Degrees of Freedom                   220
        P-Value                           0.0000

        Likelihood Ratio Chi-Square
        Value                            307.459      自由度為 220
        Degrees of Freedom                   220
        P-Value                           0.0001
```

FINAL CLASS COUNTS AND PROPORTIONS FOR THE LATENT CLASSES
BASED ON THE ESTIMATED MODEL

    Latent
    Classes

        1   345.41030   0.25286   ← 潛在類別分群結果
        2   322.42592   0.23604
        3   259.02525   0.18962
        4   439.13854   0.32148

CLASSIFICATION QUALITY

    Entropy   0.623

MODEL RESULTS

	Estimate	S.E.	Est./S.E.	Two-Tailed P-Value
Latent Class 1				
Thresholds				
U1$1	-1.653	0.413	-4.002	0.000
U2$1	-3.416	0.887	-3.850	0.000
U3$1	1.673	0.237	7.050	0.000
U4$1	-0.347	0.470	-0.738	0.460
U5$1	0.265	0.424	0.626	0.531
U6$1	2.203	0.578	3.810	0.000
U7$1	1.304	0.596	2.189	0.029
U8$1	-1.553	0.619	-2.508	0.012

第一個潛在類別的閾值與檢定結果

…(略)

TECHNICAL 1 OUTPUT

    PARAMETER SPECIFICATION FOR LATENT CLASS INDICATOR MODEL PART

LAMBDA(U)	C#1	C#2	C#3	C#4
U1	1	2	3	4
U2	5	6	7	8
U3	9	10	11	12
U4	13	14	15	16
U5	17	18	19	20
U6	21	22	23	24
U7	25	26	27	28
U8	29	30	31	32

題項反應機率由 32 個閾值參數來估計

    PARAMETER SPECIFICATION FOR LATENT CLASS REGRESSION MODEL PART

ALPHA(C)	C#1	C#2	C#3	C#4
	33	34	35	0

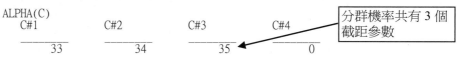

分群機率共有 3 個截距參數

5.2.3 等值限定分析

第二個模型（M2）假設「心理反應群」（C#1）與「多重反應群」（C#3）在心理反應強的題目 U1（緊張不安）與 U2（擔憂不幸）相等，「行為反應群」（C#2）與「多重反應群」（C#3）在行為反應高的題目 U7（隨身消毒）與 U8（避免群聚）的題項條件機率相等，亦即有兩組平行測量設定，各涉及四個題項反應機率的閾值參數。Mplus 的模式設定語法與主要的結果如下：

■Syn5.2.M2.inp

```
TITLE:     LCA M2 CLASS=4
DATA:      FILE IS CH5.DAT;
VARIABLE: NAMES   = ID U1-U8 GENDER AGE;
          USEVA   = U1-U8;
          CATEGOR= U1-U8;
          CLASSES= C(4);
ANALYSIS: TYPE=MIXTURE;
MODEL:
    %C#1%
        [U1$1 U2$1] (p1);  !C1 與 C3 的 U1 與 U2 閾值相等標記為 p1
    %C#2%
        [U7$1 U8$1] (p2);  !C2 與 C3 的 U7 與 U8 閾值相等標記為 p2
    %C#3%
        [U1$1 U2$1] (p1);  !C1 與 C3 的 U1 與 U2 閾值相等標記為 p1
        [U7$1 U8$1] (p2);  !C2 與 C3 的 U7 與 U8 閾值相等標記為 p2
OUTPUT:    TECH1;
```

MODEL FIT INFORMATION

Number of Free Parameters   29

待估參數為 29，少了 6 個被限定的參數

Loglikelihood
      H0 Value   -6138.727
      H0 Scaling Correction Factor   1.1486
        for MLR

Information Criteria
      Akaike (AIC)   12335.455
      Bayesian (BIC)   12486.824
      Sample-Size Adjusted BIC   12394.703
        (n* = (n + 2) / 24)

Chi-Square Test of Model Fit for the Binary and Ordered Categorical (Ordinal) Outcomes

      Pearson Chi-Square

      Value   432.254
      Degrees of Freedom   226
      P-Value   0.0000

Likelihood Ratio Chi-Square

Value   326.701
Degrees of Freedom   226
P-Value   0.0000

G^2=326.701, df=226，比 M1 的 307.459 增加了ΔG^2=19.242，Δdf=6，表示模式適配變差

MODEL RESULTS

	Estimate	S.E.	Est./S.E.	Two-Tailed P-Value
Latent Class 1				
Thresholds				
U1$1	-3.001	0.415	-7.224	0.000
U2$1	-3.001	0.415	-7.224	0.000
U3$1	1.597	0.230	6.948	0.000
U4$1	-0.488	0.391	-1.249	0.212
U5$1	0.115	0.329	0.348	0.728
U6$1	2.348	0.517	4.540	0.000
U7$1	1.199	0.431	2.782	0.005
U8$1	-1.727	0.504	-3.428	0.001
Latent Class 2				
Thresholds				
U1$1	0.384	0.333	1.152	0.249
U2$1	-1.022	0.270	-3.787	0.000
U3$1	2.343	0.347	6.746	0.000
U4$1	1.307	0.254	5.143	0.000
U5$1	0.637	0.171	3.723	0.000
U6$1	-0.336	0.208	-1.615	0.106
U7$1	-1.848	0.154	-12.032	0.000
U8$1	-1.848	0.154	-12.032	0.000
Latent Class 3				
Thresholds				
U1$1	-3.001	0.415	-7.224	0.000
U2$1	-3.001	0.415	-7.224	0.000
U3$1	-0.050	0.282	-0.178	0.859
U4$1	-1.253	0.399	-3.144	0.002
U5$1	-1.096	0.330	-3.322	0.001
U6$1	-1.689	0.589	-2.867	0.004
U7$1	-1.848	0.154	-12.032	0.000
U8$1	-1.848	0.154	-12.032	0.000
Latent Class 4				
Thresholds				
U1$1	1.491	0.457	3.262	0.001
U2$1	-0.688	0.174	-3.964	0.000
U3$1	2.483	0.232	10.683	0.000
U4$1	1.568	0.159	9.868	0.000
U5$1	2.176	0.219	9.923	0.000
U6$1	2.743	0.310	8.845	0.000
U7$1	1.720	0.251	6.861	0.000
U8$1	0.324	0.127	2.556	0.011

兩個觀察變數的閾值與檢定值相等

兩個觀察變數的閾值與檢定值相等

TECHNICAL 1 OUTPUT

PARAMETER SPECIFICATION FOR LATENT CLASS INDICATOR MODEL PART

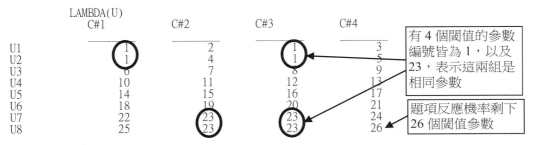

PARAMETER SPECIFICATION FOR LATENT CLASS REGRESSION MODEL PART

ALPHA(C)

C#1	C#2	C#3	C#4
27	28	29	0

　　平行測量模型（M2）的 df=226，G^2=326.701，自由度較無限定模型（M1）增加 6，但是 G^2 統計量比 M1 的 307.459 增加，ΔG^2=19.242，p<.01，表示限定參數使模型適配顯著變差。

5.2.4 定值限定分析

　　定值設限模型（M3）是將參數數值給予特定數值。若假設 C4「輕度反應群」在第 U3 題「睡眠問題」與第 U6 題「隨時消毒」回答「有」機率為 0，也就是把這兩題在第 C4 組的閾值設定為+15。相對的，如果要將某一題回答「有」的機率設定為 1.00，則閾值需設定為−15。

　　為了對照說明，分別列出四個模型的估計結果，語法列於 Syn5.2.M3.inp，各模型的設定方式如下，各模型的模式適配數據整理於表 5.3：

M1　非設限模式，不需要設限。

M3a 僅 U3 在 C4 回答「無」機率為 1.0，語法[U3$1@15]。

M3b 僅 U6 在 C4 回答「無」機率為 1.0，語法[U6$1@15]。

M3c U3 與 U6 在 C4 回答「無」機率為 1.0，[U3$1@15]與[U6$1@15]同時放入。

■Syn5.2.M3c.inp

```
TITLE:    LCA Mode13 LATENT CLASS=4
DATA:     FILE IS CH5.DAT;
VARIABLE:NAMES  = ID U1-U8 GENDER AGE;
         USEVA  = U1-U8;
         CATEGOR= U1-U8;
         CLASSES= C(4);
ANALYSIS:TYPE=MIXTURE;
MODEL:
    %C#4%              !對 C#4 輕度反應群進行設定
    [U3$1@15];         !設定 U3 閾值為 15
    [U6$1@15];         !設定 U6 閾值為 15
OUTPUT:   TECH1;
```

MODEL RESULTS

	Estimate	S.E.	Est./S.E.	Two-Tailed P-Value
…(略)				

Latent Class 4

Thresholds

	Estimate	S.E.	Est./S.E.	P-Value
U1$1	-1.890	0.421	-4.492	0.000
U2$1	-15.000	0.000	999.000	999.000
U3$1	15.000	0.000	999.000	999.000
U4$1	-0.402	0.295	-1.365	0.172
U5$1	0.171	0.256	0.669	0.503
U6$1	15.000	0.000	999.000	999.000
U7$1	1.637	0.538	3.043	0.002
U8$1	-1.897	0.460	-4.128	0.000

…(略)

閾值設為 15，回答「無」的機率設定為 1.00

RESULTS IN PROBABILITY SCALE

	Estimate	S.E.	Est./S.E.	Two-Tailed P-Value

Latent Class 4

U1				
Category 1	0.131	0.048	2.736	0.006
Category 2	0.869	0.048	18.108	0.000
U2				
Category 1	0.000	0.000	0.000	1.000
Category 2	1.000	0.000	0.000	1.000
U3				
Category 1	1.000	0.000	0.000	1.000
Category 2	0.000	0.000	0.000	1.000
U4				
Category 1	0.401	0.071	5.662	0.000
Category 2	0.599	0.071	8.467	0.000

```
U5
    Category 1          0.543       0.063       8.551       0.000
    Category 2          0.457       0.063       7.206       0.000
U6
    Category 1          1.000       0.000       0.000       1.000
    Category 2          0.000       0.000       0.000       1.000
U7
    Category 1          0.837       0.073      11.414       0.000
    Category 2          0.163       0.073       2.221       0.026
U8
    Category 1          0.130       0.052       2.503       0.012
    Category 2          0.870       0.052      16.679       0.000
```

…(略)

TECHNICAL 1 OUTPUT

PARAMETER SPECIFICATION FOR LATENT CLASS INDICATOR MODEL PART

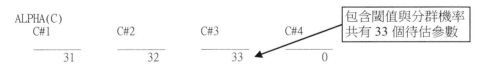

	LAMBDA(U)			
	C#1	C#2	C#3	C#4
U1	1	2	3	4
U2	5	6	7	8
U3	9	10	11	0
U4	12	13	14	15
U5	16	17	18	19
U6	20	21	22	0
U7	23	24	25	26
U8	27	28	29	30

有 2 個閾值參數設定為固定值,因此無須估計,沒有編號

PARAMETER SPECIFICATION FOR LATENT CLASS REGRESSION MODEL PART

	ALPHA(C)			
	C#1	C#2	C#3	C#4
	31	32	33	0

包含閾值與分群機率共有 33 個待估參數

　　由表 5.3 的比較結果可以看到,對於模型參數設限,會使模式適配變差,本範例的後面三個設限模式均嵌套在無限定模型內,因此可以比較 G^2 值的變動顯著性,當自由度差異值為 1 時,G^2 差異值大於 3.84 即達.05 的顯著水準(由附錄 B 查得臨界值),表示增加一個參數的設限顯著使模型變差。由表中數據可知,三個設限模型的結果均顯著變差。

表 5.3 各等值限定模型在 C4（輕度反應群）的題項反應機率與適配情形

題目	M1 無限定	M3a U3 限定	M3b U6 限定	M3c U3 與 U6 限定
U1 緊張不安	0.165	0.384	0.849	0.869
U2 擔憂不幸	0.635	0.695	0.973	1.000
U3 睡眠問題	0.073	**0.000**	0.154	**0.000**
U4 慮病疑病	0.150	0.119	0.586	0.599
U5 保持距離	0.092	0.288	0.449	0.457
U6 隨身消毒	0.066	0.581	**0.000**	**0.000**
U7 環境消毒	0.128	0.957	0.190	0.163
U8 避免群聚	0.405	0.825	0.836	0.870
Model fit				
Npar	31	34	34	35
df	220	221	221	222
$G^2,(p)$	307.459(<.001)	313.329(<.001)	311.783(<.001)	337.980(<.001)
$\Delta G^2,(p)$	-	5.870(.0154)	4.324(.0376)	30.521(<.001)
AIC	12328.212	12332.082	12330.536	12354.734
BIC	12510.900	12509.550	12508.004	12526.982
saBIC	12399.719	12401.546	12400.000	12422.154
Entropy	.623	.636	.634	.655

註：所列機率為各題回答「有」的題項反應機率。ΔG^2 均以無限定模型（M1）為基準模型所計算之差異量。

　　從本範例中更重要的一個發現，是參數的設限具有多變量遞變特質。M3a 與 M3b 分別只增加一個設限，各釋放一個參數，因此這兩個模型的改變是一種單變量的影響，分別增加了 5.87 與 4.324 的 G^2 值，雖然兩者均達到.05 顯著水準，但是對於整個模型的適配影響並不大，BIC 甚至降低。如果同時釋放兩個參數，其效果不是兩個單一設限的總和（5.87+4.324=10.194），而是兩個參數各自的影響，加上兩者交互作用的影響的結果，總和是 ΔG^2=30.521，放大了接近三倍。

　　從參數數據也可以看出，增加不同的設限，對於其他參數的估計也有明顯的影響，當增加越多設限，影響幅度更大。例如 U1 的題項反應機率從 M1 無限定模型的.165 大幅增加到 M3c 的.869，效果方向產生了逆轉（原本是低於.5 的傾向不發生，變成高於.5 的傾向於發生）。換言之，在實際應用數值設限模型時，必須謹慎檢測各參數釋放的影響，採取逐步遞增設限的做法，檢視各設限的單變量效應與多變量的差異，詳細評估參數設限如何影響模式適配以及其他參數的估計，以免做出不恰當的結論。

5.3 多群組分析

在 LCA 中，一個經常遇到的問題，是所估計的潛在類別變數受到其他類別變數的干擾或調節。例如某一個潛在類別模型在不同母體下（不同性別、不同社經地位、或不同文化背景的受試者），或是不同的時間點下，有不同的參數估計與模式適配，此時即必須在多母體架構下進行潛在類別分析。

多群組 LCA 的主要特徵在於以同一個模型在不同的樣本進行估計，不同母體的差異或影響由樣本數據來反映，因此在模型中，需增加一個反應不同母體的類別變數 G，例如不同性別下，男生為 g_1，女生為 g_2，四個不同國家的 LCA 多群組分析，則有 g_1、g_2、g_3、g_4 四種狀況。

由於多群組 LCA 模型當中不僅帶有潛在類別變數 C，也有一個外顯分類變數 G 作為分組之用，反映 G 個外顯異質母體的影響，使得研究者得以同時探討資料背後所存在的潛在異質性與外顯異質性，可視為 LCA 的一種擴展應用。

5.3.1 多群組分析的統計原理

如果今天有三個觀察變數 X、Y、Z 各有 x、y、z 個水準，另有一個外顯類別變數將資料分割成 G 組，X、Y、Z 所形成的 $x \times y \times z = W$ 個細格的列聯表，將被分割成 G 個組獨立的 $x \times y \times z$ 個細格的列聯表，資料點增加為原來的 G 倍，亦即 $x \times y \times z \times g = W \times G$ 個細格。

對於第 g 個樣本的占比，可由各樣本下的題項反應機率的條件機率的加總而得，亦即各外顯類別樣本的比重 π_g^G：

$$\pi_g^G = \sum_{xyz} \lambda_{xyzg}^{XYZ|G} \tag{5-3}$$

外顯類別樣本的比重 π_g^G 加總等於 1.00（限定條件）：

$$\sum_g \pi_g^G = 1.00 \tag{5-4}$$

在沒有外顯變數 G 進行分組前，所有受測者視為同一個母體的隨機樣本，此時 $G=1$，各題項反應機率為 λ_{xyz}^{XYZ}。一旦進行分組，樣本個數 $G \geq 2$，LCA 的題項反應機率必須條件化於 G 的不同組別 $\lambda_{xyz}^{XYZ|G}$。就 G 變數的各個水準而言，LCA 的各分群下的題項反應機率是一種組內（within groups）條件機率，相對之下，各樣本間的效果差異則是組間效果（between groups）。將外顯分組變數 G 加入帶有 K 個潛在類別的 LCA，機率模式如下：

$$\lambda_g^{XYZ|GC} = \pi_g^G \pi_k^{C|G} \lambda_x^{X|GC} \lambda_y^{Y|GC} \lambda_z^{Z|GC} \tag{5-5}$$

(5-5)式中，除了三個觀察變數 X、Y、Z 在 C 與 G 的不同水準下的題項反應條件機率之外，還包括一項潛在變數 C 在 G 個外顯異質母體下的潛在類別機率的條件機率（$\pi_k^{C|G}$）。

為使模型能夠被辨識，多樣本模型必須加上各潛在類別在各母體的條件機率和，以及各觀察變數的條件機率和為 1.00 之設限：

$$\sum_k \pi_k^{C|G} = \sum_x \lambda_x^{X|GC} = \sum_y \lambda_y^{Y|GC} = \sum_z \lambda_z^{Z|GC} = 1.00 \tag{5-6}$$

5.3.2 多群組分析程序與顯著性檢定

在具體的操作程序上，多群組 LCA 以最寬鬆的未限定模型作為起點，亦即每一個樣本都有相同的潛在類別變數的設定（組數 K 相同），而且每個潛在類別下的參數在各樣本都是各自進行估計。從測量恆等性分析的觀點來看，這是一種帶有形貌恆等（configural invariance）的多群組分析（Meredith, 1964, 1993），因為不同樣本之間的模型設定僅有基本的組成形式相同（相同數量的潛在變數與觀察變數與結構），Clogg 與 Goodman（1986）稱之為異質性無限定 K 類別模型（heterogeneous unrestricted K-class model）。

相對的極端狀況，是各樣本參數值都相等的同質模型（homogeneous model），此時各樣本不僅有相同的潛在變數形貌與內在結構，各潛在類別的題項反應機率數值也都跨 G 個樣本等值相同，此即測量恆等性分析的純量恆等（scalar invariance）。如果研究者發現有某個（或某些個）觀察變數的題項反應機率在不同樣本之間具有可被接受的異質性（例如有些題目可能對於男生或對於女生有不同的意義），此時可以將這個或（這些個）觀察題目在特定兩個（或多個）樣本之間的恆等設限釋放，類似於部分恆等（partial invariance）的檢測（Byrne, Shavelson, & Muthén, 1989），Clogg 與 Goodman（1986）稱之為部分同質模型（partially homogeneous model）。

對於同一個或同一組參數在不同樣本之間是否相同，可利用設限方式來進行兩個嵌套模型的概似比卡方差異檢定來判定。如果是針對特定參數的差異比較，可直接以 z 檢定來檢驗在不同樣本的兩次參數估計（$\hat{\theta}_1$ 與 $\hat{\theta}_2$）是否相同（兩個參數相減是否為 0）。由於兩個樣本各自有其抽樣誤差 $s^2_{\hat{\theta}_1}$ 與 $s^2_{\hat{\theta}_2}$，必須以合成標準誤（s_w）作為 z 檢定的分母項，合成標準誤（s_w）可由兩個參數的標準誤估計而來，檢定公式如下：

$$z = \frac{(\hat{\theta}_1 - \hat{\theta}_2) - 0}{s_w} = \frac{\hat{\theta}_1 - \hat{\theta}_2}{\sqrt{s^2_{\hat{\theta}_1} + s^2_{\hat{\theta}_2}}} \tag{5-7}$$

值得注意的是，個別參數或是參數間差異檢驗基本上是一種事後考驗，如果整個模型的適配性被認為是不理想時，個別參數的檢驗也就不具意義。換言之，在進行多群組分析前，應對各自樣本進行單群組 LCA，確保各樣本有相同的潛在類別數量 K，再進行無限定的多群組分析，換言之，多樣本之間的形貌恆等檢測有其必要。

5.3.3 單群組分析

本節採用前一節的疫情調查數據來進行多群組 LCA 分析，由於調查資料中帶有性別變數，因此可以將 1366 位民眾的調查數據區分成兩個獨立組別（g_1 為 379 位男性、g_2 為 987 位女性）來進行疫情期間的心理與行為狀況的多群組分析。觀察變數為 8 題二分作答（1=無、2=有）的調查問題，各題區分成不同性別後的回答「有」的反應次數與百分比列於表 5.4。

表 5.4 不同性別者在疫情期間心理與行為反應調查描述統計

題目		G=1 男 (N=379)		G=2 女 (N=987)		合計 (N=1366)	
		人數	%	人數	%	人數	%
U1	緊張不安	172	45.4	556	56.3	728	53.3
U2	擔憂不幸	276	72.8	814	82.5	1090	79.8
U3	睡眠問題	59	15.6	177	17.9	236	17.3
U4	慮病疑病	140	36.9	381	38.6	521	38.1
U5	保持距離	118	31.1	366	37.1	484	35.4
U6	隨身消毒	100	26.4	357	36.2	457	33.5
U7	環境消毒	152	40.1	499	50.6	651	47.7
U8	避免群聚	228	60.2	730	74.0	958	70.1

註：人數欄位的數值為各題回答「有」的次數與百分比

　　在進行多群組分析之前，必須確保不同群組具有相同的潛在變數結構，因此先進行個別樣本的探索性 LCA，檢驗不同群組的潛在類別分群數目 K 是否一致。在 Mplus 中，可用 UEOBSERVATIONS= G EQ #; 指令來選取特定群組受測者來進行分析。以男性為例，進行 $K=4$ 的 LCA 語法如 Syn5.3.M0C4male.inp。

■Syn5.3.M0C4male.inp

```
TITLE:    Single sample LCA, C=4 for male sample
DATA:     FILE         = CH5.DAT;
VARI:     NAMES        = ID U1-U8 GENDER AGE;
          USEV         = U1-U8;
          CATEGORICAL  = U1-U8;
          USEOBSERVATIONS= GENDER EQ 1;     !選擇 GENDER=1 的男生樣本
          CLASSES      = C(4);              !指定 C 的組數
ANALYSIS:TYPE=MIXTURE;
OUTPUT: Tech11 TECH14;
```

　　表 5.5 列出了全體樣本、男性樣本、女性樣本從 $K=1$ 至 6 的單群組 LCA 模式適配統計量摘要結果，其中 LMT 與 BLRT 尾機率是由 TECH11 與 TECH14 指令獲得，目的在評估是否 K 群與 $K-1$ 群的概似比卡方值差異量達到顯著水準。

表 5.5 單群組 LCA 探索性檢驗結果摘要表

	Npar	BIC	G^2	*df*	*p*	ΔG^2	Δdf	*p*	LMR*p*	BLRT*p*
Total										
K=1	8	13467.59	1459.077	247	<.001	-	-	-	-	-
K=2	17	12703.50	630.010	238	<.001	829.067	9	<.001	<.001	<.001
K=3	26	12581.03	442.567	229	<.001	187.443	9	<.001	<.001	<.001
K=4	35	**12510.90**	307.459	220	<.001	135.108	9	<.001	.011	<.001
K=5	44	12522.07	253.652	211	.024	53.807	9	<.001	**.050**	<.001
K=6	53	12548.38	**214.983**	**202**	**.253**	38.669	9	<.001	.004	<.001
Male										
K=1	8	3767.74	629.489	247	<.001	-	-	-	-	-
K=2	17	3517.43	325.747	238	<.001	303.742	9	<.001	<.001	<.001
K=3	26	**3496.37**	**251.243**	**229**	**.150**	74.504	9	<.001	**.084**	<.001
K=4	35	3507.86	209.297	220	<.001	41.946	9	<.001	.139	<.001
K=5	44	3539.15	186.145	211	.890	23.152	9	.006	.212	.050
K=6	53	3573.07	167.635	202	.963	18.510	9	.030	.386	.500
Female										
K=1	8	9662.42	980.244	247	<.001	-	-	-	-	-
K=2	17	9198.63	454.396	238	<.001	525.848	9	<.001	<.001	<.001
K=3	26	9131.13	324.843	229	<.001	129.553	9	<.001	**.018**	<.001
K=4*	35	**9114.90**	**237.283**	**219**	**.189**	87.560	10	<.001	**.161**	<.001
K=5	44	9129.62	199.234	211	.709	38.049	8	<.001	.032	<.001
K=6	53	9165.70	173.258	202	.929	25.976	9	.002	.350	.013

註：*其中一個細格的卡方值出現異常狀況而刪除，自由度少一。ΔG^2 係以前一個模型為基準模型的卡方差異檢定。

　　由表 5.5 可知，全體樣本與女性樣本的單群組 LCA 的 BIC 在 *K*=4 最低，支持分四群的 LCA 為較佳模型，但男性樣本的 BIC 在 *K*=3 時有最小值 3496.37、G^2=251.243（*p*=.15），但如果以 LMR-*p* 來判定，男性樣本從分二群到分三群的模式適配並沒有顯著改善，LMR-*p*=.084，也就是說，對男性而言，分四群會比分三群有較佳的模式適配，但分三群也未必比分兩群的模式適配有明顯改善。單群組 LCA 支持哪一種潛在類別分群方式為佳的結論相對模糊，男女樣本的潛在變數結構是否具有形貌恆等是不明確的，我們可以從表 5.6 的各樣本的分群狀況的參數資訊來詳細檢視三種樣本下分四群的異同，其中女性樣本的分析結果與全體樣本的分析結果較為一致，其實這主要是因為女性樣本的人數遠多於男性，因此全體樣本的分析結果傾向於女性的資訊。為了進行示範，以下我們仍以 *K*=4 的測量模型來進行多群組 LCA。

表 5.6 單群組 LCA 的分群機率與題項反應機率整理表

題目	C1 心理反應群			C2 行為反應群			C3 多重反應群			C4 輕度反應群			全體
	T	M	F	T	M	F	T	M	F	T	M	F	
π_k	.253	.297	.217	.236	.190	.226	.190	.078	.236	.321	.436	.321	
U1 緊張不安	**.839**	**.842**	**.890**	.402	.369	.399	**.910**	.795	**.906**	.165	.166	.206	.533
U2 擔憂不幸	**.968**	**.936**	**1.00**	.716	.677	.718	**.949**	.848	**.959**	.635	.587	.683	.798
U3 睡眠問題	.158	.192	.149	.068	.029	.066	.493	.792	.444	.073	.073	.086	.173
U4 慮病疑病	.586	.738	.555	.169	.163	.141	.765	.741	.743	.150	.142	.182	.381
U5 保持距離	.434	.528	.424	.312	.259	.318	.746	**.828**	.722	.092	.095	.114	.354
U6 隨身消毒	.100	.192	.066	.569	.614	.548	**.812**	**1.00**	**.802**	.066	.029	.108	.335
U7 環境消毒	.213	.345	.190	**.930**	**.999**	**.935**	.854	.973	.849	.128	.078	.166	.477
U8 避免群聚	.825	.898	.813	**.810**	.767	**.830**	.902	.891	.894	.405	.277	.514	.701

註：全體(T)1366 人，男性(M)379 人(27.7%)，女性(F)987 人(72.3%)。所列機率為各題回答「有」的題項反應機率。

5.3.4 無限定多群組分析

　　最寬鬆的多群組 LCA，是測量模型的形貌相同但不同樣本各自估計 LCA 的各項參數。在 Mplus 僅需指定已知類別變數 G，以及所屬的各水準為何即可。本範例以 K=4 為例，外顯分組變數 G 為性別，輸入語法為 KNOWNCLASS= G (GENDER=1 GENDER=2);。由於兩個樣本下的潛在類別組數 K 相同，各群內的參數並沒有任何限制條件，因此無須進行 MODEL 指令的設定，即可宣告完成，直接進行無限制 K 組 LCA。語法（Syn5.3.M1.inp）與主要分析結果如下：

■ **Syn5.3.M1.inp**

```
TITLE:   Multisample LCA on gender, C=4 M1 unrestricted K-class model
DATA:    FILE      = CH5.DAT;
VARI:    NAMES     = ID U1-U8 GENDER AGE;
         USEV      = U1-U8;
         CATEGOR   = U1-U8;
         CLASSES   = G(2) C(4);              !指定 G 與 C 的組數
         KNOWNCLASS= G (GENDER=1 GENDER=2);  !指定 G 的已知性質與對應分組
ANALYSIS:TYPE=MIXTURE;
OUTPUT:  TECH1;
```

■結果報表

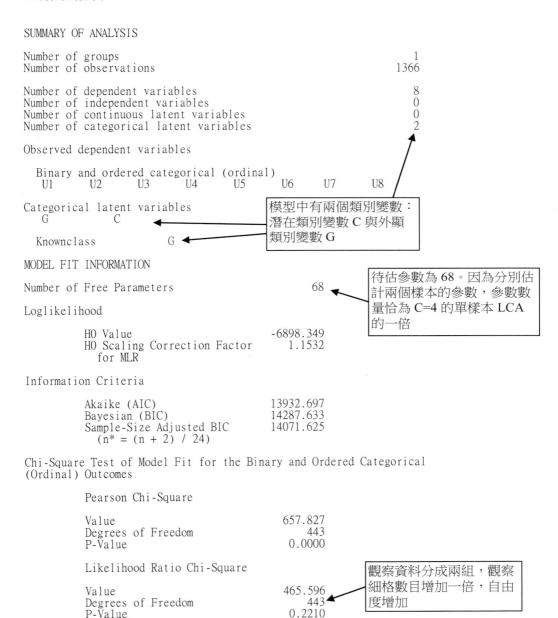

SUMMARY OF ANALYSIS

Number of groups   1
Number of observations   1366

Number of dependent variables   8
Number of independent variables   0
Number of continuous latent variables   0
Number of categorical latent variables   2

Observed dependent variables

   Binary and ordered categorical (ordinal)
    U1   U2   U3   U4   U5   U6   U7   U8

Categorical latent variables
    G   C

模型中有兩個類別變數：
潛在類別變數 C 與外顯
類別變數 G

   Knownclass   G

MODEL FIT INFORMATION

Number of Free Parameters   68

待估參數為 68。因為分別估
計兩個樣本的參數，參數數
量恰為 C=4 的單樣本 LCA
的一倍

Loglikelihood

      H0 Value   -6898.349
      H0 Scaling Correction Factor   1.1532
        for MLR

Information Criteria

      Akaike (AIC)   13932.697
      Bayesian (BIC)   14287.633
      Sample-Size Adjusted BIC   14071.625
        (n* = (n + 2) / 24)

Chi-Square Test of Model Fit for the Binary and Ordered Categorical
(Ordinal) Outcomes

      Pearson Chi-Square

      Value   657.827
      Degrees of Freedom   443
      P-Value   0.0000

      Likelihood Ratio Chi-Square

觀察資料分成兩組，觀察
細格數目增加一倍，自由
度增加

      Value   465.596
      Degrees of Freedom   443
      P-Value   0.2210

FINAL CLASS COUNTS AND PROPORTIONS FOR EACH LATENT CLASS VARIABLE
BASED ON THE ESTIMATED MODEL

   Latent Class

```
Variable    Class

G           1        379.00000        0.27745
            2        987.00006        0.72255
C           1        246.61984        0.18054
            2        352.28714        0.25790
            3        311.54745        0.22807
            4        455.54559        0.33349
```

外顯類別變數的人數與比例

潛在類別模型所估計的人數與分群機率

LATENT TRANSITION PROBABILITIES BASED ON THE ESTIMATED MODEL

G Classes (Rows) by C Classes (Columns)

```
            1          2          3          4

1        0.181      0.258      0.228      0.333
2        0.181      0.258      0.228      0.333
```

各外顯類別變數的潛在類別比例

MODEL RESULTS

	Estimate	S.E.	Est./S.E.	Two-Tailed P-Value

Parameters for Class-specific Model Parts

兩個類別變數的組合：第一個數字為外顯類別第 1 組 G=1，第二個數字為潛在類別第 1 群 C=1

Latent Class Pattern 1 1

Thresholds

	Estimate	S.E.	Est./S.E.	P-Value
U1$1	-15.000	0.000	999.000	999.000
U2$1	-4.306	1.920	-2.243	0.025
U3$1	0.325	0.478	0.680	0.497
U4$1	-1.743	0.797	-2.188	0.029
U5$1	-1.051	0.533	-1.974	0.048
U6$1	-0.163	0.521	-0.313	0.754
U7$1	-0.711	0.625	-1.138	0.255
U8$1	-3.171	0.923	-3.436	0.001

兩個外顯類別在各潛在類別的閾值參數均不相同，表示沒有恆等設限

Latent Class Pattern 1 2

第一個數字為外顯類別第 1 組 G=1，第二個數字為潛在類別第 2 群 C=2

Thresholds

	Estimate	S.E.	Est./S.E.	P-Value
U1$1	0.425	0.382	1.113	0.266
U2$1	-0.812	0.320	-2.534	0.011
U3$1	1.962	0.383	5.127	0.000
U4$1	0.977	0.288	3.386	0.001
U5$1	0.832	0.273	3.044	0.002
U6$1	-0.233	0.464	-0.502	0.616
U7$1	-14.559	5.537	-2.629	0.009
U8$1	-1.197	0.316	-3.785	0.000

Latent Class Pattern 1 3

第一個數字為外顯類別第 1 組 G=1，第二個數字為潛在類別第 3 群 C=3

Thresholds

	Estimate	S.E.	Est./S.E.	P-Value
U1$1	-0.837	0.590	-1.419	0.156
U2$1	-1.717	0.506	-3.394	0.001
U3$1	1.683	0.514	3.271	0.001
U4$1	0.017	0.688	0.024	0.981
U5$1	0.576	0.558	1.033	0.302
U6$1	2.749	0.749	3.671	0.000
U7$1	6.121	126.736	0.048	0.961
U8$1	-0.760	0.672	-1.131	0.258

…(略)

TECHNICAL 1 OUTPUT

PARAMETER SPECIFICATION FOR LATENT CLASS INDICATOR MODEL PART

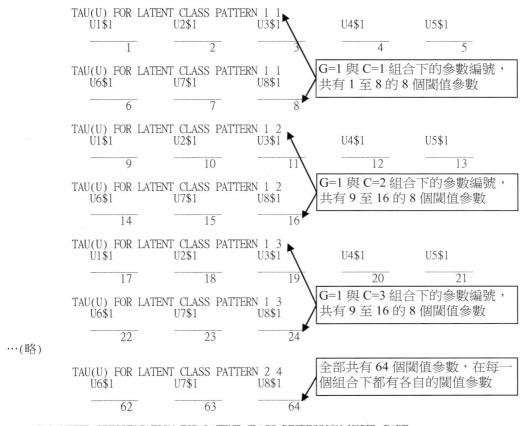

…(略)

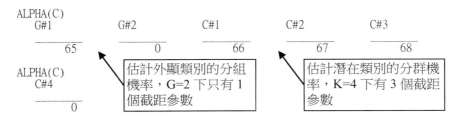

　　無限定多群組 LCA 的四個潛在類別的比例為.228、.258、.181、.331，與單群組分析結果類似。不同性別的題項反應機率分布狀況類似但數值差異頗大（見表 5.7），因此性別的形貌同質性雖然可以確保，但參數狀態並沒有同質性。若繪製成折線圖（圖 5.2），可以看出兩個性別的機率剖面有相當程度的不同。

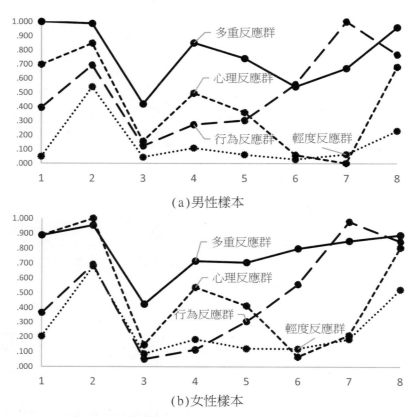

（a）男性樣本

（b）女性樣本

圖 5.2 不同性別在四個潛在類別的分類趨勢（條件機率）圖示

表 5.7 無恆等限定（形貌恆等）多群組 LCA 的題項反應機率

題目	G1 男				G2 女			
	心理反應群	行為反應群	多重反應群	輕度反應群	心理反應群	行為反應群	多重反應群	輕度反應群
分組分群機率	.228	.258	.181	.333	.228	.181	.258	.333
U1 緊張不安	.698	.395	**1.000**	.049	**.888**	.366	**.887**	.203
U2 擔憂不幸	**.848**	.693	**.987**	.540	**1.000**	.691	**.954**	.680
U3 睡眠問題	.157	.123	.420	.044	.145	.051	.424	.086
U4 慮病疑病	.496	.274	**.851**	.109	.537	.113	.714	.182
U5 保持距離	.360	.303	.741	.062	.414	.304	.705	.121
U6 隨身消毒	.060	.558	.541	.029	.067	.558	.798	.120
U7 環境消毒	.002	**1.000**	.671	.064	.210	**.978**	**.849**	.184
U8 避免群聚	.681	.768	**.960**	.230	**.805**	.846	**.889**	.523

註：所列機率為各題回答「有」的題項反應機率。男性 379(.277)，女性 987(.723)。

5.3.5 純量恆等分析

　　前述示範的是不同性別在潛在類別變數上僅有類別的數目相等，但所有的
參數在各群組則是自由估計。如果不同群組在各潛在類別的測量參數都設定為
等值，亦即潛在變數具有測量恆等性。事實上，由於 LCA 的參數僅有分群機率
與題項反應機率，如果各群內的參數設為跨群組相等，表示各樣本的參數完全
相等（完全恆等模型）。如 Syn5.3.M2a.inp 的 MODEL 指令中的設定方式：

■**Syn5.3.M2a.inp**

```
TITLE:   Multisample LCA on gender, C=4 G=2 with scalar invariance
DATA:    FILE     = CH5.DAT;
VARI:    NAMES    = ID U1-U8 GENDER AGE;
         USEV     = U1-U8;
         CATEGORICAL= U1-U8;
         CLASSES  = G(2) C(4);                    !指定 C 與 G 的組數
         KNOWNCLASS = G (GENDER=1 GENDER=2);  !指定 G 的已知性質與對應分組
ANALYSIS:TYPE=MIXTURE;
MODEL:
     %G#1.C#1%
         [U1$1-U8$1] (a1-a8);    !令 C1 群的閾值在 G1 與 G2 相等標記為 a1-a8
     %G#2.C#1%
         [U1$1-U8$1] (a1-a8);    !令 C1 群的閾值在 G1 與 G2 相等標記為 a1-a8

     %G#1.C#2%
         [U1$1-U8$1] (b1-b8);    !令 C2 群的閾值在 G1 與 G2 相等標記為 b1-b8
     %G#2.C#2%
         [U1$1-U8$1] (b1-b8);    !令 C2 群的閾值在 G1 與 G2 相等標記為 b1-b8

     %G#1.C#3%
         [U1$1-U8$1] (c1-c8);    !令 C3 群的閾值在 G1 與 G2 相等標記為 c1-c8
     %G#2.C#3%
         [U1$1-U8$1] (c1-c8);    !令 C3 群的閾值在 G1 與 G2 相等標記為 c1-c8

     %G#1.C#4%
         [U1$1-U8$1] (d1-d8);    !令 C4 群的閾值在 G1 與 G2 相等標記為 d1-d8
     %G#2.C#4%
         [U1$1-U8$1] (d1-d8);    !令 C4 群的閾值在 G1 與 G2 相等標記為 d1-d8
OUTPUT:  TECH1;                  !列出模型設定狀態
```

　　另一種較為簡捷的做法，是以 MODEL C 指定潛在變數 C 的各潛在類別之
下的參數，是否具有跨樣本的特殊設定，例如下列的設定即等同於
Syn5.3.M2a.inp 的 MODEL 指令，會得到完全相同的結果：

■Syn5.3.M2b.inp

```
MODEL C:                     !設定 C 的各群內參數狀態
    %C#1%
        [U1$1-U8$1];         !令 C1 群的閾值在 G1 與 G2 相等
    %C#2%
        [U1$1-U8$1];         !令 C2 群的閾值在 G1 與 G2 相等
    %C#3%
        [U1$1-U8$1];         !令 C3 群的閾值在 G1 與 G2 相等
    %C#4%
        [U1$1-U8$1];         !令 C4 群的閾值在 G1 與 G2 相等
```

Number of Free Parameters   36 ← 待估參數為 36，比 Syn5.2.M1 的單樣本 LCA 多 1 個外顯分組機率參數

Loglikelihood

            H0 Value   -6935.771
            H0 Scaling Correction Factor 1.1804
                for MLR

Information Criteria

            Akaike (AIC)   13943.543
            Bayesian (BIC)   14131.450
            Sample-Size Adjusted BIC   14017.093
                (n* = (n + 2) / 24)

Chi-Square Test of Model Fit for the Binary and Ordered Categorical (Ordinal) Outcomes**

            Pearson Chi-Square

            Value   819.552
            Degrees of Freedom   474
            P-Value   0.0000

            Likelihood Ratio Chi-Square

            Value   530.753
            Degrees of Freedom   474
            P-Value   0.0363

← 自由度 474 比 Syn5.2.M1 的單樣本 LCA 的自由度 220 多了一倍多，因為觀察資料細格數目由兩個樣本提供，多了一倍

** Of the 256 cells in the latent class indicator table, 1 were deleted in the calculation of chi-square due to extreme values.

FINAL CLASS COUNTS AND PROPORTIONS FOR EACH LATENT CLASS VARIABLE BASED ON THE ESTIMATED MODEL

Latent Class Variable	Class		
G	1	379.00000	0.27745
	2	987.00000	0.72255
C	1	345.40610	0.25286
	2	439.14648	0.32148
	3	322.43011	0.23604
	4	259.01727	0.18962

← 各外顯類別的分組比例

← 各潛在類別的估計人數與分群機率

LATENT CLASS INDICATOR MEANS AND PROBABILITIES FOR EACH LATENT CLASS

MEAN/PROBABILITY PROFILES FOR C

	Latent class			
	1	2	3	4
U1				
Category 1	0.161	0.835	0.598	0.090
Category 2	0.839	0.165	0.402	0.910
U2				
Category 1	0.032	0.365	0.284	0.051
Category 2	0.968	0.635	0.716	0.949
U3				
Category 1	0.842	0.927	0.932	0.507
Category 2	0.158	0.073	0.068	0.493
U4				
Category 1	0.414	0.850	0.831	0.235
Category 2	0.586	0.150	0.169	0.765
U5				
Category 1	0.566	0.908	0.688	0.254
Category 2	0.434	0.092	0.312	0.746
U6				
Category 1	0.900	0.934	0.431	0.188
Category 2	0.100	0.066	0.569	0.812
U7				
Category 1	0.787	0.872	0.070	0.146
Category 2	0.213	0.128	0.930	0.854
U8				
Category 1	0.175	0.595	0.190	0.098
Category 2	0.825	0.405	0.810	0.902

完全恆等設限下，各潛在類別的題項反應機率都相同。整理於此表

例如 U1 在 C=1 回答「有」的題項反應機率（.839）可以從機率量尺報表中每一個潛在類別下都可找到相同數值

…(略)

RESULTS IN PROBABILITY SCALE

	Estimate	S.E.	Est./S.E.	Two-Tailed P-Value

Results for Class-specific Model Parts of C

Latent Class C#1

	Estimate	S.E.	Est./S.E.	P-Value
U1				
Category 1	0.161	0.056	2.884	0.004
Category 2	0.839	0.056	15.065	0.000
U2				
Category 1	0.032	0.027	1.164	0.244
Category 2	0.968	0.027	35.431	0.000
U3				
Category 1	0.842	0.032	26.664	0.000
Category 2	0.158	0.032	5.006	0.000
U4				
Category 1	0.414	0.114	3.631	0.000
Category 2	0.586	0.114	5.137	0.000
U5				
Category 1	0.566	0.104	5.439	0.000
Category 2	0.434	0.104	4.172	0.000
U6				
Category 1	0.900	0.052	17.382	0.000
Category 2	0.100	0.052	1.921	0.055
U7				
Category 1	0.787	0.100	7.861	0.000
Category 2	0.213	0.100	2.133	0.033

U8

Category 1	0.175	0.089	1.957	0.050
Category 2	0.825	0.089	9.246	0.000

…(略)

TECHNICAL 1 OUTPUT

PARAMETER SPECIFICATION FOR LATENT CLASS INDICATOR MODEL PART

TAU(U) FOR LATENT CLASS PATTERN 1 1

U1$1	U2$1	U3$1	U4$1	U5$1
1	2	3	4	5

TAU(U) FOR LATENT CLASS PATTERN 1 1

U6$1	U7$1	U8$1
6	7	8

第 G1,C1 組合下的 8 個閾值,序號是 1 到 8,與第 G2,C1 組合下的 8 個閾值序號都是 1 到 8,表示跨樣本相等

TAU(U) FOR LATENT CLASS PATTERN 1 2

U1$1	U2$1	U3$1	U4$1	U5$1
9	10	11	12	13

TAU(U) FOR LATENT CLASS PATTERN 1 2

U6$1	U7$1	U8$1
14	15	16

…(略)

TAU(U) FOR LATENT CLASS PATTERN 1 4

U1$1	U2$1	U3$1	U4$1	U5$1
25	26	27	28	29

TAU(U) FOR LATENT CLASS PATTERN 1 4

U6$1	U7$1	U8$1
30	31	32

G=1 的題項反應機率由 32 個閾值參數來估計,與 G=2 的編號相同,表示兩樣本參數恆等

TAU(U) FOR LATENT CLASS PATTERN 2 1

U1$1	U2$1	U3$1	U4$1	U5$1
1	2	3	4	5

TAU(U) FOR LATENT CLASS PATTERN 2 1

U6$1	U7$1	U8$1
6	7	8

TAU(U) FOR LATENT CLASS PATTERN 2 2

U1$1	U2$1	U3$1	U4$1	U5$1
9	10	11	12	13

TAU(U) FOR LATENT CLASS PATTERN 2 2

U6$1	U7$1	U8$1
14	15	16

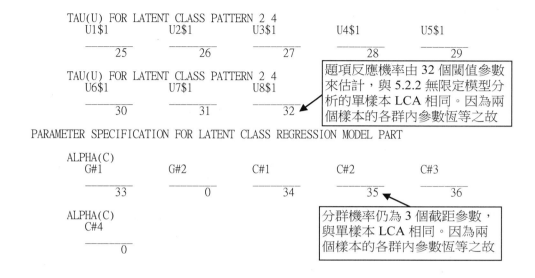

由表 5.8 的數據可以看出，完全設限的多群組分析結果中，各潛在類別的組成結構完全相同，四個潛在類別的條件潛在類別機率在兩個樣本間也達到一致，均為.190、.236、.253、.321。此一結果與單群組分析完全一致，顯示具有完全測量恆等性的多群組 LCA 即為單群組 LCA。

表 5.8 完全限定（純量恆等）多群組 LCA 題項反應機率

題目	G1 男				G2 女			
	心理反應群	行為反應群	多重反應群	輕度反應群	心理反應群	行為反應群	多重反應群	輕度反應群
分組分群機率	.253	.236	.190	.321	.253	.236	.190	.321
U1 緊張不安	**.839**	.402	**.910**	.165	**.839**	.402	**.910**	.165
U2 擔憂不幸	**.968**	.716	**.949**	.635	**.968**	.716	**.949**	.635
U3 睡眠問題	.158	.068	.493	.073	.158	.068	.493	.073
U4 慮病疑病	.586	.169	.765	.150	.586	.169	.765	.150
U5 保持距離	.434	.312	.746	.092	.434	.312	.746	.092
U6 隨身消毒	.100	.569	**.812**	.066	.100	.569	**.812**	.066
U7 環境消毒	.213	**.930**	**.854**	.128	.213	**.930**	**.854**	.128
U8 避免群聚	**.825**	**.810**	**.902**	.405	**.825**	**.810**	**.902**	.405

註：所列機率為各題回答「有」的題項反應機率。男性 379(.277)，女性 987(.723)。

5.3.6 部分恆等分析

　　由於 LCA 的潛在類別變數 *C* 僅由題項反應機率來定義潛在變數與觀察變數的關係，若以純量恆等模型來進行多群組分析時，對於所有的閾值參數都賦予跨樣本等值設限（題項同質檢測），可以說是 LCA 最嚴格的參數限制，在實務上常會得到大幅度的模式適配變化（卡方差異檢定達到顯著水準）而無法通過恆等性檢測，此時研究者除了去檢視模型設定是否有所不當（例如是否題目設計不當或安排錯誤），更務實的做法是找出哪一個或哪幾個參數造成了模型適配的改變，也就是找出具有跨樣本異質性的 DIF（differential item function）題目（Holland & Wainer, 1993），亦即部分恆等模型（partial invariance model）（Meredith 1993）。

　　在一般的連續變數型態的潛在變數模型，異質性題目的判定可以藉由卡方差異檢定、恆等參數期望變異（expected parameter change; EPC）（Byrne, Shavelson, & Muthen 1989; Oberski, 2014; Yoon & Millsap, 2007; Saris, Satorra, & Van der Veld 2009）或是適配指標改變率（例如 CFI 是否大於.01）（Hu & Bentler, 1998; Cheung & Rensvold, 2002; Chen, 2007）來評估。對於類別型態潛在變數的 LCA，可以比照類似做法來評估一個或某一些題目釋放恆等設限後的模式適配改變，也就是進行測量模型的敏感度分析（sensitivity analysis）（Oberski, Vermunt, & Moors, 2017; Yuan, Marshall, & Bentler, 2003）。

　　從操作層面來看，部分恆等參數的敏感度分析就是參數設限模型在多群組分析的一種應用，亦即將觀察變數在不同外顯群組之間的恆等設限加以釋放，評估模型適配的變動情形。至於要挑選哪一個或哪幾個觀察變數釋放其恆等設限，可以從各個外顯群組各自的單群組 LCA 參數估計結果（例如表 5.4）挑選具有明顯差異者，或以探索性程序逐一釋放各參數來評估何者異質性最明顯。

　　為進行部分恆等模型的示範，我們以疫情調查數據的部分試題來進行恆等釋放的檢測程序。首先，我們可以從原始資料（表 5.4）觀察到不同性別的受測者在最後兩題 U7「每星期做屋內或居家環境消毒的工作」與 U8「避免出入公共場所、醫院或人潮擁擠的地方」的差異最大，這兩題是女生多於男生 10.5%與 13.8%，因此我們可以懷疑這兩題在不同潛在類別具有異質性，因此在純量恆等模型中將這兩題的閾值參數恆等設限在每一個潛在類別當中加以釋放，進行部份（不）恆等設限分析。所變動的語法部分如下：

■Syn5.3.M3b.inp

```
MODEL:
  %G#1.C#1%
    [U1$1-U8$1] (a1 a2 a3 a4 a5 a6 a7m a8m);!釋放 U7 與 U8 在 C1 的閾值相等設定
  %G#2.C#1%
    [U1$1-U8$1] (a1 a2 a3 a4 a5 a6 a7f a8f);!釋放 U7 與 U8 在 C1 的閾值相等設定

  %G#1.C#2%
    [U1$1-U8$1] (b1-b6 b7m b8m);                !釋放 U7 與 U8 在 C2 的閾值相等設定
  %G#2.C#2%
    [U1$1-U8$1] (b1-b6 b7f b8f);                !釋放 U7 與 U8 在 C2 的閾值相等設定

  %G#1.C#3%
    [U1$1-U8$1] (c1-c6 c7m c8m);                !釋放 U7 與 U8 在 C3 的閾值相等設定
  %G#2.C#3%
    [U1$1-U8$1] (c1-c6 c7f c8f);                !釋放 U7 與 U8 在 C3 的閾值相等設定

  %G#1.C#4%
    [U1$1-U8$1] (d1-d6 d7m d8m);                !釋放 U7 與 U8 在 C4 的閾值相等設定
  %G#2.C#4%
    [U1$1-U8$1] (d1-d6 d7f d8f);                !釋放 U7 與 U8 在 C4 的閾值相等設定
```

　　由表 5.9 所整理的無限定（M3a）、部分恆等（M3b）與完全恆等（M3c）模型的模式適配狀況可以看出，完全恆等設限模型有最少的待估參數（36），因此有最低的 BIC 數值，但是 G^2=530.753（p<.05）最大且具有統計顯著性，與無限制多群組 LCA 相比較的卡方差異檢定ΔG^2=65.157（p<.001），顯示完全恆等設定使得模型明顯變差；相對之下，部分恆等模型的 G^2=498.619（p=.1432）並沒有達到顯著水準，也沒有比無限制多群組 LCA 的適配來得明顯變差，ΔG^2=33.023（p=.0807），也就是說，將 U7 與 U8 視為具有性別差異 DIF 的觀察變數，以 U1 至 U6 六個觀察變數所建立的測量恆等模型獲得支持。

表 5.9　單群組 LCA 探索性檢驗結果摘要表

模型	*Npar*	BIC	G^2	*df*	*p*	ΔG^2	Δdf	*p*
M3a 無限制模型	68	14287.633	465.596	443	.2210	-		
M3b 部分恆等模型	44	14157.326	498.619	466	.1432	33.023	23	.0807
M3c 完全恆等模型	36	14131.450	530.753	474	.0363	65.157	31	.0003

註：ΔG^2 的卡方差異檢定係以無限制模型為基準模型。

表 5.10 部分恆等多群組 LCA 題項反應機率

題目	C1 心理反應群		C2 行為反應群		C3 多重反應群		C4 輕度反應群	
分組分群機率	男	女	男	女	男	女	男	女
U1 緊張不安	.845	.845	.412	.412	.936	.936	.186	.186
U2 擔憂不幸	.975	.975	.721	.721	.957	.957	.643	.643
U3 睡眠問題	.153	.153	.085	.085	.509	.509	.075	.075
U4 慮病疑病	.601	.601	.199	.199	.776	.776	.146	.146
U5 保持距離	.445	.445	.331	.331	.756	.756	.102	.102
U6 隨身消毒	.100	.100	.620	.620	.821	.821	.065	.065
U7 環境消毒	**.246**	**.228**	**1.000**	**.902**	**.770**	**.870**	**.060**	**.210**
U8 避免群聚	**.880**	**.815**	**.760**	**.834**	**.916**	**.900**	**.262**	**.513**

註：所列機率為各題回答「有」的題項反應機率。除了 U7 與 U8，其他各題均設定為跨群組恆等。

　　由表 5.10 所列出的部分恆等模型測量參數可以看出，輕度反應的女性族群在環境消毒行為（.210）與避免群聚行為（.513）明顯高於男性族群，在其他潛在類別的性別差異則是高低有別，研究者可以進一步討論造成異質反應的原因。

　　值得注意的是，參數的設限或釋放是一種多變量的影響歷程，亦即任何一個參數的改變會影響其他參數的估計，甚至改變分群機率的估計，因此部分恆等模型對於異質題目的評估，必須考慮變數的組合狀況與對整個模型的影響，做出綜合性的判斷。

進一步閱讀文獻

關於類別潛在變數的部分恆等估計程序，可參考下列文獻的詳細說明：Oberski, D., Vermunt, J., & Moors, G. (2017). Evaluating Measurement Invariance in Categorical Data Latent Variable Models with the EPC-Interest. *Political Analysis, 23*(4), 550-563. http://dx.doi.org/10.1093/pan/mpv020

6 潛在剖面分析

Latent Profile Analysis

6.1 前言

　　潛在剖面分析（latent profile analysis; LPA）（Gibson, 1959; Lazarsfeld & Henry, 1968）是利用一組連續性觀察指標來估計資料背後所存在的潛在類別，藉以推估母體異質性。由於投入模型的測量指標是連續變數，模型估計得到的異質群體在各測量指標上的狀態是起伏不定的平均值折線剖面圖，因此將各潛在類別稱為潛在剖面（latent profile）。

　　例如在國內的一項工作職場研究中，邱皓政、周怡君、林碧芳（2011）利用工作特徵量表的 22 個工作特徵測量得分，將 405 位工作者的工作型態區分成四種類型：一般工作者（46.8%）、技術行政工作（21.9%）、低階事務工作（15.9%）與高階知識工作（15.5%）。這四種潛在剖面在認知層面的幾項工作特徵（例如技術多樣性、專業化、問題解決）差異最為明顯，不同潛在剖面對於薪資、關係、資源、工作滿意度與留職傾向等效標均能有效辨識，顯示工作條件存在相當程度的異質性。

　　同樣也是組織管理領域的研究，Campion 與 Csillag（2021）針對 426 位同時有兩份工作以上的多職者（multiple jobholder）的研究中，以生涯規劃、個人興趣、財務需求、工作彈性等八項動機變數作為觀察指標，辨識出認同建立者（identity builders）（42.6%）、價值優化者（value optimizers）（40.5%）、務實尋樂者（pragmatic enjoyment seekers）（10.4%）與少部分的憂慮工作者（precarious workers）（6.5%）等四種不同的多職者動機剖面，並能有效預測工作意義、技能發展、創意發想等不同效標。

　　另外，最近一份關於自殺意念的研究中，Love 與 Durtschi（2021）利用 4,208 名 25 至 34 歲的美國青年的風險因子與保護因子等 17 項測量分數進行 LPA，辨識出三種剖面：幸福正向型（flourishing）（占 70.7%）、童年疏離型（childhood isolation）（14.1%）與成人疏離累贅型（adult isolation and burdensomeness（14.9%），其中對於自殺意念或企圖預測力最明顯者是成人疏離累贅型，其次是童年疏離型，至於幸福正向型者則有最低的自殺隱憂。

　　前述這些研究都是基於潛在類別變數模型的實徵研究，只是將觀察變數的型態加以擴展，讓連續型測量也能用於潛在類別的辨識，利用潛在剖面的起伏變化的視覺特性，更能凸顯潛在異質性的理論意義與實務價值。

6.2 LPA 的統計原理

6.2.1　LPA的統計模式

　　LPA 的統計原理與 LCA 相似，最大的不同在於觀察變數的型態：LCA 的觀察變數是類別變數，LPA 的觀察變數是連續變數。當 J 個觀察變數是類別變數時，帶有 k 個潛在類別的潛在類別變數 C 會將各觀察變數的機率分布切割成 $j×k$ 個獨立的資料細格，LCA 所著重的參數是各觀察變數在各潛在類別當中的題項反應機率參數（λ_{jk}）的估計，也即是在給定不同潛在類別下的條件機率。

　　相對之下，若 J 個觀察變數是連續變數時，潛在類別變數 C 會將各觀察變數的機率分布切割成 K 個獨立的連續機率函數，每一個觀察變數都可獲得 K 組平均數（μ_k）與變異數（σ^2_k），若異質母體由潛在類別變數 C 表示，各連續觀察變數與潛在類別變數 C 的對應關係如圖 6.1 所示。

　　LPA 所關心的參數是潛在類別對於各觀察變數影響的統計量，統計符號仍可以 λ_{jk} 來表示，但其性質已經不是條件機率，而是類似於因素分析的因素負荷量（factor loading），藉以反映各觀察變數與潛在變數的關係。在 LPA 當中的 λ_{jk} 是各觀察變數在各潛在類別的平均數，平均數越高表示潛在變數對於該題的影響力愈大，平均數越低表示該題的影響力愈小。而各觀察變數的變異數在各潛在類別若設定為相等，視為變異數同質假設；相對的，如果各潛在類別下各題變異數不等則為變異數不同質之假設。值得注意的是，圖 6.1 中各觀察變數沒有測量誤差 ε，亦即 LPA 與 LCA 的測量模型當中並沒有測量誤差的殘差估計。

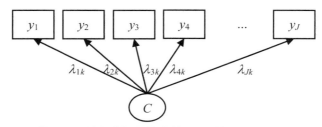

圖 6.1　潛在剖面模式的基本模式圖示

6.2.2　LPA的統計模型

　　若今天有 i 個觀察樣本（$i=1,\cdots,N$）從 k 個異質母體中（$k=1,\cdots,K$）隨機抽取得出，這 N 個觀察樣本在 j 個連續觀察變數 y_j（$j=1,\cdots,J$）的狀態（集中性與變異情形）受到各自母體的影響，觀察變數可寫成下式：

$$y_{ij} = \mu_{jk} + \varepsilon_{ijk} \tag{6-1}$$

　　各觀察變數的平均數 μ_{jk} 的足標 k 表示各觀察變數的平均數在各異質母體不同，可稱為局部平均（local mean），殘差項 ε 服從常態分配：

$$\varepsilon_{ijk} \sim N(0, \sigma_{jk}^2) \tag{6-2}$$

　　由於(6-1)式中沒有對於 y_{ij} 的解釋變數，因此 σ_{jk}^2 不是誤差項，而是反映各異質母體下各觀察變數的變異情形，可稱為局部變異（local variance）。

　　LPA 的參數估計原理與 LCA 相同，首先給定潛在剖面的數量 K，亦即異質母體的個數，將觀察資料區分成 K 組後，觀察機率分配為各潛在類別下條件機率分配的加權總和：

$$f(Y) = \sum_{k=1}^{K} \pi_k \left[f(Y = y) | (C = k) \right] \tag{6-3}$$

　　π_k 是各潛在類別的比重（機率）。若 Θ 表示模型的參數混合矩陣，θ_k 表示各潛在剖面的參數集合，j 個觀察變數所構成的 LPA 概似函數如下：

$$L(\Theta|Y) = \sum_{k=1}^{K} \pi_k \prod_{j=1}^{J} f(y_j | \theta_k) \tag{6-4}$$

　　由於觀察變數為連續變數，觀察變數假設為常態分配，個別觀察變數的概似函數中的機率密度分配如下：

$$f(y_i | \theta_k) = \frac{1}{\sqrt{2\pi\sigma_k^2}} \exp\left[-\frac{(y_i - \mu_k)^2}{2\sigma_k^2} \right] \tag{6-5}$$

6.2.3 LPA的模型參數

6.2.3.1 潛在剖面機率

潛在類別的機率 π_k 在 LPA 中稱為潛在剖面機率（latent profile probability），反映各異質母體的密度：

$$\pi_k = P(C_i = k) = \frac{\exp(\omega_k)}{\sum_{k=1}^{K} \exp(\omega_k)} \tag{6-6}$$

其中 ω_k 為多項式截距（multinomial intercept），亦即潛在類別變數的平均數，以最後一組為參照組（$\omega_K=0$），K 群只需估計 $K-1$ 個潛在類別變數平均數，π_k 具有機率和為 1.00 的限制條件，有 $K-1$ 個 π_k 可自由估計：

$$\sum_{k=1}^{K} \pi_k = 1 \tag{6-7}$$

6.2.3.2 測量參數

如同 LCA，連結潛在變數與觀察變數的參數可視為測量參數，在 LPA 中，測量參數包括題目平均數與變異數。由於每一個 y 都可計算一個平均數 μ 與變異數 σ^2，若有 K 個異質母體，各觀察變數的平均數 μ 可被分離出 K 個異質母體平均數 μ_k，亦即題項平均數，可作為圖 6.1 的 λ_k 參數的估計值。各觀察變數的總平均 μ 即為以 π_k 對 μ_k 的加權平均：

$$\mu_j = \sum_{k=1}^{K} \pi_k \mu_{jk} \tag{6-8}$$

除了題項平均數參數必須估計，題項變異數也必須估計。每一個觀察變數 y 的總變異，基於其所屬的異質母體，區分為組內變異（σ_W^2）與組間變異（σ_B^2）兩部分（Lazarsfeld & Henry, 1968）：

$$\sigma_j^2 = \sigma_{jW}^2 + \sigma_{jB}^2 = \sum_{k=1}^{K} \pi_k \sigma_{jk}^2 + \sum_{k=1}^{K} \pi_k (\mu_{jk} - \mu_j)^2 \tag{6-9}$$

　　組內部分的變異是將各潛在剖面的變異數 σ^2_{jk} 進行加權平均而得，組間變異則可直接由各剖面平均與總平均的離均差加權平方和求得，因此各觀察變數 y 的機率分配可以藉由 K 個潛在剖面加以分離之後，藉由 μ_{jk} 與 σ^2_{jk} 的估計來還原。

6.2.3.3 參數估計的基本假設

　　若潛在剖面被正確估計萃取，各觀察變數之間的關係被 C 所吸收而具局部獨立。基於局部獨立假設，各潛在剖面內的觀察變數共變數為 0，僅需估計 y 的變異數共變數矩陣（以 Σ_k 表示）中的對角線（亦即群內變異數 σ^2_{jk}）。

　　此外，由於 LPA 所關注的是潛在剖面的估計，因此各潛在剖面之內的測量指標變異情形假設為相同，亦即變異同質假設（assumption of homogeneity）（Lubke & Neale, 2006; Vermunt & Magidson, 2002），各潛在剖面無須對於每一個觀察變數的變異數分別進行估計，因此 J 個觀察變數僅需估計 J 個變異數，由於是潛在變數估計之後的觀察變數變異數，因此可視為測量殘差或獨特變異（uniqueness），在變異同質假設下具有跨群組恆等性。

　　基於前述的說明，以 J 個觀察變數矩陣 $\mathbf{Y}$ 來估計 K 個潛在剖面的 LPA 模式，待估參數為平均數矩陣 μ_k 中的 $K \times J$ 個平均數參數、變異數共變數矩陣 Σ_k 中有 J 個變異數參數（變異數同質假設），以及 $K-1$ 個潛在剖面機率（π_k）參數，$K-1$ 個潛在變數平均數（ω_k），參數數目如下：

$$Npar = 2(K-1) + K \times J + K \qquad (6\text{-}10)$$

6.2.4 事後分群機率

　　模型參數建立後，可利用貝氏定理，求出後驗機率，亦即分類機率。各觀察值在各潛在類別的後驗機率最大者，即為該筆觀察值的事後類別屬性（posterior membership）（Hunt & Jorgensen, 2003; Sterba, 2013）：

$$P'_{ik} = P(\mathbf{Y}_i \big| \hat{\theta}_k) = \frac{\hat{\pi}_k f(\mathbf{Y}_i \big| \hat{\theta}_k)}{f(\mathbf{Y}_i)} = \frac{\hat{\pi}_k f_k(\mathbf{Y}_i \big| \hat{\theta}_k)}{\sum_{k=1}^{K} \hat{\pi}_k f_k(\mathbf{Y}_i \big| \hat{\theta}_k)} \qquad (6\text{-}11)$$

6.3 LPA 的範例分析

6.3.1 範例資料

　　為了接續先前章節對於潛在類別分析的說明，並延續範例資料的使用，本節仍以鳶尾花資料庫的數據來說明 LPA 的特性與統計原理。資料庫中帶有 150 朵鳶尾花的花瓣寬度（PW）、花瓣長度（PL）、花萼寬度（SW）、花萼長度（SL）四個連續變數（以 mm 為單位），如表 6.1 所示。

　　圖 6.2 描繪了 150 朵鳶尾花的花瓣面積（X 軸）與花萼面積（Y 軸）的散佈情形，不同圖標表示不同品種：(A)Setosa、(B)Versicolor、(C)Virginica。由於面積（mm^2）數據是由每一朵鳶尾花的花瓣與花萼的長寬相乘得出，符合 LPA 的分析條件：亦即觀察變數為連續變數。利用這四個連續觀察變數（$J=4$）可估計鳶尾花的不同品種（異質母體），並說明不同品種在四個觀察變數的潛在剖面。

表 6.1 鳶尾花資料集的測量內容（N=150）

		全體	A 山鳶尾 Setosa	B 變色鳶尾 Versicolor	C 維吉尼亞鳶尾 Virginica
瓣寬 PW Petal Width	M	11.93	2.46	13.26	20.06
	SD	7.57	1.05	1.98	2.90
瓣長 PL Petal Length	M	37.79	14.62	43.22	55.52
	SD	17.78	1.74	5.36	5.52
萼寬 SW Sepal Width	M	30.55	34.28	27.64	29.74
	SD	4.37	3.79	3.14	3.23
萼長 SL Sepal Length	M	58.45	50.10	59.36	65.88
	SD	8.27	3.54	5.16	6.36

註：測量單位為mm

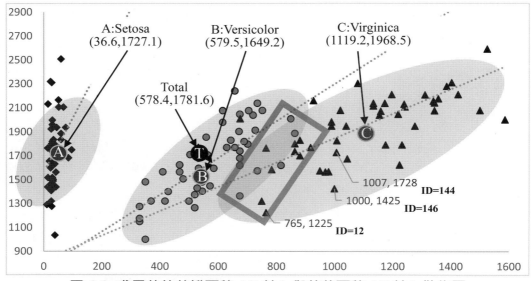

圖 6.2 鳶尾花的花瓣面積（X 軸）與花萼面積（Y 軸）散佈圖

　　由圖 6.2 可以看出，不同品種的花瓣與花萼面積配對點散佈資料有群聚現象，但有 B 與 C 品種有較大的重疊區域（圖 6.2 的方塊區域），如果無法事先知道每一朵鳶尾花的品種，這兩個品種較難以區分辨識。

　　例如 ID=12 是最小朵的 Virginica（花瓣 765mm²、花萼 1225mm²），很可能被判斷成 Versicolor，相對之下，同品種的 ID=146（花瓣 1000mm²、花萼 1425mm²），雖然花萼小但花瓣大，較不易被錯誤歸類。至於花萼更大的 ID=144（花瓣 1007mm²、花萼 1728mm²），更接近重心 C，如果潛在剖面估計合宜，應不會被錯誤歸入其他品種。

　　如果 150 朵鳶尾花都是同一個品種，花萼與花瓣面積的配對點應圍繞在同一個中心點（重心），亦即花瓣面積與花萼面積平均值配對點 (578.4mm²,1781.6mm²)，如圖 6.3 的實心點 T 所標示的位置。

　　但事實上，由於 150 朵鳶尾花分屬三個品種，因此配對點的散佈狀況會圍繞在各品種的重心 A(36.6,1727.1)、B(579.5,1649.2)、C(1119.2,1968.5)，形成三個橢圓區域，反映了不同品種的花朵特性，而這三個橢圓就是三個母體異質性，三種不同品種在花瓣與花萼兩個測量尺度上的平均數變化高低就是潛在剖面。

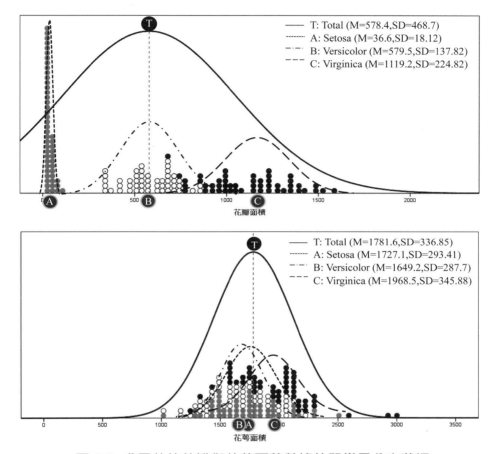

圖 6.3 鳶尾花的花瓣與花萼面積數據的單變量分布狀況

　　花瓣與花萼面積兩變數在全體與各品種的分布情形點繪於圖 6.3，由於測量數據為連續變數，因此不論是對全體或各品種而言，測量數據的分布皆可利用常態曲線來描繪，藉以反映集中情形（平均數）與變異情形（標準差或變異數）。

　　從圖 6.3 可以看出，三個品種的平均花瓣面積變異較大，分離狀況明顯，平均花萼面積變異較小，三個常態曲線有大量重疊。若要以花瓣面積區辨不同品種較為容易，花萼面積較為困難。

　　LPA 的功能就是在辨識連續型的觀察數據背後所存在的潛在異質性（未知的鳶尾花品種），而「潛在剖面」即是指異質性母體在各測量變數上的高低變化情形。在本範例中，我們已經知道每一個配對點的品種類型，但如果把品種的標示移除，而利用花瓣與花萼的長寬來辨識，就是「潛在」剖面分析。

6.3.2　LPA分析程序

6.3.2.1　模式設定

　　LPA 利用 J 個觀察變數來估計資料當中可能存在的異質母體數量（K），雖然我們已經從鳶尾花資料庫得知有三個品種，但是為了示範的目的，以下仍以探索性取向來分別執行 $K=1$ 至 $K=8$ 的八種 LPA 模型：當 $K=1$，表示所有觀察資料均由同一個母體中抽取而出，當 $K=2$，表示觀察資料由兩個母體中抽取，依此類推。當異質母體數量（分群數）越多，所需估計的參數越多。

　　由於觀察變數為連續變數，因此 LPA 的概似函數為常態機率分配，當模型中帶有 K 個異質母體，J 個觀察變數的聯合常態分配當中有 $K \times J$ 個平均數參數（μ_k）、J 個變異數參數（σ^2_k）、$K-1$ 個潛在變數平均數（ω_k）必須估計。本範例 $J=4$、$K=1$ 至 8（MC1 至 MC8）各模型的參數類型與數目如表 6.2 所示。

表 6.2　八個 LPA 模型的參數類型與數量

	MC1	MC2	MC3	MC4	MC5	MC6	MC7	MC8
K	1	2	3	4	5	6	7	8
μ_k	4	8	12	16	20	24	28	32
σ^2_k	4	4	4	4	4	4	4	4
ω_k	0	1	2	3	4	5	6	7
Total	8	13	18	23	28	32	38	43

　　在 Mplus 當中執行 LPA 仍是以 Type=Mixture 來進行混合模式分析，預設的估計法是 MLR，以求得較為穩健的標準誤。以區分三群的 LPA 為例，語法 Syn6.3.MC3.inp 以及 TECH1 的模式設定狀態列舉如下：

■Syn6.3.MC3.inp

```
Title:      Latent Profile Analysis on Iris dataset Class=3
DATA:       FILE    =iris.csv;
VARIABLE:   NAMES   =ID TYPE Y1-Y4 U1-U4;
            USEV    =Y1-Y4;
            CLASSES=C(3);
ANALYSIS:   TYPE    =MIXTURE;
MODEL:      %OVERALL%
              Y1-Y4;
OUTPUT:     TECH1 TECH7 TECH11 TECH14;
SAVEDATA:   FILE IS Syn6.3.MC3.dat; SAVE = CPROB;
```

TECHNICAL 1 OUTPUT

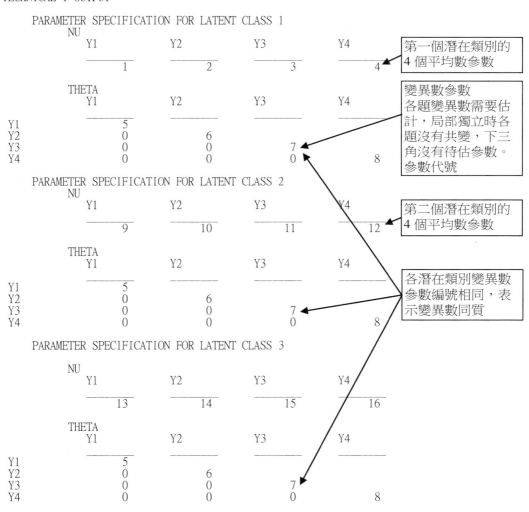

PARAMETER SPECIFICATION FOR LATENT CLASS REGRESSION MODEL PART

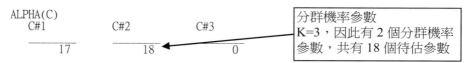

ALPHA(C)

C#1	C#2	C#3
17	18	0

分群機率參數
K=3，因此有 2 個分群機率
參數，共有 18 個待估參數

由前述報表可知，區分成 3 群的鳶尾花分群 LPA 參數數目為 18：各群平均數共有 3×4=12個μ_k，基於變異數同質下有 4 個觀察變數的變異數參數 σ^2_k，以及 2 個截距參數ω_k。

6.3.2.2 模式適配

基於最大概似法的迭代估計達成收斂後，會得到令概似函數最大化的參數估計值，這一組參數所計算得到的概似函數值 $L(\hat{\Theta}|Y)$ 乘上–2 即可得到離異數 –2LL，並衍生出其他模式適配統計量，可據以判定模型能夠適配資料的程度。

基於探索性分析的觀點，本範例分別進行 K=1 到 K=8 的八個 LPA 的模式適配與訊息準則的資訊列於表 6.3，並以肘彎圖繪於圖 6.4。

雖然各模型的適配都有改善，而且改善幅度越來越小，但是 8 個模型的 AIC 或 BIC 指標並沒有出現最小值，因此難以利用訊息準則來找出最理想模型。若以 LMR-p 的近似卡方差異檢定來判定 K 與 K–1 模型的改善差異，可發現在 K=3、4、5 的適配情形已經接近。若從亂度來看均大於.90，每一個模型都有良好的後驗分類的正確性。

表 6.3 不同潛在剖面數量下的 LPA 模式適配

Model	K	Npar	-2LL	Δ-2LL	Δdf	AIC	BIC	SABIC	Entropy	vLMRTp	BLRTp
M1	1	8	4245.7			4261.7	4285.7	4260.4	1.000		
M2	2	13	3738.1	507.6	5	3764.1	3803.2	3762.1	0.991		
M3	**3**	**18**	**3503.1**	**235.0**	**5**	**3539.1**	**3593.3**	**3536.3**	**0.959**	**.003**	**<.0001**
M4	**4**	**23**	**3398.0**	**105.1**	**5**	**3444.0**	**3513.2**	**3440.5**	**0.940**	**.035**	**<.0001**
M5	5	28	3339.6	58.4	5	3395.6	3479.9	3391.3	0.953	.041	<.0001
M6	6	33	3301.5	38.1	5	3367.5	3466.9	3362.4	0.954	.545	<.0001
M7	7	38	3270.5	31.0	5	3346.5	3460.9	3340.6	0.948	.342	.6667
M8	8	43	3237.3	33.2	5	3323.3	3452.8	3316.7	0.919	.073	<.0001

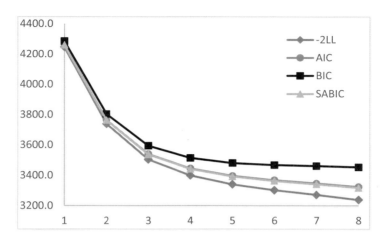

圖 6.4 各模型的模式適配資料的折線圖

■Mplus 的模式適配報表

```
MODEL FIT INFORMATION

Number of Free Parameters                    18
                                             待估參數為 18
Loglikelihood

        H0 Value                        -1751.532
        H0 Scaling Correction Factor       1.1877    概似函數值，乘以−2 得到
           for MLR                                   −2LL=3503.064

Information Criteria

        Akaike (AIC)                     3539.063
        Bayesian (BIC)                   3593.255    三種常用的訊
        Sample-Size Adjusted BIC         3536.288    息準則
           (n* = (n + 2) / 24)
```

FINAL CLASS COUNTS AND PROPORTIONS FOR THE LATENT CLASSES BASED ON THE ESTIMATED MODEL

```
    Latent
Classes

        1           50.00007           0.33333    模型估計的分
        2           63.03272           0.42022    群次數與比例
        3           36.96722           0.24645
```

FINAL CLASS COUNTS AND PROPORTIONS FOR THE LATENT CLASSES BASED ON ESTIMATED POSTERIOR
PROBABILITIES

```
Latent
Classes

   1        50.00007        0.33333
   2        63.03272        0.42022
   3        36.96722        0.24645
```

FINAL CLASS COUNTS AND PROPORTIONS FOR THE LATENT CLASSES BASED ON THEIR MOST LIKELY LATENT CLASS MEMBERSHIP

Class Counts and Proportions

```
Latent
Classes

   1          50          0.33333
   2          65          0.43333   ◄─── 受測者硬分派至各潛在類
   3          35          0.23333        別的模型分類的結果
```

CLASSIFICATION QUALITY

```
   Entropy                    0.959   ◄─── 分類亂度
```

TECHNICAL 11 OUTPUT

```
   Random Starts Specifications for the k-1 Class Analysis Model
      Number of initial stage random starts          20
      Number of final stage optimizations             4
```

VUONG-LO-MENDELL-RUBIN LIKELIHOOD RATIO TEST FOR 2 (H0) VERSUS 3 CLASSES

```
   H0 Loglikelihood Value                    -1869.043
   2 Times the Loglikelihood Difference        235.023
   Difference in the Number of Parameters            5      LMRT 檢驗結果,
   Mean                                         24.961      從尾機率來判定 K
   Standard Deviation                           42.840      與 K–1 群的改善
   P-Value                                       0.0030     幅度
```

LO-MENDELL-RUBIN ADJUSTED LRT TEST

```
   Value                                       226.002
   P-Value                                       0.0036
```

TECHNICAL 14 OUTPUT

```
   Random Starts Specifications for the k-1 Class Analysis Model
      Number of initial stage random starts          20
      Number of final stage optimizations             4

   Random Starts Specification for the k-1 Class Model for Generated Data
      Number of initial stage random starts           0
      Number of final stage optimizations for the
         initial stage random starts                  0
   Random Starts Specification for the k Class Model for Generated Data
      Number of initial stage random starts          40
      Number of final stage optimizations             8
   Number of bootstrap draws requested           Varies
```

PARAMETRIC BOOTSTRAPPED LIKELIHOOD RATIO TEST FOR 2 (H0) VERSUS 3 CLASSES

```
    H0 Loglikelihood Value                          -1869.043
    2 Times the Loglikelihood Difference              235.023
    Difference in the Number of Parameters                  5
    Approximate P-Value                                0.0000
    Successful Bootstrap Draws                              5
```

> BLRT 檢驗結果，從尾機率來判定 K 與 K−1 群的改善幅度

6.3.2.3 參數估計

　　LPA 的參數主要是分群機率（潛在剖面機率）與觀察變數的平均數及變異數。表 6.4 列出了 M3 與 M4 的參數資料，並以剖面圖呈現於圖 6.5。以分三群 K=3 的 LPA 為例，各項參數的參數估計結果如下：

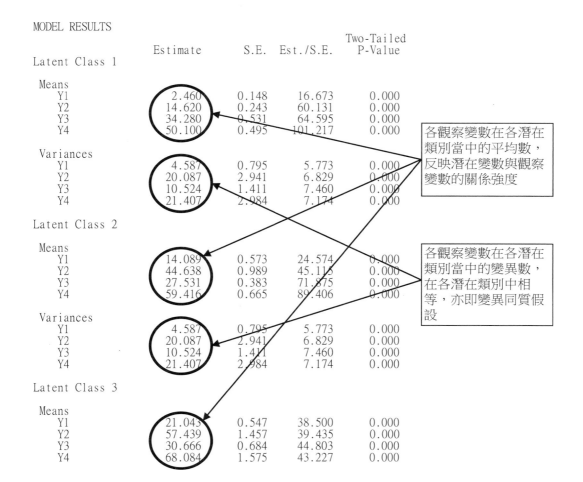

```
MODEL RESULTS

                        Estimate    S.E.    Est./S.E.    Two-Tailed
                                                          P-Value
Latent Class 1

  Means
    Y1                    2.460     0.148     16.673       0.000
    Y2                   14.620     0.243     60.131       0.000
    Y3                   34.280     0.531     64.595       0.000
    Y4                   50.100     0.495    101.217       0.000

  Variances
    Y1                    4.587     0.795      5.773       0.000
    Y2                   20.087     2.941      6.829       0.000
    Y3                   10.524     1.411      7.460       0.000
    Y4                   21.407     2.984      7.174       0.000

Latent Class 2

  Means
    Y1                   14.089     0.573     24.574       0.000
    Y2                   44.638     0.989     45.115       0.000
    Y3                   27.531     0.383     71.875       0.000
    Y4                   59.416     0.665     89.406       0.000

  Variances
    Y1                    4.587     0.795      5.773       0.000
    Y2                   20.087     2.941      6.829       0.000
    Y3                   10.524     1.411      7.460       0.000
    Y4                   21.407     2.984      7.174       0.000

Latent Class 3

  Means
    Y1                   21.043     0.547     38.500       0.000
    Y2                   57.439     1.457     39.435       0.000
    Y3                   30.666     0.684     44.803       0.000
    Y4                   68.084     1.575     43.227       0.000
```

> 各觀察變數在各潛在類別當中的平均數，反映潛在變數與觀察變數的關係強度

> 各觀察變數在各潛在類別當中的變異數，在各潛在類別中相等，亦即變異同質假設

```
Variances
   Y1                    4.587        0.795       5.773       0.000
   Y2                   20.087        2.941       6.829       0.000
   Y3                   10.524        1.411       7.460       0.000
   Y4                   21.407        2.984       7.174       0.000
Categorical Latent Variables

Means
   C#1                   0.302        0.253       1.195       0.232
   C#2                   0.534        0.298       1.792       0.073
```

對數線性模型的截距參數，可用於計算分群機率

表 6.4 LPA 的估計參數結果整理表

M3（K=3）	C#1		C#2		C#3	
ω=	.302		.534		0	
π=	.333		.420		.247	
觀察變數	Est.	SE	Est.	SE	Est.	SE
Means						
Y1 瓣寬 PW	2.460	0.15	14.089	0.57	21.043	0.55
Y2 瓣長 PL	14.620	0.24	44.638	0.99	57.439	1.46
Y3 萼寬 SW	34.280	0.53	27.531	0.38	30.666	0.69
Y4 萼長 SL	50.100	0.50	59.416	0.67	68.084	1.58
Variances						
Y1 瓣寬 PW	4.587	0.80	4.587	0.80	4.587	0.80
Y2 瓣長 PL	20.087	2.94	20.087	2.94	20.087	2.94
Y3 萼寬 SW	10.524	1.41	10.524	1.41	10.524	1.41
Y4 萼長 SL	21.407	2.99	21.407	2.99	21.407	2.99

M4（K=4）	C#1		C#2		C#3		C#4	
ω=	.124		0		-.376		-.548	
π=	.333		.294		.201		.170	
觀察變數	Est.	SE	Est.	SE	Est.	SE	Est.	SE
Means								
Y1 瓣寬 PW	2.460	0.15	15.964	0.72	21.606	0.70	11.988	0.49
Y2 瓣長 PL	14.620	0.24	48.848	1.29	58.424	1.15	39.517	1.76
Y3 萼寬 SW	34.280	0.53	28.680	0.52	31.055	0.64	25.898	0.58
Y4 萼長 SL	50.100	0.50	62.231	0.98	69.052	1.22	55.651	1.17
Variances								
Y1 瓣寬 PW	3.297	0.70	3.297	0.70	3.297	0.70	3.297	0.70
Y2 瓣長 PL	12.370	2.62	12.370	2.62	12.370	2.62	12.370	2.62
Y3 萼寬 SW	9.593	1.40	9.593	1.40	9.593	1.40	9.593	1.40
Y4 萼長 SL	21.410	2.99	21.410	2.99	21.410	2.99	21.410	2.99

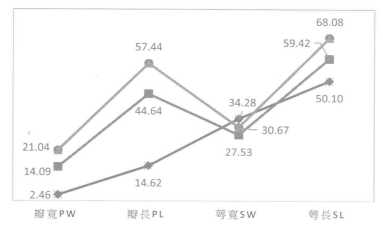

(a)M3：三群模型

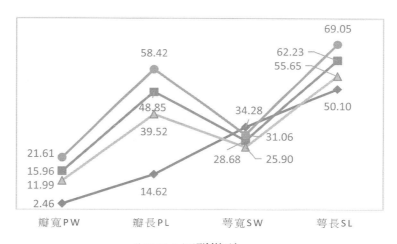

(b)M4：四群模型

圖 6.5　M3(*K*=3)與 M4(*K*=4)的潛在剖面折線圖

　　分群機率可由對數線性模型的截距估計值來推導，以 *K*=3 的 M3 為例，三個潛在剖面的潛在變數平均數分別為ω_1=0.302、ω_2=0.534、ω_3=0（第三群為參照組），取指數後為 $\exp(\omega_1)$=1.35、$\exp(\omega_2)$=1.71、$\exp(\omega_3)$=1，三組的分群機率：

$$\pi_1 = \frac{\exp(\omega_1)}{\Sigma \exp(\omega_k)} = \frac{1.353}{1.353+1.706+1} = .333$$

$$\pi_2 = \frac{\exp(\omega_2)}{\Sigma \exp(\omega_k)} = \frac{1.706}{1.353+1.706+1} = .420$$

$$\pi_3 = \frac{\exp(\omega_3)}{\Sigma \exp(\omega_k)} = \frac{1}{1.353+1.706+1} = .247$$

在測量參數部分，從各測量變數在各群中的平均數可以得知，第一個潛在剖面（C#1）的花瓣寬（2.46）、花瓣長（14.62）、花萼寬（34.28）、花萼長（50.10）等於表 6.1 當中山鳶尾（setosa）的數據，其分群機率恰等於 1/3，換言之，C#1 的剖面就是山鳶尾。至於第二與第三個潛在剖面的平均數估計值則與變色鳶尾（versicolor）與維吉尼亞鳶尾（virginica）相近但不完全相等，分群機率也非 1/3，表示這兩群的剖面狀態雖接近但並不完全等於變色鳶尾與維吉尼亞鳶尾。三群模型的各潛在剖面的折線圖如圖 6.5(a)所示。

若區分成 4 群，四群機率分別為π_1=.333、π_2=.294、π_3=.201、π_4=.170，除了 C#1 沒有改變，C#2 與 C#3 因為增加了第四個潛在剖面而發生變動，而且各群機率均少於 1/3，表示除了第一群（山鳶尾）之外的另外三群並不完全反映另兩種品種。四群模型的各潛在剖面的折線圖如圖 6.5(b)所示。

在變異數部分，各潛在剖面中的觀察變數的變異數數值均相同，表示模型設定為變異同質。如果釋放變異同質假設，則會增加 K 倍的變異數參數需要估計。

6.3.2.4 後驗機率與分類結果

參數估計完成後，可利用貝氏定理求取各受試者歸屬於特定潛在剖面的（後驗）機率，在 K 組中後驗機率最大為該筆觀察值最可能歸屬的類別。另外，由於 IRIS 資料庫中有各品種的分類資料，因此我們得以檢視兩個 LPA 模型的分群正確性，如表 6.5 所示。其中 Setosa 的花瓣與花萼形狀較小，最容易被辨識，以 K=3 或 K=4 的分群辨識率都達到 100%，至於 Versicolor 與 Virginica 兩者較為相似，有較高的分類錯誤率。

表 6.5 兩種模型的分群結果

品種	M3：3-profile			M4：4-profile				Total
	C#1	C#2	C#3	C#1	C#2	C#3	C#4	
1 Setosa	50	0	0	50	0	0	0	50
2 Versicolor	0	50	0	0	25	0	25	50
3 Virginica	0	15	35	0	20	30	0	50
Total	50	65	35	50	45	30	25	150
π	33.33%	43.33%	23.33%	33.3%	30.0%	20.0%	16.67%	

　　以模型進行分類的程序，係以後驗機率來進行計算。以 M3 為例，取先前於圖 6.2 所標示的兩個比較特殊的 Virginica 品種（ID=12、144）的後驗機率與歸屬類別結果列於表 6.6 中，並針對 ID=12 的運算過程說明如下：

$$P'_{k=1} = \frac{\hat{\pi}_1 f_1(Y_i|\hat{\theta}_1)}{\Sigma \hat{\pi}_1 f_1(Y_i|\hat{\theta}_1)}$$

$$= \frac{.333\times(2\times10^{-34})}{.333\times(2\times10^{-34})+.42\times(3.4\times10^{-6})+.247\times(3.4\times10^{-6})} = 2.9\times10^{-29}$$

$$P'_{k=2} = \frac{.42\times(3.4\times10^{-6})}{.333\times(2\times10^{-34})+.42\times(3.4\times10^{-6})+.247\times(3.4\times10^{-6})} = .633$$

$$P'_{k=3} = \frac{.247\times(3.4\times10^{-6})}{.333\times(2\times10^{-34})+.42\times(3.4\times10^{-6})+.247\times(3.4\times10^{-6})} = .367$$

表 6.6 三筆範例資料在 M3 的後驗機率估計與分類結果

	尺寸資料				分類機率			分派結果
ID	瓣寬	瓣長	萼寬	萼長	$P'_{k=1}$	$P'_{k=2}$	$P'_{k=3}$	
12	19	50	25	63	2.9×10^{-29}	0.633	0.367	Versiclor*
146	19	53	27	64	1.1×10^{-31}	0.086	0.914	Virginica
149	20	50	25	57	4.1×10^{-29}	0.811	0.189	Versiclor*

* 表示錯誤歸類的結果

在 M3 中，50 朵 Setosa 都被歸入 C#1，而 35 朵 Virginica 被歸入 C#3，顯示 C#1 與 C#3 兩個潛在剖面所反映的都是單一品種，分別對應於 Setosa 與 Virginica。相對之下，潛在剖面 C#2 就無法清楚辨識 Virginica 或 Versicolor，因為有 50 朵 Virginica 與 15 朵 Versicolor 被歸入 C#2，然而因為所有的 Versicolor 都被歸入 C#2，因此 C#2 應被視為 Versicolor 品種所屬的潛在剖面。被歸入 C#2 的 15 朵 Virginica 屬於錯誤分類，基於這些資訊，可說明 M3 模型的分類正確率是 135/150=0.9=90%，分類失敗率 15/150=.10=10%。至於錯誤分類的原因，可能是原來應該是最大朵的那 15 朵 Virginica 長得太小而被視為 Versicolor，另一個原因則是 LPA 所估計得到的 C#2 參數不理想，導致誤把 Virginica「看做」為 Versicolor。

更可能的原因則是 C#2 同時包含兩種潛在剖面，K=3 的三剖面模式無法精確區分 Virginica 與 Versicolor 兩種鳶尾花的混合種，若以 K=4 的 LPA 模型應可更提高分類正確性。

由表 6.5 的 M4 分類結果可知，四個潛在剖面中只有 C#1 維持不變，新增加一個潛在剖面使得原來用來辨識 Virginica 的 C#3 只剩下 30 朵，有 20 朵 Virginica 並未被歸入 C#3 而被歸入混合類（C#2），新增加的第四個剖面雖然全部都是 Versicolor，但僅有 25 朵，另外 25 朵也全部歸入混合類（C#2），對於 Versicolor 品種的正確歸類比率僅 25/50×100%=50%。混合類（C#2）的比重高達 30%，共有 45 朵鳶尾花被歸入此類，即使混合類（C#2）與 C#4 同時被視為是 Versicolor 的剖面，C#2 中仍有 20 朵應被視為錯誤分類，分類失敗率 20/150=.133=13.3%，分類正確率為 130/150=0.867=86.7%，顯示 M4 模型的潛在剖面雖然分類更細，但未必有效率。

事實上，如果這 150 朵鳶尾花的品種未知，無論是哪一種模型的分類結果分析都無法得知是否正確，異質母體的狀態必須依靠統計模型來估計。反過來說，即使品種已知，從 LPA 的分析可以得知，以三品種來區分鳶尾花仍有相當程度的模糊性，尤其是 Virginica 與 Versicolor 兩品種，似乎有變種雜生成為新品種的可能，就好像 2020 年衝擊人類的世紀大瘟疫的 COVID19，隨著傳染範圍的擴大而可能會發生變種而有別於既有病毒株，此時除了仰賴醫學研究來分析病毒基因特徵，另一種方法也可以利用外顯症狀來進行 LPA。

由前述範例可知，利用 LPA 的參數資訊與分類結果，能提供我們對於未知異質母體推論估計判斷的參考數據，也可以對已知異質母體的正確性提供新的

證據，這就是為何在理論與實務上，LPA 是重要的統計決策工具，越來越受到重視與廣泛流行。

進一步閱讀文獻

潛在剖面分析很少有專門的專書或教科書來介紹，因為其原理與操作都是建立在潛在類別分析的基礎之上，比較新的專章如下：Bauer, J. (2022). A primer to latent profile and latent class analysis. In: Goller, M., Kyndt, E., Paloniemi, S., Damşa, C. (eds) *Methods for Researching Professional Learning and Development. Professional and Practice-based Learning, vol 33*. Springer, Cham. https://doi.org/10.1007/978-3-031-08518-5_11

關於 LPA 的原理概念與分析程序，下面兩篇文章提出一些務實建議：Ferguson, E., Moore, W. G., & Hull, D. M. (2020). Finding latent groups in observed data: A primer on latent profile analysis in Mplus for applied researchers. *International Journal of Behavioral Development, 44*(5) 458–468. https://doi.org/10.1177/0165025419881721. Spurka, D., Hirschia, A., Wangb, M., Valeroc, D., & Kauffeldd, S. (2020). Latent profile analysis: A review and "how to" guide of its application within vocational behavior research. *Journal of Vocational Behavior, 120*, 103445. https://doi.org/10.1016/j.jvb.2020.103445

7

潛在轉移分析

Latent Transition Analysis

7.1 前言

　　異質母體隨時間遞延所發生的變動，是異質性分析的一項重要延伸應用。由於異質母體無法直接觀測，必須先透過 LCA 或 LPA 等潛在類別模式技術來找出觀察資料中所存在的潛在類別，才能進一步估計潛在類別在各時點下的變動情形，稱為潛在轉移分析（latent transition analysis; LTA）（Bre & Schechter, 1986; Collins & Wugalter, 1992; Reboussin, Liang, & Anthony, 1998）。換言之，LTA 是將 LCA/LPA 擴展到縱貫資料分析的一種延伸應用。

　　LTA 的基本程序，是將 N 個觀察單位重複測量 T 次所得到的觀察資料，先以 LCA 或 LPA 定義出一個能反映觀察資料背後的 K 個異質母體（$K≥2$）的潛在變數，然後以自我迴歸模式（auto-regression model; ARM）來估計 K 個潛在類別在時序上的自我相關（autocorrelation），藉以瞭解異質母體隨時間進展的變化情形。

　　由於潛在類別的變動意味著受測者的歸屬類別隨著時間遞延發生變化，因此 LTA 也是一種以個人為中心分析的異質性縱貫資料分析技術（Bergman & Magnusson, 1997; Masyn, 2013），在教育心理領域將其稱為潛在轉移模型或潛藏轉移模式（latent transition model）（例如楊志堅、吳齊殷，2001；曾明基，2019）。為了避免與橫斷性 LCA/LPA 的潛在類別變數 C 發生混淆，本章將隨時間變動的潛在類別變數以 Cs 表示，各時點下的潛在類別稱之為潛在狀態（latent status），各時點下分群數仍以 K 表示。

　　從其統計原理來看，LTA 是一種描述機率狀態隨時間變化的機率模型，屬於馬可夫模型（Markov model）（Baum, Petrie, Soules, & Weiss, 1970; Wiggins, 1973）的一種應用，也就是在一個連續的時間序列上，隨機變數在時點（t）的機率狀態受到前一個時點（$t–1$）的影響，透過機率分配的轉換情形的估算，以轉移機率矩陣（transition probability matrix）來描述觀察資料的轉變或穩定狀態，稱為馬可夫鏈。如果把單一隨機變數（$j=1$）的馬可夫鏈擴展到多變量（$j=J$）模式，即可觀察一組觀察變數的重複測量在 T 個時點下的變動狀態，亦即多重指標潛在馬可夫模型（multiple indicator latent Markov model）（Langeheine, 1994）。

　　以一項小學生使用網路行為的 LTA 研究為例，曾明基（2019）以屏東教育長期追蹤資料庫（Pingtung Education Longitudinal Survey, PELS）當中所追蹤 8699

筆的小學四、五、六年級的網路使用行為資料，觀察變數包括是否在網路上「玩電玩遊戲」、「聽音樂看影片」、「做作業」、「傳送電子郵件」、「上網蒐集資料」、「閱讀電子報」、「交友交流」等七題。首先，於各時點進行 LCA 得知五個潛在類別（$K=5$）的潛在類別模型最能夠反映觀察資料，依比例大小為「不愛網路組」、「喜歡娛樂組」、「娛樂交友組」、「網路學習組」與「熱愛網路組」，進一步進行 LTA 分析發現，隨著年級的增加，各類學生的比例發生變化，例如「不愛網路組」的比例由小四的 40.1% 逐漸降低至 26.9%（小五）與 17.6%（小六），以轉移機率來看，不愛網路的學生到了小五時有 18.2% 轉移到喜歡娛樂組、12% 轉移到網路學習組、11.7% 轉移到娛樂交友組、3.1% 轉至熱愛網路組，這四組僅分別有 4.8%、5.1%、8%、1.5% 的小學生轉出到不愛網路組，顯示小學生的網路行為隨年級增加朝向娛樂交友與網路學習。該研究進一步納入性別與學習表現進行帶有共變項的 LTA，得知男生比女生有較高的比例是熱愛網路與喜歡娛樂，但有較低的比例是網路學習，就學習表現來看，網路學習組的成就最高，喜歡娛樂組的學業成就最低。

另外一個例子是關於 COVID19 疫情的研究，Vaziri et al.（2020）先以 379 位職場員工在職家關係量表的四項得分，以單一波次的橫斷面資料進行 LPA 得出三類潛在剖面：工作與家庭低度衝突高增益的「受益組」（beneficial）（58.6%）、中度衝突與增益的「活躍組」（active）（22.2%）、低度衝突低增益的「沈寂組」（passive）（19.2%）。由於稍後發生 COVID19 疫情，研究者於 2020 年 2 月蒐集類似背景的工作者 583 位以相同測量工具進行第一波測量，然後在 4 月進行第二波測量，LTA 分析的結果發現「受益組」有較穩定的潛在狀態，高達 87.1% 維持在同一個潛在剖面中，其次是「活躍組」的 81.5%，變動最大的是「沈寂組」，有接近 25% 轉移至其他組，其中以轉變成活躍組（16.3%）較多，相對之下，沈寂組只有 2.1% 轉移至受益組。至於受益組則有 10.8% 轉移至活躍組、2.1% 轉移至沈寂組，顯示受益組較能抵抗疫情的衝擊，最不穩定的就是既無衝突也無增益的沈寂組，沈寂組有最低的工作滿意、組織承諾與最高的離職意圖。

從前述的兩個例子來看，LTA 的重點仍是在於將受測者進行潛在分群，但進一步的去探討分群狀態隨時間變動的情形，而且其測量基礎不僅可以是類別觀察變數所構成的潛在類別分析（LCA），也可以是連續觀察變數的潛在剖面分析（LPA），因此 LTA 可以同時作為 LCA 與 LPA 的縱貫性延伸應用，以下將把 LTA 的基本原理與應用方法加以介紹。

7.2 LTA 的統計原理

LTA 是以潛在變數來估計異質母體隨時間變動情形的一種機率模式,因此 LTA 的模型組成包括了定義潛在變數的測量模型(圖 7.1 的虛線圖框),以及用來估計不同異質母體隨時間變動的結構模型(圖 7.1 的陰影圖框)。測量模型的部分即是 LCA 或 LPA,結構模型部分則是自我迴歸分析。

如果今天有一個觀察變數 Y(例如病人的某項症狀)進行 T 次重複測量,異質母體在各時點下的潛在狀態可由一個潛在類別變數 Cs 來估計,各時點下的狀態為 c_{s1}、...、c_{sT},如圖 7.1(a)所示。如果 Cs 由 J 個觀察變數(例如一套量表)來進行估計,測量模型部分則需擴充為多指標形式,但不影響結構模型的設定,如圖 7.1(b)所示。也就是說,觀察變數的數目多寡所影響的是測量模型中對於潛在類別的估計,至於各異質母體當中的成員歸屬情形隨著時間所發生的改變,由結構模型中的自我迴歸參數來估計。如果前一期的潛在狀態對於下一期的影響越大,自我相關愈強,自我迴歸當中斜率估計值就會愈高,將斜率轉換成機率形式,即是**轉移機率**(transaction probability),以 ρ 表示,可用來描述潛在狀態隨時間遞延的保留、移出與移入情形,可以說是 LTA 最重要的參數。

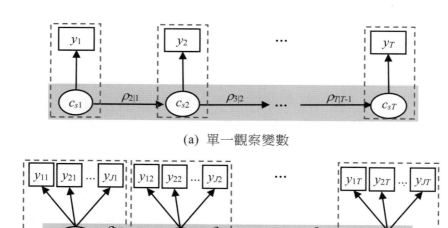

(a) 單一觀察變數

(b) 多重觀察變數

圖 7.1 潛在轉移分析的模式圖示

7.2.1 測量模型

以最簡單的單一觀察變數的 LTA 為例（圖 7.1(a)），如果今天有 N 個受測者隨機從 K 個異質母體中抽取得到，這些受試者在觀察變數 Y 重複測量 T 次，可估計得到 $K \times T$ 個潛在狀態，各潛在狀態由 $T-1$ 列轉移機率連結。如果觀察變數是 J 個類別變數，測量模型為 LCA，如果觀察變數是連續變數，測量模型為 LPA。

7.2.1.1 測量模型為LCA

當觀察變數為類別變數，潛在變數亦為類別變數，圖 7.1 當中連接方框變數（觀察變數）與圓型變數（潛在變數）的測量參數為題項反應機率（λ）。若 Y 為編碼為 {1,0} 的二分變數，基於二項分配且令 $y=1$ 的機率為 λ、$y=0$ 的機率為 $1-\lambda$，第 j 個類別觀察變數在第 k 個潛在狀態的條件觀察機率分配如下：

$$P(Y|Cs_k) = \prod_{i=1}^{N}\prod_{j=1}^{J} \lambda_{jk}^{y_{ij}}(1-\lambda_{jk})^{1-y_{ij}} \tag{7-1}$$

此一機率模型定義了類別潛在變數與類別觀察變數的關係，因此是一個 LCA，由於 K 個異質母體相互獨立，測量模型的概似函數如下：

$$L(\Theta|Y) = \sum_{k=1}^{K} \pi_k \prod_{i=1}^{N}\prod_{j=1}^{J} \lambda_{jk}^{y_{ij}}(1-\lambda_{jk})^{1-y_{ij}} \tag{7-2}$$

對於個別觀察變數而言，各潛在狀態當中發生 $y=1$ 或 $y=0$ 的題項反應機率 λ_{jk} 基於測量恆等性假設，在各期測量中應維持相同，可利用閾值（threshold）（τ）來估計：

$$P(y_j=1) = \sum_{k=1}^{K} P(y_j=1|Cs=k) = \frac{1}{1+\exp(\tau_{jk})} \tag{7-3}$$

將樣本資料代入概似函數，取具有最大概似值下的參數估計值 $\hat{\tau}_{jk}$ 或 $\hat{\lambda}_{jk}$，即為測量模型參數的最大概似估計值（MLE）。

7.2.1.2 測量模型為LPA

若觀察變數為連續變數時，潛在類別變數 Cs 的各潛在狀態與各連續觀察變數的關係強弱，可利用觀察變數的平均數 μ_{jk} 高低來反映，而非條件機率的高低。如果假設觀察變數 $\mathbf{Y}$ 的機率分配為常態分配，觀察變數的機率函數如下：

$$f(\mathbf{Y}|\Theta) = \frac{1}{\sqrt{2\pi\sigma_k^2}} \exp\left[-\frac{(y_i - \mu_k)^2}{2\sigma_k^2} \right] \tag{7-4}$$

若有 J 個觀察變數，觀察資料假設為多元常態分配，且在各異質母體中也具有常態分布的特徵。帶有 K 個潛在狀態的 LTA 的概似函數如下：

$$L(\Theta|\mathbf{Y}) = \sum_{k=1}^{K} \pi_k \prod_{i=1}^{N} \prod_{j=1}^{J} f_k(y_{ij}|\theta_{jk}) \tag{7-5}$$

同樣的，將樣本資料代入概似函數，取具有最大概似值下的 $\hat{\theta}_{jk}$，即為測量模型參數的最大概似估計值（MLE）。

7.2.1.3 測量參數的恆等性假設

由於 LTA 的主要功能是探討異質母體在不同時點下的比例變動，用來定義異質母體（潛在狀態）的測量參數在不同時點下應有恆定不變的特性，亦即縱貫測量恆等性（longitudinal measurement invariance），如此才能以相同的潛在變數定義，來觀察各潛在狀態當中的成員歸屬比例與變化情形。

基於測量必須具有恆等性的前提，LTA 各次重複測量下的潛在類別測量參數雖然帶有時間足標 t，估計時會將不同時點下的測量參數皆須設定為等值。也就是說，LTA 雖然必須在 T 個時間點藉由測量參數來定義潛在狀態，但僅需估計一次測量參數（在各時點下的 LCA 或 LPA 參數相同）。如果觀察變數是類別變數，題項反應機率 λ_{jk} 在各期測量中應維持相同，如果觀察變數是連續變數，各觀察變數在各潛在狀態中的平均數 μ_{jk} 相同，稱為測量恆等假設（assumption of measurement invariance），除此之外，條件變異數 σ_{jk}^2 也應相同，亦即變異同質假設（assumption of homogeneity of variance）。

7.2.2 結構模型

　　LTA 的結構模型反映潛在狀態之間的轉移關係，因此結構參數是 LTA 最重要的參數，可藉由自我迴歸模式來進行估計。由於各潛在狀態是獨立類別，因此自我迴歸的依變數是帶有 K 群的類別變數，此時自我迴歸分析的參數是一種**多元邏輯參數**（multinomial logit parameterization）（Ferguson et al., 2020; Sterba, 2013），亦即對於帶有 K 群的潛在狀態，以第 t–1 時點變動到第 t 時點的**一期落差**（one-lag）多元羅吉斯自我迴歸模型來估計，所求得的迴歸係數（截距與斜率）可轉換成轉移機率與各期分群機率，藉以描述各潛在狀態成員歸屬狀況的轉變情形。

7.2.2.1 自我迴歸模型

　　對於重複觀察 T 期的資料所定義出來的潛在狀態變數 Cs，結構模型則需要進行 T–1 次的羅吉斯迴歸分析。自變數（IV）為第 t–1 期 Cs_{t-1}，各潛在狀態順序以足標 k 表示；依變數（DV）為第 t 期的 Cs_t，DV 的各潛在狀態順序以足標 q 表示，多元羅吉斯模型如下：

$$P(Cs_t = q \mid Cs_{t-1} = k) = \frac{e^{(\alpha_q + \beta_{qk})}}{\sum_{q=1}^{K} e^{(\alpha_q + \beta_{qk})}} \tag{7-6}$$

　　α_q 為第 t 期 Cs_t 的第 q 組截距，斜率 β_{qk} 為前一期（t–1）的 Cs_{t-1} 第 k 組對於第 t 期的 Cs_t 的第 q 組的影響力。若 Cs_{t-1} 與 Cs_t 皆以最後一組（K）為參照組，亦即令第 t 期的參照組截距 α_K=0 與斜率 β_{Kk}=0，羅吉斯迴歸方程式係估計第 q 組潛在狀態相對於參照組的**勝算**（odds），取對數後的**勝算對數值**（log odds）得到的 logit 值，為第 q 組的羅吉斯迴歸截距與斜率線性組合：

$$\ln\left(\frac{P(Cs_t = q \mid Cs_{t-1} = k)}{P(Cs_t = K \mid Cs_{t-1} = k)}\right) = \ln\left(\frac{e^{\alpha_q + \beta_{qk}}}{e^{\alpha_K + \beta_{Kk}}}\right) = \alpha_q + \beta_{qk} \tag{7-7}$$

表 7.1 組數 *K*=2 與組數 *K*=3 的 LTA 結構參數(勝算對數)

IV		$DV=Cs_t$		
		$q=1$	$q=2$	$q=3$
		分組數 *K*=2		
Cs_{t-1}	$k=1$	$\alpha_1+\beta_{11}$	$\alpha_2+\beta_{21}=0$	
	$k=2$	α_1	$\alpha_2\quad=0$	
		分組數 *K*=3		
Cs_{t-1}	$k=1$	$\alpha_1+\beta_{11}$	$\alpha_2+\beta_{21}$	$\alpha_3+\beta_{23}=0$
	$k=2$	$\alpha_1+\beta_{12}$	$\alpha_2+\beta_{22}$	$\alpha_3+\beta_{23}=0$
	$k=3$	α_1	α_2	$\alpha_3\quad=0$

以分群數為二（*K*=2）為例，Cs_1 與 Cs_2 的參照組皆為最後一組（$k=2$、$q=2$），參照組截距 $\alpha_2=0$ 與斜率 $\beta_{21}=\beta_{22}=0$。以第 1 期 Cs_1 的第一組（$k=1$）對第 2 期 Cs_2 的第一組（$q=1$）的影響，相對於參照組（$q=2$）的勝算對數值為 $\alpha_1+\beta_{11}$，反映了相對於參照組的自我影響力，如公式 7-8 所示。第 1 期 Cs_1 的第二組（$k=2$）對於第 2 期 Cs_2 的第一組（$q=1$）的影響，相對於參照組（$q=2$）的勝算對數值為 α_1，如(7-9)式所示。這些參數狀態整理於表 7.1 的上半部。

$$\ln\left(\frac{P(Cs_2=1\mid Cs_1=1)}{P(Cs_2=2\mid Cs_1=1)}\right)=\ln\left(\frac{e^{\alpha_1+\beta_{11}}}{e^{\alpha_2+\beta_{21}}}\right)=\alpha_1+\beta_{11} \tag{7-8}$$

$$\ln\left(\frac{P(Cs_2=1\mid Cs_1=2)}{P(Cs_2=2\mid Cs_1=2)}\right)=\ln\left(\frac{e^{\alpha_1+\beta_{12}}}{e^{\alpha_2+\beta_{22}}}\right)=\alpha_1 \tag{7-9}$$

如果潛在類別的分組數 *K*=3（表 7.1 的下半部），需進行兩組以 Cs_1 解釋 Cs_2 的羅吉斯自我迴歸，估計 $K-1=2$ 個截距與 $(K-1)^2=2^2=4$ 個斜率。若自變數 Cs_1 與依變數 Cs_2 以最後一組（第 3 組）為參照組，則分別對 Cs_2 的 $q=1$ 與 $q=2$ 進行自我迴歸。

第一組迴歸以 Cs_2 的第一組（$q=1$）為 DV，分別以第 1 期 Cs_1 的第一組（$k=1$）與第二組（$k=2$）來進行迴歸解釋，參數皆為相對於 Cs_2 的參照組（$q=3$）的勝算對數值如下（參照組截距 $\alpha_3=0$ 與斜率 $\beta_{31}=\beta_{32}=0$）：

$$\ln\left(\frac{P(Cs_2=1\mid Cs_1=1)}{P(Cs_2=3\mid Cs_1=1)}\right)=\ln\left(\frac{e^{\alpha_1+\beta_{11}}}{e^{\alpha_3+\beta_{31}}}\right)=\alpha_1+\beta_{11} \tag{7-10}$$

$$\ln\left(\frac{P(Cs_2=1\mid Cs_1=2)}{P(Cs_2=3\mid Cs_1=2)}\right)=\ln\left(\frac{e^{\alpha_1+\beta_{12}}}{e^{\alpha_3+\beta_{32}}}\right)=\alpha_1+\beta_{12} \tag{7-11}$$

第二組迴歸以 Cs_2 的第二組（$q=2$）為 DV，以 Cs_1 的第一組（$k=1$）與第二組（$k=2$）來進行迴歸解釋：

$$\ln\left(\frac{P(Cs_2=2\mid Cs_1=1)}{P(Cs_2=3\mid Cs_1=1)}\right)=\ln\left(\frac{e^{\alpha_2+\beta_{21}}}{e^{\alpha_3+\beta_{31}}}\right)=\alpha_2+\beta_{21} \tag{7-12}$$

$$\ln\left(\frac{P(Cs_2=2\mid Cs_1=2)}{P(Cs_2=3\mid Cs_1=2)}\right)=\ln\left(\frac{e^{\alpha_2+\beta_{22}}}{e^{\alpha_3+\beta_{32}}}\right)=\alpha_2+\beta_{22} \tag{7-13}$$

兩組自我迴歸效果則需估計自我影響係數 β_{11} 與 β_{22}，交互影響因素：第二組前一期（Cs_1）對第一組後一期（Cs_2）的迴歸效果（β_{12}），以及第一組前一期（Cs_1）對第二組後一期（Cs_2）的迴歸效果（β_{21}），共有四個自我迴歸斜率係數。

7.2.2.2 轉移矩陣與轉移機率

一旦求得自我迴歸係數之後，即可進行轉移機率（ρ）的計算，求取各潛在狀態從第 $t-1$ 時點變動到第 t 時點的機率變動之條件機率 $P(Cs_t\mid Cs_{t-1})$，亦即某一觀察值從 $t-1$ 到 t 期在各個潛在類別的出現機率。對於 K 個潛在狀態，第 $t-1$ 到第 t 的轉移機率為 $K\times K$ 矩陣：

$$\Phi_\rho=\begin{array}{c} \\ Cs_{1|t-1} \\ Cs_{2|t-1} \\ \vdots \\ Cs_{K|t-1} \end{array}\begin{matrix} Cs_{1|t} & Cs_{2|t} & \cdots & Cs_{K|t} & \\ \begin{bmatrix} \rho_{1_t|1_{t-1}} & \rho_{2_t|1_{t-1}} & \cdots & \rho_{K_t|1_{t-1}} \\ \rho_{1_t|2_{t-1}} & \rho_{2_t|2_{t-1}} & \cdots & \rho_{K_t|2_{t-1}} \\ \vdots & \vdots & \ddots & \vdots \\ \rho_{1_t|K_{t-1}} & \rho_{2_t|K_{t-1}} & \cdots & \rho_{K_t|K_{t-1}} \end{bmatrix} & \begin{array}{l} \Rightarrow \Sigma\rho_{k_t|1_{t-1}}=1 \\ \Rightarrow \Sigma\rho_{k_t|2_{t-1}}=1 \\ \vdots \\ \Rightarrow \Sigma\rho_{k_t|K_{t-1}}=1 \end{array} \end{matrix} \tag{7-14}$$

　　轉移機率矩陣（Φ_ρ）第一橫列的條件機率$\rho_{k|1}$，是第一個潛在狀態（$Cs_{k=1}$）的觀察值從第 $t-1$ 期到第 t 期變動到各潛在狀態的比例，總和為 1.00（橫列各元素和為一完整邊際分配）。其中第一個元素$\rho_{1|1}$是兩時點下都屬於第一個潛在狀態的比例，亦即 $Cs_{k=1}$ 成員維持不動的「保留」機率（ρ_{stay}），其他各元素$\rho_{2|1}$、$\rho_{3|1}$、…、$\rho_{K|1}$則是由 $Cs_{k=1}$ 變動至其他各潛在狀態的比例，亦即「移出」機率（ρ_{out}）。

　　同理，第二橫列是第二個潛在狀態（$Cs_{k=2}$）的觀察值由前一個時點變動到下個時點歸屬於第 1 至第 K 個潛在狀態的比例，總和亦為 1.00，第二個元素$\rho_{2|2}$是 $Cs_{k=2}$ 成員維持不動的「保留」機率，其他元素則是從 $Cs_{k=2}$「移出」到其他各潛在狀態的條件機率。

　　若要從移入機率（ρ_{in}）的角度來解釋轉移機率，則要從縱欄來看：Φ矩陣中的第一縱欄$\rho_{1|k}$是第 1~K 個潛在狀態觀察值由第 $t-1$ 期移入到第 t 期的第一個潛在狀態（$Cs_{k=1}$）的比例。其中第一個元素$\rho_{1|1}$仍是指兩時點下都屬於第一個潛在狀態的保留機率，往下一個元素$\rho_{1|2}$則是 t 期為 $Cs_{k=2}$、但前一期為 $Cs_{k=1}$ 的變動機率，也就是從 $Cs_{k=2}$ 移入 $Cs_{k=1}$ 的「移入」機率。

　　換言之，Φ_ρ矩陣對角線外的元素，可以解釋為從某一個潛在狀態移出的機率（橫向解釋），也可以解釋為從各潛在狀態移入到某一潛在狀態的「移入」機率（縱向解釋），但只有橫向元素的機率和為 1.0，亦即對某一潛在狀態而言的$\rho_{stay}+\rho_{out}=1.00$，但某一潛在狀態的$\rho_{stay}+\rho_{in}\neq1.00$（因為前一期各潛在狀態的機率不同，計算「移入」總和必須以前期分群機率$\pi_{k|t}$進行加權，才能得到正確的機率和，以及會得到ρ_{stay}與ρ_{in}和為 1.00）。

表 7.2 轉移機率的實際範例（曾明基, 2019, p.47, 表 5）

四年級	五年級				
	$Cs_{g=1}$	$Cs_{g=2}$	$Cs_{g=3}$	$Cs_{g=4}$	$Cs_{g=5}$
不愛網路組（$Cs_{k=1}$）	**.549**	.182	.117	.120	.031
喜歡娛樂組（$Cs_{k=2}$）	.048	**.454**	.337	.040	.120
娛樂交友組（$Cs_{k=3}$）	.080	.000	**.784**	.000	.208
網路學習組（$Cs_{k=4}$）	.051	.000	.031	**.629**	.289
熱愛網路組（$Cs_{k=5}$）	.015	.036	.241	.000	**.708**

以具體的數據來說明，表 7.2 的數據是曾明基（2019）針對國小學生網路使用資料所建立的五種網路使用類型，從四年級到五年級的轉移情形，由表中的對角線可以看到，四年級到五年級都停留在同一組的保留機率（ρ_{stay}）分別是 $\rho_{1|1}$=.549、$\rho_{2|2}$=.454、$\rho_{3|3}$=.784、$\rho_{4|4}$=.629、$\rho_{5|5}$=.708。保留機率最低者是 $Cs2$「喜歡娛樂組」，僅有 45.4%的成員從四年級到五年級沒有變化，$\rho_{stay2|2}$=.454，但有高達 33.7%的成員「移出」到 $Cs3$「娛樂交友組」（$\rho_{out3|2}$=.337），其次是移出到 $Cs5$「熱愛網路組」（$\rho_{out5|2}$=.12）、$Cs1$「不愛網路組」（$\rho_{out1|2}$=.048）、$Cs4$「網路學習組」（$\rho_{out4|2}$=.04），橫列總和恰為 100%。

相對之下，從其他組移入 $Cs2$「喜歡娛樂組」的機率可從縱欄來判斷，最多者是 $Cs1$「不愛網路組」（$\rho_{in2|1}$=.182），其次是 $Cs5$「熱愛網路組」（$\rho_{in2|5}$=.036），其他兩組則無移入者，縱欄總和並非 1.00，表示縱欄並非邊際分配，使得各下期潛在狀態的分群機率 π_{jk} 發生變動。

7.2.2.3 定態模型

由於兩期之間就會有一個 $K \times K$ 轉移機率矩陣，T 期之間則會有 $T-1$ 個轉移矩陣。如果 $T-1$ 組轉移機率假設為相等，表示時間序列變動具有定態（stationarity）特質，亦即 $P(Cs_2=g|Cs_1=k)=P(Cs_3=g|Cs_2=k)=\ldots=P(Cs_T=g|Cs_{T-1}=k)$，此時不論有多少期的重複測量，各期之間的轉換機率（包括保留、移出、移入機率）皆相同，亦即自我迴歸模型僅需估計一次截距與斜率參數，然後設定各波之間的不變，稱為定態模型（stationary model）。

如果今天有三個潛在類別（$K=3$）的四波重複測量（$T=4$），定態模型僅需估計 2 個截距與 4 個斜率參數（以最後一個潛在類別為參照組），以 Mplus 執行定態自我迴歸模型語法如下：

```
MODEL:
  %OVERALL%
  [Cs2#1-Cs4#1] (pi1);  !令 Cs=1 在 t=234 的截距恆等標記為 pi1
  [Cs2#2-Cs4#2] (pi2);  !令 Cs=2 在 t=234 的截距恆等標記為 pi2
  Cs2 on Cs1 (ps1-ps4); !令 t=2 對 t=1 做迴歸且恆等標記為 ps1-ps4
  Cs3 on Cs2 (ps1-ps4); !令 t=3 對 t=2 做迴歸且恆等標記為 ps1-ps4
  Cs4 on Cs3 (ps1-ps4); !令 t=4 對 t=3 做迴歸且恆等標記為 ps1-ps4
```

各參數的位置與編號如下（僅列出結構模型的部分）：

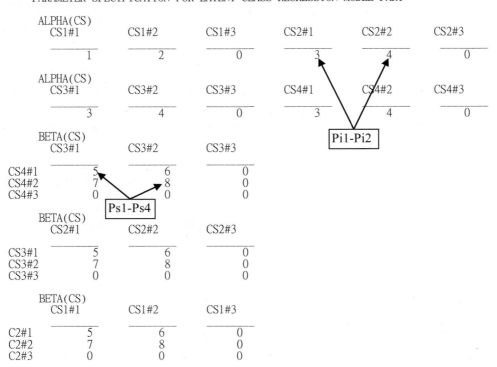

PARAMETER SPECIFICATION FOR LATENT CLASS REGRESSION MODEL PART

7.2.2.4 非定態模型

若轉移機率跨時點不假設相等而自由估計，則為非定態模型（nonstationary model），此時在自我迴歸模型有 $T-1$ 個截距與 $T-1$ 個斜率估計值，各期之間的轉換機率皆可能發生變化，各潛在類別所需估計的結構參數多了 $T-1$ 個斜率估計值（Muthén & Asparouhov, 2022）。

對於 $K=3$ 與 $T=4$ 的 LTA，非定態模型需要估計$(K-1)\times(T-1)=6$ 個截距（pi1-pi6）與$(K-1)^2\times(T-1)=12$ 個斜率（ps1-ps12），較定態模型多了 12 個參數。

```
MODEL:
  %OVERALL%
    [Cs2#1-Cs4#1] (pi1-pi3);      !令 Cs=1 在 t=2,3,4 的截距標記為 pi1-pi3
    [Cs2#2-Cs4#2] (pi4-pi6);      !令 Cs=2 在 t=2,3,4 的截距標記為 pi4-pi6
    Cs4 on Cs3 (ps1-ps4);         !令 t=4 對 t=3 做迴歸且標記為 ps1-ps4
    Cs3 on Cs2 (ps5-ps8);         !令 t=3 對 t=2 做迴歸且標記為 ps5-ps8
    Cs2 on Cs1 (ps9-ps12);        !令 t=2 對 t=1 做迴歸且標記為 ps9-ps12
```

基本上，非定態模型不需對於截距與斜率參數進行設限，因此語法中的標記都可移除，截距也無須列出，前述語法可以簡化如下：

```
MODEL:
  %OVERALL%
    Cs2 on Cs1;    !各潛在狀態以 t=2 對 t=1 做迴歸
    Cs3 on Cs2;    !各潛在狀態以 t=3 對 t=2 做迴歸
    Cs4 on Cs3;    !各潛在狀態以 t=4 對 t=3 做迴歸
```

各參數的位置與編號如下（僅列出結構模型的部分）：

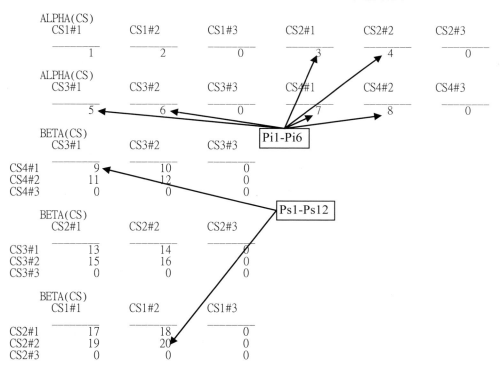

事實上，定態假設並非必須在全有全無的情況下來進行設定，研究者可以視需要進行限定估計，並利用卡方差異檢定顯著性。此外，個別的轉移機率是否相等，也可以利用多樣本模式比較來檢定統計意義（Nylund-Gibosn et al., 2022），這些都是結構參數估計時所具有的彈性。相對之下，測量參數則無這些變化空間，一律必須進行縱貫測量恆等設限。

7.2.3 分群機率

LTA 是 T 次重複測量之 LCA 或 LPA 的串連，因此各時點下都可以估計一組各潛在類別的分群機率（π_{kt}），又稱為潛在狀態盛行率（latent status prevalence）（Collins & Lanza, 2009），反映各異質母體在各時點下的密度。時間足標 t 反映不同時點下的各潛在狀態的規模大小會發生變化。

在各時點下，K 組潛在狀態只需估計 $K-1$ 個分群機率，亦即有 $K-1$ 個 π_{kt} 可自由估計，分群機率和限制條件為 1.0：

$$\sum_{k_t=1}^{K} \pi_{kt} = \sum_{k_t=1}^{K} P(Cs = k | T = t) = 1 \tag{7-15}$$

π_{kt} 可利用多項式羅吉斯迴歸求得：

$$\pi_{kt} = P(Cs_{t+1} = q \mid Cs_t = k) = \frac{e^{\alpha_{qk} + \beta_{qk}}}{\sum_{q=1}^{K} e^{\alpha_{qk} + \beta_{qk}}} = \frac{\exp(\alpha_{qk} + \beta_{qk})}{\sum_{q=1}^{K} \exp(\alpha_{qk} + \beta_{qk})} \tag{7-16}$$

其中多項式截距 α_q，在第一個時點下為 $t=1$ 期各潛在狀態的平均數，以最後一組為參照組（$\alpha_K=0$）。第一期之後的各期分群歸屬以自我迴歸參數來估計，或利用轉移矩陣的保留機率與轉入機率求出下一期各潛在類別的分群機率。例如第 1 個潛在類別在第 $t+1$ 期的分群機率 $P(Cs_{1|t+1})$ 為第 t 期的分群機率 $P(Cs_{1|t})$ 乘上保留機率 $\rho_{1_{t+1}|1_t}$，加上其他 $K-1$ 群的第 t 期的分群機率乘上移入機率的加總：

$$P(Cs_{1|t+1}) = P(Cs_{1|t}) \times \rho_{1_{t+1}|1_t} + P(Cs_{2|t}) \times \rho_{1_{t+1}|2_t} + \ldots + P(Cs_{K|t}) \times \rho_{1_{t+1}|K_t} \tag{7-17}$$

7.2.4 參數數目與自由度計算

對於單純的無條件 LTA，若觀察變數為二分變數，經過 T 次重複測量，可得到 2^T 種組合（樣本空間或細格），在總和固定的前提下，將產生 2^T-1 筆資料點數（data point）。如果參數數目為 $Npar$，LTA 模型的自由度為 $2^T-Npar-1$。

以圖 7.1 的單觀察變數 LTA 模式（J=1）為例，如果二分變數 y 重複測量 4 次（T=4），潛在類別數目為二（K=2），資料點數 2^T-1=15。在定態模式且具有測量恆等性的條件下的參數估計數量為 5：亦即 $1×(K-1)$=1 個初始狀態分群參數 $P(Cs_1=1)$、$J×K$=2 個測量參數 $P(Y_t=1|Cs_t=1)$ 與 $P(Y_t=1|Cs_t=2)$、$1×K$=2 個轉換機率 $P(Cs_t=1|Cs_{t-1}=1)$ 與 $P(Cs_t=1|Cs_{t-1}=2)$，此時 df=15-5=10，是一個可辨識的 LTA 模型。

在非定態模式下，參數估計數量為 9。亦即 1 個分群參數 $P(Cs_1=1)$、2 個測量參數、$(T-1)×K$=6 個轉換機率，此時 df=15-9=6，仍是一個可辨識的 LTA 模型。但如果僅有 3 次重複測量（T=3），資料點數 2^T-1=7，非定態模式參數數量為 7，LTA 成為自由度為 0 的飽和模式而無法估計資料與模式之間的適配程度，這就是為何在資料點數偏低（測量次數與觀察變數偏少）的情況下，LTA 多需以定態模型來進行估計。

 ## 7.3　LTA 的範例說明

7.3.1　範例數據

為說明 LTA 的統計原理與估計過程，本節採用 Muthén 與 Asparouhov（2022）取自 Eid & Langeheine（2003）的心情研究數據（N=494、T=4、J=2）來進行示範，A 與 B 兩個題目皆為二分題目（A: 最近是否感到憂傷、B: 最近是否不快樂），重複測量 4 次，資料點數為 $(2^4)^2-2$=254。受測者的作答狀況如表 7.3 所示。

表 7.3　心情數據的描述統計（N=494）

測量時點	A 憂傷		B 不悅	
	否	是	否	是
t=1	268(.543)	226(.457)	276(.540)	227(.460)
t=2	251(.508)	243(.492)	281(.569)	213(.431)
t=3	243(.492)	251(.508)	277(.559)	217(.439)
t=4	276(.559)	218(.441)	276(.559)	218(.441)

資料來源：Mplus 官方網站 http://www.statmodel.com/RI-LTA.shtml

　　由表 7.3 可知，各時點下在 A 與 B 兩個題目上回答「是」與「否」的比例相當接近，回答「否」的機率略高於「是」。該兩題原為 5 點尺度 Likert-type 題目（1 為一點也不、5 為非常如此），另進行二分變數編碼：1 為「否」、2 至 5 重編碼為 2，亦即「是」，二分編碼數值越高表示存在心情不佳的狀況。

　　本節為了示範 LTA 的分析數據，直接以 $K=2$ 的 LCA 作為測量模型，進行四波測量的 LTA，並分別以定態與非定態模型進行估計，兩者估計結果列於圖 7.2。參數估計結果列於表 7.4。定態模型語法（Syn7.3_stat.inp）與結果如下：

■**Syn7.3_stat.inp**

```
Title:   Unconditional LTA, stationary model
Data:    File  = Ch7.csv;
Vari:    Names = A1 B1 A2 B2 A3 B3 A4 B4 freq est sd;
         Usev  = A1-B4; freqweight = freq;
         Categor= A1-B4;
         Classes= Cs1(2) Cs2(2) Cs3(2) Cs4(2);  !指定各潛在類別變數名稱及組數
Analysis: Type=mixture; proc=8;  starts=160 40;
MODEL:
    %OVERALL%
         [Cs2#1-Cs4#1] (pi);           !設定自我迴歸截距與恆等標籤
         Cs2 on Cs1     (ps);          !令 t=2 對 t=1 做迴歸且恆等標記 ps
         Cs3 on Cs2     (ps);          !令 t=3 對 t=2 做迴歸且恆等標記 ps
         Cs4 on Cs3     (ps);          !令 t=4 對 t=3 做迴歸且恆等標記 ps

    MODEL Cs1:                         !設定 t=1 的潛在狀態測量模型
       %Cs1#1%                         !設定 t=1 的 Cs=1 的測量模型
         [A1$1] (p1);  [B1$1] (p2);    !設定閾值參數與定態設限標記
       %Cs1#2%                         !設定 t=1 的 Cs=2 的測量模型
         [A1$1] (p3);  [B1$1] (p4);    !設定閾值參數與定態設限標記

    MODEL Cs2:                         !設定 t=2 的潛在狀態測量模型
       %Cs2#1%
         [A2$1] (p1);  [B2$1] (p2);
       %Cs2#2%
         [A2$1] (p3);  [B2$1] (p4);

    MODEL Cs3:                         !設定 t=3 的潛在狀態測量模型
       %Cs3#1%
         [A3$1] (p1);  [B3$1] (p3);
       %Cs3#2%
         [A3$1] (p3);  [B3$1] (p4);

    MODEL Cs4:                         !設定 t=4 的潛在狀態測量模型
       %Cs4#1%
         [A4$1] (p1);  [B4$1] (p2);
       %Cs4#2%
         [A4$1] (p3);  [B4$1] (p4);
```

MODEL FIT INFORMATION

Number of Free Parameters   7 ← 估計參數為 7，包括測量
                                                      參數 4，截距 1，斜率 1，
Loglikelihood   分群機率 1

        H0 Value   -2053.342
        H0 Scaling Correction Factor   1.2490
          for MLR

Information Criteria

        Akaike (AIC)   4120.685
        Bayesian (BIC)   4150.102
        Sample-Size Adjusted BIC   4127.884
          (n* = (n + 2) / 24)

Chi-Square Test of Model Fit for the Binary and Ordered Categorical
(Ordinal) Outcomes**

        Pearson Chi-Square

        Value   475.967
        Degrees of Freedom   247
        P-Value   0.0000   自由度 247。應為
                                                       256−7−1=248，但
        Likelihood Ratio Chi-Square   有一個細格因為數
                                                       據極端被刪除
        Value   307.320
        Degrees of Freedom   247
        P-Value   0.0054

** Of the 256 cells in the latent class indicator table, 1
   were deleted in the calculation of chi-square due to extreme values.

FINAL CLASS COUNTS AND PROPORTIONS FOR EACH LATENT CLASS VARIABLE
BASED ON THE ESTIMATED MODEL

    Latent Class
      Variable   Class

      CS1   1   243.15562   0.49222
                    2   250.84439   0.50778   各時點下的
      CS2   1   232.27377   0.47019 ←   分群機率
                    2   261.72623   0.52981
      CS3   1   226.22943   0.45795
                    2   267.77057   0.54205
      CS4   1   222.87207   0.45116
                    2   271.12793   0.54884

CLASSIFICATION QUALITY

      Entropy   0.829

7.3.2 測量模型估計結果

　　由於 LTA 帶有潛在變數的估計，因此分析結果的討論首先必須說明測量模型的參數估計情形，並為潛在變數命名。

　　由於本範例的觀察變數是二分類別變數，因此定義觀察變數與潛在變數的測量參數是題項反應機率 $P(y|Cs_k)$，亦即在不同潛在類別的條件下，受測者在「憂傷」與「不悅」兩個觀察變數上回答「否」或「是」的機率。基於測量恆等假設，不同時點下的閾值均設定為相同，因此所導出條件機率在各時點也都相同。

　　以定態模型所估計得到的第一個潛在類別 Cs_1 為例，第 A 題「憂傷」的閾值為−2.221，第 B 題「不悅」的閾值為−1.791，進行機率轉換得到這兩題回答「否」的題項反應機率分別如下：

$$P(A=否)=\frac{\exp(-2.221)}{1+\exp(-2.221)}=\frac{0.1085}{1+0.1085}=.098$$

$$P(B=否)=\frac{\exp(-1.791)}{1+\exp(-1.791)}=\frac{0.1668}{1+0.1668}=.143$$

　　因為 y 是二分變數，回答「否」以外的機率就是回答「是」的機率：

$$P(A=是)=1-.098=.902$$

$$P(B=是)=1-.143=.857$$

　　由於此一潛在類別的受測者在兩個觀察變數「憂傷」與「不悅」回答「是」的機率分別高達.902 與.857、回答「否」的機率皆很低，因此可將此組命名為「低落狀態組」。

　　第二個潛在類別的閾值分別為 2.321 與 3.240，進行機率轉換分別得到回答「否」的機率為.911 與.962，因此可命名為「正常狀態組」：

$$P(A=否)=\frac{\exp(2.321)}{1+\exp(2.321)}=\frac{10.1859}{1+10.1859}=.911$$

$$P(B=否)=\frac{\exp(3.240)}{1+\exp(3.240)}=\frac{25.5337}{1+25.5337}=.962$$

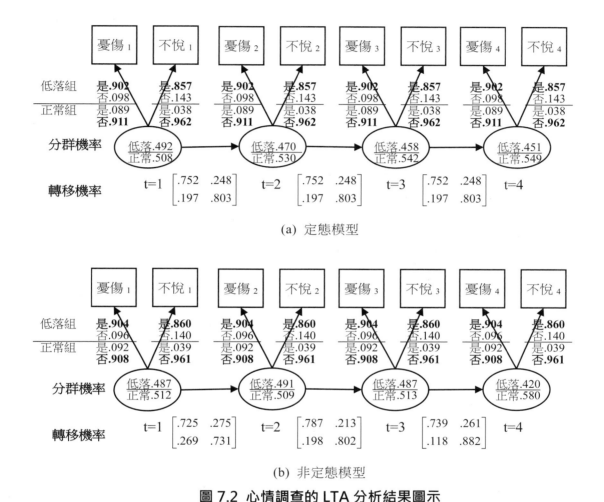

(a) 定態模型

(b) 非定態模型

圖 7.2 心情調查的 LTA 分析結果圖示

　　基於測量恆等假設，測量模型當中的條件機率在各時點下均相同，表示這些觀察變數在各時點都是在測量相同的潛在構念。這些參數的恆等性可在 Mplus 的報表中檢視（以定態假設為例）：

	Estimate	S.E.	Est./S.E.	Two-Tailed P-Value

Parameters for Class-specific Model Parts of C1

Latent Class C1#1

Thresholds
| A1$1 | -2.221 | 0.220 | -10.080 | 0.000 |
| B1$1 | -1.791 | 0.178 | -10.041 | 0.000 |

閾值參數在各時點下
相等，亦即測量恆等
假設

Latent Class C1#2

Thresholds
| A1$1 | 2.321 | 0.214 | 10.831 | 0.000 |
| B1$1 | 3.240 | 0.373 | 8.695 | 0.000 |

Parameters for Class-specific Model Parts of C2

Latent Class C2#1

Thresholds
| A2$1 | -2.221 | 0.220 | -10.080 | 0.000 |
| B2$1 | -1.791 | 0.178 | -10.041 | 0.000 |

…(略)

RESULTS IN PROBABILITY SCALE

	Estimate	S.E.	Est./S.E.	Two-Tailed P-Value

Results for Class-specific Model Parts of C1

Latent Class C1#1

A1
| Category 1 | 0.098 | 0.019 | 5.030 | 0.000 |
| Category 2 | 0.902 | 0.019 | 46.379 | 0.000 |
B1
| Category 1 | 0.143 | 0.022 | 6.543 | 0.000 |
| Category 2 | 0.857 | 0.022 | 39.217 | 0.000 |

轉換成機率後也具有
恆等性

Latent Class C1#2

A1
| Category 1 | 0.911 | 0.017 | 52.213 | 0.000 |
| Category 2 | 0.089 | 0.017 | 5.124 | 0.000 |
B1
| Category 1 | 0.962 | 0.014 | 71.230 | 0.000 |
| Category 2 | 0.038 | 0.014 | 2.788 | 0.005 |

Results for Class-specific Model Parts of C2

Latent Class C2#1

A2
| Category 1 | 0.098 | 0.019 | 5.030 | 0.000 |
| Category 2 | 0.902 | 0.019 | 46.379 | 0.000 |
…(略)

表 7.4 心情調查的定態與非定態 LTA 分析結果（N=494）

統計量			定態模型		非定態模型	
			Cs=1 低落狀態組	Cs=2 正常狀態組	Cs=1 低落狀態組	Cs=2 正常狀態組
閾值	A 憂傷		-2.221	2.321	-2.239	2.287
	B 不悅		-1.791	3.240	-1.817	3.203
條件機率	A 憂傷	是	0.902	0.089	0.904	0.092
		否	0.098	0.911	0.096	0.908
	B 不悅	是	0.857	0.038	0.860	0.039
		否	0.143	0.962	0.140	0.961
轉移機率	(t=1)低落組		.752	.248	.725	.275
	正常組		.197	.803	.269	.731
	(t=2)低落組		.752	.248	.787	.213
	正常組		.197	.803	.198	.802
	(t=3)低落組		.752	.248	.739	.261
	正常組		.197	.803	.118	.882
分群機率	t=1		.492	.508	.487	.512
	t=2		.470	.530	.491	.509
	t=3		.458	.542	.487	.513
	t=4		.451	.549	.420	.580
Model fit	*Npar*		7		11	
	df		247		243	
	LL		-2053.342		-2045.864	
	AIC		4120.685		4113.729	
	BIC		4150.102		4159.957	
	Entropy		.829		.830	
	Pearson χ^2		475.967(.0000)		463.616(.0000)	
	Likelihood χ^2		307.320(.0054)		292.334(.0165)	
執行時間 starts=160 40			5 sec		5 sec	

7.3.3 結構模型估計結果

7.3.3.1 自我迴歸參數的計算

結構模型用來估計潛在變數之間的關係，在 LTA 中是以羅吉斯自我迴歸模型來估計後一期的分群狀況如何受到前一期的影響，因此將估計各組機率的截距（以其中一組為參照組，截距設定為 0）與落後一期機率變動的斜率參數。這些參數可用來計算各期的分群機率與轉移機率。以 Mplus 進行分析得到的自我迴歸參數是以 logit 數的形式列出：

■定態模型

		Estimate	S.E.	Est./S.E.	Two-Tailed P-Value
Categorical Latent Variables					
CS4#1	ON				
CS3#1		2.517	0.178	14.103	0.000
CS3#1	ON				
CS2#1		2.517	0.178	14.103	0.000
CS2#1	ON				
CS1#1		2.517	0.178	14.103	0.000
Means					
CS1#1		-0.031	0.110	-0.283	0.777
CS2#1		-1.407	0.119	-11.771	0.000
CS3#1		-1.407	0.119	-11.771	0.000
CS4#1		-1.407	0.119	-11.771	0.000

■非定態模型

		Estimate	S.E.	Est./S.E.	Two-Tailed P-Value
Categorical Latent Variables					
CS4#1	ON				
CS3#1		3.053	0.308	9.912	0.000
CS3#1	ON				
CS2#1		2.701	0.274	9.862	0.000
CS2#1	ON				
CS1#1		1.968	0.248	7.931	0.000
Means					
CS1#1		-0.051	0.112	-0.460	0.645
CS2#1		-1.000	0.167	-5.985	0.000
CS3#1		-1.397	0.190	-7.337	0.000
CS4#1		-2.014	0.246	-8.203	0.000

　　由前述的報表可知，由於本範例有 2 個潛在類別與 4 波重複測量，但在定態模型下的自我迴歸模型只有 1 個斜率與 2 個平均數（截距）估計值。其中斜率（2.517）的性質為勝算對數值的增減量，各期間的斜率相同表示機率變動幅度相同。兩個平均數則反映截距，其中第一個平均數是 $t=1$ 的初始截距，亦即第一期平均勝算對數值–.031，第二個平均數則是從 $t=1$ 轉移到 $t=2$ 後的平均勝算對數值–1.407。

　　如果是非定態模型，從 $t=1$ 到 $t=2$、$t=2$ 到 $t=3$、$t=3$ 到 $t=4$ 各會有一個斜率估計值（3.053、2.701、1.968），表示各期間的勝算對數值增減幅度各有不同，從數值來看則是逐漸降低，表示機率變動量逐期減少。4 個平均數估計值則是初始估計值與三個變動後的勝算對數 logit 值平均數。藉由自我迴歸係數可求取各期分群機率。

　　以 $t=1$ 的定態模型數據為例，起點平均勝算對數值 $-.031$，第一個潛在狀態「低落族群」在 $t=1$ 的分群機率 π_{11} 如下：

$$\pi_{11} = \frac{\exp(\alpha_1)}{\sum\limits_{k=1}^{K} \exp(\alpha_k)} = \frac{\exp(-.031)}{\exp(-.031) + \exp(0)} = \frac{.9695}{.9695 + 1} = .492$$

　　作為參照組的另一個潛在狀態「正常族群」（潛在類別平均數=0）在 $t=1$ 的分群機率 π_{21} 如下：

$$\pi_{21} = \frac{\exp(\alpha_2)}{\sum\limits_{k=1}^{K} \exp(\alpha_k)} = \frac{\exp(0)}{\exp(-.031) + \exp(0)} = \frac{1}{.9695 + 1} = .508$$

　　在 $t=2$ 時，第一個潛在類別「低落族群」的分群機率 π_{12} 為保留機率乘以 π_{11} 加上移入機率乘以 π_{21}，計算如下：

$$
\begin{aligned}
\pi_{12} &= \left(\frac{\exp(\alpha_1 + \beta_{11})}{\sum\limits_{k=1}^{K} \exp(\alpha_k + \beta_{k1})} \right) \times \pi_{11} + \left(\frac{\exp(\alpha_1)}{\sum\limits_{k=1}^{K} \exp(\alpha_k)} \right) \times \pi_{21} \\
&= \left(\frac{\exp(-1.407 + 2.517)}{\exp(-1.407 + 2.517) + \exp(0)} \right) \times .492 + \left(\frac{\exp(-1.407)}{\exp(-1.407) + \exp(0)} \right) \times .508 \\
&= \left(\frac{3.0344}{3.0344 + 1} \right) \times .492 + \left(\frac{0.2449}{0.2449 + 1} \right) \times .508 \\
&= .752 \times .492 + .197 \times .508 = .470
\end{aligned}
$$

7.3.3.2 轉移機率與分群機率的計算

　　利用前面求出的截距與斜率，可以導出各期的分群機率，並進而求得轉移機率，藉以反映潛在類別隨時間所發生的比例變化，轉移機率矩陣對角線上的機率值為保留機率，上三角的機率值則為移出機率，下三角的機率值則為移入機率。

■定態模型的轉移機率

　　由圖 7.2(a)可知，定態模型下的 t=1→t=2、t=2→t=3 的轉移機率均相同：

$$\begin{bmatrix} .752 & .248 \\ .197 & .803 \end{bmatrix}$$

　　對角線上的兩個保留機率分別是.752 與.803，亦即第一個潛在類別成員（低落族群）從上一期到下一期維持相同的機率為 75.2%，第二個潛在類別成員（正常族群）從上一期到下一期維持相同的機率為 80.3%。至於由「低落族群」轉換成「正常族群」的機率為.248、由「正常族群」轉換成「低落族群」的機率則為.197。此一趨勢在各時點間均相同。

■非定態模型的轉移機率

　　由圖 7.2(b)可以看出，非定態模型下的 t=1→t=2、t=2→t=3 的轉移機率則都不同：

$$t1 \rightarrow t2: \begin{bmatrix} .725 & .275 \\ .269 & .731 \end{bmatrix}$$

$$t2 \rightarrow t3: \begin{bmatrix} .787 & .213 \\ .198 & .802 \end{bmatrix}$$

$$t3 \rightarrow t4: \begin{bmatrix} .739 & .261 \\ .118 & .882 \end{bmatrix}$$

　　對於第二個潛在類別「正常組」而言，保留機率分別為.731、.802、.882，移出機率則為.269、.198、.118，顯示隨著時間遞延，保留在正常族群的比例愈來愈高，相對之下，移出者愈來愈少。但第一個潛在類別「低落組」則沒有此一趨勢，保留機率分別為.725、.787、.739，移出機率也呈現時高時低的波動變化。基於第一期的分群機率與轉移機率，後續各期分群機率的運算過程列舉如下：

■定態模型 （轉移機率不變）

$$\pi_{t-1} \quad \times \quad \Phi_\rho \quad = \quad \pi_t$$

$$t1 \to t2 \quad \begin{bmatrix} .492 \\ .508 \end{bmatrix} \times \begin{bmatrix} .725 & .275 \\ .269 & .731 \end{bmatrix} = \begin{bmatrix} .470 \\ .530 \end{bmatrix}$$

$$t2 \to t3 \quad \begin{bmatrix} .470 \\ .530 \end{bmatrix} \times \begin{bmatrix} .725 & .275 \\ .269 & .731 \end{bmatrix} = \begin{bmatrix} .458 \\ .542 \end{bmatrix}$$

$$t3 \to t4 \quad \begin{bmatrix} .458 \\ .542 \end{bmatrix} \times \begin{bmatrix} .725 & .275 \\ .269 & .731 \end{bmatrix} = \begin{bmatrix} .451 \\ .549 \end{bmatrix}$$

■非定態模型 （轉移機率變動）

$$\pi_{t-1} \quad \times \quad \Phi_\rho \quad = \quad \pi_t$$

$$t1 \to t2 \quad \begin{bmatrix} .487 \\ .512 \end{bmatrix} \times \begin{bmatrix} .725 & .275 \\ .269 & .731 \end{bmatrix} = \begin{bmatrix} .491 \\ .509 \end{bmatrix}$$

$$t2 \to t3 \quad \begin{bmatrix} .491 \\ .509 \end{bmatrix} \times \begin{bmatrix} .787 & .213 \\ .198 & .802 \end{bmatrix} = \begin{bmatrix} .487 \\ .513 \end{bmatrix}$$

$$t3 \to t4 \quad \begin{bmatrix} .487 \\ .513 \end{bmatrix} \times \begin{bmatrix} .739 & .261 \\ .118 & .882 \end{bmatrix} = \begin{bmatrix} .420 \\ .580 \end{bmatrix}$$

7.4 動靜者模式

　　基本上，LTA 是一種以個體為中心的縱貫資料分析技術，探討異質母體下的觀察值如何隨著時間而變動，亦即關注受測者內的變化，並不會去估計受測者間的個別差異（individual difference），如果要將受測者間差異納入估計，可利用兩種 LTA 的延伸模型：動靜者模式（Mover-Stayer model; MS-LTA）（Langeheine & van de Pol, 2002）與隨機截距模式（random intercept model; RI-LTA）（Muthén & Asparouhov, 2022），茲介紹於後。

7.4.1 基本原理

　　動靜者模式是將 LTA 模型增加一個二分類別潛在變數（Cm），來估計 LTA 中潛在異質性轉移過程所存在的受測者間差異，如圖 7.3。此一新增的潛在類別變數（Cm）當中的帶有兩個潛在類別（$Cm\#1$ 與 $Cm\#2$）分別具有不同的轉移矩陣，其中靜止者（Stayer）族群是指一直保留在同一個潛在類別的受測者，沒有任何的移轉，無須估計轉移機率；移動者（Mover）族群則是發生歸屬類別變動的受測者。一旦 Cm 被估計出來之後，可以進一步納入其他自變數來對 Cm 的靜止者與移動者這兩類不同族群來進行解釋，或以 Cm 的潛在分群來影響其他的遠端依變數，擴展 LTA 應用範圍。

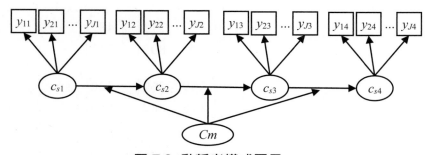

圖 7.3　動靜者模式圖示

7.4.2 模式設定

從模式設定的觀點來看，MS-LTA 是一種多因子潛在變數模式的應用，也就是同時估計受測者內變異（潛在狀態的轉移情形）與受測者間變異（動靜者族群）兩種異質性的多因子模式。其中 Cm 的性質屬於受測者間的變異，不隨時間變動，因此所納入的新增潛在類別分群主要影響的是結構模型而非測量模型。也因此 MS-LTA 的測量模型部分與前面所介紹的 LTA 基本概念無異，結構模型則必須設定雙重潛在類別變數的雙重結構，而且在移動者的參數估計會區分成定態形式或非定態形式（靜止者因為不會發生跨時變動，因此不受定態與否的影響）。

7.4.2.1 定態MS-LTA

在定態假設下，LTA 結構模型當中的動靜者估計需額外增加$(K-1)^2$ 個勝算對數值來估計斜率參數的異質性，若為非定態假設，各時點間的轉移機率不同，則需要額外估計$(K-1)^2 \times (T-1)$個勝算對數值來反映移動者與靜止者的狀態差異。

若今天有一個潛在狀態變數 Cs 帶有三個潛在類別（$K=3$）進行四波重複測量（$T=4$），在定態模型下進行無條件 LTA 的結構模型中，僅有一組轉移矩陣需要估計（以第三群 $k=3$ 為參照組）：具有 2 個截距（α_1 與 α_2）與 4 個斜率參數（β_{11}、β_{12}、β_{21}、β_{22}）。

進一步的，在無條件 LTA 的基礎上增加動靜者潛在類別變數（Cm）來進行分群，是直接將無條件 LTA 當中的 4 個斜率參數歸屬於 Cm 第一群（$Cm\#1$），也就是定態移動者。至於 Cm 的第二群（$Cm\#2$）則是估計沒有發生改變的靜止者，亦即取用相同潛在類別自我迴歸效果的 2 個斜率參數（第一群 $Cs\#1$ 的靜止者自我迴歸β_{11} 與第二群 $Cs\#2$ 的靜止者自我迴歸β_{22}），以 Mplus 執行定態假設的 MS-LTA 的模型語法如下：

```
MODEL:
Model Cm:
   %Cm#1%                      !設定定態移動者 Stationary Movers
     Cs1 on Cs2 (pt1-pt4);     !令移動者 t=2 對 t=1 做迴歸且恆等標記 pt1-pt4
     Cs2 on Cs3 (pt1-pt4);     !令移動者 t=3 對 t=2 做迴歸且恆等標記 pt1-pt4
     Cs3 on Cs4 (pt1-pt4);     !令移動者 t=4 對 t=3 做迴歸且恆等標記 pt1-pt4
```

```
    %Cm#2%                              !設定靜止者 Stayers
      Cs2#1 on Cs1#1@1; Cs2#1 on Cs1#2@0; !移動者的 t=2 對 t=1 自我完全迴歸
      Cs3#1 on Cs2#1@1; Cs3#1 on Cs2#2@0; !移動者的 t=3 對 t=2 自我完全迴歸
      Cs4#1 on Cs3#1@1; Cs4#1 on Cs3#2@0; !移動者的 t=4 對 t=3 自我完全迴歸
    MODEL Cs1:                          !設定 t=1 的潛在狀態測量模型
      %Cs1#1%                           !設定 t=1 的 Cs=1 的測量模型
        [A1$1] (p1);    [B1$1] (p2);    !設定閾值參數與定態設限標記
      %Cs1#2%                           !設定 t=1 的 Cs=2 的測量模型
        [A1$1] (p3);    [B1$1] (p4);    !設定閾值參數與定態設限標記
    MODEL Cs2:                          !設定 t=2 的潛在狀態測量模型
      %Cs2#1%
        [A2$1] (p1);    [B2$1] (p2);
      %Cs2#2%
        [A2$1] (p3);    [B2$1] (p4);
…(略)
```

7.4.2.2 非定態MS-LTA

如果是非定態假設下來進行 MS-LTA，移動者在各期間的轉移機率將會不同，此時僅需釋放定態模型中的參數跨 $T-1$ 次恆等設限即可，也就是將前述語法中的截距等值設限指令(pt1-pt4)移除。非定態 MS-LTA 結構模型語法如下：

```
MODEL:
Model Cm:
    %Cm#1%              !設定非定態移動者
      Cs1 on Cs2;       !k=1 與 k=2 以 t=2 對 t=1 做迴歸
      Cs2 on Cs3;       !k=1 與 k=2 以 t=3 對 t=2 做迴歸
      Cs3 on Cs4;       !k=1 與 k=2 以 t=4 對 t=3 做迴歸
    %Cm#2%              !設定靜止者
      Cs2#1 on Cs1#1@1; Cs2#1 on Cs1#2@0;   !k=1 的 t=2 對 t=1 自我完全迴歸
      Cs3#1 on Cs2#1@1; Cs3#1 on Cs2#2@0;   !k=1 的 t=3 對 t=2 自我完全迴歸
      Cs4#1 on Cs3#1@1; Cs4#1 on Cs3#2@0;   !k=1 的 t=4 對 t=3 自我完全迴歸
      Cs2#2 on Cs1#2@1; Cs2#2 on Cs1#2@0;   !k=2 的 t=2 對 t=1 自我完全迴歸
      Cs3#2 on Cs2#2@1; Cs3#2 on Cs2#2@0;   !k=2 的 t=3 對 t=2 自我完全迴歸
      Cs4#2 on Cs3#2@1; Cs4#2 on Cs3#2@0;   !k=2 的 t=4 對 t=3 自我完全迴歸
```

值得注意的是，語法中對於靜止者（S-er）的自我完全迴歸的斜率數值設定 @1 與 @0 是給定機率值 1（同一群在兩期間機率為 1.0）與 0（不同群在兩期間機率為 0.0），在分析指令中必須下達機率參數型態的命令：Parameterization = probability；如果是以閾值來設定則為 @-15（發生機率為 1.0）與 @15（發生機率為 0.0）。以下，我們以實際的數據來示範這兩種形式的 MS-LTA。

7.4.3 範例說明

　　本節利用前一節所使用的心情調查數據為例，從兩個潛在類別的四波重複調查資料的 LTA，擴展到 MS-LTA。在測量模型部分沒有任何改變，分別以定態與非定態模型進行 LTA，在結構部分則增加動靜者估計，定態 MS-LTA 的 Mplus 語法為 Syn7.4_stat.inp，移除截距等值設限指令(pt1-pt4)後即是非定態 MS-LTA，估計結果整理於表 7.7。

　　不論是定態或非定態模式，MS-LTA 的模式適配都比無條件 LTA 模式來得理想，BIC 由 4150.102（定態無條件 LTA）、4159.957（非定態無條件 LTA）降至 MS-LTA 的 4122.686、4129.965，對數卡方差異量均達 .05 顯著水準：$\Delta LL_{(1)} = 307.32 - 274.008 = 33.312$（定態）、$\Delta LL_{(1)} = 292.334 - 256.396 = 35.938$（非定態），顯示增加變動與靜止者的異質性估計能夠有效提升模式適配。

　　在分群機率部分，定態模式下的 MS-LTA 的移動者（$Cm\#1$）占 61%、靜止者（$Cm\#2$）占 39%。非定態模式下的移動者（$Cm\#1$）占 60.2%、靜止者（$Cm\#2$）占 38.9%，兩組機率相近，顯示定態與否不影響變動-靜止異質性的比例。

　　由轉移矩陣的資料可知，靜止者（$Cm\#2$）的保留機率均為 1.00，亦即該異質母體當中的受測者從 $t=1$ 到 $t=5$ 都是靜止不動，保留在原來的「低落」或「正常」族群中。相對之下，在任何一次重複測量間曾發生潛在狀態歸屬變化的移動者（$Cm\#1$），其轉移機率則可自由估計，換言之，MS-LTA 的轉移機率是針對曾經發生變動者來討論。

　　在定態模式中，低落族群（$Cs\#1$）的移動者在各期間停留在原族群的保留機率為 .664、轉換成正常族群（$Cs\#2$）的移出機率為 .446；正常族群（$Cs\#2$）的移動者保留機率為 .554、變成低落族群（$Cs\#1$）的移出機率為 .336，顯示心情由低落變成正常者較多，由正常變成低落相對較低。

　　在非定態模式中，轉移機率在各期間均不相同，但群組間相互轉移的型態相近。亦即心情由低落變成正常者較多，由正常變成低落相對較低。同時隨著時間的遞移，心情正常組的保留者比率增加：從 $t=1{\rightarrow}t=2$、$t=2{\rightarrow}t=3$、$t=2{\rightarrow}t=4$ 的重複測量中，維持正常者的保留機率從 .544 增加到 .646 到 .793，也就是說，心情變差的比例愈來愈低：由 .456 降至 .354 到 .207；相對之下，心情回復正常的比例並沒有固定的趨勢。

表 7.5 心情調查的定態與非定態 MS-LTA 結果（N=494）

統計量			定態模型		非定態模型	
			Cs=1 低落狀態組	Cs=2 正常狀態組	Cs=1 低落狀態組	Cs=2 正常狀態組
閾值	A 憂傷		-2.170	2.324	-2.193	2.285
	B 不悅		-1.812	3.449	-1.845	3.391
條件機率	A 憂傷	是	**0.898**	0.089	**0.900**	0.092
		否	0.102	**0.911**	0.100	**0.908**
	B 不悅	是	**0.860**	0.031	**0.863**	0.033
		否	0.140	**0.969**	0.137	**0.967**
轉移機率						
Cm=1 移動者	(t=1)低落組		**.664**	.336	**.498**	.502
	正常組		.446	**.554**	.456	**.544**
	(t=2)低落組		**.664**	.336	**.612**	.388
	正常組		.446	**.554**	.354	**.646**
	(t=3)低落組		**.664**	.336	**.534**	.466
	正常組		.446	**.554**	.207	**.793**
Cm=2 靜止者	(t=1)低落組		**1.000**	.000	**1.000**	.000
	正常組		.0000	**1.000**	.0000	**1.000**
	(t=2)低落組		**1.000**	.000	**1.000**	.000
	正常組		.0000	**1.000**	.0000	**1.000**
	(t=3)低落組		**1.000**	.000	**1.000**	.000
	正常組		.0000	**1.000**	.0000	**1.000**
分群機率	t=1		.499	.501	.495	.504
	t=2		.466	.534	.484	.516
	t=3		.459	.541	.485	.515
	t=4		.457	.543	.416	.584
	Cm=1(移動者)	.610			.602	
	Cm=2(靜止者)	.390			.398	
Model fit	*Npar*		8		12	
	df		246		242	
	LL		-2036.533		-2027.767	
	AIC		4089.065		4079.535	
	BIC		4122.686		4129.965	
	Entropy		.778		.782	
	Pearson χ^2 (*p*)		435.811(<.001)		419.365(<.001)	
	Likelihood χ^2 (*p*)		274.008(.1061)		256.397(.2508)	
	執行時間 starts=160 40		7 sec		7 sec	

　　前述這些結構參數的估計，皆由結構模型中的自我迴歸參數所轉換得出，以定態模型為例，結構參數（以機率形式呈現）的估計結果報表如下：

	Estimate	S.E.	Est./S.E.	Two-Tailed P-Value
Categorical Latent Variables				
Means				
CM#1	0.610	0.044	13.727	0.000
CS1#1	0.499	0.028	17.600	0.000
Latent Class CM#1				
CS4#1　　ON				
CS3#1	0.554	0.050	11.160	0.000
CS3#2	0.336	0.041	8.283	0.000
CS3#1　　ON				
CS2#1	0.554	0.050	11.160	0.000
CS2#2	0.336	0.041	8.283	0.000
CS2#1　　ON				
CS1#1	0.554	0.050	11.160	0.000
CS1#2	0.336	0.041	8.283	0.000
Latent Class CM#2				
CS2#1　　ON				
CS1#1	1.000	0.000	999.000	999.000
CS1#2	0.000	0.000	999.000	999.000
CS3#1　　ON				
CS2#1	1.000	0.000	999.000	999.000
CS2#2	0.000	0.000	999.000	999.000
CS4#1　　ON				
CS3#1	1.000	0.000	999.000	999.000
CS3#2	0.000	0.000	999.000	999.000

　　不論在定態或非定態模型當中達到六成以上的移動者，在各期屬於低落族群者的分群機率略低於正常者：在定態模型中，低落者在四個時點下分別占49.9%、46.6%、45.9%、45.7%，正常者分別占50.1%、53.4%、54.1%、54.3%。在非定態模式下，低落族群者的比例（49.5%、48.4%、48.5%、41.6%）隨著時間增加越來越低，主要是歸功由心情由正常變低落的比例隨時間降低所致。

　　值得注意的是，MS-LTA 的潛在狀態保留機率皆比無條件 LTA 的保留機率來得低，是因為 MS-LTA 的保留機率不包含那些完全保持靜止的受測者（這群靜止者已被 *Cm*#1 估計）。以定態模型為例，移動者的兩個潛在狀態保留機率.664（*Cs*#1）與.554（*Cs*#2）皆比無條件 LTA 的保留機率.752（*Cs*#1）與.803（*Cs*#2）為低，亦即有相當比例的受測者是完全不會發生移動的靜止者，至於 MS-LTA 的保留機率只限於描述「至少發生一次移動者」在各期測量間的保留機率。

7.5 隨機截距模式

顧名思義，隨機截距潛在轉移模式（random-intercept latent transitional model; RI-LTA）是在 LTA 當中增加隨機截距（random-intercept; RI），藉以估計觀察資料中非隨時間變動的個別差異。不同於 MS-LTA 從結構模型來分離受測者間的個別差異，RI-LTA 直接從每一個受測者的觀察資料來估計個別差異，從測量模型中估計得到的潛在變數，因此 RI-LTA 是一種反映個別差異的隨機效果模式（random-effect model），而且 RI 因子可為連續潛在變數或類別潛在變數（Muthén & Asparouhov, 2022），而觀察變數亦可區分為類別或連續型態，使得 RI-LTA 模式設定具有極大彈性，對於個別差異效果與時間變動效果的估計更加精緻，也可以進一步納入 IV 與 DV 來探討潛在異質性的前因後果，應用價值更高。

7.5.1 模式設定

RI-LTA 的特色是對隨機截距的估計，其原理源自於潛在特質–狀態模式（latent trait–state modeling; LTS）（Cole et al., 2005; Eid et al., 2017; Kenny & Zautra, 1995），將潛在變數的變異區分成受測者間變異（特質因子）與受測者內變異（狀態因子）兩部分，受測者間變異反映的是不隨時間而變的「穩定特質」，受測者內變異則是受測者重複測量隨著時間遞延所存在的「變動狀態」，因此 LTS 與 RI 模式帶有多層次模式（multilevel modeling）的特徵，亦即隨時間變化的受測者內變異存在於第一層（level-1）、反映個別差異的受測者間變異則存在於第二層（level-2）（Muthén & Asparouhov, 2022），所不同的是傳統的 LTS 當中的潛在變數皆為連續變數，帶有 RI 設定的 LTA 則涉及連續潛在變數（驗證性因素分析）與類別潛在變數（潛在類別分析）估計，是一種潛在異質性的多層次混合模式應用。

RI-LTA 的主要特色是以隨機截距估計跨越多期的重複測量所存在的個別差異，由於不隨時間變動的個別差異被獨立出來估計（RI 因子），LTA 部分的測量模型即可獨立針對隨時間變動的潛在狀態進行分離估計，而且 RI 因子的測量模型與 LTA 的測量模型，都會因為觀察變數的型態差異而有不同模式設定，如表 7.6 所示。

表 7.6　RI-LTA 的四種模式設定

觀察變數	隨機截距	
	連續隨機截距 coRI	類別隨機截距 caRI
連續變數	RI 測量模型：CFA	RI 測量模型：LPA
	LTA 測量模型：LPA	LTA 測量模型：LPA
類別變數	RI 測量模型：IRT	RI 測量模型：LCA
	LTA 測量模型：LCA	LTA 測量模型：LCA

　　如果觀察變數是連續變數，LTA 對於潛在狀態的估計為 LPA，此時 RI 因子若為連續隨機截距（coRI），RI 的測量模型是驗證性因素分析（CFA），若 RI 因子為類別隨機截距（caRI），RI 的測量模型則是 LPA。

　　另一方面，如果觀察變數為類別變數，LTA 本身的測量模型即為 LCA，此時 RI 因子若為連續潛在變數（coRI），RI 的測量模型是潛在特質模式或項目反應理論（IRT），若 RI 因子為類別潛在變數（caRI），RI 的測量模型則是 LCA。

　　RI-LTA 的關鍵在於測量模型當中另外估計的隨機截距潛在變數（ξ）。如果今天 LTA 以 A 與 B 兩個觀察變數經過 T 次重複測量來估計潛在狀態 Cs 的變動情形，觀察變數的隨機截距因子（ξ）為單一潛在連續變數，亦即單因素 coRI 模型，模型中僅有有一個 ξ 來估計 A 與 B 跨越各時點測量的隨機截距，如圖 7.4(a) 所示。

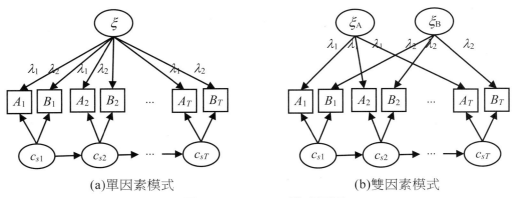

(a)單因素模式　　　　　　　(b)雙因素模式

圖 7.4　RI-LTA 模式圖示

　　如果 A 與 B 各自有其跨時點的穩定狀態可以各自單獨的隨機截距來加以反映，則為雙因素 coRI 的多因子模型，如圖 7.4(b)所示，亦即以 ξ_A 與 ξ_B 分別估計 A 與 B 兩個觀察變數的隨機截距 coRI$_A$、coRI$_B$。當觀察變數愈多，雙因素模式即需擴充到更多因素的多因素模式，此時模型將愈趨複雜，不僅估計耗時，也容易發生無法收斂或參數過多的估計問題。

7.5.2　RI-LTA的統計模式

7.5.2.1 coRI-LTA

　　如果今天有 N 個受測者自 K 個潛在母體隨機抽樣對於 J 題二分類別變數進行 T 次測量，測量模型是以 y_{ijt} 為依變數的羅吉斯迴歸模型，如果模型中帶有反映個別差異的隨機截距（ξ），觀察資料在各潛在狀態的 logit 方程式如下：

$$\ln[P(y_{ijt} = 1 \,|\, C_{it} = k, \xi_i)] = \alpha_{jk} + \lambda_j \xi_i \tag{7-18}$$

　　上式即為連續隨機截距（coRI）的測量模型，也是一種二參數項目反應理論（2p-IRT）模型，其中 α_{jk} 為個別二分觀察變數在各潛在類別中跨越每一個重複測量的平均高低水準，亦即**項目難度**（item difficulty）；λ_j 反映各觀察變數與潛在截距（因素）的關係強度，亦即**項目鑑別度**（item discrimination）或因素負荷（factor loading），具有跨時間與異質母體恆等性，不隨時間 t 與組別 k 而變。

　　至於隨機截距因子 ξ_i 即為 IRT 當中的潛在特質，服從標準常態分配 $N(0,1)$，其足標僅有 i 而沒有 t 與 k，表示每位受測者有所不同（具有個別差異）但不隨時間與潛在類別歸屬而不同的穩定特質，隨機截距的數值是標準 z 分數形式的潛在能力分數，數值愈高表示受測者將跨越不同時點均會穩定地作出 $y=1$ 的反應機率愈高。

　　若以 A 與 B 兩個二分觀察變數來估計潛在狀態（Cs）組數為 2（$K=2$）重複四波（$T=4$）的 coRI-LTA 為例，若自我迴歸模型假設具有定態特性，帶有單一隨機截距因子 ξ，以 Mplus 執行定態假設的 coRI-LTA 的模式設定語法如下：

```
MODEL:
 %OVERALL%
!設定定態結構模型
   [Cs2#1-Cs4#1](pi);   !令 Cs=1 在 t=1 後的各潛在類別截距相等標記為 pi
   Cs1 on Cs2    (ps);   !令 t=2 對 t=1 期做迴歸且標記為 ps
   Cs2 on Cs3    (ps);   !令 t=3 對 t=2 期做迴歸且標記為 ps
   Cs3 on Cs4    (ps);   !令 t=4 對 t=3 期做迴歸且標記為 ps

!設定隨機截距因子
   f by A1-B1 (p1-p2)   !t=1 期相等之各題因素負荷參數標記為 p1-p2
       A2-B2 (p1-p2)    !t=2 期相等之各題因素負荷參數標記為 p1-p2
       A3-B3 (p1-p2)    !t=3 期相等之各題因素負荷參數標記為 p1-p2
       A4-B4 (p1-p2);   !t=4 期相等之各題因素負荷參數標記為 p1-p2
   f@1; [f@0];          !設定隨機截距因子變異數為 1 截距為 0

!設定測量模型
   MODEL Cs1:           !設定 t=1 的測量模型（共有 4 個跨時相等的閾值參數）
       %Cs1#1%
       [A1$1] (p1);     !t=1 的第 A 題在 Cs=1 的閾值與恆等標記
       [B1$1] (p2);     !t=1 的第 B 題在 Cs=1 的閾值與恆等標記
       %Cs1#2%
       [A1$1] (p3);     !t=1 的第 A 題在 Cs=2 的閾值與恆等標記
       [B1$1] (p4);     !t=1 的第 B 題在 Cs=2 的閾值與恆等標記
   MODEL Cs2:           !設定 t=2 的測量模型
       %Cs2#1%
       [A2$1] (p1);     !t=2 的第 A 題在 Cs=1 的閾值與恆等標記
       [B2$1] (p2);     !t=2 的第 B 題在 Cs=1 的閾值與恆等標記
       %Cs2#2%
       [A2$1] (p3);     !t=2 的第 A 題在 Cs=2 的閾值與恆等標記
       [B2$1] (p4);     !t=2 的第 B 題在 Cs=2 的閾值與恆等標記
   MODEL Cs3:           !設定 t=3 的測量模型
       %Cs3#1%
       [A3$1] (p1);     !t=3 的第 A 題在 Cs=1 的閾值與恆等標記
       [B3$1] (p2);     !t=3 的第 B 題在 Cs=1 的閾值與恆等標記
       %Cs3#2%
       [A3$1] (p3);     !t=3 的第 A 題在 Cs=2 的閾值與恆等標記
       [B3$1] (p4);     !t=3 的第 B 題在 Cs=2 的閾值與恆等標記
   MODEL Cs4:           !設定 t=4 的測量模型
       %Cs4#1%
       [A4$1] (p1);     !t=4 的第 A 題在 Cs=1 的閾值與恆等標記
       [B4$1] (p2);     !t=4 的第 B 題在 Cs=1 的閾值與恆等標記
       %Cs4#2%
       [A4$1] (p3);     !t=4 的第 A 題在 Cs=2 的閾值與恆等標記
       [B4$1] (p4);     !t=4 的第 B 題在 Cs=2 的閾值與恆等標記
```

7.5.2.2 caRI-LTA

如果隨機截距因子 ξ 不是連續潛在變數而是帶有 Q 個潛在類別（以足標 q 表示其次序）的類別隨機截距，亦即為一個不隨時間變動的潛在類別變數（Ci），此時 caRI 測量模型中的參數改以閾值來取代 coRI 的難度與鑑別度參數，J 個二分觀察變數觀察資料的對數機率模式如下：

$$\ln[P(y_{ijkt}=1\,|\,Cs_{it}=k, Ci=q)] = \alpha_j + \beta_{jk} + \gamma_{jq} \tag{7-19}$$

斜率參數 β_{jk} 為第 j 題在 Cs 的第 k 群的題項反應機率，γ_{jq} 為第 j 題在 Ci 的第 q 群的題項反應機率，基於辨識目的，以其中一組為參照組，亦即 $\beta_{j1}=0$，$\gamma_{j1}=0$。為了維持模型的簡效，Cs 與 Ci 兩者的交互作用（列聯表細格）並不納入估計。對於帶有 J 題類別觀察變數、Cs 有 K 群、Ci 有 Q 群，每個時點所需要估計的參數有 J 個 α 截距、$J\times(K-1)$ 個 β 斜率、$J\times(Q-1)$ 個 γ 斜率、$(Q-1)$ 個 Ci 的分群機率，因此各時點有 $J+J\times(K-1)+J\times(Q-1)+(Q-1)=J\times K+(J+1)(Q-1)$ 個待估參數，模型中的 caRI 因子所增加的是 $(J+1)(Q-1)$ 的部分，而非原來定義觀察變數及潛在狀態有關的 $J\times K$ 個參數，類似於縱貫混合模式（longitudinal mixture modeling）（Eid & Langeheine, 1999, 2003）所處理的類別偏移現象，雖然不是以隨機截距來描述，但是概念近似。

由於隨機截距為類別變數，因此在估計時可以採取多樣本 LCA 來進行模式設定：對於帶有兩組的潛在類別因子的 Ci，$Q=2$，若 LTA 測量模型當中 Cs 的潛在狀態數目 $K=2$，每一個時點下就有 $Q\times K=2\times2=4$ 種組合：Ci#1.Cs1#1、Ci#1.Cs1#2、Ci#2.Cs1#1、Ci#2.Cs1#2。至於結構模型的設定方式沒有改變。在 Mplus 當中，以多樣本分析策略來進行 caRI 的 LTA 分析語法如下（以 $t=1$ 與 $t=2$ 兩時點為例）：

```
MODEL Ci.Cs1:            !設定 t=1 的測量模型（共有 8 個閾值參數）
      %Ci#1.Cs1#1%
      [A1$1] (p1);   !t=1 的第 A 題在 Ci=1 與 Cs=1 的閾值與恆等標記
      [B1$1] (p2);   !t=1 的第 B 題在 Ci=1 與 Cs=1 的閾值與恆等標記
      %Ci#1.Cs1#2%
      [A1$1] (p3);   !t=1 的第 A 題在 Ci=1 與 Cs=2 的閾值與恆等標記
      [B1$1] (p4);   !t=1 的第 B 題在 Ci=1 與 Cs=2 的閾值與恆等標記
      %Ci#2.Cs1#1%
      [A1$1] (p5);   !t=1 的第 A 題在 Ci=2 與 Cs=1 的閾值與恆等標記
      [B1$1] (p6);   !t=1 的第 B 題在 Ci=2 與 Cs=1 的閾值與恆等標記
```

```
        %Ci#2.Cs1#2%
        [A1$1] (p7);        !t=1 的第 A 題在 Ci=2 與 Cs=2 的閾值與恆等標記
        [B1$1] (p8);        !t=1 的第 B 題在 Ci=2 與 Cs=2 的閾值與恆等標記

MODEL Ci.Cs2:                    !設定 t=2 的測量模型（共有 8 個閾值參數）
        %Ci#1.Cs2#1%
        [A2$1] (p1);        !t=2 的第 A 題在 Ci=1 與 Cs=1 的閾值與恆等標記
        [B2$1] (p2);        !t=2 的第 B 題在 Ci=1 與 Cs=1 的閾值與恆等標記
        %Ci#1.Cs2#2%
        [A2$1] (p3);        !t=2 的第 A 題在 Ci=1 與 Cs=2 的閾值與恆等標記
        [B2$1] (p4);        !t=2 的第 B 題在 Ci=1 與 Cs=2 的閾值與恆等標記
        %Ci#2.Cs2#1%
        [A2$1] (p5);        !t=2 的第 A 題在 Ci=2 與 Cs=1 的閾值與恆等標記
        [B2$1] (p6);        !t=2 的第 B 題在 Ci=2 與 Cs=1 的閾值與恆等標記
        %Ci#2.Cs2#2%
        [A2$1] (p7);        !t=2 的第 A 題在 Ci=2 與 Cs=2 的閾值與恆等標記
        [B2$1] (p8);        !t=2 的第 B 題在 Ci=2 與 Cs=2 的閾值與恆等標記
```

不論是 coRI 或 caRI，帶有隨機截距的 LTA 最大的挑戰在於估計運算的負擔，由於 LTA 使用 EM 演算法，當模型中存在連續隨機截距參數就必須進行數值積分來估算參數，同時也需要更多的隨機起始值來尋找最佳的收斂點。至於類別隨機截距雖然不需使用數值積分，但 caRI 的分群增加參數數目，也就提高了估計的負擔，這些問題有賴更有效率的演算法來解決。

7.5.3 範例說明

延續本章的心情調查範例，本節將 LTA 定態模型中增加隨機截距來進行 RI-LTA 的示範說明。觀察資料為「感到憂傷」（A）與「感到不悅」（B）兩個二分觀察變數的四次重複測量，無條件 LTA 的測量模型為帶有兩個潛在狀態「低落組」（$Cs=1$）與「正常組」（$Cs=2$）的潛在狀態變數 Cs，RI-LTA 增加了隨機截距因子來估計不隨時間變化的個別差異。如果隨機截距為連續潛在變數的 coRI-LTA，單因素模型語法為 Syn7.5.coRI_1f.inp、二因素模型為 Syn7.5_coRI_2f.inp；若隨機截距為二分類別潛在變數的 caRI-LTA，語法為 Syn7.5_caRI.inp，這三種模型連同沒有任何 RI 設定的無條件 LTA 估計結果整理於表 7.7 與圖 7.5。以下將各語法說明如下：

■Syn7.5_coRI_1f.inp

```
Title:   RILTA_RICO, stationary one-factor coRI model
Data:    File = Ch7.csv;
Vari:    Names = A1 B1 A2 B2 A3 B3 A4 B4 freq est sd;
         Usev = A1-B4; freqweight = freq;
         Categorical = A1-B4;
         Classes = Cs1(2) Cs2(2) Cs3(2) Cs4(2);!指定各潛在類別變數名稱及組數
Analysis:
         type = mixture; proc = 8; starts = 160 40;
         algorithm = integration; integration = 30;
MODEL:
         %OVERALL%
         !設定自我迴歸模型
         [Cs2#1-Cs4#1] (pi);        !設定自我迴歸截距與恆等標記 pi
         Cs2 on Cs1    (ps);        !令 t=2 對 t=1 做迴歸且恆等標記 ps
         Cs3 on Cs2    (ps);        !令 t=3 對 t=2 做迴歸且恆等標記 ps
         Cs4 on Cs3    (ps);        !令 t=4 對 t=3 做迴歸且恆等標記 ps

         !設定隨機截距
         F by A1-B1 (d1-d2)
              A2-B2 (d1-d2)
              A3-B3 (d1-d2)
              A4-B4 (d1-d2);        !所有觀察變數均為 F 的測量指標且恆等標記 d1 與 d2
         F@1;                       !令 F 變異數為 1
         [F@0];                     !令 F 截距(平均數)為 0

         !設定潛在狀態測量模型
         MODEL Cs1:                     !設定 t=1 的潛在狀態測量模型
           %Cs1#1%                      !設定 t=1 的 Cs=1 的測量模型
             [A1$1] (p1); [B1$1] (p2); !設定閾值參數與定態設限標記
           %Cs1#2%                      !設定 t=1 的 Cs=2 的測量模型
             [A1$1] (p3); [B1$1] (p4); !設定閾值參數與定態設限標記
…(略) 與 Syn7.3_stat.inp 同
```

■Syn7.5_coRI_2f.inp (僅列出隨機截距設定)

```
MODEL:
    !設定隨機截距
    F1 by   A1 (d1)
            A2 (d1)
            A3 (d1)
            A4 (d1);   !觀察變數 A 的隨機截距因素且帶恆等標記 d1
    F2 by   B1 (d2)
            B2 (d2)
            B3 (d2)
            B4 (d2);   !觀察變數 B 的隨機截距因素且帶恆等標記 d2
    F1-F2@1;           !令 F1 與 F2 變異數為 1
    [F1-F2@0];         !令 F1 與 F2 截距為 0
    F1 with F2;        !估計 F1 與 F2 相關
```

■Syn7.5_caRI.inp

```
Title:    RI-LTA stationary Q=2 caRI model
Data:     File = Ch7.csv;
Vari:     Names= A1 B1 A2 B2 A3 B3 A4 B4 freq est sd;
          Usev = A1-B4; freqweight = freq;
          Categorical = A1-B4;
          Classes = Ci(2) Cs1(2) Cs2(2) Cs3(2) Cs4(2); !指定 Ci 與 Cs 名稱及組數
Analysis: Type = mixture;  proc = 8; starts = 160 40;
MODEL:
  %OVERALL%
      [Cs2#1-Cs4#1] (pi);                  !設定定態自我迴歸模型
      Cs4 on Cs3 (ps);
      Cs3 on Cs2 (ps);
      Cs2 on Cs1 (ps);

  MODEL Ci.Cs1:                            !隨機截距在 Cs=1 的測量模型與恆等標記
      %Ci#1.Cs1#1%                         !定義隨機截距第一群 Ci=1 在 Cs=1
          [A1$1] (p1); [B1$1] (p2);
      %Ci#1.Cs1#2%                         !定義隨機截距第一群 Ci=1 在 Cs=2
          [A1$1] (p3); [B1$1] (p4);
      %Ci#2.Cs1#1%                         !定義隨機截距第二群 Ci=2 在 Cs=1
          [A1$1] (p5); [B1$1] (p6);
      %Ci#2.Cs1#2%                         !定義隨機截距第二群 Ci=2 在 Cs=2
          [A1$1] (p7); [B1$1] (p8);
  MODEL Ci.Cs2:                            !隨機截距在 Cs=2 的測量模型與恆等標記
      %Ci#1.Cs2#1%
          [A2$1] (p1); [B2$1] (p2);
      %Ci#1.Cs2#2%
          [A2$1] (p3); [B2$1] (p4);
      %Ci#2.Cs2#1%
          [A2$1] (p5); [B2$1] (p6);
      %Ci#2.Cs2#2%
          [A2$1] (p7); [B2$1] (p8);
  MODEL Ci.Cs3:                            !隨機截距在 Cs=3 的測量模型與恆等標記
      %Ci#1.Cs3#1%
          [A3$1] (p1); [B3$1] (p2);
      %Ci#1.Cs3#2%
          [A3$1] (p3); [B3$1] (p4);
      %Ci#2.Cs3#1%
          [A3$1] (p5); [B3$1] (p6);
      %Ci#2.Cs3#2%
          [A3$1] (p7); [B3$1] (p8);
  MODEL Ci.Cs4:                            !隨機截距在 Cs=4 的測量模型與恆等標記
      %Ci#1.Cs4#1%
          [A4$1] (p1); [B4$1] (p2);
      %Ci#1.Cs4#2%
          [A4$1] (p3); [B4$1] (p4);
      %Ci#2.Cs4#1%
          [A4$1] (p5); [B4$1] (p6);
      %Ci#2.Cs4#2%
          [A4$1] (p7); [B4$1] (p8);
```

7.5.3.1 分群狀況與模式適配

帶有隨機截距的 LTA 會估計兩種潛在變數：反映受測者異質狀態的潛在類別變數 Cs 與反映個別差異的隨機截距 Ci，如果隨機截距是潛在類別變數 caRI，除了 Cs 會得到分群機率，隨機截距 Ci 也會有分群機率估計值；如果隨機截距是潛在連續變數 coRI，僅會有 Cs 的分群機率。以本範例為例，定態假設下進行單因素 coRI-LTA 與 caRI-LTA 的分群機率估計結果如下：

■coRI-LTA（單因素）

FINAL CLASS COUNTS AND PROPORTIONS FOR EACH LATENT CLASS VARIABLE
BASED ON THE ESTIMATED MODEL

Latent Class Variable	Class		
CS1	1	274.97681	0.55663
	2	219.02319	0.44337
CS2	1	296.30408	0.59981
	2	197.69592	0.40019
CS3	1	300.66803	0.60864
	2	193.33197	0.39136
CS4	1	301.56094	0.61045
	2	192.43904	0.38955

前述報表呈現的是四波重複測量下的兩種分群狀態，但是並未存在潛在截距的分群資訊（因為潛在截距是連續尺度而非分群類別）。隨著時間的增加，歸屬於第一個潛在狀態的機率由 $t=1$ 的 .5566 逐漸提高到 $t=4$ 的 .61045，歸屬於第二個潛在狀態的機率則逐漸降低。

■caRI-LTA

FINAL CLASS COUNTS AND PROPORTIONS FOR EACH LATENT CLASS VARIABLE
BASED ON THE ESTIMATED MODEL

Latent Class Variable	Class		
CI	1	404.58151	0.81899
	2	89.41848	0.18101
CS1	1	274.57843	0.55583
	2	219.42160	0.44417
CS2	1	286.76923	0.58050
	2	207.23080	0.41950
CS3	1	291.30783	0.58969
	2	202.69218	0.41031
CS4	1	292.99753	0.59311
	2	201.00247	0.40689

由報表可知，類別潛在截距 Ci 將受測者的個別差異區分成兩種潛在類別：Ci=1 占 81.9%、Ci=2 占 18.1%。至於各期測量下的潛在狀態分群機率則類似於 coRI-LTA 的估計結果，但增減變化幅度較小。雖然 raRI 相較於 roRI 對於 Cs 的分群機率有較大的影響，但是以 raRI 或 coRI 來估計個別差異並不影響潛在狀態的分群情形。

從模式適配來看，不論是 coRI-LTA 或 caRI-LTA 的模式適配都較無條件 LTA（BIC=4150.102）或 MS-LTA（BIC=4122.686）更為理想：單因素與雙因素 coRI-LTA 的 BIC=4092.933 與 4093.458，caRI-LTA 的 BIC=4118.189，顯示納入隨機截距的估計會使得估計模式更適配於觀察資料。但若從亂度指標來看，無條件 LTA 的表現則最佳（entropy=.829），caRI-LTA（entropy=.713）略低但仍優於 coRI-LTA（單因素.523、雙因素為.535），顯示分群結果仍以傳統 LTA 模型較為理想。

值得注意的是，在相同的硬體與估計條件下（proc = 8; starts = 160 40;），執行各模型的耗費時間明顯有別，不帶 RI 的無條件 LTA 執行時間僅需 5 秒，caRI-LTA 增加一倍為 10 秒，coRI-LTA 的執行時間在單因素模式時再增加一倍達到 21 秒，到了雙因素時則長達 15 分鐘 21 秒，可見連續型隨機截距的數值積分所耗費的硬體資源甚大。

7.5.3.2 轉移機率

由於 RI 模式將個別差異加以分離，影響了轉移機率的估計。相較於無條件 LTA 的保留機率（.752、.803）與移出進入機率（.248、.197），單因素 RI-LTA 的保留機率（.691、.514）較低、移出進入機率（.309、.486）較高，而二因素 coRI-LTA 與 caRI-LTA 的轉移機率雖然較接近於無條件 LTA 的估計結果，但仍有其中一個潛在狀態的移動機率也發生明顯變化，各模型的轉移機率矩陣如圖 7.5：

$$\begin{bmatrix} .752 & .248 \\ .197 & .803 \end{bmatrix} \qquad \begin{bmatrix} .691 & .309 \\ .486 & .514 \end{bmatrix} \qquad \begin{bmatrix} .749 & .251 \\ .517 & .483 \end{bmatrix} \qquad \begin{bmatrix} .746 & .254 \\ .374 & .626 \end{bmatrix}$$

(a)無條件 LTA   (b)單因素 coRI-LTA   (c)二因素 coRI-LTA   (d)caRI-LTA

圖 7.5 不同 LTA 模型的轉移矩陣估計結果

　　由前述的分析結果可知，在 LTA 程序中增加隨機截距會改變潛在變數的轉移狀況，如同 MS-LTA 所增加的靜止者估計會造成轉移矩陣當中保留機率的降低，RI-LTA 當中的 RI 因子分離出跨時間穩定存在的個別差異之後，所剩餘的受測者內變異會有更明顯的跨時變動，而且反映在較低的保留機率與較高的移出與移入機率。

7.5.3.3 測量參數估計

　　如同所有的潛在變數模式分析都需要針對潛在變數的測量基礎進行評估、解釋，並將潛在變數或其潛在類別的性質加以命名，RI-LTA 的測量模型的討論也是重要的工作。由於本範例示範了兩種隨機截距因子的估計，以下的討論也分別針對 coRI 與 caRI 的測量參數進行解釋說明。

■**caRI-LTA**

　　帶有類別隨機截距的 caRI-LTA 模型由於帶有兩種潛在類別變數，因此測量參數是各觀察變數在 Cs 與 Ci 雙維度細格下的題項反應機率（或閾值），由於本範例的 Cs 與 Ci 各有兩個潛在類別，因此共有四種組合狀況，以 Mplus 估計得到的結果經過整理後列舉如下（以第一期的數據為例。且由於本範例基於定態假設進行分析，因此其餘各期的數據相同）：

```
Latent Class Pattern Ci#1 Cs1#1
A 憂傷:   否=.952        B 不悅   否=1.00
         是=.048                是=.000

Latent Class Pattern Ci#1 Cs1#2
A 憂傷:   否=.201        B 不悅   否=.249
         是=.799                是=.751

Latent Class Pattern Ci#2 Cs1#1
A 憂傷:   否=.061        B 不悅   否=.153
         是=.939                是=.847

Latent Class Pattern Ci#2 Cs1#2
A 憂傷:   否=.001        B 不悅   否=.000
         是=.999                是=1.00
```

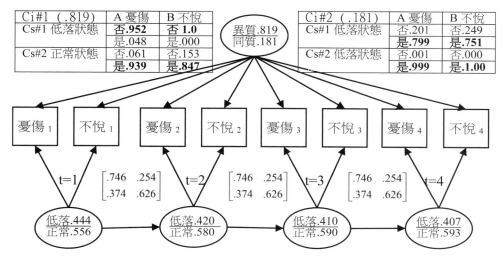

Ci#1 (.819)	A 憂傷	B 不悅
Cs#1 低落狀態	否.952	否 1.0
	是.048	是.000
Cs#2 正常狀態	否.061	否.153
	是.939	**是.847**

異質.819
同質.181

Ci#2 (.181)	A 憂傷	B 不悅
Cs#1 低落狀態	否.201	否.249
	是.799	**是.751**
Cs#2 低落狀態	否.001	否.000
	是.999	**是.1.00**

憂傷 1 不悅 1 憂傷 2 不悅 2 憂傷 3 不悅 3 憂傷 4 不悅 4

t=1 $\begin{bmatrix} .746 & .254 \\ .374 & .626 \end{bmatrix}$ t=2 $\begin{bmatrix} .746 & .254 \\ .374 & .626 \end{bmatrix}$ t=3 $\begin{bmatrix} .746 & .254 \\ .374 & .626 \end{bmatrix}$ t=4

低落.444
正常.556

低落.420
正常.580

低落.410
正常.590

低落.407
正常.593

圖 7.6 心情調查的 caRI-LTA 分析結果圖示

由於受測者有高達 81.9%屬於隨機截距的第一群（Ci#1），因此首要說明的測量參數是 Ci#1 的題項反應機率：這些受測者的第一種潛在狀態（Cs1#1）是集中於答「否」（.952、1.00），第二種潛在狀態（Cs1#2）偏向於答「是」（.799、.751），因此可以判定主要族群 Ci#1 的個別差異屬於會區分成兩種潛在狀態且可能變動的異質群體，其中 *Cs*=1 者是不會憂傷也不會不悅的「正常狀態族群」，*Cs*=2 是會憂傷也不悅的「低落狀態族群」。

至於受測者比例較低（占 18.1%）的潛在截距第二群（Ci#2），在第一期潛在狀態的第一群（Cs1#1）與第二群（Cs1#2）的題項反應狀況皆傾向「是」，因此可以判定潛在截距第二群（Ci#2）在各期的潛在狀態不會發生變動的「穩定低落特質群」。

■單因素 coRI-LTA

如果隨機截距是連續潛在變數，而觀察變數為二分類別變數，此時 coRI 的測量模型即為 2 參數的 IRT 模型，經過標準化轉換，項目鑑別度可以轉換成因素負荷量形式的機率值。

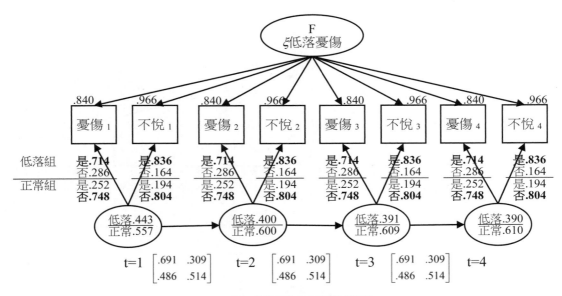

(a) 單因素 RI 定態模型

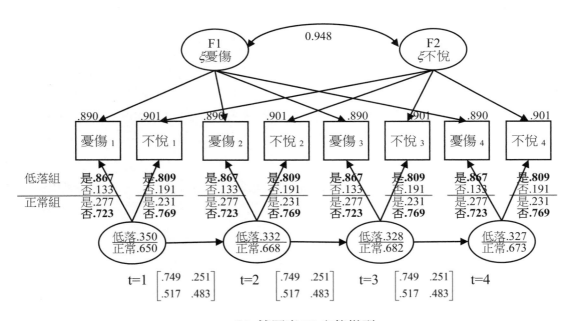

(b) 雙因素 RI 定態模型

圖 7.7 心情調查的 coRI-LTA 分析結果圖示

表 7.7 心情調查的 coRI-LTA 結果（N=494）

統計量		單因素隨機截距模型 F 憂傷不悅		雙因素隨機截距模型 F1 憂傷	F2 不悅
隨機截距					
	A 憂傷	2.805		3.546	
	B 不悅	6.775			3.758
平均數		**0.000**		**0.000**	**0.000**
變異數		**1.000**		**1.000**	**1.000**
共變數				**0.948**	
		Cs=1 低落狀態	Cs=2 正常狀態	Cs=1 低落狀態	Cs=2 正常狀態
測量參數					
閾值	A 憂傷(是)	-2.211	1.871	**-4.417**	2.344
	B 不悅(是)	-5.991	6.857	**-3.632**	3.057
條件機率					
	A 憂傷(是)	**.714**	.252	**.867**	.277
	（否）	.286	**.748**	.133	**.723**
	B 不悅(是)	**.836**	.196	**.809**	.231
	（否）	.164	**.804**	.191	**.769**
結構參數					
截距	**t**=1	**0.228**		**-0.617**	
	t=2	**-0.056**		**-1.095**	
	t=3	**-0.056**		**-1.095**	
	t=4	**-0.056**		**-1.095**	
斜率		**0.859**		**1.026**	
轉移機率					
Cs=1 低落組		**.691**	.309	**.749**	.251
Cs=2 正常組		.486	**.514**	.517	**.483**
分群機率					
	t=1	.443	.557	.350	.650
	t=2	.400	.600	.332	.668
	t=3	.391	.609	.328	.672
	t=4	.390	.610	.327	.673
Model fit	*Npar*	9		10	
	df	246		245	
	LL	-2018.555		-2015.716	
	AIC	4055.110		4051.432	
	BIC	4092.933		4093.458	
	Entropy	.523		.535	
	Pearson χ^2 (*p*)	332.284(.000)		289.842(.026)	
	Likelihood χ^2 (*p*)	247.418(.463)		241.726(.547)	
執行時間 starts=160 40		23 sec		15min 21sec	

單因素的連續隨機截距 coRI-LTA 以 Mplus 估計得到 coRI 的測量參數如下：

	Estimate	S.E.	Est./S.E.	Two-Tailed P-Value
Parameters in the Overall Part of the Model (Parameters Equal in All of the Classes)				
F BY				
A1	2.805	0.251	11.180	0.000
B1	6.775	2.135	3.173	0.002
A2	2.805	0.251	11.180	0.000
B2	6.775	2.135	3.173	0.002
A3	2.805	0.251	11.180	0.000
B3	6.775	2.135	3.173	0.002
A4	2.805	0.251	11.180	0.000
B4	6.775	2.135	3.173	0.002
Means				
F	0.000	0.000	999.000	999.000
Variances				
F	1.000	0.000	999.000	999.000

IRT PARAMETERIZATION

	Estimate	S.E.	Est./S.E.	Two-Tailed P-Value
Parameters in the Overall Part of the Model (Parameters Equal in All of the Classes)				
Item Discriminations				
F BY				
A1	2.805	0.251	11.180	0.000
B1	6.775	2.135	3.173	0.002
A2	2.805	0.251	11.180	0.000
B2	6.775	2.135	3.173	0.002
A3	2.805	0.251	11.180	0.000
B3	6.775	2.135	3.173	0.002
A4	2.805	0.251	11.180	0.000
B4	6.775	2.135	3.173	0.002
Means				
F	0.000	0.000	0.000	1.000
Variances				
F	1.000	0.000	0.000	1.000

STANDARDIZED MODEL RESULTS

STDYX Standardization

	Estimate	S.E.	Est./S.E.	Two-Tailed P-Value

Latent Class Pattern 1 1 1 1

F	BY				
A1		0.840	0.022	37.913	0.000
B1		0.966	0.020	47.442	0.000
A2		0.840	0.022	37.913	0.000
B2		0.966	0.020	47.442	0.000
A3		0.840	0.022	37.913	0.000
B3		0.966	0.020	47.442	0.000
A4		0.840	0.022	37.913	0.000
B4		0.966	0.020	47.442	0.000

Means					
F		0.000	0.000	999.000	999.000

Thresholds				
A1$1	0.560	0.064	8.732	0.000
B1$1	0.978	0.135	7.229	0.000
A2$1	0.560	0.064	8.732	0.000
B2$1	0.978	0.135	7.229	0.000
A3$1	0.560	0.064	8.732	0.000
B3$1	0.978	0.135	7.229	0.000
A4$1	0.560	0.064	8.732	0.000
B4$1	0.978	0.135	7.229	0.000

　　由標準化係數可得知，各觀察變數與隨機截距的關係呈現高度正向關聯，表示 coRI 的各觀察變數反映的是跨時穩定的個別差異。

　　另外，關於各期潛在狀態的測量模型，測量參數仍為觀察變數的題項反應機率，如果是定態假設，則需設定各期數值相等。Mplus 係以閾值來進行估計，然後轉換成機率形式，第一個潛在狀態 $Cs=1$ 的題項反應機率分別為 0.286（憂傷）與.164（不悅），亦即「正常狀態」；第二個潛在狀態 $Cs=2$ 的題項反應機率分別為 0.748（憂傷）與.804（不悅），亦即「低落狀態」，各項參數的數值對應關係如圖 7.7(a)所示，Mplus 估計報表如下：

Parameters for Class-specific Model Parts of CS1

Latent Class CS1#1

Thresholds				
A1$1	1.871	0.244	7.663	0.000
B1$1	6.857	2.607	2.631	0.009

Latent Class CS1#2

Thresholds				
A1$1	-2.211	0.474	-4.669	0.000
B1$1	-5.991	1.617	-3.706	0.000

RESULTS IN PROBABILITY SCALE

                            Estimate

Results for Class-specific Model Parts of CS1

Latent Class CS1#1

A1
    Category 1   0.714
    Category 2   0.286
B1
    Category 1   0.836
    Category 2   0.164

Latent Class CS1#2

A1
    Category 1   0.252
    Category 2   0.748
B1
    Category 1   0.196
    Category 2   0.804

■雙因素 coRI-LTA

　　連續隨機截距各觀察變數在各期測量時受到各自潛在變數的影響，因此當有 J 個觀察變數，就有 J 個隨機截距，本範例有 A 與 B 兩個觀察變數，coRI 設定為雙因素模式所得到的 coRI 測量參數與標準化結果如下：

		Estimate	S.E.	Est./S.E.	Two-Tailed P-Value
Parameters in the Overall Part of the Model (Parameters Equal in All of the Classes)					
F1	BY				
	A1	3.546	0.684	5.185	0.000
	A2	3.546	0.684	5.185	0.000
	A3	3.546	0.684	5.185	0.000
	A4	3.546	0.684	5.185	0.000
F2	BY				
	B1	3.758	0.703	5.345	0.000
	B2	3.758	0.703	5.345	0.000
	B3	3.758	0.703	5.345	0.000
	B4	3.758	0.703	5.345	0.000
F1	WITH				
	F2	0.948	0.022	42.496	0.000

Means
    F1   0.000   0.000   999.000   999.000
    F2   0.000   0.000   999.000   999.000

Variances
    F1   1.000   0.000   999.000   999.000
    F2   1.000   0.000   999.000   999.000

STANDARDIZED MODEL RESULTS

STDYX Standardization

		Estimate	S.E.	Est./S.E.	Two-Tailed P-Value

Latent Class Pattern 1 1 1 1

F1   BY

	Estimate	S.E.	Est./S.E.	P-Value
A1	0.890	0.036	25.004	0.000
A2	0.890	0.036	25.004	0.000
A3	0.890	0.036	25.004	0.000
A4	0.890	0.036	25.004	0.000

F2   BY

	Estimate	S.E.	Est./S.E.	P-Value
B1	0.901	0.032	28.291	0.000
B2	0.901	0.032	28.291	0.000
B3	0.901	0.032	28.291	0.000
B4	0.901	0.032	28.291	0.000

F1   WITH

	Estimate	S.E.	Est./S.E.	P-Value
F2	0.948	0.022	42.496	0.000

Means

	Estimate	S.E.	Est./S.E.	P-Value
F1	0.000	0.000	999.000	999.000
F2	0.000	0.000	999.000	999.000

Thresholds

	Estimate	S.E.	Est./S.E.	P-Value
A1$1	-1.109	0.248	-4.468	0.000
B1$1	-0.870	0.187	-4.649	0.000
A2$1	-1.109	0.248	-4.468	0.000
B2$1	-0.870	0.187	-4.649	0.000
A3$1	-1.109	0.248	-4.468	0.000
B3$1	-0.870	0.187	-4.649	0.000
A4$1	-1.109	0.248	-4.468	0.000
B4$1	-0.870	0.187	-4.649	0.000

Variances

	Estimate	S.E.	Est./S.E.	P-Value
F1	1.000	0.000	999.000	999.000
F2	1.000	0.000	999.000	999.000

　　同樣的，由標準化係數可進行各隨機截距的性質解釋與命名，第一個隨機截距因子（F1）是以「憂傷」變數的各期測量來估計，因素負荷量為.89；第二個隨機截距因子（F2）則是「不悅」，因素負荷量為.901，均與隨機截距有高度關聯，因此兩個隨機截距分別表示「憂鬱」與「不悅」的個別差異，兩者相關高達.948（$p<.001$）。

　　潛在狀態的測量模型與單因素相似，呈現「低落狀態」的 $Cs=1$ 的題項反應機率分別為 0.867（憂傷）與.809（不悅），呈現「正常狀態」的 $Cs=2$ 的題項反應機率分別為 0.277（憂傷）與.231（不悅），各項參數的數值對應關係如圖 7.7(b) 所示。

進一步閱讀文獻

最近關於潛在轉移分析的概念與相關議題的統整　Nylund-Gibson, K., Garber, A. C., Carter, D. B., Chan, M., Arch, D. A. N., Simon, O., Whaling, K., Tartt, E., & Lawrie, S. I. (2022). Ten frequently asked questions about latent transition analysis. *Psychological Methods*. Advance online publication. http://dx.doi.org/10.1037/met0000486

隨機截距模型的最新進展，也包含動靜者模型的介紹　Muthén, B., & Asparouhov, T. (2022). Latent transition analysis with random intercepts (RI-LTA). *Psychological Methods, 27*(1), 1–16. https://doi.org/10.1037/met0000370

8 潛在類別輔助模式

Latent Class Auxiliary Model

8.1 前言

　　LCA、LPA 乃至於 LTA 等這一類的混合模式，主要功能都是在估計樣本資料背後所潛藏的異質母體。一旦研究者定義出能夠反映異質母體的潛在類別變數（C）後，下一步則是探討與 C 有關的共變項（covariate）（X）為何，或是去探討 C 對其他遠端變數（distal variable）（Z）的影響，甚至 C 也可以扮演調節者（moderator）的角色去影響其他參數，如此才能充分發揮這些統計方法的功能與價值。例如研究者先以網路行為問卷來調查小學生如何使用網路工具，區分成不同的類型、瞭解這些類型的特性並命名後，進一步分析不同類型的小學生在性別或家庭社經地位等共變項有無差異，或是去探究不同網路使用類型的小學生在課業上的表現為何，會不會對未來升學就業發生特別的影響等等。從模式分析的觀點來看，這些與潛在變數有關的影響變數或被影響變數都是協助瞭解潛在類別性質的外部變數，統稱為輔助變數（auxiliary variable）。

　　以潛在變數模式的術語來說，潛在類別變數的估計由測量模型（圖 8.1 中的虛線範圍）來進行，輔助變數的影響則是透過結構模型（圖 8.1 的陰影區域）來估計。雖然測量模型與結構模型可以整合成為完整的潛在變數模式，但從研究設計的觀點來看，異質母體存在於先，相關因素的影響關係發生於後，輔助變數的納入本質上是一種多階段的模式建構歷程。更重要的一個問題是，如果輔助變數與觀察變數直接納入潛在變數模式進行估計，將可能造成潛在異質性的概念混淆，或是潛在類別分類歸屬的變動偏移，因此學者提出多種不同的估計程序來因應，包括一階段、二階段、三階段模式等不同取向，本章將分別介紹這些分析程序，並以模擬資料進行示範分析。

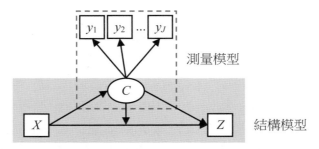

圖 8.1 帶有輔助變數的潛在類別輔助模式圖示

8.2 輔助模式的分析策略

　　各種輔助變數分析策略雖然程序不同，但都圍繞在分類誤差（classification error）的議題之上，各種策略的整理與比較列於表 8.1。基於潛在變數模式的基本原理，對於無法直接觀測的母體進行分類估計必然就有誤差。在 LCA 或 LPA 的分群過程中，利用測量模型所估計得到的測量參數將受測者歸入不同組別也是估計的過程，因此必然存在著分類的不確定性，亦即受測者被歸屬於哪一個潛在類別的機率並不是 100%，而是有一定的或然率，此即分類誤差的概念。值得注意的是，由於分類誤差是發生於模型分類的估計程序而非實際觀察測量過程，因此雖然分類誤差是基於測量模型的參數估計所得，但不全然是測量誤差（measurement error）的概念，兩者必須分開討論。

表 8.1 輔助變數模式的不同分析取向整理表

取向	代表人物	原理*	限制或缺點
一階段	Bandeen-Roche, Miglioretti, Zeger, Rathouz (1997)	單一共變結構的分析	分類偏移 標準誤偏誤
PC	Wang, Brown, .. (2005) Asparouhov & Muthén (2007) Clark & Muthén (2009)	虛擬分組抽樣法 共變項（R） 連續遠端變數（E）	參數估計偏誤
二階段	Clogg (1995)	分類+分析	無分類誤差
	Bakk & Kuha (2018)	共變項（2-STEP） 遠端變數	統計特性未明
ML3s	Vermunt (2010) Asparouhov & Muthén (2014)	分類誤差校正 共變項（R3STEP） 連續遠端變數（DE3STEP、DU3STEP）	分類偏移
BCH	Bolck, Croon, Hagenaars (2004) Vermunt (2010) Bakk, Tekle, Vermunt (2013) Asparouhov & Muthén (2021)	分類誤差加權（遠端輔助變數 BCH） 避免分類偏移 連續與類別遠端變數	亂度偏低時標準誤可能低估 權數為負產生非正定問題
LTB	Lanza, Tan, Bray (2013) Bray, Lanza, Tan (2014)	貝氏運算迴歸分析 類別遠端變數（DCAT） 連續遠端變數（DCON）	亂度偏低與變異數不同質時發生估計偏誤

註：*括弧內的英文代號為 Mplus 的簡捷設定指令

8.2.1 單階段取向

如果將輔助變數連同用以估計潛在異質性的觀察指標 Y 一起納入模型，同時估計潛在類別變數 C 的測量參數，以及共變項 X 或遠端變數 Z 與 C 有關的結構參數，稱為單階段取向（one-step approach）（Clogg, 1981; Dayton & Macready, 1988, Hagenaars, 1993; Bandeen-Roche, Miglioretti, Zeger, & Rathouz, 1997）。

由於單階段取向只需要一個步驟就可以完成各項參數的估計，所有的觀察變數與輔助變數都存在於同一個模型當中，模式設定並不困難，操作上也相對簡單，但存在著測量模型定義不明的解釋性混淆（interpretational confounding）（Burt, 1976）的問題。因為如果納入或移出輔助變數，潛在類別的測量參數會發生變化，觀察值歸屬的類別也會發生變動，研究者並無法確知潛在類別的狀態，也會影響到結構參數的解釋與推論。此外，單階段策略的標準誤估計通常會有偏誤，造成顯著性檢定的疑義（Bakk, Oberski, & Vermunt, 2016）。

從概似函數運算原理來看，不論是 LCA 或 LPA 在帶入觀察資料求取參數估計值時，無法區辨哪些資訊來自觀察變數，哪些來自輔助變數，所導出的各潛在類別邊際分配內涵是不明確的，而各群的測量參數估計量並不是單純為潛在變數的影響結果（直接效果），而是整個模型所有變數一起估計的結果。一般在實務上來說，除非研究者只是在試探性的想要知道模型估計的大致狀態，而非作為最終研究數據，並不適合正式論文的分析策略。

8.2.2 虛擬分類取向

虛擬分類取向（pseudo-class approach; PC）的做法，是先進行潛在類別的估計，然後將受測者的潛在類別視為遺漏資料，利用多重插補程序（Rubin, 1987），從分群的後驗機率分配求得各潛在類別的統計量（例如各分群的平均數、變異數或條件機率），據以進行結構參數估計，最後將多次抽樣的估計結果加以綜合，得到各參數估計值與標準誤資訊（Asparouhouv & Muthén, 2007; Clark & Muthén, 2009; Petras & Masyn, 2010; Wang, Brown, & Bandeen-Roche, 2005）。

雖然虛擬分類取向並不被視為多階段的處理技術，但從估計過程來看，PC 法仍須經過三個階段的處理：建立潛在類別變數（step-1），重複抽樣以多重插補

進行分群下的變數關係的分析（step-2），將多組估計結果綜合得到最終估計值（step-3）（Collier & Leite, 2017）。之所以 PC 法不被視為多階段策略，主要是因為分析過程中並沒有校正分類誤差。

在 Mplus 當中，虛擬分類估計可以利用輔助變數語法：auxiliary = distal (e)，語法中的 e 表示是虛擬的潛在類別變數，預設的重抽樣本次數為 5 次，但過程中並不會將分類誤差納入處理。經過模擬研究發現，此一策略所得到的參數估計效能在亂度偏低時（Entropy < .8）表現並不理想，容易低估迴歸係數（Clark & Muthén, 2009; Petersen et al., 2012），因此實務上採用的範例並不多。

8.2.3 二階段取向

顧名思義，二階段取向是以兩個階段分別來處理測量模型的估計，然後加入輔助變數來進行分析。二階段的做法甚早就被研究者提出，例如 Clogg（1995）的分類－分析程序（classify-analyze procedure），先進行潛在類別估計，將觀察值區分成不同群體，創造一個新的類別變數，再把輔助變數納入分析。

很明顯的，如果僅是藉由創造一個分類變數來進行輔助變數分析，並沒有考慮到分類誤差。Bray、Lanza 與 Tan（2015）提出融合潛在類別分析（inclusive LCA）策略，在第一步驟確認無條件測量模型的參數狀態與結構後，第二步驟則是同時將觀察變數與輔助變數一起納入模式，進行一階段法的分析工作，但此一策略仍無法避免分類的波動，而且由於各潛在類別當中的變數變異情形有所不同，估計效果亦不佳。

Bakk 與 Kuha（2018）提出一個修正版本的兩階段策略，其做法是在第二階段的完整模型中，將潛在類別變數的測量參數套入第一階段的參數估計值，然後繼續估計其他結構參數。此一策略在典型的潛在變數模式已被提出（例如 Bandeen-Roche et al., 1997; Bartolucci, Montanari, & Pandolfi, 2014; Xue & Bandeen-Roche, 2002），而 Bakk 與 Kuha（2018）將其套用到潛在類別模式。事實上，此一方法仍然會有測量模型不明的疑慮，因為第二階段所納入輔助變數仍會改變潛在類別的估計狀態與分類結果。但是此一策略的優點是可以同時處理多個潛在類別變數的估計，有助於例如 LTA 的輔助變數分析（Asparouhouv & Muthén, 2021），當重複測量的樣本結構不同，或是輔助變數存在遺漏值，都可以利用二階段方法來進行估計。

8.2.4 三階段取向

　　近年來關於輔助變數的 LCA 最廣泛被拿來應用的分析策略是三階段取向（three-step approach）（Vermunt, 2010; Asparouhouv & Muthén, 2014），主要由下列步驟來進行：

■**Step-1**：進行無條件潛在類別分析（**unconditional LCA**）
■**Step-2**：將觀察值進行分類得到「**最可能歸屬類別**」變數（**MLC**）
■**Step-3**：將分類誤差納入考慮進行帶有輔助變數的模式分析（**auxiliary LCA**）

　　第一階段的無條件 LCA 決定潛在類別參數後，可將觀察值進行分組，得到最可能歸屬類別（most likely class; MLC）變數，並計算平均分類誤差（average classification error）。Vermunt（2010）提出在第三階段帶有輔助變數的分析時，以 MLC 變數作為潛在類別變數的單一觀察變數，而且把潛在類別的閾值由分類誤差來指定，亦即是一種採用誤差內含變數（error-in-variable）的偏誤校正三階段模式（bias-adjusted three-step method），又稱為最可能三階段法（Most likely three-step approach; ML3s）（Vermunt & Magidson, 2020）。為了與其他三階段法區隔，本章以 ML3s 來代表 Vermunt（2010）所提倡的最可能三階段分析。

　　在 Mplus 中，ML3s 法可以直接以簡捷指令來直接進行誤差內含潛在變數的建立，並直接完成三階段分析，如果輔助變數作為連續依變數且變異數假設同質時，簡捷指令為 auxiliary=var_name (DE3STEP)，若變異數假設為異質，指令為 auxiliary=var_name (DU3STEP)；如果輔助變數為自變數則為 auxiliary=var (R3STEP)。雖然簡捷指令無須人為設定分類誤差，但分析時缺乏彈性，無法自行設定模型內容，因此仍建議以輸出指令 savedata: save=**cpro**bability 得到分類誤差資訊，進行人為設定。

　　ML3s 取向的缺點是各階段之間仍可能發生分類歸屬的變動，因為第二階段所估計的是分類誤差的「平均」狀態，在第三階段估計時假設每一個觀察值的分類誤差是相等的，但是事實上並非如此，因此第三階段納入輔助變數來分析時，各潛在類別的歸屬狀態仍可能發生變動，但是變動的幅度會較一階段或二階段法來得輕微。

8.2.5　BCH取向

　　Bolck、Croon 與 Hagenaars（2004）提出一種多階段加權估計法來處理帶有類別共變項的 LCA，後來學者將此一策略擴展到連續共變項（Vermunt, 2010）與遠端變數的分析（Bakk et al, 2013; Bakk & Vermunt, 2014），稱為 BCH 取向（BCH approach）。其原理是將潛在類別變數 C 改以外顯形式的最可能潛在類別變數（MLC）（G）來進行帶有輔助變數的多樣本分析，另以分類誤差所導出的誤差加權係數來對 G 的不同組別進行加權，藉以納入分類誤差的影響，但不會改變受測者分類的狀況，避免納入輔助變數後會發生的分類偏移問題。

　　從操作程序來看，BCH 取向也可視為三階段取向的應用，可由 Mplus 的簡捷指令 auxiliary=var_name (BCH)來直接進行各階段分析，其中的關鍵是分類誤差的加權係數（分類機率矩陣的倒數）運算，作為第三階段以多樣本形式進行參數估計的加權值。值得注意的是，由於 BCH 加權值是取機率對數的倒數，數值為負值，當亂度低或樣本數較少時，加權值的負數可能導致第三階段估計輔助變數的影響時發生變異數估計數為負值的非正定問題。因此如果變異數的估計不是研究者所關心的主要參數時，可以進行變異數在各潛在類別相等的設限處理來避免非正定估計問題的發生。

8.2.6　LTB取向

　　同樣是多階段的估計形式，Lanza、Tan 與 Bray（2013）利用貝氏定理來建立潛在類別變數與遠端變數的聯合分配，將遠端變數作為潛在類別變數的預測變數進行多元羅吉斯迴歸分析，因此進行輔助模式的參數估計時，潛在類別的歸屬情形並不會發生明顯變化，為其主要優勢。同時遠端變數的性質也不受限於類別變數，也可以是連續變數，一般將其稱為 LTB 取向（LTB approach），在 Mplus 是以簡捷指令 auxiliary= var_name (Dcon) 與 (Dcat) 來進行分析。

　　關於 LTB 法的限制，主要在於以貝氏定理來計算聯合機率分配與潛在類別的邊際機率分配，僅能應用在遠端變數，無法應用於共變項分析。同時在估計遠端變數的影響時，無法設定測量模型來處理分類誤差。如果輔助變數為連續變數，各組變異數必須假設為相等，才能維持估計的不偏性。而且如果潛在類別的分離情形不理想時，此一方法估計效能並不理想（Bakk & Vermunt, 2016）。

8.3 輔助模式的統計原理

輔助變數在 LCA 或 LPA 當中所扮演的角色,可能是與潛在類別變數（C）一起共變的自變數（X）,亦即 $X \to C$ 的*潛在類別迴歸*（latent class regression）,此時 C 作為依變數;輔助變數也可能是被 C 影響的遠端依變數（Z）,亦即 $C \to Z$ 的*迴歸輔助模式*（regression auxiliary model）,此時 C 作為自變數;最後,C 也可能是影響 $X \to Z$ 迴歸效果的調節變數。在 LCA 中,不論 C 作為自變數、依變數或調節變數,都會涉及多階段估計程序,以下逐一說明多階段估計程序的一些重要統計概念,並說明分類誤差的計算方法。

8.3.1 測量模型與參數

不論是幾階段估計,第一個步驟都是要先確立不帶輔助變數、只有觀察變數的無條件 LCA 或 LPA。如果今天有一組觀察變數 $\mathbf{Y}$ 來估計潛在類別變數 C,不帶有輔助變數的無條件模型定義如下:

$$P(\mathbf{Y}) = \sum_{k=1}^{K} P(C = k) f(\mathbf{Y} = y \mid C = k) \tag{8-1}$$

如果觀察變數為二分類別變數,對於潛在類別變數 C 的估計是 LCA,(8-1)式中的條件機率分配 $f(\mathbf{Y}=y|C=k)$ 為二項分配,第 j 題取值 $Y=1$ 在第 k 個潛在類別的題項反應機率可由閾值（τ_{jk}）推估得到:

$$P(Y = 1 \mid C = k) = 1/(1 + \exp(\tau_{jk})) \tag{8-2}$$

如果觀察變數為連續變數,$f(\mathbf{Y}=y|C=k)$ 為條件常態分配,對於 C 的估計是 LPA,觀察變數 Y 與 C 的關係由平均數（μ）與變異數（σ^2）來反映:

$$f(\mathbf{Y} = y \mid C = k) = \frac{1}{\sqrt{2\pi\sigma_k^2}} \exp\left[-\frac{(y - \mu_k)^2}{2\sigma_k^2} \right] \tag{8-3}$$

不論觀察變數是類別型態 LCA 或連續型態的 LPA,潛在類別變數 C 都是以 (8-1)式估計而得,因此(8-1)式稱為測量模型,τ、μ、σ^2 都是測量參數。

8.3.2 分類機率與分類誤差

在 LCA 中，一旦模型測量參數估計完成，可計算受測者在各潛在類別的條件期望機率 $\hat{P}_k = \hat{P}(Y|C=c_k)$，進而利用貝氏定理導出分類機率（classification probability），$P'_k = P(C=c_k|Y)$。對於第 i 個受測者的分類機率貝氏定理演算過程如下（Vermunt, 2010, p.454）：

$$P'_{ik} = P(C=c_k|Y_i) = \frac{P(C=c_k)P(Y_i|C=c_k)}{P(Y_i)} \tag{8-4}$$

對於每一個受測者而言，有 K 個潛在類別就有 K 個分類機率，P'_{ik} 機率最高者就是模型目標類別（modal class），該受測者因此被分派進入該最可能歸屬類別（most likely class; MLC）或外顯類別變數 G 的第 g_k 組。在 Mplus 中，分類機率與 G 變數可由 SAVE=CPROB 指令獲得。

8.3.2.1 分類確定與不確定機率

在估計分類誤差機率前，可利用平均分類機率來估計 MLC 的各潛在類別的分類確定機率（classification certainty rate; CCR）或分類不確定機率（classification uncertainty rate; CUR）（Asparouhov & Muthén, 2014）。

若 C 的 K 個潛在類別 $c_1, c_2, \ldots, c_K$ 為「真實類別」（true latent class），受測者被分派進入 G 的 K 個潛在類別 $g_1, g_2, \ldots, g_K$ 當中的其中一組是「最可能類別」（MLC），分派後各類別人數為 $Ng_1, Ng_2, \ldots, Ng_K$。將各 MLC 類別的受測者的分類機率加總除以該組人數，可以得到最可能類別的平均潛在類別機率（MLC average latent class probability），例如 g_1 的觀察值在 c_1 的平均分類機率如下：

$$p_{c_1|g_1} = P(C=c_1|G=g_1) = \frac{1}{N_{g_1}} \sum_{G_i=g_1} P(C_i=c_1|Y_i) \tag{8-5}$$

$p_{c_1|g_1}$ 是明確分入第一個潛在類別的分類機率，可視為分類確定機率（CCR）。相對之下，各 MLC 組別受測者在其他組別的平均分類機率類即為分類不確定機率（CUR），例如被分到 G 的第一群（g_1）的受測者，在 $C=c_2$ 與 $C=c_3$ 的平均分類機率 $p_{c_2|g_1}$ 與 $p_{c_3|g_1}$ 如下：

表 8.2 潛在類別分類所涉及的各項統計量

A. 平均潛在類別機率（average latent class probabilities）				
	$C=c_1$	$C=c_2$	$C=c_3$	總和
$G=g_1$	$p_{c_1|g_1}$	$p_{c_2|g_1}$	$p_{c_3|g_1}$	$\Rightarrow$ 1.00
$G=g_2$	$p_{c_1|g_2}$	$p_{c_2|g_2}$	$p_{c_3|g_2}$	$\Rightarrow$ 1.00
$G=g_3$	$p_{c_1|g_3}$	$p_{c_2|g_3}$	$p_{c_3|g_3}$	$\Rightarrow$ 1.00

B. 分類機率（classification probabilities）（D 矩陣）				
	$G=g_1$	$G=g_2$	$G=g_3$	總和
$C=c_1$	$d_{g_1|c_1}$	$d_{g_2|c_1}$	$d_{g_3|c_1}$	$\Rightarrow$ 1.00
$C=c_2$	$d_{g_1|c_2}$	$d_{g_2|c_2}$	$d_{g_3|c_2}$	$\Rightarrow$ 1.00
$C=c_3$	$d_{g_1|c_3}$	$d_{g_2|c_3}$	$d_{g_3|c_3}$	$\Rightarrow$ 1.00

C. 分類機率對數值（logits for classification probabilities）			
	$G=g_1$	$G=g_2$	$G=g_3$
$C=c_1$	$\text{logit}_{g_1,g_3|c_1}$	$\text{logit}_{g_2,g_3|c_1}$	0
$C=c_2$	$\text{logit}_{g_2,g_3|c_3}$	$\text{logit}_{g_2,g_3|c_2}$	0
$C=c_3$	$\text{logit}_{g_1,g_3|c_3}$	$\text{logit}_{g_2,g_3|c_3}$	0

$$p_{c_2|g_1} = P(C=c_2|G=g_1) = \frac{1}{N_{g_1}} \sum_{G_i=g_1} P(C_i = c_2 \mid Y_i) \tag{8-6}$$

$$p_{c_3|g_1} = P(C=c_3|G=g_1) = \frac{1}{N_{g_1}} \sum_{G_i=g_1} P(C_i = c_3 \mid Y_i) \tag{8-7}$$

前述這些機率數值可以矩陣的方式整理於表 8.2 上方 A.平均潛在類別機率欄位。對角線上的機率值為分類確定機率，對角線外為分類不確定平均機率。這些機率值在 Mplus 列於 Average Latent Class Probabilities for Most Likely Latent Class Membership (Row) by Latent Class (Column)（Asparouhov & Muthén, 2014, p.330），對於某一個 MLC 類別而言，分類確定與不確定機率總和為 1.0，因此矩陣中的橫列總和為 1.0。

8.3.2.2 正確分類與錯誤分類機率

若從模型估計的「真實類別」來看，由各 MLC 組別的分類機率可計算出正確分類與錯誤分類（分類誤差）機率。例如 c_1 被分到 g_1 的正確分類機率如下：

$$d_{g_1|c_1} = P(G = g_1 | C = c_1) = \frac{p_{g_1|c_1} N_{g_1}}{\sum_G p_{g|c_1} N_g} = \frac{\sum_{G=g_1} \hat{P}(C = c_1 | \mathrm{Y})}{P(C = c_1)} \tag{8-8}$$

$d_{g_1|c_1}$ 為正確分類機率（亦即 **D** 矩陣中對角線元素），$d_{g_1|c_1} = 1.0$ 表示完全正確分類的完美測量；相對之下，c_1 被分到 g_2 與 g_3 的機率則為分類誤差（亦即 **D** 矩陣中對角線上下元素）：

$$d_{g_2|c_1} = P(G = g_2 | C = c_1) = \frac{p_{g_2|c_1} N_{g_2}}{\sum_G p_{g|c_1} N_g} = \frac{\sum_{G=g_2} \hat{P}(C = c_1 | \mathrm{Y})}{P(C = c_1)} \tag{8-9}$$

$$d_{g_3|c_1} = P(G = g_3 | C = c_1) = \frac{p_{g_3|c_1} N_{g_1}}{\sum_G p_{g|c_1} N_g} = \frac{\sum_{G=g_3} \hat{P}(C = c_1 | \mathrm{Y})}{P(C = c_1)} \tag{8-10}$$

正確與錯誤分類機率值即為 D 矩陣，對於潛在類別變數 C 的各「真實類別」而言，正確分類與錯誤分類的機率（D 矩陣中的橫列元素）總和也為 1.0。

進一步的，利用 **D** 矩陣各元素，可計算正確分類與錯誤分類機率比值（odds），取對數後得到**分類機率對數值**（logits for classification probabilities）。計算時通常是取最後一組（c_K）為參照組（置於分母）。例如若 $K=3$，對於 C 的第一個潛在類別（c_1）而言，g_1 與 g_2 以 g_3 為參照的正確分類勝算對數值如下：

$$\mathrm{Logit}_{g_1, g_3|c_1} = \ln(d_{g_1|c_1} / d_{g_3|c_1}) \tag{8-11}$$

$$\mathrm{Logit}_{g_2, g_3|c_1} = \ln(d_{g_2|c_1} / d_{g_3|c_1}) \tag{8-12}$$

　　各組的勝算比對數值整理如表 8.2 的最下方，由於第 g_3 組作為參照組，因此其對數值為 0。在 Mplus 可從 Logits for the Classification Probabilities for the Most Likely Latent Class Membership (Column) by Latent Class (Row) 獲得。典型的三階段取向，就是利用 Logit 數值作為第三階段的單一觀察變數（G）的固定測量參數，表示 G 控制了分類誤差。

8.3.3　BCH權數的定義

　　有別於前述對於 G 變數的閾值估計，Bolck 等學者（2004）主張以加權估計策略來進行第三階段的輔助模式估計，其原理是將帶有輔助變數的次數分配，以無條件 LCA 得到的分類結果進行加權，藉以獲得潛在類別變數對於類別輔助變數的影響效果估計。稍後 Vermunt（2010）則將其擴展到連續輔助變數的情境，經過 BCH 權數（BCH weights）加權後，可直接以 ML 法來估計標準誤與參數估計，作為三階段法的替代策略，亦即 BCH 取向（Bakk et al, 2013; Asparouhouv & Muthén, 2021）。

　　在一個帶有 K 群潛在類別變數（C）的 LCA 中，BCH 權數（d^*_{gc}）為 $K \times K$ 維分類機率 $P(G=g|C=c)$（$\mathbf{D}$ 矩陣）的反矩陣元素 $\mathbf{D}^* = \mathbf{D}^{-1}$。亦即 Mplus 報表的 Classification Probabilities for the Most Likely Latent Class Membership (Column) by Latent Class (Row)的逆矩陣元素，即是 BCH 權數 d^*_{gc}。

$$\mathbf{D}^* = \mathbf{D}^{-1} = \begin{bmatrix} d^*_{11} & d^*_{12} & \cdots & d^*_{1c_K} \\ d^*_{21} & d^*_{22} & \cdots & d^*_{2c_K} \\ \vdots & \vdots & \ddots & \vdots \\ d^*_{g_K 1} & d^*_{g_K 2} & \cdots & d^*_{g_K c_K} \end{bmatrix} \tag{8-13}$$

　　由於每一個觀察值被分類到潛在類別變數（C）的 K 組都有一定的機率，經由逆矩陣計算，每一個觀察值會得到 K 個 BCH 權數（d^*_{gc}）以作為加權數，總和為 1.00，由於所有的觀察值被分入 MLC 變數（G）的 K 組中的任一組，因此全體觀察值僅會有 K 組總和為 1 的 BCH 權數（d^*_{gc}）。除非 $\mathbf{D}$ 矩陣為對角線為 1 的單位矩陣（identity matrix），亦即沒有分類誤差的測量模型，否則 $\mathbf{D}$ 矩陣皆為正小數值，$\mathbf{D}^*$ 矩陣各元素會發生負值的現象。

8.4 潛在類別迴歸

　　無條件 LCA 與 LPA 估計得到組數為 K 的潛在類別變數 C 之後，研究者經常會納入共變項 X 來解釋 C，探討 X 對 C 的影響力（$X{\rightarrow}C$），亦即將潛在類別變數 C 作為 DV，稱為潛在類別迴歸（latent class regression; LCR）（Dayton & Macready, 1988; Bandeen-Roche et al., 1997）。由於 DV 為帶有 K 組的類別潛在變數，因此其性質是為羅吉斯迴歸，因此又稱為潛在類別羅吉斯迴歸（latent class logistic regression），例如銀行理專以一系列的投資偏好題目來詢問客戶，藉以區分不同類型的消費族群，然後把客戶的年齡、收入、或性別等變數作為 IV 來解釋類別屬性的 DV「消費族群」。

　　如同先前所介紹的多階段策略，潛在類別迴歸必須先去定義異質母體，再進行迴歸分析。羅吉斯迴歸模型如下：

$$\log\left(\frac{P(C=k\,|\,X)}{1-P(C=k\,|\,X)}\right)=\alpha_k+\beta_k X \tag{8-14}$$

　　其中 α 為羅吉斯迴歸的截距，亦即當 $X{=}0$ 時 C 的第 k 組相對於參照組的機率比對數值（logit）；β 為羅吉斯迴歸的斜率，為 X 每增加一單位的勝算比對數值的增減量（Δlogit）。如果以機率形式描述，羅吉斯迴歸轉換如下：

$$\frac{P(C=k\,|\,X)}{1-P(C=k\,|\,X)}=e^{\alpha_k+\beta_k X} \tag{8-15}$$

$$P(C=k\,|\,X)=\frac{\exp(\alpha_k+\beta_k X)}{1+\exp(\alpha_k+\beta_k X)} \tag{8-16}$$

　　由於依變數 C 為類別變數，$P(C{=}k){+}P(C{\neq}k){=}1$，參照組的機率模式如下：

$$P(C\neq 1\,|\,X)=\frac{1}{1+\exp(\alpha_k+\beta_k X)} \tag{8-17}$$

　　在羅吉斯迴歸中，作為 IV 的 X 可為類別或連續變數，而且數量可以不止一個，擴充成為多元迴歸形式。

由於 α 與 β 的數值皆為 logit 值，還原為 $\exp(\alpha)$ 與 $\exp(\beta)$ 即為勝算比，亦即相對於參照組的倍率。若 $\beta > 0$ 或 $\exp(\beta) > 1$，表示潛在類別 $C=k$ 的機率（相對於參照組）會隨 X 的增加而增加。

8.4.1 模擬數據說明

假設今天從一個潛在類別變數 C 帶有三個潛在類別（c_1、c_2、c_3）的異質母體，隨機抽取 1000 筆觀察值在六個二分變數（U1 至 U6）的觀察數據，在測量模型的真值設定：六個觀察變數在三個異質母體的潛在類別閾值設定為：c_1: U1 至 U6 均為 –1（U=1 約占 73.1%，高機率群）、c_2: U1 至 U6 均為 +1（U=1 約占 26.9%，低機率群）、c_3: U1 至 U3 為 –1、U4 至 U6 為 +1（混合機率群）。

在輔助變數部分，模擬數據則產出兩個連續變數 X 與 Z，為了示範潛在類別迴歸，模擬資料特別針對 $X{\rightarrow}C$ 進行設定，其中 $X{\rightarrow}c_1$ 的斜率為 .5、$X{\rightarrow}c_2$ 的斜率為 .25，至於 $X{\rightarrow}c_2$ 的斜率則為參照組。在 X 與 Z 的關係部分，模擬數據生成時以 Z 為依變數，以 X 為自變數，因此將 X 與迴歸殘差設定為標準常態分配 $N(0,1)$，$X{\rightarrow}Z$ 的迴歸參數在三個次母體分別為：截距 0、1、–1 與斜率 .5、–.5、0。以蒙地卡羅程序模擬得出的資料描述統計列於表 8.3，生成語法列於附錄 8.1。

表 8.3 模擬資料的描述統計與相關係數

Var	平均數	標準差	U1	U2	U3	U4	U5	U6	Z
U1	0.421	0.494	1						
U2	0.406	0.491	.194**	1					
U3	0.424	0.494	.211**	.201**	1				
U4	0.567	0.496	.046	.048	.060	1			
U5	0.565	0.496	.050	.085**	.075*	.202**	1		
U6	0.592	0.492	.032	.090**	.099**	.178**	.179**	1	
Z	0.002	1.330	-.017	.037	.069*	-.173**	-.252**	-.199**	1
X	0.012	1.001	.099**	.103**	.107**	.018	.074*	.029	.051

註：全體模擬資料 N=1000，各組人數：N_{C1}=318、N_{C2}=322、N_{C3}=360

$* \, p < .05$　　$** \, p < .01$

模擬資料儲存於 Ch8a.dat，前 6 筆資料如下，最後一欄 C 為模擬組別：

U1	U2	U3	U4	U5	U6	Z	X	C	
0	1	1	1	1	1	-0.228318	0.299639	1	模擬時所屬的
1	1	0	1	0	1	-3.606761	2.390625	3	組別
1	0	0	1	0	0	1.896825	1.886903	2	
1	1	0	1	0	1	1.809576	1.383101	1	
0	1	1	0	0	1	0.614490	-0.789654	3	
0	0	0	1	1	0	-0.907133	-0.760867	3	

8.4.2 單階段（1-step）分析

　　為了與多階段分析的結果相比較，本節首先使用單階段法來進行潛在類別迴歸，將 U1 至 U6 與 X 一起放入模型，以 U1 至 U6 來估計潛在類別變數 C 的同時，進行 $X \to C$ 的多元羅吉斯迴歸分析。在單一步驟取向中，X 雖為影響 C 的自變數，但是在語法中並不會將 X 設定為輔助變數，Mplus 語法（Syn8.4_1step.inp）如下：

■Syn8.4_1step.inp

```
TITLE: latent class regression 1-step
VARIABLE:
    Names       = U1-U6 Z X C;
    Usevar      = U1-U6 X;
    Categorical = U1-U6;
    Classes     = C(3);
DATA:       File = Ch8a.dat;
ANALYSIS:   Type = Mixture;
MODEL:
    %overall%
    C on X;            !設定整體模型中 C 對 X 作迴歸
    [U1$1-U6$1];       !設定整體模型中的觀察變數為 U1 至 U6 帶有一個閾值
```

　　單階段的潛在類別迴歸分析得到分群機率分別.292、.330、.379，以硬分派 MLC 的三群機率則為.313、.332、.355，報表數據如下：

```
MODEL FIT INFORMATION

Number of Free Parameters                22

Loglikelihood

        H0 Value                      -3951.974
        H0 Scaling Correction Factor     1.0703
          for MLR
```

Information Criteria

      Akaike (AIC)   7947.947
      Bayesian (BIC)   8055.918
      Sample-Size Adjusted BIC   7986.044

FINAL CLASS COUNTS AND PROPORTIONS FOR THE LATENT CLASSES
BASED ON THE ESTIMATED MODEL

    Latent
    Classes

1	291.77194	0.29177
2	329.51797	0.32952
3	378.71008	0.37871

模型估計的各潛在類別比例

FINAL CLASS COUNTS AND PROPORTIONS FOR THE LATENT CLASSES
BASED ON ESTIMATED POSTERIOR PROBABILITIES

    Latent
    Classes

1	291.77193	0.29177
2	329.51791	0.32952
3	378.71016	0.37871

軟分派：模型估計的後驗分類機率

FINAL CLASS COUNTS AND PROPORTIONS FOR THE LATENT CLASSES
BASED ON THEIR MOST LIKELY LATENT CLASS MEMBERSHIP

Class Counts and Proportions

    Latent
    Classes

1	313	0.31300
2	332	0.33200
3	355	0.35500

硬分派：基於 MLC 歸屬的分類次數與分類比例

MODEL RESULTS

	Estimate	S.E.	Est./S.E.	Two-Tailed P-Value
Latent Class 1				
Thresholds				
U1$1	-1.121	0.344	-3.260	0.001
U2$1	-1.084	0.330	-3.282	0.001
U3$1	-1.333	0.423	-3.148	0.002
U4$1	-0.712	0.184	-3.881	0.000
U5$1	-0.825	0.203	-4.062	0.000
U6$1	-0.977	0.204	-4.779	0.000
Latent Class 2				
Thresholds				
U1$1	1.025	0.306	3.350	0.001
U2$1	1.036	0.345	2.999	0.003
U3$1	0.967	0.304	3.180	0.001
U4$1	-1.268	0.449	-2.824	0.005
U5$1	-1.378	0.768	-1.795	0.073
U6$1	-1.034	0.343	-3.012	0.003

Latent Class 1 閾值均接近−1，表示該潛在類別各題回答第 1 個選項的機率高

Latent Class 2 閾值正負各半，表示該潛在類別各題回答第 1 個選項的機率高低有別

Latent Class 3

  Thresholds

閾值均接近+1，表示該潛在類別各題回答第 1 個選項的機率低

U1\$1	0.843	0.173	4.864	0.000
U2\$1	1.003	0.171	5.873	0.000
U3\$1	0.993	0.179	5.549	0.000
U4\$1	0.841	0.453	1.858	0.063
U5\$1	1.040	0.373	2.789	0.005
U6\$1	0.568	0.307	1.853	0.064

Categorical Latent Variables

多元羅吉斯迴歸的斜率與截距估計值與統計檢定

C#1	ON				
X		0.509	0.131	3.881	0.000
C#2	ON				
X		0.148	0.204	0.724	0.469

  Intercepts

C#1	-0.295	0.368	-0.802	0.423
C#2	-0.124	0.593	-0.208	0.835

LOGISTIC REGRESSION ODDS RATIO RESULTS

			95% C.I.	
	Estimate	S.E.	Lower 2.5%	Upper 2.5%

Categorical Latent Variables

斜率轉換成機率勝算比

C#1	ON				
X		1.663	0.218	1.286	2.151
C#2	ON				
X		1.159	0.237	0.777	1.731

  多元羅吉斯迴歸估計結果發現，自變數 X 對於 C 的 c_1 組對比 c_3 組的影響具有統計意義：β=0.509，SE=0.131，z=3.881，p<.001，亦即相對於參照組（c_3），X 數值愈高，c_1 組的發生機率愈高，若轉換成勝算比：exp(0.509)=1.663，信賴區間 95%CI=[1.286,2.151]未涵蓋 1，意味著勝算比不是 1，亦即 X 每增加一個單位，發生 c_1 組的機率是發生 c_3 組的機率的 1.663 倍，增加了 66.3%。

  值得注意的是，從測量模型的閾值參數可以看出，第一個潛在類別 c_1 閾值接近−1，與資料模擬設定的第一組設定相符，但是第二個潛在類別 c_2 的前三題接近+1、後三題接近−1，屬於模擬資料的第三組，c_3 的閾值皆接近+1，屬於模擬資料的第二組，顯示經過一階段估計後，三個潛在類別的順序與模擬設定不同，在解釋與比較時必須注意。

8.4.3 多階段分析：ML3s（簡捷法）

潛在類別迴歸分析若以 Vermunt（2010）的 ML3s 程序，包含三個步驟，Mplus 提供便捷指令 Auxiliary=X(R3STEP)，可以自動執行分類誤差計算，直接估計輔助模型，語法（Syn8.4_ML3s_auto.inp）與報表如下：

■**Syn8.4_ML3s_auto.inp**

```
VARIABLE:
    Names          = U1-U6 Z X C;
    Usevar         = U1-U6 X;
    CATEGORICAL    = U1-U6;
    Classes        = C(3);
    Auxiliary      = X (R3STEP);      !設定簡捷語法
DATA:   File       = Ch8a.dat;
ANALYSIS: type     = Mixture;
```

MODEL FIT INFORMATION

Number of Free Parameters   20

參數數目
各組有 6 個閾值，共有 18 個測量參數，加上 2 個分群機率，共 20 個參數

Loglikelihood

    H0 Value   -3962.267
    H0 Scaling Correction Factor   1.0276
      for MLR

Information Criteria

    Akaike (AIC)   7964.533
    Bayesian (BIC)   8062.688
    Sample-Size Adjusted BIC   7999.167
      (n* = (n + 2) / 24)

FINAL CLASS COUNTS AND PROPORTIONS FOR THE LATENT CLASSES
BASED ON THE ESTIMATED MODEL

    Latent
    Classes

       1   291.30289   0.29130
       2   344.02603   0.34403
       3   364.67108   0.36467

ML3s 取向的模型估計得到的各潛在類別機率與一階段明顯不同

FINAL CLASS COUNTS AND PROPORTIONS FOR THE LATENT CLASSES
BASED ON ESTIMATED POSTERIOR PROBABILITIES

    Latent
    Classes

       1   291.30289   0.29130
       2   344.02603   0.34403
       3   364.67108   0.36467

FINAL CLASS COUNTS AND PROPORTIONS FOR THE LATENT CLASSES
BASED ON THEIR MOST LIKELY LATENT CLASS MEMBERSHIP

Class Counts and Proportions

Latent Classes		
1	294	0.29400
2	335	0.33500
3	371	0.37100

> ML3s 取向的模型硬分派比例與一階段明顯不同

MODEL RESULTS

	Estimate	S.E.	Est./S.E.	Two-Tailed P-Value
Latent Class 1				
Thresholds				
U1$1	-1.099	0.344	-3.199	0.001
U2$1	-1.103	0.338	-3.260	0.001
U3$1	-1.276	0.378	-3.374	0.001
U4$1	-0.800	0.184	-4.338	0.000
U5$1	-0.863	0.188	-4.582	0.000
U6$1	-1.045	0.205	-5.106	0.000

…(略)

RESULTS IN PROBABILITY SCALE

	Estimate	S.E.	Est./S.E.	Two-Tailed P-Value
Latent Class 1				
U1				
Category 1	0.250	0.064	3.879	0.000
Category 2	0.750	0.064	11.647	0.000
U2				
Category 1	0.249	0.063	3.935	0.000
Category 2	0.751	0.063	11.861	0.000
U3				
Category 1	0.218	0.065	3.382	0.001
Category 2	0.782	0.065	12.116	0.000

…(略)

TESTS OF CATEGORICAL LATENT VARIABLE MULTINOMIAL LOGISTIC REGRESSIONS USING
THE 3-STEP PROCEDURE

> ML3s 的多元羅吉斯迴歸的斜率與截距估計值與統計檢定。預設以最後一組 C#3 為參照組

		Estimate	S.E.	Est./S.E.	Two-Tailed P-Value
C#1	ON				
X		0.330	0.121	2.724	0.006
C#2	ON				
X		0.088	0.133	0.660	0.509
Intercepts					
C#1		-0.240	0.117	-2.057	0.040
C#2		-0.052	0.128	-0.407	0.684

Parameterization using Reference Class 1 ◄—————— 另外提供以 C#1 為參
照組的多元羅吉斯迴
歸估計值與檢定

C#2	ON				
X		-0.243	0.131	-1.852	0.064
C#3	ON				
X		-0.330	0.121	-2.724	0.006
Intercepts					
C#2		0.188	0.134	1.398	0.162
C#3		0.240	0.117	2.057	0.040

…(略)

ODDS RATIOS FOR TESTS OF CATEGORICAL LATENT VARIABLE MULTINOMIAL LOGISTIC REGRESSIONS USING THE 3-STEP PROCEDURE ◄—————— 將係數轉換成勝算
值與 95%CI

				95% C.I.	
		Estimate	S.E.	Lower 2.5%	Upper 2.5%
C#1	ON				
X		1.391	0.169	1.097	1.765
C#2	ON				
X		1.092	0.145	0.842	1.416

Parameterization using Reference Class 1 ◄—————— 另外提供以 C#1 為參
照組的勝算比結果

C#2	ON				
X		0.785	0.103	0.607	1.014
C#3	ON				
X		0.719	0.087	0.567	0.912

Parameterization using Reference Class 2 ◄—————— 另外提供以 C#2 為參
照組的勝算比結果

C#1	ON				
X		1.275	0.167	0.986	1.648
C#3	ON				
X		0.916	0.122	0.706	1.188

TECHNICAL 1 OUTPUT

LAMBDA(U)

	C#1	C#2	C#3
U1	1	2	3
U2	4	5	6
U3	7	8	9
U4	10	11	12
U5	13	14	15
U6	16	17	18

模型設定結果
列出簡捷語法的 18 個閾值
參數，以及 2 個潛在類別
迴歸參數，共 20 個參數

PARAMETER SPECIFICATION FOR LATENT CLASS REGRESSION MODEL PART

ALPHA(C)

C#1	C#2	C#3
19	20	0

8.4.4 多階段分析：ML3s（逐步法）

以簡捷語法執行分析可以快速得到 ML3s 的估計結果，但無法看到三步驟的分析程序，以下即以 Vermunt（2010）的 ML3s 程序進行潛在類別迴歸分析：Step-1：進行無條件 LCA、Step-2：計算分類誤差校正值、Step-3：多元羅吉斯迴歸。

STEP-1：無條件LCA

無條件 LCA 的執行與解釋方式與本書第 4 章的介紹並無不同，但由於需要計算分類誤差，必須額外進行矩陣運算。

本範例使用的模擬資料共有 U1 至 U6 六個二分變數，潛在類別變數 C 有三個潛在類別 c_1、c_2、c_3，因此測量模型為 K=3 的 LCA，語法中增加 SAVE=CPROB 指令來輸出分群機率（P1~P3）與 MLC 變數（G），所儲存的資料檔即為 Step-2 所需的資料檔（Syn8.4_ML3s_S2.dat），第一階段語法如下：

```
■Syn8.4_ML3s_S1.inp
TITLE: latent class regression ML3s: Step1
VARIABLE:
    Names          = U1-U6 Z X C;
    Usevar         = U1-U6 X;
    CATEGORICAL    = U1-U6;
    Classes        = C(3);
    Auxiliary      = X;              !指定輔助變數
DATA:          File = Ch8.dat;
ANALYSIS:      Type = Mixture;
MODEL:
    %Overall%
    [u1$1-u6$1];
SAVEDATA:
    FILE=Syn8.4_ML3s_S2.dat;        !設定輸出檔名
    SAVE=CPROB;                     !設定輸出的資料為分類機率與 MLC
```

Step-1 的無條件 LCA 得到的模式適配與分群機率報表資料與簡捷法估計結果相同。分群機率分別為：0.291、0.344、0.365，硬分派於 MLC 變數的三個分群 g_1、g_2、g_3 觀察值數目分別是 294（29.4%）、335（33.5%）、371（37.1%）。經由 SAVEDATA: SAVE=CPROB; 分類機率與 MLC 變數資料儲存在階段二檔案

Syn8.4_ML3s_S2.dat 中。前六筆資料如下：

U1	U2	U3	U4	U5	U6	X	P1	P2	P3	G	C*
0	1	1	1	1	1	0.300	**0.659**	0.320	0.021	1	(1)
1	1	0	1	0	1	-2.607	**0.598**	0.224	0.178	1	(3)
1	0	0	1	0	0	0.570	0.059	0.217	**0.724**	3	(2)
1	1	0	1	0	1	-0.548	**0.598**	0.224	0.178	1	(1)
0	1	1	0	0	1	1.383	0.400	0.087	**0.512**	3	(3)
0	0	0	0	1	0	1.614	0.010	0.294	**0.696**	3	(3)

(*最右欄C的組別並非Syn8.4M1data2.dat資料檔中的數據，而是抄錄自原始資料檔以利比較)

　　由於模擬資料的第一筆觀察值屬於第一個潛在類別（c_1），經過 LCA 在三個潛在類別的分類機率分別為.659、.320、.021，因為在第一群的分類機率最高，因此觀察值被硬分派到 MLC 的 g_1 群。

　　進一步的，第二筆觀察值模擬時屬於第三潛在類別（c_3），但是 LCA 的分類機率為.598、.178、.224，在第一個潛在類別分群可能性最高，因此被硬分派至 g_1 群。另外，第四筆觀察值在模擬時也是屬於第 c_1 群，且其 U1 至 U6 的數值與第二筆觀察值相同，均為 1、1、0、1、0、1，因此潛在類別分類機率也與第二筆觀察值相同（.598、.224、.178）而被歸入 g_1 群。

STEP-2：分類誤差估計

　　Step-2 的任務是計算分類誤差，可從 Mplus 的 Step-1 報表中的分類結果矩陣資訊來說明：

```
Average Latent Class Probabilities for Most Likely Latent Class Membership (Row)
by Latent Class (Column)

              1         2         3
    1      0.760     0.171     0.069
    2      0.100     0.726     0.173
    3      0.092     0.136     0.772
```

觀察值分類進入各群後的各潛在類別的平均分類機率

```
Classification Probabilities for the Most Likely Latent Class Membership (Column)
by Latent Class (Row)

              1         2         3
    1      0.767     0.115     0.118
    2      0.146     0.707     0.147
    3      0.056     0.159     0.785
```

D 矩陣，對角線為正確分類的機率，上下三角為錯誤分類機率

Logits for the Classification Probabilities for the Most Likely Latent Class Membership (Column) by Latent Class (Row)

	1	2	3
1	1.876	-0.021	0.000
2	-0.007	1.572	0.000
3	-2.644	-1.595	0.000

> 分類機率的 logit 數值，作為 Step-3 的分類誤差校正閾值，以第三群 g3 為參照組

　　首先，平均潛在類別機率矩陣列出了平均潛在類別機率，以 g_1 的觀察值（294筆）為例，在 c_1、c_2、c_3 的平均分群機率為 $p_{c_1|g_1}$ =.760、$p_{c_2|g_1}$ =.171、$p_{c_3|g_1}$ =.069，也就是說，g_1 組能確定將 c_1 組分派進入的平均機率為.760（機率越高表示 MLC 能夠將觀察值歸入目標組的能力愈強），但被歸入 c_2 組與 c_3 組的平均分群機率為.171 與.069（表示 MLC 分類不確定的機率）：

$$p_{c_1|g_1} = P(C=c_1|G=g_1) = \frac{223.4}{294} = .760$$

$$p_{c_2|g_1} = P(C=c_2|G=g_1) = \frac{50.274}{335} = .171$$

$$p_{c_3|g_1} = P(C=c_3|G=g_1) = \frac{20.286}{371} = .069$$

　　進一步的，Classification Probabilities 矩陣可得知 c_1 的正確分類機率為.767，錯誤分類（分類誤差）進入 g_2 與 g_3 的機率為.115、.118，推導過程如下：

$$d_{g_1|c_1} = P(G=g_1|C=c_1) = \frac{p_{g_1|c_1}N_{g_1}}{\sum_G p_{g|c_1}N_g} = \frac{\sum_{G=g_1}\hat{P}(C=c_1|Y)}{P(C=c_1)}$$
$$= \frac{.760\times294}{.760\times294+.100\times335+.092\times371} = \frac{223.44}{291.072} = \frac{.223}{.291} = .767$$

$$d_{g_2|c_1} = P(G=g_2|C=c_1) = \frac{p_{g_2|c_1}N_{g_2}}{\sum_G p_{g|c_1}N_g} = \frac{\sum_{G=g_2}\hat{P}(C=c_1|Y)}{P(C=c_1)}$$
$$= \frac{.100\times335}{.760\times294+.100\times335+.092\times371} = \frac{33.5}{291.072} = \frac{.0335}{.291} = .115$$

$$d_{g_3|c_1} = P(G = g_3 | C = c_1) = \frac{p_{g_3|c_1} N_{g_1}}{\sum_G p_{g|c_1} N_g} = \frac{\sum_{G=g_3} \hat{P}(C = c_1 | Y)}{P(C = c_1)}$$

$$= \frac{.092 \times 371}{.760 \times 294 + .100 \times 335 + .092 \times 371} = \frac{34.132}{291.072} = \frac{.0341}{.291} = .118$$

最後，以潛在類別變數 C 的最後一組（c_3）作為參照組，可計算 MLC 各群當中，各潛在類別對比於參照組的勝算比對數值。例如 C 的第一個潛在類別（c_1）下，g_1 及 g_2 對比於 g_3（參照組）的勝算比對數值為 1.876 與 −0.021：

$$\text{Logit}_{g_1,g_3|c_1} = \ln(d_{g_1|c_1} / d_{g_3|c_1}) = \ln(.767/.118) = 1.876$$

$$\text{Logit}_{g_2,g_3|c_1} = \ln(d_{g_2|c_1} / d_{g_3|c_1}) = \ln(.115/.118) = -0.021$$

將前述三個矩陣的資料依照表 8.2 格式整理於表 8.4，可以完整得到分類誤差的各項資訊。最後一個分類機率 logit 值，即是 Step-3 的誤差偏誤校正閾值。

表 8.4 潛在類別分類所涉及的各項統計量

A. 平均潛在類別機率（average latent class probabilities）					
	$C=c_1$	$C=c_2$	$C=c_3$		總和
$G=g_1$	.760	.171	.069	$\Rightarrow$	1.00
$G=g_2$	.100	.726	.173	$\Rightarrow$	1.00
$G=g_3$	.092	.136	.772	$\Rightarrow$	1.00
B. 分類機率（classification probabilities）（D 矩陣）					
	$G=g_1$	$G=g_2$	$G=g_3$		總和
$C=c_1$	.767	.115	.118	$\Rightarrow$	1.00
$C=c_2$	.146	.707	.147	$\Rightarrow$	1.00
$C=c_3$	.056	.159	.785	$\Rightarrow$	1.00
C. 分類機率對數值（logits for classification probabilities）					
	$G=g_1$	$G=g_2$	$G=g_3$		
$C=c_1$	1.876	-0.021	0.000		
$C=c_2$	-0.007	1.572	0.000		
$C=c_3$	-2.644	-1.595	0.000		

STEP-3：輔助模式估計

ML3s 取向在 Step 3 的輔助變數模型當中，估計潛在類別變數 C 的觀察變數只有一個，亦即 MLC 變數 G，而且 G 的閾值是取用階段二所估計得到的分群機率對數值（logits），藉以進行分類誤差的校正，將分群正確性（分類誤差）納入模型來進行 $X{\rightarrow}C$ 的多元羅吉斯迴歸，第三階段語法如下：

■Syn8.4_ML3s_S3.inp

```
TITLE: latent class regression ML3s: Step3
VARIABLE:
    Names   = U1-U6 X P1-P3 G;
    Usev    = X G;
    Classes = C(3);              !指定潛在類別變數名稱與組數
    Nominal = G;                 !指定 MLC(G)為名義變數
DATA:  File = Syn8.4_ML3s_S2.dat;
ANALYSIS: Type = Mixture;
MODEL:
    %Overall%
        C on X;                  !設定整體模型中 C 對 X 作迴歸
    %C#1%
        [G#1@ 1.876];            !指定 G=1 在 C=1 的分類誤差校正閾值
        [G#2@-0.021];            !指定 G=2 在 C=1 的分類誤差校正閾值
    %C#2%
        [G#1@-0.007];            !指定 G=1 在 C=2 的分類誤差校正閾值
        [G#2@ 1.572];            !指定 G=2 在 C=2 的分類誤差校正閾值
    %C#3%
        [G#1@-2.644];            !指定 G=1 在 C=3 的分類誤差校正閾值
        [G#2@-1.595];            !指定 G=2 在 C=3 的分類誤差校正閾值
OUTPUT: TECH1;
```

除了分類誤差校正的設定之外，第三階段的輔助模式最主要的指令是 %overall% 的 C on x;，此一指令將以最後一群（c_3）為參照組進行多元羅吉斯迴歸，估計結果如下：

```
MODEL FIT INFORMATION

Number of Free Parameters                          4

Loglikelihood

        H0 Value                          -1089.988
        H0 Scaling Correction Factor         1.0020
          for MLR

Information Criteria
        Akaike (AIC)                       2187.977
        Bayesian (BIC)                     2207.608
        Sample-Size Adjusted BIC           2194.904
```

> ML3s 取向第三階段的模式適配，參數數目僅有 4 個（兩組截距與斜率），並不包含測量模型的 LCA 參數

(n* = (n + 2) / 24)
FINAL CLASS COUNTS AND PROPORTIONS FOR THE LATENT CLASSES
BASED ON THE ESTIMATED MODEL

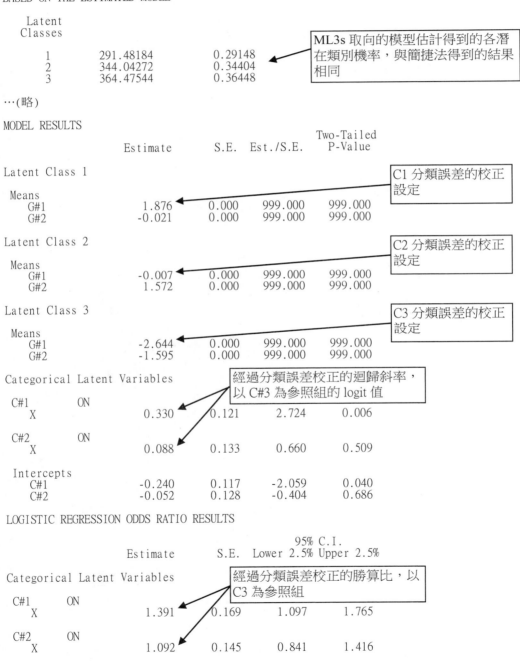

Latent Classes		
1	291.48184	0.29148
2	344.04272	0.34404
3	364.47544	0.36448

ML3s 取向的模型估計得到的各潛在類別機率，與簡捷法得到的結果相同

…(略)

MODEL RESULTS

	Estimate	S.E.	Est./S.E.	Two-Tailed P-Value
Latent Class 1				
Means				
G#1	1.876	0.000	999.000	999.000
G#2	-0.021	0.000	999.000	999.000
Latent Class 2				
Means				
G#1	-0.007	0.000	999.000	999.000
G#2	1.572	0.000	999.000	999.000
Latent Class 3				
Means				
G#1	-2.644	0.000	999.000	999.000
G#2	-1.595	0.000	999.000	999.000

C1 分類誤差的校正設定

C2 分類誤差的校正設定

C3 分類誤差的校正設定

Categorical Latent Variables				
C#1 ON				
X	0.330	0.121	2.724	0.006
C#2 ON				
X	0.088	0.133	0.660	0.509
Intercepts				
C#1	-0.240	0.117	-2.059	0.040
C#2	-0.052	0.128	-0.404	0.686

經過分類誤差校正的迴歸斜率，以 C#3 為參照組的 logit 值

LOGISTIC REGRESSION ODDS RATIO RESULTS

		95% C.I.		
	Estimate	S.E.	Lower 2.5%	Upper 2.5%
Categorical Latent Variables				
C#1 ON				
X	1.391	0.169	1.097	1.765
C#2 ON				
X	1.092	0.145	0.841	1.416

經過分類誤差校正的勝算比，以 C3 為參照組

ALTERNATIVE PARAMETERIZATIONS FOR THE CATEGORICAL LATENT VARIABLE REGRESSION

		Estimate	S.E.	Est./S.E.	Two-Tailed P-Value
Parameterization using Reference Class 1					
C#2	ON				
X		-0.243	0.131	-1.852	0.064
C#3	ON				
X		-0.330	0.121	-2.724	0.006
Intercepts					
C#2		0.188	0.134	1.402	0.161
C#3		0.240	0.117	2.059	0.040

經過分類誤差校正的勝算比，以 C1 為參照組

…(略)

TECHNICAL 1 OUTPUT

PARAMETER SPECIFICATION FOR LATENT CLASS REGRESSION MODEL PART

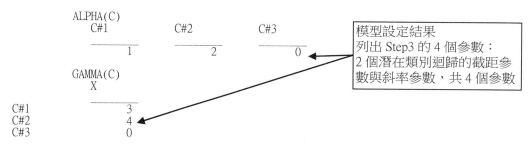

ALPHA(C)		
C#1	C#2	C#3
1	2	0

GAMMA(C)	
	X
C#1	3
C#2	4
C#3	0

模型設定結果
列出 Step3 的 4 個參數：
2 個潛在類別迴歸的截距參數與斜率參數，共 4 個參數

　　由報表數據可知，輔助變數 X 對於 C 的多元羅吉斯迴歸分析得到 c_1 組（相對於 c_3 組）的斜率 β=0.330，SE=0.121，z=2.724，p=.006，拒絕斜率為 0 的虛無假設，亦即 X 對於 c_1 組的發生機率的影響，相對於參照組，具有統計意義。如果轉換成勝算比 exp(.330)=1.391，亦即 X 每增加一個單位，發生 c_1 組的機率是發生 c_3 組的機率的 1.391 倍，高出了 39.1%。勝算比信賴區間 95%CI=[1.097,1.765] 不涵蓋 1，表示兩個機率的比值不是 1:1。相對之下，c_2 組的勝算比（相對於 c_3 組）僅有 0.088，勝算比 exp(.088)=1.092，亦即 X 每增加一個單位，發生 c_2 組的機率是發生 c_3 組的機率的 1.092 倍，雖高出了 9.2%，但是此一正向影響並未達到.05 的顯著水準。

　　Mplus 也提供了 ALTERNATIVE PARAMETERIZATIONS FOR THE CATEGORICAL LATENT VARIABLE REGRESSION 資訊，可以更換參照組來檢驗各種可能的勝算比配對組合，完整的檢視 X 對 C 的影響。

8.4.5 BCH分析

以 BCH 取向來進行潛在類別迴歸分析的原理與 ML3s 程序類似，所不同的是在 Step-1 的無條件 LCA 來估計 BCH 權數，儲存至新的資料檔，然後以多樣本分析來進行加權估計各潛在類別下的輔助變數關係（$X \rightarrow C$ 的迴歸分析）。分析程序必須以人為設定，BCH 簡捷語法僅適用於遠端變數分析。

STEP-1：無條件LCA

Step-1 也是以 Ch8a.dat 資料庫中的六個二分觀察變數 U1 至 U6 來估計潛在變數 C，語法為 Syn8.4_BCH_S1.inp，其中最重要的語法是 Save=bchweights，將三個潛在類別的 BCH 權數（W1 至 W3）連同輔助變數 X 儲存於階段二資料檔（Syn8.4_BCH_S2.dat）當中，結果與 ML3s 的階段一相同。語法如下：

```
■Syn8.4_BCH_S1.inp

TITLE: latent class regression BCH: Step1
VARIABLE:
    names      = U1-U6 Z X C;
    usevar     = U1-U6;
    categorical= U1-U6;
    classes    = C(3);
    auxiliary  = X;                  !指定輔助變數
DATA: file     = Ch8a.dat;
ANALYSIS: type = Mixture;
MODEL:
    %Overall%
    [U1$1-U6$1];
SAVEDATA:
    FILE=Syn8.4_BCH_S2.dat;          !設定輸出檔名
    SAVE=bchweights;                 !設定輸出資料為BCH權數
```

帶有 BCH 權數的輸出資料檔 Syn8.4_BCH_S2.dat 包含了觀察變數（U1 至 U6）與輔助變數（X）的原始資料，而 MLC 所屬組別變數 G 已經不再納入，取而代之的是 BCH 權數（W1 至 W3），前六筆資料如下：

U1	U2	U3	U4	U5	U6	X	W1	W2	W3
0	1	1	1	1	1	0.300	1.350	-0.182	-0.168
1	1	0	1	0	1	-2.607	1.350	-0.182	-0.168
1	0	0	1	0	0	0.570	-0.041	-0.294	1.335
1	1	0	1	0	1	-0.548	1.350	-0.182	-0.168
0	1	1	0	0	1	1.383	-0.041	-0.294	1.335
0	0	0	0	1	0	1.614	-0.041	-0.294	1.335

由第 1、2、4 三筆觀察值的 BCH 權數（1.35、-0.182、-0.168）完全相同，可知在階段一時，這三筆觀察值被分到 G 變數的同一組（g_1）而有相同的 BCH 權數，第 3、5、6 的 BCH 權數（-0.041、0.294、1.335）也相同，都是分到 G 的 g_3 組。

STEP-2：分類誤差估計

權數由 MLC 各組的分類機率值推導求得，可由無條件 LCA 的 D 矩陣求逆矩陣得到 BCH weights，對角線上的各元素是正確分類的加權數，左右三角的橫列其他元素則是錯誤分類的加權數：

$$D^* = D^{-1} = \begin{bmatrix} .767 & .115 & .118 \\ .146 & .707 & .147 \\ .056 & .159 & .785 \end{bmatrix}^{-1} = \begin{bmatrix} 1.350 & -0.182 & -0.168 \\ -0.270 & 1.513 & -0.243 \\ -0.041 & -0.294 & 1.335 \end{bmatrix}$$

STEP-3：輔助模式分析

BCH 取向的輔助模式是利用 MLC 變數所估計得到的 K 個分群加以分離後，以分類機率加權進行多樣本分析，亦即進行 K 次 $X \rightarrow Y$ 的迴歸分析，可視為分組迴歸分析。

由於 Step-1 已經估計得到 MLC 變數（G），因此輔助模型無須納入觀察變數（U1 至 U6），僅需將輔助變數納入模型，並以 Training 指令將三個潛在分群的 BCH 權數（W1 至 W3）納入進行加權，藉以反映分類誤差的影響，Step-3 的輔助模式語法（Syn8.4_BCH_S3.inp）如下：

■**Syn8.4_BCH_S3.inp**

```
TITLE: latent class regression BCH: Step 3
VARIABLE:
    Names     = U1-U6 X W1-W3;
    Usev      = X W1-W3;
    Training  = W1-W3(bch);          !指定BCH權數
    Classes   = C(3);                !設定潛在類別變數與組數來進行多樣本分析
DATA:
    File      = Syn8.4_BCH_S2.dat;
ANALYSIS:
    Type = Mixture;   Starts=0;      !沒有潛在變數需要估計無須給定起始值
MODEL:
    %overall%
     C on x;   !設定C對X作迴歸
```

　　輔助模型當中雖有潛在類別變數與組數 C(3)，但沒有指定觀察變數（Usev 當中沒有宣告需要 U1-U6），因此沒有潛在變數需要估計，僅有多樣本分析，三個加權值變數 W1 至 W3 分別將三個樣本進行人數比例加權，分析時無須給定起始值（Starts=0）。主要的結果報表如下：

MODEL RESULTS

		Estimate	S.E.	Est./S.E.	Two-Tailed P-Value
Categorical Latent Variables					
C#1	ON				
X		0.328	0.120	2.742	0.006
C#2	ON				
X		0.079	0.130	0.610	0.542
Intercepts					
C#1		-0.243	0.117	-2.076	0.038
C#2		-0.053	0.128	-0.419	0.675

> BCH 取向的 Step-3 沒有測量模型，僅有結構參數（羅吉斯迴歸分析參數），但已經納入分類誤差的考量

LOGISTIC REGRESSION ODDS RATIO RESULTS

				95% C.I.	
		Estimate	S.E.	Lower 2.5%	Upper 2.5%
Categorical Latent Variables					
C#1	ON				
X		1.389	0.166	1.098	1.756
C#2	ON				
X		1.082	0.140	0.839	1.396

> 羅吉斯迴歸分析參數轉換成勝算比資訊與 95%CI 區間

由上述報表可知，以 BCH 取向進行潛在類別迴歸分析的估計結果與 ML3s 法差異不大，依變數 C 的 c_1 組（相對於 c_3 組）的斜率 β=0.328，SE=0.120，z=2.742，p=.006，拒絕斜率為 0 的虛無假設；c_2 組相對於 c_3 組的勝算比亦未具統計意義。因此不加以討論。

本節所示範的潛在類別迴歸分析，以一階段與三階段的三種策略分析結果整理於表 8.5。很明顯的，多階段的 ML3s 與 BCH 兩種取向所得到的估計結果幾乎相同，而且在不同階段能夠維持與無條件 LCA 相同的參數結構與分群狀態。相對之下，一階段取向的測量模型與無條件 LCA 明顯不同，顯示分類偏移的狀況確實存在，而且各參數的標準誤也明顯放大，除了測量模型本身的解釋發生困難，結構參數估計的正確性也存在疑慮。

表 8.5 潛在類別迴歸的三種分析取向結果比較表

統計量		1-Step			ML3s			BCH		
分群機率										
Step 1	g1					.291			.291	
	g2					.344			.344	
	g3					.365			.365	
Step 3	g1		.292			.291			.291	
	g2		.330			.344			.344	
	g3		.379			.365			.365	
結構參數										
斜率	X→c1		**0.509(0.131)***			**0.330(0.121)***			**0.328(0.120)***	
	X→c2		**0.148(0.204)**			**0.088(0.133)**			**0.079(0.130)**	
截距	c1		-0.295(0.368)			-0.240(0.117)			-0.243(0.117)	
	c2		-0.124(0.593)			-0.052(0.128)			-0.053(0.128)	
測量參數		c1	c2	c3	c1	c2	c3	c1	c2	c3
	U1	-1.121	1.025	0.843	-1.099	1.056	0.792	-1.099	1.056	0.792
	U2	-1.084	1.036	1.003	-1.103	1.116	0.941	-1.103	1.116	0.941
	U3	-1.333	0.967	0.993	-1.276	0.989	0.932	-1.276	0.989	0.932
	U4	-0.712	-1.268	0.841	-0.800	-1.231	0.977	-0.800	-1.231	0.977
	U5	-0.825	-1.378	1.040	-0.863	-1.229	1.058	-0.863	-1.229	1.058
	U6	-0.977	-1.034	0.568	-1.045	-0.977	0.632	-1.045	-0.977	0.632

註：括弧內的數值為標準誤。 * p <.05

8.5 潛在類別變異數分析

　　如果 LCA 納入一個遠端變數 Z，亦即探討潛在類別變數 C 對於 Z 是否具有影響力。當 Z 為連續變數，C 的 K 個潛在類別在 Z 的平均數若有不同，表示不同異質母體在 Z 具有解釋能力，此時可以視為潛在類別變異數分析（latent class analysis of variance）；如果 Z 為類別變數，C 與 Z 將構成一個列聯表，此時也可以利用列聯表的概念來討論 C 與 Z 兩者的關係，可稱之為潛在類別列聯表分析（latent class contingency table analysis）。這兩種分析都屬於潛在類別模式附加遠端變數的應用，皆可利用多階段分析策略來進行輔助模式分析。

　　基本上，若潛在類別變數所預測的遠端變數 Z 是連續變數，結構模型當中所關心的是各潛在類別在 Z 變數上的平均數差異是否具有意義。然而基於不同潛在類別反映的是不同的異質母體，Z 變數除了平均數會存在組間差異，變異數也可能會有組間差異，這就如同變異數分析所存在的組內變異同質或異質議題。

　　在進行三階段輔助模式分析時，若採行組內變異同質假設（Mplus 稱之為 DE3STEP 程序），結構模型需要估計的參數較少但是適配度較差。相對之下，若採行組內變異非同質（DU3STEP 程序），結構參數較多但是適配度較佳。Asparouhouv 與 Muthén（2021）的模擬研究支持當各潛在類別下 Z 的變異數具有差異時，建議以非同質的 DU3STEP 程序或 BCH 程序來進行輔助模式分析。

　　本節即以先前表 8.3 的模擬資料為例，進行當遠端變數為連續變數的輔助模式分析示範。表 8.6 列出了 Z 變數在三個異質母體的模擬資料，平均數各為 0.178、0.920、−0.974，變異數則為 1.131、1.231、1.084，具有一定的組間差異。由單因子變異數分析的 F 檢定，$F(2,997)=272.22$, $p<.001$，可得知三個平均數的差異具有統計意義。不過這些數據是尚未進行潛在類別估計之前的模擬數據，以下即說明多階段取向的輔助模式分析。

表 8.6 模擬資料的描述統計量

	全體	c1	c2	c3	F	p
N	1000	318	322	360		
平均數	0.002	0.178	0.920	-0.974	**272.22**	**<.001**
變異數	1.768	1.131	1.231	1.084		

8.5.1 單階段（1-Step）分析

　　同樣的，本節首先使用單階段法，將 U1 至 U6 與遠端變數一起放入模型，以 U1 至 U6 來估計潛在類別變數 C 的同時，進行 *C*→*Z* 的潛在類別變異數分析，以便與多階段分析結果比較。

　　值得注意的是，由於各潛在類別的平均數與變異數必須個別估計，因此語法中必須提供各潛在類別下的平均數與變異數估計指令與參數標記。如果假設遠端變數的變異數具異質性，變異數參數的標記代號各組不同，例如（V1、V2、V3……）；相對之下，如果假設變異數同質，變異數參數標記必須相同，例如（V）。此外，平均數之間的差異比較必須另行以 MODEL constraint 指令來創造新的平均數差異參數，才能得到兩兩比較的檢定數據。變異數不同質 Mplus 語法如下：

■**Syn8.5_1step_uneqvar.inp**

```
TITLE: latent class ANOVA 1step Unequal variances
VARIABLE:
    Names           = U1-U6 Z X C;
    Usevar          = U1-U6 Z;
    Categorical     = U1-U6;
    Classes         = C(3);
DATA:           File = Ch8a.dat;
ANALYSIS:       Type = Mixture;
MODEL:
    %Overall%
    [U1$1-U6$1];              !設定整體模型中的觀察變數
    [Z]; Z;                   !設定遠端變數 Z 的截距與變異數
    %C#1%
    [Z] (M1); Z (V1);         !指定 C=1 的 Z 平均數標記 M1 與變異數標記 V1
    %C#2%
    [Z] (M2); Z (V2);         !指定 C=2 的 Z 平均數標記 M2 與變異數標記 V2
    %C#3%
    [Z] (M3); Z (V3);         !指定 C=3 的 Z 平均數標記 M3 與變異數標記 V3
MODEL constraint:            !設定新增參數
    New (CM1 CM2 CM3 MM12 MM13 MM23);   !新增三個平均數與三個差異參數
    CM1=M1; CM2=M2; CM3=M3;
    CM3=M3; MM12=M1-M2; MM13=M1-M3; MM23=M2-M3;
```

　　分析後可以發現，單階段潛在類別變異數分析的分群結果，不僅與無條件 LCA 的結果明顯不同，在變異數異質與變異數同質兩種條件下的結果也有很大的差異，顯示同時估計異質性與遠端變數差異，會造成潛在變數定義的變化。

在無條件 LCA 中，所得到的 c_1（高機率）、c_2（混合機率）、c_3（低機率）三個潛在類別的機率分別是.291、.344、.365，但是一階段的潛在類別變異數分析（變異數異質）的三個分群分別為 c_1（混合機率）.460、c_2（高機率）.249、c_3（低機率）.291；變異數同質下則分別為 c_1（高機率）.282、c_2（低機率）.283、c_3（混合機率）.435。顯示以單階段法進行估計得到的分群機率變動甚大。

各潛在類別下的遠端變數平均數（CM）與兩兩差異比較（MM）的結果列於下：

■變異數異質					■變異數同質				
New/Additional Parameters					New/Additional Parameters				
Par	Est.	SE	z	p	Par	Est.	SE	z	p
CM1	-0.769	0.099	-7.734	0.000	CM1	0.203	0.097	2.090	0.037
CM2	0.275	0.121	2.283	0.022	CM2	1.029	0.114	9.032	0.000
CM3	1.000	0.162	6.166	0.000	CM3	-0.800	0.100	-7.978	0.000
MM12	-1.045	0.153	-6.833	0.000	MM12	-0.826	0.138	-5.997	0.000
MM13	-1.769	0.186	-9.487	0.000	MM13	1.003	0.147	6.827	0.000
MM23	-0.724	0.200	-3.619	0.000	MM23	1.830	0.154	11.909	0.000

以變異數異質條件下的分析結果為例，各組平均數的差異均達顯著水準：MM12=-1.045, z=-6.833 (p<.001)、MM13=-1.769, z=-9.487 (p<.001)、MM23=-0.724, z=-3.619 (p<.001)。很明顯的，變異數是否同質的假設下來進行分析，不僅係數本身的差異頗大，標準誤數值也有不同。

8.5.2 ML3s分析

前面的分析是以單階段法來進行潛在類別與遠端變數的分析，以下則以 ML3s 法來進行。

第一階段仍是利用無條件 LCA 來估計分類誤差，藉以決定第三階段當中 MLC 變數（G）的單一觀察變數的閾值參數。由於本節的示範資料係沿用前一節的數據，在測量模型部分皆為六題二分觀察變數（U1 至 U6），因此第一階段的 LCA 並沒有不同，語法為 Syn8.5_ML3s_S1.inp，以 SAVE=CPROB 指令輸出分群機率（P1~P3）與最可能分群變數（G），連同 Z 與 X 兩個輔助變數資料儲存於 Syn8.5_ML3s_S2.dat。由於 U1 至 U6 的觀察資料不變，無條件 LCA 的閾值維持不變，可寫入第三階段的語法當中，列舉如下。

■Syn8.5_ML3s_S3_uneqvar.inp

```
TITLE: latent class ANOVA ML3s Step 3 Unequal variances
VARIABLE:
    Names     = U1-U6 Z X P1-P3 G;
    Usevar    = Z G;
    Classes   = C(3);
    Nominal   = G;                !指定 MLC 變數 G 為多元名義變數
DATA:          File = Syn8.5_ML3s_S2.dat;
ANALYSIS:      Type = Mixture;
MODEL:
    %Overall%
      [Z]; Z;
    %C#1%
      [G#1@ 1.876];             !指定 G=1 在 C=1 的分類誤差校正閾值
      [G#2@-0.021];             !指定 G=2 在 C=1 的分類誤差校正閾值
      [Z] (M1); Z (V1);         !指定 C=1 的 Z 平均數標記 M1 與變異數標記 V1
    %C#2%
      [G#1@-0.007];             !指定 G=1 在 C=2 的分類誤差校正閾值
      [G#2@ 1.572];             !指定 G=2 在 C=2 的分類誤差校正閾值
      [Z] (M2); Z (V2);         !指定 C=2 的 Z 平均數標記 M1 與變異數標記 V2
    %C#3%
      [G#1@-2.644];             !指定 G=1 在 C=3 的分類誤差校正閾值
      [G#2@-1.595];             !指定 G=2 在 C=3 的分類誤差校正閾值
      [Z] (M3); Z (V3);         !指定 C=3 的 Z 平均數標記 M1 與變異數標記 V3
MODEL constraint:              !設定新增參數
    New (CM1 CM2 CM3 MM12 MM13 MM23); !新增三個平均數與三個差異參數
    CM1=M1; CM2=M2; CM3=M3;
    MM12=M1-M2; MM13=M1-M3; MM23=M2-M3;
```

　　前述的分析指令係假設變異數不同質，因此不僅各組平均數不同，變異數也會不同。第三階段的報表列舉如下：

	Estimate	S.E.	Est./S.E.	Two-Tailed P-Value	
Latent Class 1					
Means					
Z	0.154	0.103	1.500	0.134	C1 分類誤差的校正設定
Means					
G#1	1.876	0.000	999.000	999.000	
G#2	-0.021	0.000	999.000	999.000	C1 組 Z 的變異數，與另兩組不同
Variances					
Z	1.056	0.159	6.625	0.000	
Latent Class 2					
Means					
Z	-0.939	0.096	-9.757	0.000	

Means			
G#1	-0.007	0.000	999.000	999.000
G#2	1.572	0.000	999.000	999.000

C2 分類誤差的校正設定

Variances			
Z	1.167	0.120	9.724	0.000

C2 組 Z 的變異數，與另兩組不同

Latent Class 3

Means			
Z	0.832	0.111	7.471	0.000

C3 分類誤差的校正設定

Means			
G#1	-2.644	0.000	999.000	999.000
G#2	-1.595	0.000	999.000	999.000

C3 組 Z 的變異數，與另兩組不同

Variances			
Z	1.349	0.201	6.705	0.000

Categorical Latent Variables

Means			
C#1	-0.206	0.117	-1.757	0.079
C#2	0.012	0.127	0.094	0.925

基於變異數不同質假設下，新增的平均數與平均數差異參數，用以檢驗兩兩平均數的顯著性差異

New/Additional Parameters			
CM1	0.154	0.103	1.500	0.134
CM2	-0.939	0.096	-9.757	0.000
CM3	0.832	0.111	7.471	0.000
MM12	1.093	0.158	6.923	0.000
MM13	-0.678	0.160	-4.234	0.000
MM23	-1.770	0.159	-11.166	0.000

　　若將語法中變異數參數的標籤 v1、v2、v3 改為 v，可得到變異數同質條件下的檢定結果：

	Estimate	S.E.	Est./S.E.	Two-Tailed P-Value
Latent Class 1				
Means				
Z	0.114	0.092	1.242	0.214
Means				
G#1	1.876	0.000	999.000	999.000
G#2	-0.021	0.000	999.000	999.000

C1 組 Z 的變異數，與另兩組相同

Variances				
Z	1.184	0.096	12.358	0.000
Latent Class 2				
Means				
Z	-0.925	0.091	-10.179	0.000
Means				
G#1	-0.007	0.000	999.000	999.000
G#2	1.572	0.000	999.000	999.000

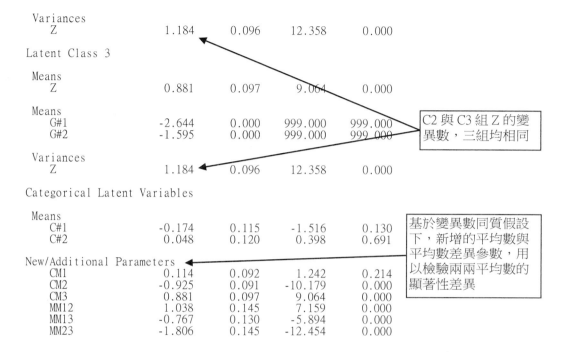

```
Variances
  Z                        1.184        0.096      12.358       0.000
Latent Class 3
  Means
    Z                      0.881        0.097       9.064       0.000
  Means
    G#1                   -2.644        0.000     999.000     999.000
    G#2                   -1.595        0.000     999.000     999.000
  Variances
    Z                      1.184        0.096      12.358       0.000
Categorical Latent Variables
  Means
    C#1                   -0.174        0.115      -1.516       0.130
    C#2                    0.048        0.120       0.398       0.691
New/Additional Parameters
    CM1                    0.114        0.092       1.242       0.214
    CM2                   -0.925        0.091     -10.179       0.000
    CM3                    0.881        0.097       9.064       0.000
    MM12                   1.038        0.145       7.159       0.000
    MM13                  -0.767        0.130      -5.894       0.000
    MM23                  -1.806        0.145     -12.454       0.000
```

C2 與 C3 組 Z 的變異數，三組均相同

基於變異數同質假設下，新增的平均數與平均數差異參數，用以檢驗兩兩平均數的顯著性差異

　　在變異數異質條件下，三個潛在類別下的 Z 平均數（變異數）分別為 0.154（1.056）、−0.939（1.167）、0.832（1.349）；當變異數同質，三個潛在類別下的 Z 平均數（變異數）分別為 0.114（1.184）、−0.925（1.411）、0.881（1.411）。

　　由於兩種假設下的 Z 平均數估計值不同，Z 平均數差異比較的結果也存在差異；在變異數異質時，Z 平均數差異的顯著性檢定：MM12=1.093, z=6.923（$p<.001$）、MM13=−0.678, z=−4.234（$p<.001$）、MM23=−1.77, z=−11.166（$p<.001$）。另外以變異數同質的檢定結論也相似，但差異量與檢定量仍有些微差異。兩種條件下得到的自訂參數估計結果列舉如下，相對於單階段分析，兩者差異已經縮小很多：

■變異數異質

```
New/Additional Parameters
Par    Est.      SE         z         p
CM1    0.154    0.103     1.500     0.134
CM2   -0.939    0.096    -9.757     0.000
CM3    0.832    0.111     7.471     0.000
MM12   1.093    0.158     6.923     0.000
MM13  -0.678    0.160    -4.234     0.000
MM23  -1.770    0.159   -11.166     0.000
```

■變異數同質

```
New/Additional Parameters
Par    Est.      SE         z         p
CM1    0.114    0.092     1.242     0.214
CM2   -0.925    0.091   -10.179     0.000
CM3    0.881    0.097     9.064     0.000
MM12   1.038    0.145     7.159     0.000
MM13  -0.767    0.130    -5.894     0.000
MM23  -1.806    0.145   -12.454     0.000
```

前述的兩種估計形式，可以 Mplus 的簡捷指令 DE3STEP（變異數異質）或 DU3STEP（變異數同質）來進行三階段分析，語法與主要結果如下：

■變異數異質		■變異數同質	
VARIABLE:		VARIABLE:	
Names	= U1-U6 Z X C;	Names	= U1-U6 Z X C;
Usev	= U1-U6 Z;	Usev	= U1-U6 Z;
Categorical	= U1-U6;	Categorical	= U1-U6;
Classes	= C(3);	Classes	= C(3);
Usevar	= U1-U6;	Usevar	= U1-U6;
Auxiliary	= Z (DU3STEP);	Auxiliary	= Z (DE3STEP);
ANALYSIS:		ANALYSIS:	
Type	= Mixture;	Type	= Mixture;

■變異數異質			■變異數同質		
	Mean	S.E.		Mean	S.E.
Class 1	0.101	0.089	Class 1	0.146	0.099
Class 2	-0.942	0.090	Class 2	-0.953	0.095
Class 3	0.852	0.090	Class 3	0.811	0.099
	Chi-Square	P-Value		Chi-Square	P-Value
Overall test	154.602	0.000	Overall test	128.901	0.000
Class 1 vs. 2	52.037	0.000	Class 1 vs. 2	48.674	0.000
Class 1 vs. 3	34.698	0.000	Class 1 vs. 3	19.144	0.000
Class 2 vs. 3	154.385	0.000	Class 2 vs. 3	127.580	0.000

如果仔細比較簡捷指令與人為設定的分析結果，可以發現兩者有些微不同，但不影響結果，會發生差異主要是 ML3s 法是採閾值調整來修分類誤差，因此小數位數取用多寡會導致數據上的差異。

值得一提的是，簡捷語法執行結果會列出 Step-1 與 Step-3 的分群差異，可以用來檢視兩者之間的軟分派分群狀態的差異情形。以變異同質條件下的 DE3STEP 程序為例，結果如下：

```
Final Class Counts and Proportions for the Latent Class Patterns
  Based On Estimated Posterior Probabilities for Z:  Step 1 vs. Step 3
```

Latent Classes	Step 1		Step 3	
1	291.30289	0.29130	292.25260	0.29225
2	344.02603	0.34403	351.10082	0.35110
3	364.67108	0.36467	356.64658	0.35665

8.5.3 BCH分析

以 BCH 取向來進行遠端變數輔助模式分析與前面的潛在類別迴歸分析程
序相同，也是在 Step1 的測量模型估計 BCH 權數，儲存至資料檔，在輔助模式
以多樣本分析來分別估計 MLC 各潛在類別下的輔助變數的平均數差異。

變異數同質與異質的設定方式，以及平均數差異的參數限定方法與先前的
三階段取向相同，也可以使用簡捷語法（BCH）來進行分析。以變異數不同質假
設下的 BCH 第三階段語法與主要結果列舉如下：

■Syn8.5_BCH_S3_uneqvar.inp

```
TITLE: latent class auxiliary model BCH M4 Unequal Variances
VARIABLE:
    Names     = U1-U6 Z X W1-W3;
    Usevar    = Z W1-W3;
    Training  = W1-W3(bch);              !指定 BCH 權數
    Classes   = C(3);                    !設定潛在類別變數與組數來進行多樣本分析
DATA: file    = Syn8.5_BCH_S2.dat;
ANALYSIS:  type = Mixture;
MODEL:
    %overall%
      [Z]; Z;
    %C#1%
      [Z] (M1); Z (V1);
    %C#2%
      [Z] (M2); Z (V2);
    %C#3%
      [Z] (M3); Z (V3);
MODEL constraint:               !設定新增參數
    New (CM1 CM2 CM3 MM12 MM13 MM23);   !新增三個平均數與三個差異參數
    CM1=M1; CM2=M2; CM3=M3;
    MM12=M1-M2; MM13=M1-M3; MM23=M2-M3;
```

	Estimate	S.E.	Est./S.E.	Two-Tailed P-Value
Latent Class 1				
Means Z	0.127	0.096	1.324	0.186
Variances Z	1.152	0.166	6.943	0.000
Latent Class 2				
Means Z	-0.966	0.110	-8.795	0.000

Variances
Z   0.839   0.221   3.805   0.000

Latent Class 3

Means
Z   0.816   0.101   8.120   0.000

Variances
Z   1.572   0.199   7.884   0.000

Categorical Latent Variables

Means
C#1   -0.225   0.114   -1.975   0.048
C#2   -0.059   0.127   -0.464   0.643

New/Additional Parameters ◄————————
CM1   0.127   0.096   1.324   0.186
CM2   -0.966   0.110   -8.795   0.000
CM3   0.816   0.101   8.120   0.000
MM12   1.093   0.162   6.766   0.000
MM13   -0.689   0.144   -4.781   0.000
MM23   -1.783   0.165   -10.836   0.000

> 基於變異數不同質假
> 設下，新增的平均數
> 與平均數差異參數，
> 用以檢驗兩兩平均數
> 的顯著性差異

以 BCH 取向的簡捷語法（Syn8.5_BCH_auto.inp）的分析僅限於變異數同質
條件下的潛在類別變異數分析：

■Syn8.5_BCH_auto.inp

```
TITLE: latent class ANOVA BCH auto
VARIABLE:
    names      = U1-U6 Z  X  C;
    usevar     = U1-U6;
    categorical= U1-U6;
    classes    = C(3);
    Auxiliary  = Z(bch);        !設定BCH簡捷語法
DATA:    file  = Ch8a.dat;
ANALYSIS: type = Mixture;
```

EQUALITY TESTS OF MEANS ACROSS CLASSES USING THE BCH PROCEDURE
WITH 2 DEGREE(S) OF FREEDOM FOR THE OVERALL TEST

Z

	Mean	S.E.
Class 1	0.127	0.096
Class 2	-0.966	0.110
Class 3	0.817	0.101

	Chi-Square	P-Value
Overall test	117.472	0.000
Class 1 vs. 2	45.761	0.000
Class 1 vs. 3	22.915	0.000
Class 2 vs. 3	117.427	0.000

表 8.7 帶有遠端連續變數的潛在類別變異數分析結果整理表

		1Step 異質		1Step 同質		ML3s 異質		ML3s 同質		BCH 異質		BCH 同質	
		Est	SE	Est	SE	Est	SE	Est	SE	Est	SE	Est	SE
C1	N	249		282		272		279		294		294	
	Z 平均數	0.275	0.121	0.203	0.097	0.154	0.103	0.114	0.092	0.127	0.096	0.127	0.096
	Z 變異數	0.921	0.185	1.177	0.095	1.056	0.159	1.184	0.096	1.152	0.166	1.198	0.101
C2	N	460		435		365		367		335		335	
	Z 平均數	-0.769	0.099	-0.800	0.100	-0.939	0.096	-0.925	0.091	-0.966	0.110	-0.966	0.110
	Z 變異數	1.280	0.120	1.177	0.095	1.167	0.120	1.184	0.096	0.839	0.221	1.198	0.101
C3	N	291		283		363		354		371		371	
	Z 平均數	1.000	0.162	1.029	0.114	0.832	0.111	0.881	0.097	0.816	0.101	0.816	0.101
	Z 變異數	1.275	0.255	1.177	0.095	1.349	0.201	1.184	0.096	1.572	0.199	1.198	0.101
差異檢定													
	m1-m2	1.045	0.153	1.003	0.147	1.093	0.158	1.038	0.145	1.093	0.162	1.093	0.162
	m1-m3	-0.724	0.200	-0.826	0.138	-0.678	0.160	-0.767	0.130	-0.689	0.144	-0.689	0.144
	m2-m3	-1.769	0.186	-1.830	0.154	-1.770	0.159	-1.806	0.145	-1.783	0.165	-1.783	0.165
Model fit													
	Npar	26		24		8		6		8		6	
	LL	-5591		-5593		-2734		-2735		-2586		-2603	
	AIC	11235		11234		5484		5482		5188		5219	
	BIC	11362		11352		5524		5512		5228		5248	

註：模式適配資訊在單階段取向包含測量模型參數，在ML3s與BCH取向僅包含遠端變數的迴歸參數

　　最後，將各取向的結果加以彙整於表 8.7，可以看出不同取向估計結果的差異。其中 BCH 取向潛在類別分群結果最為穩定，Step-3 的分群機率與 Step-1 的無條件 LCA 完全相同，在同質與異質兩種變異數假設條件下執行分析的平均數估計與差異檢定結果均維持不變，顯示 BCH 取向是最能夠保持潛在變數估計穩定性的多階段分析方法。

　　相對之下，ML3s 取向的 Step-3 分群機率與 Step-1 差異頗大，帶有遠端變數的輔助模型會導致分類偏移。此外，變異數設定方法不同也會影響平均值的估計，進一步導致平均數差異檢定發生變化。至於單階段取向則完沒有考慮分類誤差的影響，分析結果在三者中最不穩定，潛在類別的估計明顯受到遠端變數的影響，因此不建議採用，僅可作為初步試探之用。

8.6 潛在類別列聯表分析

　　如果遠端變數為類別變數 Y，此時潛在類別變數 C 對 Y 的影響可以視為兩個類別變數的列聯表分析，但是列聯表中的一個類別變數為潛在變數，因此可稱之為潛在類別列聯表分析（latent class contingency table analysis）。由於遠端變數僅具有次數與百分比的性質，並不需要估計變異數，因此結構模型參數僅有遠端變數的閾值，估計上相對簡單，也不存在變異數同質或異質問題需要處理。

　　由於遠端變數為類別變數，資料型態與先前章節不同，因此本節以相同的模擬原則，另外創造一組 $K=3$、$N=1000$、6 個二分變數（U1 至 U6）、2 個連續變數（X 與 Z），以及一個類別變數（Y）的模擬資料，其中 Y 變數的兩個數值 {0,1} 係由 Z 變數轉換而來：

```
DEFINE:        IF (Z GT 0) THEN Y=1;
               IF (Z LT 0) THEN Y=0;
```

　　由於資料為重新模擬所得，因此 U1 至 U6 的反應情形不同於前面各節，但是仍可歸屬於三個潛在類別，各觀察值模擬時來自於哪一個類別，標示於 C 變數，資料檔為 Ch8b.dat。由表 8.8 可知，類別變數 Y 的兩個類別各占 51.3% 與 48.7%。但如果就從 C 的三組類別來看，$Y=1$ 的 487 筆觀察值分布在 c_2 組的比率較高（78.9%），但是在 c_1 與 c_3 組的比率則較低（55.6%、15%），檢定結果也顯示模擬資料的 C 與 Y 兩變數之間具有相依性：$\chi^2_{(2)}=284.7, p<.001$。因此可以預期在後續所進行的潛在類別列聯表分析會得到顯著的結果。

表 8.8 類別依變數的模擬資料描述統計量

Y	Z		C1	C2	C3	合計	χ^2	p
$y=0$	M=−1.040	次數	144	68	301	513	284.70	<.001
	SD=0.783	全體%	14.4%	6.8%	30.1%	51.3%		
		組內%	44.4%	21.1%	85.0%			
$y=1$	M=1.130	次數	180	254	53	487		
	SD=0.773	全體%	18.0%	25.4%	5.3%	48.7%		
		組內%	55.6%	78.9%	15.0%			
合計	M=0.017	次數	324	322	354	1000		
	SD=1.335	全體%	32.4%	32.2%	35.4%	100%		

8.6.1 ML3s分析

STEP-1與2：無條件LCA與分類誤差計算

　　遠端變數為類別變數的潛在類別列聯表分析，採三階段步驟與先前範例相同，第一階段利用無條件 LCA 來估計分類誤差，藉以決定 MLC 變數（G）的單一觀察變數的閾值參數，透過 SAVE=CPROB 指令輸出分群機率（P1~P3）與最可能分群變數（G），語法檔為 Syn8.6_ML3s_S1.inp，分析結果得到三個潛在類別的分類機率與用來作為分類誤差校正的分類機率 Logit 矩陣如下：

```
FINAL CLASS COUNTS AND PROPORTIONS FOR THE LATENT CLASSES
BASED ON THE ESTIMATED MODEL

    Latent
    Classes

       1        348.33488           0.34833
       2        396.55118           0.39655
       3        255.11394           0.25511

FINAL CLASS COUNTS AND PROPORTIONS FOR THE LATENT CLASSES
BASED ON THEIR MOST LIKELY LATENT CLASS MEMBERSHIP

Class Counts and Proportions

    Latent
    Classes

       1             344              0.34400
       2             411              0.41100
       3             245              0.24500
```

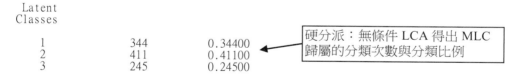

硬分派：無條件 LCA 得出 MLC 歸屬的分類次數與分類比例

```
Logits for the Classification Probabilities for the Most Likely Latent Class
Membership (Column) by Latent Class (Row)

             1         2         3

    1      2.105     0.231     0.000
    2     -0.153     2.048     0.000
    3     -1.570    -1.242     0.000
```

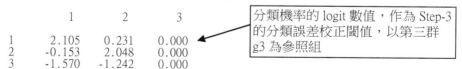

分類機率的 logit 數值，作為 Step-3 的分類誤差校正閾值，以第三群 g3 為參照組

STEP-3：輔助模式估計

　　由於觀察資料 U1 至 U6 沒有變動，因此 G 的閾值參數維持不變，可直接將固定參數寫入第三階段語法（Syn8.6_ML3s_S3.inp）與執行結果如下：

■Syn8.6_ML3s_S3.inp

```
TITLE: latent class contingency table analysis ML3s: Step 3
VARIABLE:
    Names    = U1-U6 Y P1-P3 G;
    Usev     = Y G;
    Cate     = Y;
    Classes = C(3);               !指定潛在類別變數名稱與組數
    Nominal = G;                  !指定MLC(G)為多元名義變數
DATA:      File = Syn8.6_ML3s_S2.dat;
ANALYSIS: Type = Mixture;
MODEL:
    %Overall%
    %C#1%
        [G#1@2.105];              !設定C1組的MLC變數第1個閾值
        [G#2@0.231];              !設定C1組的MLC變數第2個閾值
        [Y$1] (M1);               !設定C1組的遠端變數Y閾值參數標記為M1
    %C#2%
        [G#1@-0.153];             !設定C2組的MLC變數第1個閾值
        [G#2@2.048];              !設定C2組的MLC變數第1個閾值
        [Y$1] (M2);               !設定C2組的遠端變數Y閾值參數標記為M2
    %C#3%
        [G#1@-1.570];             !設定C3組的MLC變數第1個閾值
        [G#2@-1.243];             !設定C3組的MLC變數第1個閾值
        [Y$1] (M3);               !設定C3組的遠端變數Y閾值參數標記為M3
Model constraint:
    New (M12 M13 M23);        !設定閾值差異量參數
    M12 = M1-M2; M13 = M1-M3; M23 = M2-M3;
```

FINAL CLASS COUNTS AND PROPORTIONS FOR THE LATENT CLASSES
BASED ON THEIR MOST LIKELY LATENT CLASS MEMBERSHIP

Class Counts and Proportions

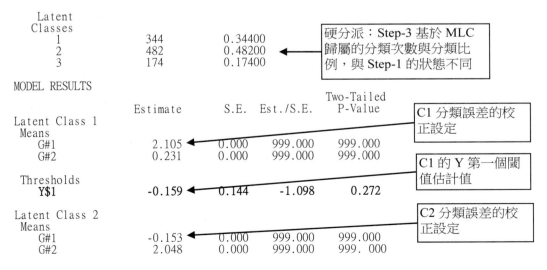

Latent Classes		
1	344	0.34400
2	482	0.48200
3	174	0.17400

硬分派：Step-3 基於 MLC 歸屬的分類次數與分類比例，與 Step-1 的狀態不同

MODEL RESULTS

	Estimate	S.E.	Est./S.E.	Two-Tailed P-Value
Latent Class 1				
Means				
G#1	2.105	0.000	999.000	999.000
G#2	0.231	0.000	999.000	999.000
Thresholds				
Y$1	-0.159	0.144	-1.098	0.272
Latent Class 2				
Means				
G#1	-0.153	0.000	999.000	999.000
G#2	2.048	0.000	999.000	999.000

C1 分類誤差的校正設定

C1 的 Y 第一個閾值估計值

C2 分類誤差的校正設定

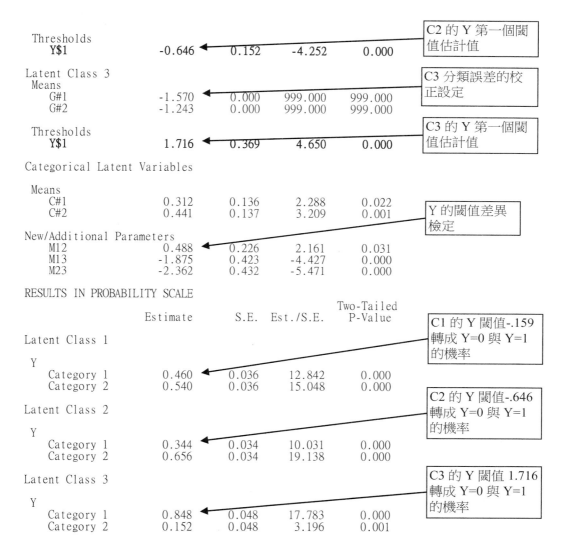

```
Thresholds                                                        ┌─ C2 的 Y 第一個閾
  Y$1                  -0.646      0.152      -4.252      0.000    │  值估計值

Latent Class 3                                                    ┌─ C3 分類誤差的校
Means                                                             │  正設定
  G#1                  -1.570      0.000     999.000    999.000
  G#2                  -1.243      0.000     999.000    999.000

Thresholds                                                        ┌─ C3 的 Y 第一個閾
  Y$1                   1.716      0.369       4.650      0.000    │  值估計值

Categorical Latent Variables

Means
  C#1                   0.312      0.136       2.288      0.022
  C#2                   0.441      0.137       3.209      0.001    ┌─ Y 的閾值差異
                                                                  │  檢定
New/Additional Parameters
  M12                   0.488      0.226       2.161      0.031
  M13                  -1.875      0.423      -4.427      0.000
  M23                  -2.362      0.432      -5.471      0.000

RESULTS IN PROBABILITY SCALE

                                             Two-Tailed
                   Estimate     S.E.   Est./S.E.   P-Value       ┌─ C1 的 Y 閾值-.159
                                                                 │  轉成 Y=0 與 Y=1
Latent Class 1                                                   │  的機率
Y
  Category 1          0.460      0.036      12.842      0.000
  Category 2          0.540      0.036      15.048      0.000
                                                                 ┌─ C2 的 Y 閾值-.646
Latent Class 2                                                   │  轉成 Y=0 與 Y=1
                                                                 │  的機率
Y
  Category 1          0.344      0.034      10.031      0.000
  Category 2          0.656      0.034      19.138      0.000
                                                                 ┌─ C3 的 Y 閾值 1.716
Latent Class 3                                                   │  轉成 Y=0 與 Y=1
                                                                 │  的機率
Y
  Category 1          0.848      0.048      17.783      0.000
  Category 2          0.152      0.048       3.196      0.001
```

　　由前述估計結果可知，第三階段所納入的遠端二分類別變數 Y，在三個潛在類別的閾值分別為-.159、-.646、1.716，轉換為機率後得知 $Y=0$ 在各潛在類別的發生機率為.460、.344、.848。三個閾值兩兩相比的差異檢定 M12=0.488（$z=2.161$, $p<.001$）、M13=-1.875（$z=-4.427$, $p<.001$）、M12=-2.362（$z=-5.471$, $p<.001$），均達到.001 顯著水準，表示遠端類別依變數 Y 在各潛在類別的閾值差異明顯有別，這些分析結果整理於表 8.9。

8.6.2 BCH分析

以 BCH 取向來進行類別遠端變數輔助模式分析,第一階段的任務仍是計算 BCH 權重,估計語法(Syn6.2_BCH_S1.inp)與先前的示範相同不予贅述,至於 Step-3 的輔助模式語法(Syn6.2_BCH_S3.inp)與主要結果如下:

■**Syn8.6_BCH_S3.inp**

```
TITLE: latent class contingency table analysis BCH: Step 3
VARIABLE:
    Names        = U1-U6 Y W1-W3;
    Usevar       = Y W1-W3;
    Categorical  = Y;
    Training     = W1-W3(bch);
    Classes      = G(3);
DATA:
    file         = Syn8.6_BCH_S2.dat;
ANALYSIS:  type = Mixture;
MODEL:
    %Overall%
    %G#1%
      [Y$1] (M1);        !設定 C1 組的遠端變數 Y 閾值參數標記為 M1
    %G#2%
      [Y$1] (M2);        !設定 C2 組的遠端變數 Y 閾值參數標記為 M2
    %G#3%
      [Y$1] (M3);        !設定 C3 組的遠端變數 Y 閾值參數標記為 M3
Model constraint:
    New (M12 M13 M23);
    M12 = M1-M2; M13 = M1-M3; M23 = M2-M3;
```

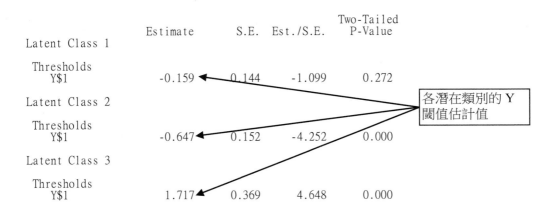

	Estimate	S.E.	Est./S.E.	Two-Tailed P-Value
Latent Class 1				
Thresholds				
Y$1	-0.159	0.144	-1.099	0.272
Latent Class 2				
Thresholds				
Y$1	-0.647	0.152	-4.252	0.000
Latent Class 3				
Thresholds				
Y$1	1.717	0.369	4.648	0.000

各潛在類別的 Y 閾值估計值

Categorical Latent Variables

Means
  G#1   0.312   0.136   2.292   0.022
  G#2   0.441   0.138   3.203   0.001

New/Additional Parameters
  M12   0.488   0.226   2.163   0.031
  M13   -1.875   0.424   -4.426   0.000
  M23   -2.363   0.432   -5.470   0.000

[閾值差異檢定]

    如果類別遠端變數是二分變數,可將類別依變數視為連續變數,估計虛擬連續變數的平均數,$E(Y)=P(Y=1)$,即得以 BCH 簡捷語法來進行 $C{\rightarrow}Y$ 的分析(Asparouhouv & Muthén, 2021, p.24),BCH 的簡捷語法(將 Y 視為連續變數)列於下,分析結果整理於表 8.9。值得注意的是,表中關於 ML3s 與 BCH 逐步語法分析結果分別列出 Step1(*Npar*=20)與 Step3(*Npar*=5)的模式適配資訊,但簡捷語法僅列出 Step1(*Npar*=20)的適配資料。

■Syn8.6_BCH_auto.inp

```
TITLE: latent class contingency table analysis BCH auto
VARIABLE:
    Names    = ID U1-U6 Z Y X C;
    usevar   = U1-U6 Y;
    Catego   = U1-U6;
    Classes  = C(3);
    AUXILIARY = Y(BCH);
DATA:      File= Ch8b.dat;
ANALYSIS:Type = Mixture;
```

EQUALITY TESTS OF MEANS ACROSS CLASSES USING THE BCH PROCEDURE
WITH 2 DEGREE(S) OF FREEDOM FOR THE OVERALL TEST

Y

	Mean	S.E.
Class 1	0.540	0.036
Class 2	0.152	0.048
Class 3	0.656	0.034

[各潛在類別下 Y 平均值(Y=0 的機率)]

	Chi-Square	P-Value
Overall test	60.964	0.000
Class 1 vs. 2	35.089	0.000
Class 1 vs. 3	4.769	0.029
Class 2 vs. 3	59.877	0.000

[參數差異的卡方檢定]

由簡捷語法的報表數據可知，BCH 取向的逐步語法與簡捷語法得到相同的參數估計，所不同的是簡捷語法是直接估計平均值，等同於逐步語法 BCH 程序估計得到的閾值所對應的機率值，例如 c_1 組的閾值為$-.159$，亦即 $Y=0$ 的機率為.54，$Y=1$ 的機率為 $1-.54=.46$，恰為 BCH 簡捷語法估計得到 Y 在 c_1 組平均值：

$$P(Y=0|C=1)=\frac{\exp(-.159)}{1+\exp(-.159)}=.54 \qquad P(Y=1|C=1)=\frac{1}{1+\exp(-.159)}=.46$$

至於 ML3s 程序所估計得到的結果與 BCH 取向非常接近，但 ML3s 程序在輔助模型當中的各組分群機率並非 Step1 無條件 LCA 下的機率值，亦即發生了分類偏移變動的狀況；相對之下，BCH 取向維持原來的分群機率。

表 8.9 帶有遠端類別變數的潛在列聯表分析結果整理表

		模擬值	ML3s Est	SE	BCH Est	SE	BCH[1] Est	SE
C1	N	324	344		344		344	
$P(y=0)$		**.556**	**.540**	0.036	**.540**	0.036	**.540**	0.036
$P(y=1)$		**.444**	**.460**	0.036	**.460**	0.036		
Y 閾值			-.159	0.144	-.159	0.144		
C2	N	322	482		411		411	
$P(y=0)$		**.789**	**.656**	0.034	**.656**	0.034	**.656**	0.034
$P(y=1)$		**.211**	**.344**	0.034	**.344**	0.034		
Y 閾值			-.646*	0.152	-.647*	0.152		
C3	N	354	174		245		245	
$P(y=0)$		**.150**	**.152**	0.048	**.152**	0.034	**.152**	0.034
$P(y=1)$		**.850**	**.848**	0.048	**.848**	0.034		
Y 閾值			1.716*	0.369	1.717*	0.369		
閾值比較			z	p	z	p	χ^2	p
Overall							60.964*	<.001
C1:C2			2.161*	.031	2.163*	.031	4.769*	.029
C1:C3			-4.427*	<.001	-4.426*	<.001	35.089*	<.001
C2:C3			-5.471*	<.001	-5.470*	<.001	59.877*	<.001
Model fit			Step1	Step3	Step1	Step3		
Npar			20	5	20	5	20	
LL			-3949	-1742	-3949	-1687	-3949	
AIC			7938	3494	7938	3384	7938	
BIC			8036	3519	8036	3409	8036	

註1：使用簡捷語法將Y視為連續變數的估計結果，模式適配為階段一的數據　 * $p<.05$

8.7 迴歸輔助模式

　　前面所討論模型中，輔助變數不論是作為影響潛在類別變數 C 的自變數（預測變數）（X）或被 C 影響的依變數（遠端變數）（Y），在輔助模型當中都是獨立進行多階段分析。事實上，X 與 Y 可能同時存在輔助模型當中，而且具有 $X{\to}Y$ 的影響關係。此時如果先以一組觀察變數估計異質母體，得到潛在類別變數 C 之後，再去探討 $X{\to}Y$ 的關係，即為**迴歸輔助模型**（regression auxiliary model）（Asparouhouv & Muthén, 2014, 2021），方程式如下：

$$Y = \alpha_k + \beta_k X \tag{8-18}$$

　　上式當中的迴歸係數（截距 α_k、斜率 β_k）帶有足標 k，表示在各潛在類別中有所不同，亦即**分組殊化參數**（group-specific parameter）。也就是潛在類別變數 C 對於迴歸參數的調節效果（moderation effect），因此迴歸輔助模式又可稱為**潛在調節迴歸分析**（latent moderated regression），其特色是調節變數為潛在變數 C 而非外顯變數，是傳統迴歸模型無法進行的分析，如圖 8.2 所示。

　　雖然(8-18)式僅說明了 $X{\to}Y$ 的迴歸關係，但是由於觀察資料被區分成不同的潛在類別，因此截距 α_k 也可以視為 Y 被 X 解釋之後在不同潛在類別上的高低狀態，也就是前一節所介紹的遠端輔助模式的一種延伸應用 [為了增加 α_k 的可解釋性，X 若為連續變數時，可以進行中心化的處理（例如 Nylund-Gibson et al., 2019）]。另一方面，X 除了可以作為 Y 的解釋變數之外，也可以探討對於潛在類別的影響，也就是潛在類別迴歸模式的設定。換言之，基於多階段模式的逐步估計，可以將不同模式整合在同一個研究設計架構下。本節將透過迴歸輔助模式估計方法的介紹，來說明各種模型的整合應用。

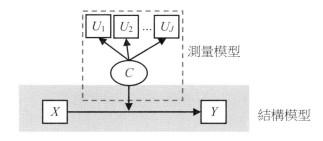

圖 8.2　輔助迴歸模式圖示

8.7.1 線性迴歸輔助模式的ML3s分析

基本的迴歸輔助模式是單純檢驗兩個連續變數 X 與 Y 的迴歸關係在各潛在類別的異質性。基於多階段模式的概念，先以第一階段無條件 LCA 確認潛在類別變數的測量模型後，進行 $X{\rightarrow}Y$ 的分組線性迴歸來估計各組截距 α_k 與斜率 β_k。

本節沿用前一節的 1000 筆模擬數據來進行示範，由於模擬時將 $X{\rightarrow}Y$ 的迴歸參數在三個潛在類別變數設定為截距 0、1、–1 與斜率.5、–.5、0，本節的示範數據可以與之進行比較。值得注意的是，由於模型中同時帶有 X 與 Y，無法使用 BCH 簡捷語法，而必須採用逐步設定的方式來進行多階段分析。

探討 C 對 $X{\rightarrow}Y$ 的影響的迴歸輔助模式，若採 ML3s 策略，第一階段為無條件 LCA（Syn8.7_ML3s_S1.inp），第三階段的語法與主要結果如下：

■Syn8.7_ML3s_S3.inp

```
TITLE: Regression auxiliary model ML3s: Step 3
VARIABLE:
    Names are U1-U6 Y X p1-p3 G;
    Usevar are Y X G;
    Classes = C(3);
    Nominal=G;
DATA: file=Syn8.7_ML3s_S2.dat;
DEFINE:    Center X (grandmean);        !X變數進行總平均數中心化平減
ANALYSIS: Type = Mixture;
MODEL:
    %overall%
      [Y]; Y on X;   Y;
    %C#1%
      [G#1@2.105];
      [G#2@0.231];
      [Y] (a1); Y on X (b1);   Y (e1); !設定C1的迴歸截距斜率與殘差參數與標記
    %C#2%
      [G#1@-0.153];
      [G#2@ 2.048];
      [Y] (a2); Y on X (b2);   Y (e2); !設定C2的迴歸截距斜率與殘差參數與標記
    %C#3%
      [G#1@-1.570];
      [G#2@-1.243];
      [Y] (a3); Y on X (b3);   Y (e3); !設定C3的迴歸截距斜率與殘差參數與標記
Model constraint:
    New (a12 a13 a23 b12 b13 b23 e12 e13 e23);
      a12 = a1-a2; a13 = a1-a3; a23 = a2-a3;
      b12 = b1-b2; b13 = b1-b3; b23 = b2-b3;
      e12 = e1-e2; e13 = e1-e3; e23 = e2-e3;
```

MODEL FIT INFORMATION

Number of Free Parameters   11

參數估計數目：
各組迴歸有截距、斜率、殘差
等 3 個參數，共 9 個參數。加
上 2 個分群機率，共 11 個參數

Loglikelihood

    H0 Value   -2711.708
    H0 Scaling Correction Factor   1.0470
      for MLR

Information Criteria

    Akaike (AIC)   5445.416
    Bayesian (BIC)   5499.402
    Sample-Size Adjusted BIC   5464.465
      (n* = (n + 2) / 24)

FINAL CLASS COUNTS AND PROPORTIONS FOR THE LATENT CLASSES
BASED ON ESTIMATED POSTERIOR PROBABILITIES

    Latent
    Classes

      1   351.84476   0.35184
      2   377.13413   0.37713
      3   271.02111   0.27102

FINAL CLASS COUNTS AND PROPORTIONS FOR THE LATENT CLASSES
BASED ON THEIR MOST LIKELY LATENT CLASS MEMBERSHIP

Class Counts and Proportions

    Latent
    Classes

      1   340   0.34000
      2   389   0.38900
      3   271   0.27100

硬分派：ML3s 的 Step-3 基於
MLC 歸屬的分類次數與分類比例

MODEL RESULTS

                                              Two-Tailed
                  Estimate   S.E.   Est./S.E.   P-Value

Latent Class 1   C1 的迴歸斜率

Y   ON
  X   0.578   0.062   9.269   0.000

                                                     C1 分類誤差的
Means   校正設定
  G#1   2.105   0.000   999.000   999.000
  G#2   0.231   0.000   999.000   999.000

Intercepts
  Y   0.053   0.082   0.642   0.521

Residual Variances
  Y   0.981   0.126   7.765   0.000

Latent Class 2

```
Y           ON
  X                    -0.383        0.084       -4.572        0.000
```
C2 的迴歸斜率

```
Means
  G#1                  -0.153        0.000      999.000      999.000
  G#2                   2.048        0.000      999.000      999.000
```
C2 分類誤差的
校正設定

```
Intercepts
  Y                     0.676        0.126        5.379        0.000

Residual Variances
  Y                     1.331        0.214        6.233        0.000
```

Latent Class 3

C3 的迴歸斜率

```
Y           ON
  X                     0.107        0.093        1.160        0.246
```
C3 分類誤差的
校正設定

```
Means
  G#1                  -1.570        0.000      999.000      999.000
  G#2                  -1.242        0.000      999.000      999.000

Intercepts
  Y                    -1.032        0.121       -8.531        0.000

Residual Variances
  Y                     1.028        0.149        6.892        0.000

Categorical Latent Variables

Means
  C#1                   0.261        0.137        1.912        0.056
  C#2                   0.330        0.149        2.223        0.026
```
檢驗迴歸係數兩兩
差異的統計顯著性

```
New/Additional Parameters
  A12                  -0.623        0.156       -3.984        0.000
  A13                   1.085        0.158        6.848        0.000
  A23                   1.708        0.198        8.633        0.000
  B12                   0.962        0.109        8.853        0.000
  B13                   0.471        0.117        4.033        0.000
  B23                  -0.491        0.125       -3.923        0.000
  E12                  -0.350        0.243       -1.438        0.150
  E13                  -0.047        0.191       -0.244        0.807
  E23                   0.303        0.236        1.281        0.200
```
迴歸斜率的兩兩差
異統計顯著性

　　由報表可知，MLC三群觀察值數目分別是340（34.0%）、389（38.9%）、271（27.1%）與Step 1測量模型的344（34.4%）、411（41.1%）、245（24.5%）、並不相同，顯示輔助模型發生了分群偏移的現象。

　　此外，X對於Y的迴歸斜率分別為.578 ($z=9.269$, $p<.001$)、−.383 ($z=-4.572$, $p<.001$)、.107 ($z=1.16$, $p=.246$)，強弱不一且顯著性檢定結論不同，斜率間的兩兩差異均達顯著水準：B12=.962, $z=8.853$ ($p<.001$)、B13=.471, $z=4.033$ ($p<.001$)、B23=−.491, $z=-3.923$ ($p=<.001$)，顯示經過了分類誤差校正，不同潛在類別下的$X{\rightarrow}Y$影響力不同，亦即潛在類別變數C對於$X{\rightarrow}Y$具有明顯的調節效果。

8.7.2 線性迴歸輔助模式的BCH分析

以 BCH 取向來進行迴歸輔助模式分析的程序類似，Step-1 為無條件 LCA，藉以估計 BCH 權數，然後在 Step-3 以 BCH 權數進行加權多樣本分析，分別估計 MLC 變數各潛在類別下的輔助變數關係（$X{\to}Y$ 迴歸分析）。第三階段的語法與主要結果如下，估計結果整理於表 8.10：

■**Syn8.7_BCH_S3.inp**

```
TITLE: Regression auxiliary model BCH:Step 3
VARIABLE:
    Names      = U1-U6 Y X W1-W3;
    Usevar     = Y X W1-W3;
    Training   = W1-W3(BCH);
    Classes    = C(3);
DATA: file     = Syn8.7_BCH_S2.dat;
DEFINE:   Center X (grandmean);   !X 變數進行總平均數中心化平減
ANALYSIS: type = Mixture;
MODEL:
    %Overall%
    [Y]; Y on X;  Y;
    %C#1%
    [Y] (a1); Y on X (b1); Y (e1);   !設定 C1 的迴歸截距斜率與殘差參數與標記
    %C#2%
    [Y] (a2); Y on X (b2); Y (e2);   !設定 C2 的迴歸截距斜率與殘差參數與標記
    %C#3%
    [Y] (a3); Y on X (b3); Y (e3);   !設定 C3 的迴歸截距斜率與殘差參數與標記
Model constraint:
    New (a12 a13 a23 b12 b13 b23 e12 e13 e23);
    a12 = a1-a2; a13 = a1-a3; a23 = a2-a3;
    b12 = b1-b2; b13 = b1-b3; b23 = b2-b3;
    e12 = e1-e2; e13 = e1-e3; e23 = e2-e3;
```

```
MODEL FIT INFORMATION

Number of Free Parameters                    11

Loglikelihood

    H0 Value                         -2636.129
    H0 Scaling Correction Factor        3.5159
      for MLR

Information Criteria

    Akaike (AIC)                      5294.258
    Bayesian (BIC)                    5348.243
    Sample-Size Adjusted BIC          5313.307
      (n* = (n + 2) / 24)
```

參數估計數目：
各組迴歸有截距、斜率、殘差等 3 個參數，共 9 個參數。加上 2 個分群機率，共 11 個參數

FINAL CLASS COUNTS AND PROPORTIONS FOR THE LATENT CLASSES
BASED ON ESTIMATED POSTERIOR PROBABILITIES

Latent
Classes

1	348.55700	0.34856
2	396.32400	0.39632
3	255.11900	0.25512

FINAL CLASS COUNTS AND PROPORTIONS FOR THE LATENT CLASSES
BASED ON THEIR MOST LIKELY LATENT CLASS MEMBERSHIP

Class Counts and Proportions

Latent
Classes

1	344	0.34400
2	411	0.41100
3	245	0.24500

硬分派：BCH 的 Step-3 基於 MLC
歸屬的分類次數與分類比例

MODEL RESULTS

	Estimate	S.E.	Est./S.E.	Two-Tailed P-Value
Latent Class 1				
Y ON				
X	0.518	0.107	4.838	0.000
Intercepts				
Y	-0.030	0.089	-0.339	0.735
Residual Variances				
Y	1.124	0.166	6.793	0.000
Latent Class 2				
Y ON				
X	-0.245	0.087	-2.806	0.005
Intercepts				
Y	0.512	0.094	5.475	0.000
Residual Variances				
Y	1.733	0.186	9.300	0.000
Latent Class 3				
Y ON				
X	0.108	0.144	0.747	0.455
Intercepts				
Y	-0.884	0.135	-6.560	0.000
Residual Variances				
Y	1.041	0.279	3.734	0.000

C1 的迴歸斜率

C2 的迴歸斜率

C3 的迴歸斜率

```
New/Additional Parameters
  A12            -0.542       0.138      -3.926      0.000
  A13             0.854       0.176       4.861      0.000
  A23             1.396       0.181       7.693      0.000
  B12             0.763       0.148       5.150      0.000
  B13             0.410       0.195       2.103      0.035
  B23            -0.353       0.185      -1.903      0.057
  E12            -0.609       0.262      -2.325      0.020
  E13             0.084       0.343       0.244      0.807
  E23             0.693       0.352       1.968      0.049
```

迴歸斜率的兩兩差
異統計顯著性

　　由報表可知，以BCH取向求得的硬分派分類比率為344（34.4%）、411（41.1%）、245（24.5%），與第一階段完全相同同，完全沒有分群偏移現象。

表 8.10 線性迴歸輔助模式估計結果整理表

			ML3s				BCH			
			Est	*SE*	*z*	*p*	*Est*	*SE*	*z*	*p*
C1		*N*= 340					344			
	α		**.045**	.082	.543	.587	**-.037**	.089	-.418	.676
	β		**.578**	.062	9.269	<.001	**.518**	.107	4.838	<.001
	ε		**.981**	.126	7.765	<.001	**1.124**	.166	6.793	<.001
C2		*N*= 389					411			
	α		**.681**	.126	5.398	<.001	**.516**	.094	5.499	<.001
	β		**-.383**	.084	-4.570	<.001	**-.245**	.087	-2.806	.005
	ε		**1.332**	.214	6.233	<.001	**1.733**	.186	9.300	<.001
C3		*N*= 271					245			
	α		**-1.033**	.120	-8.590	<.001	**-.885**	.134	-6.597	<.001
	β		**.107**	.093	1.160	.246	**.108**	.144	.747	.455
	ε		**1.028**	.149	6.891	<.001	**1.041**	.279	3.734	<.001
參數差異										
截距	a1-a2		**-.636**	.157	-4.056	<.001	**-.553**	.139	-3.989	<.001
	a1-a3		**1.078**	.158	6.825	<.001	**.848**	.176	4.831	<.001
	a2-a3		**1.714**	.197	8.680	<.001	**1.401**	.181	7.734	<.001
斜率	b1-b2		**.961**	.109	8.850	<.001	**.763**	.148	5.150	<.001
	b1-b3		**.471**	.117	4.032	<.001	**.410**	.195	2.103	.035
	b2-b3		**-.490**	.125	-3.921	<.001	**-.353**	.185	-1.903	.057
殘差	e1-e2		**-.350**	.243	-1.440	.150	**-.609**	.262	-2.325	.020
	e1-e3		**-.047**	.191	-.244	.807	**.084**	.343	.244	.807
	e2-e3		**.304**	.237	1.283	.200	**.693**	.352	1.968	.049
Model fit										
Npar			11				11			
LL			-2712				-2636			
AIC			5445				5294			
BIC			5499				5348			

在迴歸分析部份，X 對於 Y 的迴歸斜率明顯低於 ML3s 的估計結果，分別為.518 (z=4.838, p<.001)、−.245 (z=−2.806, p<.01)、.108 (z=0.747, p=.455)，斜率間的兩兩差異部份達到顯著水準：B12=.763, z=5.15 (p<.001)、B13=.41, z=2.103 (p<.05)、B23=−.353, z=−1.903 (p=.057)，顯示雖然不同潛在類別下的 $X{\to}Y$ 影響力不同，潛在類別變數 C 對於 $X{\to}Y$ 仍有調節效果，但強度比起 ML3s 取向減弱甚多。

由於 ML3s 取向在第三階段估計得到的三群觀察值數目分別是 34%、38.9%、27.1%，與階段一的 LCA 分群機率 34.4%、41.1%、24.5%相差甚大，顯示 ML3s 策略所存在的分類偏移現象十分明顯。相對之下，BCH 取向的分群機率完全相同。同時若從模式適配情形來看，BCH 取向的 AIC=5294、BIC=5348，表現較優。

在迴歸參數部分，兩種取向估計得到的截距與斜率在各潛在類別的差異皆十分明顯，各參數的兩兩比較均多具有顯著差異，尤其是在 ML3s 取向下的參數差異 z 檢定量普遍高於 BCH 取向，顯示 ML3s 的估計結果統計檢定力較強。此外，斜率在 ML3s 與 BCH 估計結果均符合資料模擬的數值設計：$X{\to}Y$ 的迴歸參數在三個潛在類別的斜率為.5、−.5、0。斜率參數的兩兩比較也支持不同潛在類別的斜率不同的結論，亦即 C 調節 $X{\to}Y$ 的影響力。

另一方面，截距的調節效果也可以透過截距參數的兩兩比較可以得知，值得注意的是，由於本範例的 X 變數經過平減處理，因此截距為當 X 為平均數時的 Y 平均數，而且 X 在三個潛在類別的平均數也有不同，因此截距係數反映的是 Y 的調整平均值，因此截距的比較可視為 Y 作為 C 的遠端變數的調整平均數差異分析。

以 c_1 組為例，ML3s 估計得到 α_{c1}=0.045，z=0.543, p=.587，並未拒絕截距為 0 的虛無假設，但 α_{C2}=.681，z=5.398, p<.001，而 α_{C3}=−1.033，z=−8.59, p<.001，亦即 c_2 組的 Y 調整平均數顯著高於 0，c_3 組的 Y 調整平均數顯著低於 0，符合資料模擬數值設計：$X{\to}Y$ 的截距為 0、1、−1。不論是 ML3s 或 BCH 取向都獲得 C 對 Y 的調整平均數具有顯著影響的結論，各潛在類別的 Y 調整平均數具有顯著差異，各組調整平均數的兩兩比較可以從參數差異檢定結果得知。

8.8 羅吉斯迴歸輔助模式

前面的範例是以線性迴歸為基礎的迴歸輔助模式分析，如果依變數 Y 為二分類別變數，即為羅吉斯迴歸輔助模型（logistic regression auxiliary model）（Asparouhouv & Muthén, 2014, 2021），模型定義如下：

$$P(Y=1|C) = \frac{1}{1+\exp(\alpha_k + \beta_k X)} \tag{8-19}$$

其中 α 為羅吉斯迴歸的截距，亦即 $X=0$ 時的勝算比 logit 值，截距 α 與斜率 β 均有下標 k，表示各潛在類別各群下的迴歸係數估計值各有不同。

8.8.1 羅吉斯迴歸輔助模式的ML3s分析

本節的示範資料取用前一節虛擬得到的類別遠端依變數 Y，進行 $X \rightarrow Y$ 的羅吉斯迴歸分析。第一階段執行無條件 LCA（Syn8.8_ML3s_S1.inp），獲得 Step3 所需要的 MLC 變數（G）的閾值參數，第三階段的語法與主要結果如下：

■Syn8.8_ML3s_S3.inp

```
TITLE: Logistic regression auxiliary model ML3s Step 3
VARIABLE:
    Names    = U1-U6 Y X P1-P3 G;
    Usev     = Y X G;
    Cate     = Y;
    Classes = C(3);              !指定潛在類別變數名稱與組數
    Nominal = G;                 !指定MLC(G)為名義變數
DATA:     File = Syn8.8_ML3s_S2.dat;
ANALYSIS: Type = Mixture;
DEFINE:   Center X (grandmean); !X變數以總平均數進行中心化
MODEL:
    %Overall%
        Y on X;              !設定迴歸模型
    %C#1%
        [G#1@2.105];         !設定C1組MLC變數第1個閾值
        [G#2@0.231];         !設定C1組MLC變數第2個閾值
        [Y$1]    (a1);       !設定C1組遠端變數閾值參數與標記
```

```
        Y on X (b1);        !設定C1組斜率參數與標記
    %C#2%
        [G#1@-0.153];        !設定C2組MLC變數第1個閾值
        [G#2@ 2.048];        !設定C2組MLC變數第2個閾值
        [Y$1]    (a2);      !設定C2組遠端變數閾值參數與標記
        Y on X (b2);        !設定C2組斜率參數與標記
    %C#3%
        [G#1@-1.570];        !設定C3組MLC變數第1個閾值
        [G#2@-1.243];        !設定C3組MLC變數第2個閾值
        [Y$1]    (a3);      !設定C3組遠端變數閾值參數與標記
        Y on X (b3);        !設定C3組斜率參數與標記
Model constraint:
    New (a12 a13 a23 b12 b13 b23);
    a12 = a1-a2; a13 = a1-a3; a23 = a2-a3;
    b12 = b1-b2; b13 = b1-b3; b23 = b2-b3;
```

MODEL FIT INFORMATION

Number of Free Parameters   8

參數估計數目：
各組羅吉斯迴歸有截距與斜率
2個參數，共6個參數。加上
2個分群機率，共8個參數

Loglikelihood

    H0 Value   -1723.586
    H0 Scaling Correction Factor   1.0167
        for MLR

Information Criteria

    Akaike (AIC)   3463.172
    Bayesian (BIC)   3502.434
    Sample-Size Adjusted BIC   3477.026
        (n* = (n + 2) / 24)

FINAL CLASS COUNTS AND PROPORTIONS FOR THE LATENT CLASSES
BASED ON ESTIMATED POSTERIOR PROBABILITIES

    Latent
    Classes

        1   347.88031   0.34788
        2   396.34527   0.39635
        3   255.77443   0.25577

FINAL CLASS COUNTS AND PROPORTIONS FOR THE LATENT CLASSES
BASED ON THEIR MOST LIKELY LATENT CLASS MEMBERSHIP

Class Counts and Proportions

    Latent
    Classes

                                              硬分派：ML3s的Step-3基於
        1   343   0.34300   MLC歸屬的分類次數與分類比例
        2   446   0.44600
        3   211   0.21100
```
```

MODEL RESULTS

	Estimate	S.E.	Est./S.E.	Two-Tailed P-Value	
Latent Class 1					C1 的羅吉斯迴歸斜率
Y ON					
X	0.924	0.223	4.138	0.000	
Means					C1 分類誤差的校正設定
G#1	2.105	0.000	999.000	999.000	
G#2	0.231	0.000	999.000	999.000	
Thresholds					
Y$1	-0.038	0.160	-0.235	0.814	
Latent Class 2					C2 的羅吉斯迴歸斜率
Y ON					
X	-0.366	0.159	-2.300	0.021	
Means					C2 分類誤差的校正設定
G#1	-0.153	0.000	999.000	999.000	
G#2	2.048	0.000	999.000	999.000	
Thresholds					
Y$1	-0.665	0.160	-4.151	0.000	
Latent Class 3					C3 的羅吉斯迴歸斜率
Y ON					
X	0.506	0.379	1.333	0.183	
Means					C3 分類誤差的校正設定
G#1	-1.570	0.000	999.000	999.000	
G#2	-1.243	0.000	999.000	999.000	
Thresholds					
Y$1	1.682	0.382	4.407	0.000	
New/Additional Parameters					羅吉斯迴歸的截距與斜率兩兩差異統計顯著性
A12	0.627	0.243	2.575	0.010	
A13	-1.720	0.444	-3.874	0.000	
A23	-2.347	0.448	-5.244	0.000	
B12	1.290	0.293	4.396	0.000	
B13	0.419	0.492	0.851	0.395	
B23	-0.871	0.456	-1.911	0.056	

RESULTS IN PROBABILITY SCALE

	Estimate	
Latent Class 1		
Y		C1 的羅吉斯迴歸截距轉換成 Y=0 與 Y=1 的機率值
Category 1	0.472	
Category 2	0.528	
Latent Class 2		

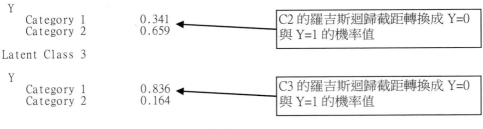

```
Y
    Category 1                  0.341
    Category 2                  0.659
Latent Class 3
Y
    Category 1                  0.836
    Category 2                  0.164
```

C2 的羅吉斯迴歸截距轉換成 Y=0 與 Y=1 的機率值

C3 的羅吉斯迴歸截距轉換成 Y=0 與 Y=1 的機率值

LOGISTIC REGRESSION ODDS RATIO RESULTS

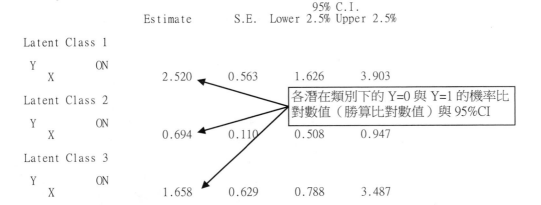

	Estimate	S.E.	95% C.I. Lower 2.5%	Upper 2.5%
Latent Class 1				
Y ON				
X	2.520	0.563	1.626	3.903
Latent Class 2				
Y ON				
X	0.694	0.110	0.508	0.947
Latent Class 3				
Y ON				
X	1.658	0.629	0.788	3.487

各潛在類別下的 Y=0 與 Y=1 的機率比對數值（勝算比對數值）與 95%CI

　　由前述報表可知，$X \to Y$ 的羅吉斯迴歸斜率係數在 c_1、c_2、c_3 三個潛在類別當中強弱不一。效果最強的是 c_1 組，$\beta = 0.924$, $z = 4.138$, $p < .001$，轉換成機率勝算比 exp(.924)=2.52，亦即 X 每增加一個單位，發生 $Y=1$ 的機率是發生 $Y=0$ 的機率的 2.52 倍，高出了 152%。勝算比信賴區間 95%CI=[1.626,3.903]沒有涵蓋 1，表示兩個機率的比值不是 1:1；相對之下，效果最弱的是 c_3 組：$\beta = 0.506$, $z = 1.333$, $p = .183$，未達 .05 顯著水準，表示對於 $X \to Y$ 的關係在 c_3 沒有統計意義。由係數兩兩比較的檢定得知，c_1 與 c_2 的斜率差異最為明顯：B12=1.29, $z = 4.396$, $p < .001$，至於 c_1 與 c_3、c_2 與 c_3 的斜率差異則未具有統計意義。

　　在截距部份，各組截距是 X 等於各組平均時的 $Y=1$ 與 $Y=0$ 勝算比指數，以 c_2 為例：$\tau_{c2} = -.665$, $z = -4.151$, $p < .001$，換算成機率 $P(Y=1) = .659$，表示在 c_2 組的 Y 容易發生 $Y=1$。相對之下，c_3 組的 Y 容易發生 $Y=0$ 的選項，$\tau_{c3} = 1.682$, $z = 4.407$, $p < .001$，換算成機率 $P(Y=0) = .836$。經由兩兩比較也得知各組間具有明顯差異，A12=.627, $SE = 0.243$, $z = 2.575$, $p < .05$、A13=-1.72, $SE = 0.444$, $z = -3.874$, $p < .001$、A23=-2.347, $SE = 0.448$, $z = -5.244$, $p < .001$，這些檢定結果都支持潛在變數 C 扮演了調節變數的角色，各組的 $X \to Y$ 羅吉斯迴歸有不同的截距與斜率。

8.8.2　羅吉斯迴歸輔助模式的BCH分析

　　羅吉斯迴歸輔助模式的 BCH 分析，是利用多樣本分析的原理，以 BCH 權數進行分類誤差的校正，Step-3 並沒有測量模型的設定，因此 Model 指令中僅需宣告整體模型為羅吉斯迴歸，然後在各潛在類別下設定羅吉斯迴歸的截距與斜率參數標記，以利計算參數差異比較，第一階段語法為 Syn8.8_BCH_S1.inp，第三階段的輔助模式語法與主要結果如下：

■Syn8.8_BCH_S3.inp

```
TITLE: Logistic regression auxiliary model BCH: Step 3
VARIABLE:
    Names    = U1-U6 Y X W1-W3;
    Usevar   = Y X W1-W3;
    Categor  = Y;
    Training = W1-W3(BCH);
    Classes  = C(3);
DATA:
    File     = Syn8.8_BCH_S2.dat;
ANALYSIS: Type= Mixture;
DEFINE:  Center X (grandmean);
MODEL:
    %Overall%
        Y on X;
    %C#1%
        [Y$1]    (a1);       !設定C1的羅吉斯迴歸截距與標記a1
        Y on X (b1);         !設定C1的羅吉斯迴歸斜率與標記b1
    %C#2%
        [Y$1]    (a2);       !設定C2的羅吉斯迴歸截距與標記a2
        Y on X (b2);         !設定C2的羅吉斯迴歸斜率與標記b2
    %C#3%
        [Y$1]    (a3);       !設定C3的羅吉斯迴歸截距與標記a3
        Y on X (b3);         !設定C3的羅吉斯迴歸斜率與標記b3
Model constraint:
    New (a12 a13 a23 b12 b13 b23 );
    a12 = a1-a2; a13 = a1-a3; a23 = a2-a3;
    b12 = b1-b2; b13 = b1-b3; b23 = b2-b3;
```

FINAL CLASS COUNTS AND PROPORTIONS FOR THE LATENT CLASSES
BASED ON ESTIMATED POSTERIOR PROBABILITIES

```
    Latent
    Classes

        1        348.55700        0.34856
        2        396.32400        0.39632
        3        255.11900        0.25512
```

FINAL CLASS COUNTS AND PROPORTIONS FOR THE LATENT CLASSES
BASED ON THEIR MOST LIKELY LATENT CLASS MEMBERSHIP

Class Counts and Proportions

Latent
Classes

1	344	0.34400
2	411	0.41100
3	245	0.24500

硬分派：BCH 的 Step-3 基於 MLC
歸屬的分類次數與分類比例

MODEL RESULTS

	Estimate	S.E.	Est./S.E.	Two-Tailed P-Value
Latent Class 1				
Y ON				
X	0.893	0.231	3.874	0.000
Thresholds				
Y$1	0.027	0.164	0.164	0.870
Latent Class 2				
Y ON				
X	-0.301	0.146	-2.057	0.040
Thresholds				
Y$1	-0.631	0.156	-4.051	0.000
Latent Class 3				
Y ON				
X	0.426	0.446	0.955	0.340
Thresholds				
Y$1	1.700	0.378	4.498	0.000
Categorical Latent Variables				
Means				
C#1	0.312	0.136	2.292	0.022
C#2	0.441	0.138	3.203	0.001
New/Additional Parameters				
A12	0.658	0.242	2.717	0.007
A13	-1.673	0.443	-3.778	0.000
A23	-2.331	0.442	-5.278	0.000
B12	1.194	0.290	4.121	0.000
B13	0.467	0.540	0.866	0.386
B23	-0.727	0.500	-1.453	0.146

C1 的羅吉斯迴歸斜率

C2 的羅吉斯迴歸斜率

C3 的羅吉斯迴歸斜率

羅吉斯迴歸的截距與斜率的兩兩差異統計顯著性

RESULTS IN PROBABILITY SCALE

Estimate

Latent Class 1

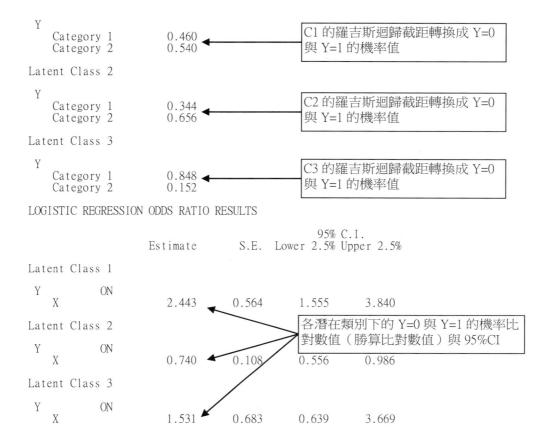

```
Y
    Category 1            0.460
    Category 2            0.540
Latent Class 2

Y
    Category 1            0.344
    Category 2            0.656
Latent Class 3

Y
    Category 1            0.848
    Category 2            0.152
```

C1 的羅吉斯迴歸截距轉換成 Y=0 與 Y=1 的機率值

C2 的羅吉斯迴歸截距轉換成 Y=0 與 Y=1 的機率值

C3 的羅吉斯迴歸截距轉換成 Y=0 與 Y=1 的機率值

LOGISTIC REGRESSION ODDS RATIO RESULTS

	Estimate	S.E.	95% C.I. Lower 2.5%	Upper 2.5%
Latent Class 1				
Y ON				
X	2.443	0.564	1.555	3.840
Latent Class 2				
Y ON				
X	0.740	0.108	0.556	0.986
Latent Class 3				
Y ON				
X	1.531	0.683	0.639	3.669

各潛在類別下的 Y=0 與 Y=1 的機率比對數值（勝算比對數值）與 95%CI

　　BCH 分析所得到的結果與 ML3s 接近，但 BCH 的參數估計效果有較低的傾向，兩種分析的參數估計與檢定結果整理於表 8.11。

　　由於本節的類別依變數 Y 由前一節的連續變數 Y 虛擬轉換而來，因此估計結果與前一節類似，ML3s 取向仍存在分類偏移，BCH 取向的模式適配較佳，但參數估計較不容易達到統計顯著水準

　　在羅吉斯迴歸係數部分，反映 X 對 Y 影響力的斜率在三個潛在類別均有明顯不同，不論是 ML3s 取向或 BCH 取向均是在 c_1 組最高、c_2 組次之，在 c_3 組則都未具有統計意義。而 ML3s 取向得到的斜率係數略高於 BCH 取向。

　　羅吉斯迴歸的截距在 c_1 組並未顯著不為 0，亦即 Y 變數的兩組機率相當（接近 0.5:0.5）。但 c_2 組的截距閾值則顯著低於 0，BCH 取向的估計結果與 ML3s 結果相似。

表 8.11 潛在類別羅吉斯迴歸輔助模式估計結果整理表

		ML3s				BCH			
		Est	*SE*	*z*	*p*	*Est*	*SE*	*z*	*p*
C1	*N*= 343					344			
β		**.924**	.223	4.138	<.001	**.893**	.231	3.874	<.001
Exp(β)		**2.520**	.563			**2.443**	.564		
τ		**-.038**	.160	-.235	.814	**.027**	.164	.164	.870
P(y=0)		**.472**				**.460**			
P(y=1)		**.528**				**.540**			
C2	*N*= 446					411			
β		**-.366**	.159	-2.300	.021	**-.301**	.146	-2.057	.040
Exp(β)		**.694**	.110			**.740**	.108		
τ		**-.665**	.161	-4.151	<.001	**-.631**	.156	-4.051	<.001
P(y=0)		**.341**				**.344**			
P(y=1)		**.659**				**.656**			
C3	*N*= 211					245			
β		**.506**	.379	1.333	.183	**.426**	.446	.955	.340
Exp(β)		**1.658**	.629			**1.531**	.683		
τ		**1.682**	.382	4.407	<.001	**1.700**	.378	4.498	<.001
P(y=0)		**.836**				**.848**			
P(y=1)		**.164**				**.152**			
參數比較		*Est*	*SE*	*z*	*p*	*Est*	*SE*	*z*	*p*
$\tau1:\tau2$		**.627**	.243	2.575	.010	**.658**	.242	2.717	.007
$\tau1:\tau3$		**-1.720**	.444	-3.874	<.001	**-1.673**	.443	-3.778	<.001
$\tau2:\tau3$		**-2.347**	.448	-5.244	<.001	**-2.331**	.442	-5.278	<.001
$\beta1:\beta2$		**1.290**	.293	4.396	<.001	**1.194**	.290	4.121	.001
$\beta1:\beta3$		**.419**	.492	.851	.395	**.467**	.540	.866	.386
$\beta2:\beta3$		**-.871**	.456	-1.911	.056	**-.727**	.500	-1.453	.146
Model fit									
Npar		8				8			
LL		-1724				-1656			
AIC		3463				3328			
BIC		3502				3368			

　　本範例係將前一節的 *Y* 虛擬成二元類別變數來進行羅吉斯迴歸，雖然減損了一些訊息，但結果符合資料模擬的數值設計：*X*→*Y* 的迴歸參數在三個潛在類別的斜率.5、−.5、0 與截距 0、1、−1，亦即斜率在 c_3 組沒有統計意義，截距在 C1 組不具統計顯著性。透過本節的分析，確實發現潛在類別變數 *C* 的分群分析有明顯的調節效果證據，說明 *C* 除了作為 IV 與 DV，也可以作為調節變數。

進一步閱讀文獻

介紹三階段分析原理的完整說明及操作建議，Mplus 官方網站可獲得該文的詳細語法與資料：Asparouhov, T., & Muthén, B. (2014). Auxiliary variables in mixture modeling: three-step approaches using Mplus. *Structural Equation Modeling: A Multidisciplinary Journal, 21,* 329–341.

相當完整的 BCH 三階段分析的技術手冊，歷經 11 次改版，提供 Mplus 語法可以練習 Asparouhov, T., & Muthén, B. (2021). Auxiliary Variables in Mixture Modeling: Using the BCH Method in Mplus to Estimate a Distal Outcome Model and an Arbitrary Secondary Model. Mplus Web Notes: No. 21., Version 11. 2023/3/17 Retrieved from https://www.statmodel.com/examples/webnotes/webnote21.pdf

Appendix 8.1 模擬資料的生成語法

■ Syn_Ch8gen1.inp

```
Montecarlo:
    Names          = U1-U6 Y X;
    Generate       = U1-U6(1);
    Categorical    = U1-U6;
    Genclasses     = C(3);
    Classes        = C(3);
    Nobs           = 1000;
    Nrep           = 1;
    Save           = Ch8a.dat;
Analysis:
    Type           = Mixture;
    ALGORITHM      = INTEGRATION;
Model Population:
    %Overall%
         [X@0];
         X@1;
         C#1 on X*0.5;
         C#2 on X*0.25;
         Y*1;
         Y on X*0;
    %c#1%
         [U1$1-U6$1*-1];
         [Y*0];
         Y on X*0.5;
    %c#2%
         [U1$1-U6$1* 1];
         [Y*1];
         Y on X*-0.5;
    %c#3%
         [U1$1-U3$1* 1];
         [U4$1-U6$1*-1];
         [Y*-1];
         Y on X*0;
```

9 結語

At the end

9.1 前言：0 與 1 之間

　　2006 年秋天，我與中研院統計所的劉長萱老師合開一門「量化研究與心理計量專題討論」課程，原本課程內容是類似「結構方程模式」、「階層線性模式」這一類的高等複變量模型方法，但是後來卻因為所裡另一位程爾觀老師的一段談話，戲劇性的改變我的想法。那節課，可以用「0 與 1 之間」來命名。

　　就在中研院統計所頂樓的小教室裡，程老師隨性的跟我們聊起類別變數分析的歷史典故，他問說：「你們知道為什麼顯著性水準要訂在.05 嗎？」，「如果樣本很小時，你們怎麼處理顯著性考驗呢？」，「如果是 0 與 1 的二分變數的獨立性考驗時，前面兩個問題又如何回答？」當我們一群老師學生躍躍欲試準備回答時，程老師順手的在黑板上畫了一個 0 與 1 變數的 2×2 列聯表，令總人數是 10，如表 9.1。

　　程老師問，「如果總人數是 10，在最隨機的情況下，A 到 D 四個細格的次數應該是多少？」（根據期望值原理，各為 2.5），「你們可以列出 A 到 D 四個細格的所有可能組合嗎？」（應該不難），他繼續說「如果都會回答，那麼就可以利用 Fisher 的 exact test for independence 來檢驗兩個二分變數是否具有顯著關聯了，而你不必也不應該用 Pearson 的卡方檢驗，因為 Fisher 的檢定方法比較符合這個例子的條件。」（是的，樣本數太小了！）

　　如果令 A=D=1、B=C=4，（模擬一下表 9.1 的一種狀況），把資料輸入 SPSS 後進行獨立性考驗，會得到表 9.2 的結果。根據 Pearson 卡方檢定的結論會是 $\chi^2=3.6$，$df=1$，$p=.058$，幾乎達到.05 顯著水準而推翻兩變數的獨立性，但根據 Fisher 精確檢定，$p=.206$，則明顯未達.05 顯著水準，兩變數的獨立性仍然維繫。

表 9.1　0 與 1 的列聯表

	X=0	X=1	小計
Y=0	A	B	
Y=1	C	D	
小計			10

表 9.2 以 SPSS 執行卡方獨立性檢驗分析結果

	數值	自由度	漸近顯著性 (雙尾)	精確顯著性 (雙尾)	精確顯著性 (單尾)
Pearson卡方	3.600	1	.058		
連續性校正	1.600	1	.206		
概似比	3.855	1	.050		
Fisher's精確檢定				.206	.103
線性對線性的關連	3.240	1	.072		
有效觀察值的個數	10				

其實令我感到震驚的不是數據，而是前面幾句短短的對話。因為在五分鐘不到的時間，讓我體會什麼是「精確」（exact）、讓我明白 Fisher 精確檢定的意義、也讓我瞭解 Fisher 精確檢定與 Pearson 卡方檢定的差異、更開啟了我後來對於類別變數分析的興趣。

程老師出身台大數學系，謙稱自己沒什麼大學問，他常說他不熟悉心理或管理研究用到的那些高等模型方法是什麼玩意兒，但是他只要大略聽聽，就可以知道背後有什麼學問。他滿喜歡我在研究的這些高階模型，尤其是潛在類別模型，但並不是因為這套技術能替他解決什麼問題或有多神奇，而是這套方法的基礎很簡單直觀，他說：「不要迷信複雜的玩意，簡單就好」。

程老師是數學家，對於應用統計的興致或許與我們不同，但是從數學的語言來看我們，會認為潛在類別模式的起點很簡單，就是 LCA 的利基。當下，他的話我聽懂了，在 2008 年完成這本書的前身「潛在類別模式的原理與技術」，2023 年的改版，則從「潛在異質性」的角度，重新詮釋潛在類別的意義與分析方法，加入了近年來學者專家所提出的新方法與新技術，程老師說，「再艱難的統計問題，都是從 0 與 1 開始」。這雖然只是個小故事，卻有大道理。

這本書在第二章花費了一些篇幅介紹了類別變數的原理介紹，就是受到程老師的影響。我時常跟學生開玩笑說，老師說的話要聽喔！並不是因為老師總是那樣博學多聞，或是老師總能講出什麼大道理，而是老師們的話中，總是留著一些意味深長的東西，能讓一些有心人可以從中獲得啟發。學習其實沒有那麼困難，難的是如何準備好我們的心情，然後找到啟蒙的典範，來開啟智慧之窗。能遇到好老師，能夠有趣的學習，是一件最幸福的事。

9.2 再論：類別與連續之別

　　本書所介紹的是以類別潛在變數為核心的統計模式：潛在結構分析（latent structure analysis; LSA）。如同其他的潛在變數模型，LSA 的主要價值在於能夠去探尋、捕捉潛藏於樣本資料背後的母體結構，所不同的是，LSA 主張母體結構是異質的類別空間，但是其他模型多以連續型態的潛在變數來定義母體的世界。雖然只是簡單的「類別」與「連續」兩字之差，在學理與實務上卻是充滿疑雲。

9.2.1 類別與連續的雙軌並行

　　再講一個小故事，2009 年，我以 *"Structural analysis of work design model: A latent class analysis"* 一文在美國心理學會年會宣讀論文，高齡 81 歲的 McDonald 教授坐著輪椅來到我的攤位，仔細詢問論文內容，結束時他很篤定的告訴我，潛在變數的討論從非線性離散空間出發才是正途，雖然這個議題當時冷門，甚至逐漸凋零，他鼓勵我繼續前進，認為會有開朗的一天，講到激動處他甚至想要起身，我跟他合影留念，他說會寄文章給我，五天後就收到了 email。

圖 9.1 與 McDonald 教授合影於 APA2009 年會（加拿大多倫多）

那是 Douglas Steinley 與 Roderick McDonald（2007）在 *"Multivariate Behavioral Research"* 的專文 *"Examining factor score distributions to determine the nature of latent space"*，主張因素模式的參數空間光譜性質必須從更廣義的非線性角度來定義與估計，而非直觀的預設立場採取連續空間（或離散空間）來處理，無奈長期以來因素分析一直主導潛在變數的定義，在七十年代利用整合性的共變結構整合了迴歸分析而朝向線性取向的結構方程模式大肆發展，並沒有太多人呼應自五六十年代即開始不斷發聲的 Lazarsfeld、McDonald、Gibson 等學者的離散潛在結構的主張，也就是本書一直引用的原創觀點。

伊利諾大學香檳分校心理計量教授 Roderick McDonald（1928-2011）是 SEM 的重要推手，但念念不忘對於因素空間連續光譜性質的探究，不吝給予後進提攜，雖然已經離世，對於今日異質空間分析模式日漸受到重視，以及分析方法的不斷進步，必定感到安慰。以 Mplus 為例，其官方文件明確指出，類別型的潛在變數模型是第二代 SEM（second-generation structural equation modeling）[1]，並以第二軌道（Ellipse B）來與連續潛在變數模式並列（Muthén, 2001），如圖 9.2 所示。正因為分析工具的便給，潛在結構分析與混合模式的發展大有可為。

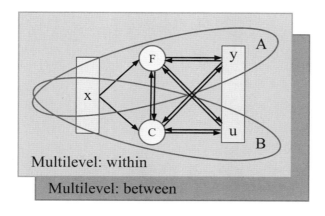

圖 9.2 雙軌道的潛在變數模式構圖（圖片取自 Mplus 官方網站與手冊 p.3）
（註：F 表示連續潛在變數，C 表示類別潛在變數，u 為類別觀察變數）

---

[1] 此一名詞出現在 L. M. Collins 與 . G. Sayer 編著的 *"New Methods for the Analysis of Change"* 專書章節 *"Second-generation structural equation modeling with a combination of categorical and continuous latent variables: New opportunities for latent class-latent growth modeling"* (pp. 291-322)。由 APA 於 2002 年出版。

9.2.2 類別與連續的辨識

　　究竟潛在變數應該界定為連續型態還是類別屬性，並不是單純的統計問題，而是應有學理的論述與現象的透視。本書曾在第 1 章介紹 Masyn 等人（2010）所提出的**群尺光譜**（dimensional–categorical spectrum; DCS），就是從統計模式的觀點來討論。從知識論的角度來看，在此引述 De Boeck，Wilson 與 Acton（2005）的看法，認為研究者所關心的「變數」是連續的向度（dimension）或分立的類別（category）有三種理論取向來判斷：原型理論（prototype theory）、範型理論（exemplar theory）與知識取向（knowledge approach）。這三種理論有助於我們去釐清變數的類型為何。

9.2.2.1 原型理論

　　變數是類別或連續的區分，最直觀的一種方法是從現象的本身特性來看，亦即從被研究的現象的本質與內涵出發，尤其是當此一現象存在著外顯與潛在變數層次之分時，變數的向度化或類別化必須同時從外顯層次與潛在層次來評估，也即因為涉及潛在變數的運用，此時研究者必須能夠提出適切的操作型定義與理論界說，來協助人們瞭解研究變數的本質與特性為何。

　　由於社會與行為科學研究的研究焦點經常是潛在構念（例如智力、滿意度、社經地位等等），因而變數是連續向度與分立類別的決定，最好是能夠同時在潛在變數與外顯變數兩個層次上成立。例如學習障礙或精神疾病類型（潛在層次），可以從一些行為症狀（外顯層次）上的有無來判定。又或者，創造力（潛在層次）的高低可以從各種認知思考速度、變化性與原創性（外顯層次）來評估。

　　前面的例子中，兩個層次都是相同類型的變數（疾病類型與症狀均為類別化；創造力高低與各項思考特徵均為連續向度），但是在實際研究中，我們經常可以發現外顯層次與潛在層次存在著不一致性，例如憂鬱程度（連續潛在變數）也經由一些行為與心理症狀指標（類別外顯變數）來判斷。因此，在原型理論的架構下，變數的連續或類別化，除了從現象的本質來看，更需要仰賴研究者所提出的操作型定義與理論基礎來作為支撐。最後才是實徵資料的檢驗與統計方法的分析比較檢定。

9.2.2.2 範型理論

　　一個被研究的現象特性為何，必須有其存在的共同經驗基礎，而不只是從理論典範來界說。學者們以脈絡模型（context model）（例如 Medin & Scjaffer, 1978; Nosofsky & Palmeri, 1997）說明研究者所探討的相似現象之間應有高度的相似性，不同的概念則有低度的相似性。研究者可以藉由一些科學方法來找出被研究的現象的一種核心範型，作為定義該變數的事實基礎。

　　從量化研究的角度來看，範型理論所著重的是實證數據的基礎，原型理論則強調現象的理論架構。當一個現象是類別化的結果時，相似者具有一定的特徵，而不相似者則與之迥然不同的特性。藉由參數化的模型分析，範型理論得以透過實證程序來驗證。過去的一些研究傾向於支持範型理論優於原型理論（例如 Medin & Coley, 1998; Murphy, 2002; Smits, Storms, Rosseel, & De Boeck, 2002; Storms, De Boeck, & Ruts, 2000）。

9.2.2.3 知識取向

　　第三種判斷變數類型策略，並沒有一種特定的立場或形式，而注重的是經驗性過程，因此較適合被稱為一種取向。其特性主要係針對前兩者的缺點而來，前兩種理論不論是從本質或實證現象來切入，本質上都是一種事前的概念，知識取向則強調對於變數本身的性質應從不斷累積的證據中來釐清，也就是一種事後或經驗性的角度。

　　由於研究者所探究的現象往往充滿未知，即使可以在某些理論觀點或過去實證資料中獲得某些初步的概念，但真實狀況可能遠不如研究者的預期，或是現象的本身在不同的情境或條件下也會有所變異，因此，僅能採取一種歸納取向，經由一連串的研究活動來累積對於被研究現象的「知識」，是一種由下而上的建構歷程。在建構過程中，研究者得以對於被觀測的類別或向度的內在關係進行反覆深入的檢驗，在實證基礎上具有高度的客觀性與可重複性，因此又被稱之為知識取向理論（knowledge approach theory）（Murphy, 2002; Murphy & Medin, 1985）或解釋為基礎的理論（explanation-based theory）（Komatsu, 1992）。在研究技術精進的今日，研究者除了運用傳統的研究技術，還可藉助一些高科技實驗器材、儀器與設備（例如磁振造影 MRI、腦電儀 EEG、眼動儀等）、電腦模擬研究、類神經網路與資料探勘技術，來確認所觀測現象的特徵與形貌。

　　雖然上述三種理論取向各有偏重，但是對於研究者來執行研究工作均具有重要的意義。首先，原型理論主張研究者必須對於所探討的課題能夠找出適切的理論立基，範型理論則指出能夠被歸為同一種概念體系或類型的現象應具有一定的實證基礎，最後，知識取向則主張所探討的現象的內在關係，是一連串研究活動所建構的知識體系來形成我們最終的結論。

　　以潛在類別模式的運用來說，範型理論的主張最能夠反應在分析結果的數據上（因為相同的潛在類別就是一種同質性的核心範型），同一種類型之下的機率組合對所有觀察者均是相同且固定的一組參數，因此這種策略也正具有知識取向所挑戰的一種缺失：無法對於類屬下的內在關係進行深入探究。換言之，即使我們藉由 LCM 找出了某種類別結構，我們仍無法掌握形成這種結構的內部機轉（internal mechanism）為何，從抽象心理構念的效化程序來看，LCM 所定義的都是外顯變數層次的一種類別化現象，其實無助於潛在構念的釐清。

　　這就是為何 De Boeck, Wilson 與 Acton（2005）主張對於變數的類別性與連續性必須從外顯層次與潛在層次來建構一套基本的範型，外顯層次所建立的是一種外顯連續光譜（manifest continuum），反應的是基本測量層次的差異（連續或類別化）或稱之為基本差異（typicality differences），而潛在層次則是一種潛在連續光譜（latent continuum）的建構，反應的是結構差異（structural differences）。

　　事實上，若從研究的角度來看，變數是類別或連續主要的爭議點，並不在於測量層次而在構念層次。如果一個研究不涉及潛在構念，那麼測量層次的變數是類別或連續並不會有太大的爭議，而可以回歸到 Stevens（1996）所界定的名義、順序、等距與比率等四種測量層次的取捨問題。相對之下，社會科學研究會產生變數型態問題，主要是因為潛在變數無法直接觀察，研究人員必須以各種方式去定義或估計一個看不見的東西。可笑的是，或許當研究者窮盡心力去尋找他們所期待的構念，原來並不存在，或是以其他形式存在（例如創造力與智力的爭議於百年來的研究，仍無人可以篤定指出智力與創造力是否真為兩種實際存在的東西，目前累積的所有文獻或都只是研究者所主張的原型、範型與知識罷了！）

　　潛在變數是連續或類別化的問題備受當代學者的重視，其實就是反應上述的無奈與困境，Markon 與 Krueger（2006）提出訊息理論取向（information-theoretic approach）來鑑別潛在變數的型態，雖然試圖整合原型與範型理論的做法，但是基本上仍不足以回答知識取向所提出的質疑，但至少能夠採取更精確客觀的做

法來回答究竟哪一種模型最適合於描述我們手中的資料，這多少反映了目前計量領域所採取的普遍態度仍是以實證取向為主，不過至少他們抓住的重點：一切都是潛在變數惹的禍。

本書最初與最後的主張，其實都是一致的。亦即研究者在建構一個潛在變數模型時，不能僅把眼光放在連續光譜的結構變異，而必須容許我們的資料其實可以從類別的區隔來思考。如此一來，傳統的因素分析（EFA 或 CFA）或項目反應理論（IRT）都不足以應付此一問題，而 LCM 提供另一個模型化分析的選擇。這不但是學生學習所欠缺的一環，也可能是許多研究者尚未補足的知識缺口。

9.3 展望：深耕與擴展

9.3.1 潛在結構分析的現代樣貌

在科技高速發展、資料科學盛行的今天，任何統計模型都有無限發展的可能，潛在結構分析也不例外，而且佔盡優勢。就在本書完稿的當下，國際性的 SEM 研究社群發來一封簡短的電子郵件：

From: Structural Equation Modeling Discussion Group [mailto:SEMNET@LISTSERV.UA.EDU]
Sent: Thursday, March 16, 2023 2:27 AM
To: SEMNET@LISTSERV.UA.EDU
Subject: Bayesian latent class models

this could be of interest -- https://doi.org/10.1093/jrsssb/qkad010. I learned my LCA from The Little Green SAGE book by Allan McCutcheon, followed up by the survey applications in Paul Biemer's work with Bureau of Labor Statistics. Useful stuff to know.

從主旨就可以知道是關於貝氏潛在類別模型（Bayesian latent class models）的訊息分享，點開連結後，看到了哥倫比亞大學的 Yuqi Gu 教授與杜克大學 David B Dunson 教授的最新專文「貝氏金字塔」（Bayesian Pyramids），發表於 *Journal of the Royal Statistical Society Series B: Statistical Methodology*. 文中詳細說明作者所提出的 multilayer, potentially deep, discrete latent variable models 的統計原

理，並直言這個模型就是 Goodman（1974）的限制潛在類別模型（constrained latent class model）的貝氏網路（Bayesian network）進化版。關鍵字裡有 Bayesian inference, deep generative models, interpretable machine learning, latent class, multivariate categorical data，清楚點出在大數據浪潮下，潛在結構分析也朝向機器學習、人工智慧邁進。有趣的是，金字塔雖然層層高疊向上發展，但多層設計的潛在結構分析卻是一種深度向下的機器學習，說明了 LSA 的未來有能量深耕，也有應用擴展。

值得一提的是，「貝氏金字塔」已經不是單純的統計概念，作者不僅提出模擬研究的證據，並以高度複雜的高維度 DNA 核酸定序資料（DNA nucleotide sequence data）為例進行應用示範，更大方的提供 Matlab 模組讓有興趣的研究者可以立即上手操作，意味著不久的將來，在學術與應用領域，將會有越來越多關於貝氏方法與機器學習的潛在類別分析應用，然而其所回答的問題，並不脫離本書所介紹的概念，只是所使用的估計法不同，資料量更大，應用範圍更廣。學習者當然可以多去學習貝氏統計（邱皓政，2020），瞭解吉布斯抽樣（Gibbs sampling）的原理與程序

更令人注目的是，第一作者 Yuqi Gu 是 2020 年甫自密西根大學畢業的華人年輕教授，具有清華大學（北京）數學系背景，在其著作清單中還有數篇關於認知診斷模型（cognitive diagnosis models; CDM）（Rupp, & Templin, 2008; von Davier, & Lee, 2019）的文章，例如與深度學習結合的 *"Going Deep in Diagnostic Modeling: DeepCDMs"*，或是探討統計學理的 *"Generic identifiability of the DINA Model and Blessing of Latent Dependence"*。

追溯 Yuqi Gu 的學術淵源，與其密西根大學的指導教授 Gongjun Xu 有關，其最近被接受尚未刊登的文章例如 *Psychometrika* 的 *"A tensor-EM method for large-scale latent class analysis with binary responses"*，也是類似的高維度多變量 LCA 數理模型，在同一份期刊 *Psychometrika* 的第 88 卷（2023），也有兩篇論文 *"Bridging parametric and nonparametric methods in Cognitive Diagnosis"* 與 *"Learning latent and hierarchical structures in cognitive diagnosis models"*，顯示 CDM 也正在積極擴展其技術層次與應用範圍，而 CDM 其實即是 LCA 的驗證性模式，相關的統計概念與分析方法，包括參數設限方法都已在本書中介紹，如果具有 LCA 的基本概念，發展 CDM 是水到渠成。反過來說，如果要進入 CDM，就必須熟悉 LSA。

9.3.2 歷久彌新的觀點

　　潛在類別模式的重要性，在於其變數的本質與其簡單明瞭的數學基礎與模型。馬里蘭大學的 Mitchell Dayton 教授與 George Macready 教授在 2007 年出版的「統計大全」第 26 卷（*Handbook of Statistics*, vol. 26）中的潛在類別模式專章中指出，「幾乎所有的行為科學研究所蒐集的資料都是類別的多變量資料」（*it can be argued that most data collection procedures in the behavioral sciences generate multivariate categorical data.*）（p. 421）。換言之，類別資料的分析是高階模型的重要起點，潛在類別分析僅是混合模型的一個特例。當研究者逐漸跨過各類模型化分析技術的篳路藍縷開發階段，透徹了 Regression、EFA、SEM、IRT、MLM 等技術而走向整合的有限混合模型（finite mixture model）時，類別變數的潛在模型分析絕對是這塊拼圖當中不可或缺的要角。

　　近年來，由於軟體的成熟，LCA 有著快速的發展。尤其是縱貫資料的分析，更成為研究者的重要課題，本書對於潛在轉移分析（LTA）已有相當篇幅的介紹，在技術層次已經非常成熟，如果結合第 8 章的輔助變數分析，會有極大的發展空間。另外，LCA 也與多層次模式（multilevel modeling）相結合，使得類別化的潛在變數模型也能夠應用在階層化資料分析當中（Vermunt & Magidson，2005），例如 Bijmolt、Paas 與 Vermunt（2004）即利用 LCA 應用在消費者研究，探討不同國家的金融商品的市場區隔。

　　當然，LSA 的發展趨勢必定是朝向整合之路，也就是混合模型發展，亦即在一個待檢驗的模型中，可能有潛在的連續次母體存在（次母體表示有類別變數存在，而母體的本身則是連續分配，組合成一個混合分配）。Markon 與 Krueger（2006）從統計模型的觀點來檢視類別化潛在變數模型與連續性潛在變數模型的差異優劣後指出，其實類別化與連續性是不宜截然二分的，從統計分配的觀點來看，資料的次數分配就是一群數據的分佈點罷了，任何人為或技術上的分群或迴歸趨勢的定義，都是一種人工賦予的意義，而非真相的本身。更何況潛在變數本身，又是人為估計的結果。

　　針對潛在變數的類別化與連續性分配的分離，Markon 與 Krueger（2006）在結論中指出，科學是在不斷累積增值的聚斂效化歷程（incremental process of convergent validation）中獲得進展，對於潛在分配的探討，既有的統計知識仍是不足的，引入其他支派的觀點，例如 Meehl 的類型計量學（taxometrics）（Meehl,

2004; Meehl & Yonce, 1994），仍是補足技術知識缺口的有利方式。但更重要的是，問題的解答還是在問題的本身，究竟構念是什麼，如何確認構念的存在、效力及其本質（Watson, 2003），一切的原點，又回到的心理計量的古典問題：測量的效度（validation）。

潛在變數可以說是二十世紀計量心理學家最重要的發明之一，相關學理與技術從五十年代發展至今可以說是百花齊放，技術推陳出新，但是基本問題似乎猶未得解。這項發明給研究者帶來的苦痛似乎不亞於它所帶來的效益。外顯、潛在、類別、連續，一層一層的虛幻縹緲，令人不知身於何處，但是我們又無法走回頭，否則就落入新雙城記的諷刺中（邱皓政，2007）。在此只好勉勵諸位看官，凡走過，必留下痕跡。讀完這本書，雖不一定能成就什麼大事，卻也不讓我們損失什麼，總是會有豁然開朗的一天。

附錄

附錄 A Mplus 使用指南

A.1 前言：Mplus 簡介

　　Mplus 是由美國加州大學洛杉磯分校（UCLA）榮譽教授 Bengt O. Muthén 於 1995 年 10 月開始發展，第 1 版於 1998 年 11 月發行，目前已經發展到第 8.9 版（2023, March 14）（Muthén & Muthén, 1998-2019），各版次發行日期與演變摘要列於表 A.1。

　　Mplus 主要是以潛在變數模式為主的高階分析軟體，可以應用在多種模式，例如探索性因素分析（EFA）、驗證性因素分析（CFA）、結構方程模式（SEM）、

表 A.1 Mplus 的發展脈絡

版次	發表時間	特色功能
1	11-1998	第一版 Mplus 軟體發行
2	02-2001	改善估計效能
3	03-2004	簡化語法撰寫與模型設定方式；提供多重模組 base program、mixture add-on、multilevel add-on。
4	02-2006	擴充資料處理能力（長格式與寬格式轉換）；擴充多層次模型分析功能；擴充類別依變數處理能力；擴充混合模型分析功能
5	11-2007	提升運算效能（提供 32 位元與 64 位元運算）；提供中央處理器 CPU 個數設定；增加 exploratory structural equation modeling 等分析。
6	04-2010	新增 MCMC 貝氏估計功能；強化多重插補（multiple imputation）功能；擴充多層次資料加權功能；擴充似真值（plausible values）處理能力。
7	09-2012	新增路徑圖輸入功能（Mplus Diagrammer）；擴充貝氏結構方程模式功能（貝氏因素分析、恆等性分析、多層次 SEM、交叉嵌套分析等）。
8	04-2017	擴充時間序列分析：單樣本時間序列分析、雙層次時間序列分析、交叉嵌套時間序列分析；強化隨機效果與自我迴歸分析功能。
8.9	03-2023	新增 Penalized Structural Equation Modeling (PSEM)與部分微調。

註：軟體的各項說明、文獻、技術報告於官方網站 http://www.statmodel.com/提供，並有示範版（Demo version）可進行教學與演練之用。

項目反應理論（IRT）、多層次模式（MLM）、混合模式（mixture model）、成長模式（growth model）、存活分析（survival analysis）、時間序列分析（time series analysis）、貝氏分析（Bayesian analysis）、模擬研究（Monte Carlo simulation）。隨著學理方法的深入研究與程式設計研發人員的投入，Mplus 仍不斷增加應用模型並精進既有技術。

Muthén 教授 1977 年取得瑞典烏普薩拉大學（Uppsala University）統計學博士，師承結構方程模式開創者 Karl Gustav Jöreskog。擔任心理計量學會主席（1988-89）並獲得終生成就獎（2011），發表無數關於潛在變數模式的論文並落實於 Mplus 各版次中，近年積極從事教學與諮詢工作，並仍不斷提出新模型與新技術。

另一名核心成員是 Linda Muthén，獲有 UCLA 研究方法博士學位，曾擔任著名軟體公司 BMDP 的品管經理，目前是 Mplus 產品開發主管，除了擔任 Mplus 官方論壇（Mplus Discussion）回應人，也是技術手冊的主要編纂者。

Mplus 的核心演算與程式開發主要是由獲有加州理工學院（California Institute of Technology）數學博士學位的 Tihomir Asparouhov 負責，其數理背景對於 Mplus 發展各類分析扮演重要的角色。至於 Mplus 的介面設計與圖形模組開發另由畢業自紐約大學（New York University）的資訊科學碩士 Thuy Nguyen 負責，因此 Mplus 的近期更新在圖形介面功能有大幅提升。

A.2　Mplus 介面

A.2.1　Mplus的下載與安裝

關於 Mplus 的採購可以直接在官網（https://www.statmodel.com）進行，無須透過中間代理，優點是即時迅速，而且可以直接辦理註冊登記，以利後續的服務與諮詢。完成採購後官網立即以 Email 提供下載與安裝資訊。

安裝軟體時，必須選用正確的作業平臺，例如 Windows 平臺可選用 32 或 64 位元系統，執行相對應的安裝程式。安裝 Mplus 時並無須提供授權碼，因此可以同時在多部電腦進行安裝使用，Mplus 並沒有嚴格禁止使用人數，但正式授權使用者僅有一人，在正式公開發表論文時，作者群當中必須至少有一人擁有正式授權，以

免造成侵權。由於 Mplus 提供校園優惠與免費的教學示範版本（Demo 版），因此除非學校系所正式購買足夠軟體，進行示範教學時建議使用 Demo 版本，主講人則應有正式版本的使用授權。

如果有軟體使用困難或專業問題，都可在 Mplus 官方論壇提出，技術人員的回答十分迅速仔細，專業問題 Muthén 或 Asparouhov 都會親自參與討論，如果涉及軟體使用細節有時會詢問授權號碼。

A.2.2 Mplus的基本視窗

開啟 Mplus 之後所進入的第一個視窗是編輯視窗，可用來撰寫 Mplus 語法或閱覽/編輯結果報表，如圖 A.1 所示。語法視窗當中提供了功能表與圖形化的工具按鈕。使用者除了可以直接在編輯視窗當中編寫語法之外，也可以利用功能表的下拉選單，選擇所欲進行的編輯或運行作業。

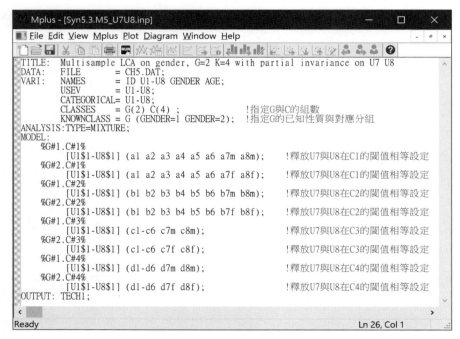

圖 A.1 內含語法的 Mplus 編輯視窗

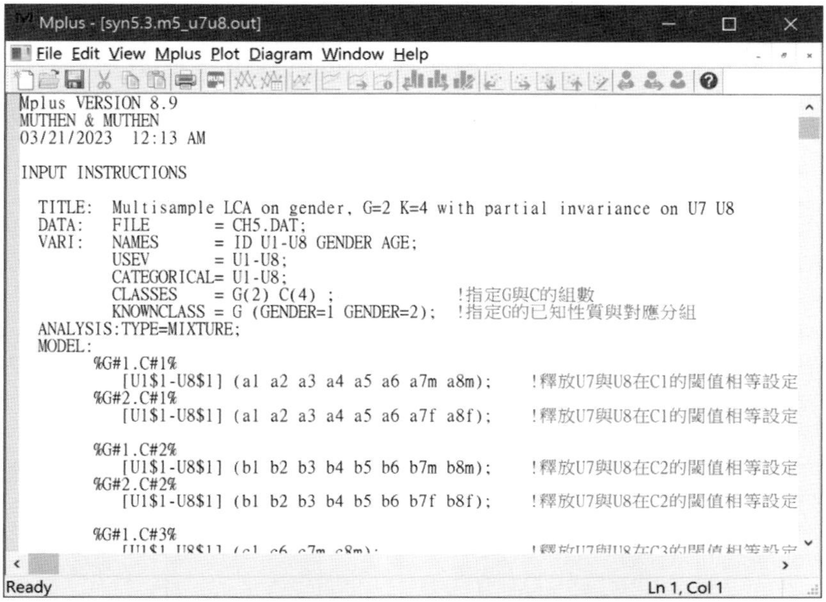

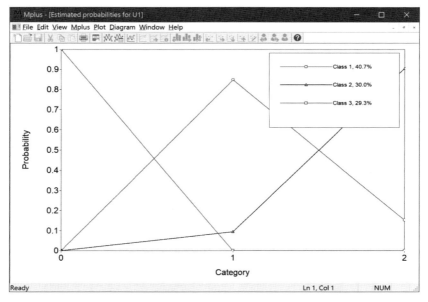

圖 A.2 語法執行後的 Mplus 輸出結果視窗

圖 A.3 語法執行後的 Mplus 圖形功能結果

　　語法撰寫完成後，或是語法內容經過任何更動之後，必須進行存檔動作，語法檔名將以.inp 為副檔名，儲存完成之後才可按壓 RUN 按鈕（RUN MPLUS）來執行語法，執行完畢之後將得到結果報表，如圖 A.3，Mplus 將報表檔案以.out 副檔名進行命名，圖表檔案則以.gh5 副檔名儲存，主檔名則與語法檔案的主檔名相同。

　　如果語法中有下達繪圖指令（PLOT），在報表當中的 View plots 按鈕將由黑白按鈕轉變成彩色按鈕，此時按壓圖表按鈕將可瀏覽已經製作完成的圖表，可供選擇的統計圖，如圖 A.3 當中的對話框所示。此時可將該圖複製至其他文書軟體進行編輯作業，或是將圖表另行儲存成 DIB、EMF 或 JPEG 形式的圖片檔案進行儲存。同時也可利用功能表選項進行圖表編輯。

A.2.3　Mplus的語法架構

　　在 Mplus 當中進行各種分析，均是由表 A.2 所列舉的十種指令所下達，其中必須存在的指令為 DATA 與 VARIABLE 兩者。使用者必須熟悉這些指令的使用方式，並能將指令組合成為有效的語法（syntax）來驅動 Mplus 分析。

表 A.2　十種主要的 Mplus 語法指令

指令用語	指令型態	指令用途
1. TITLE	標題指令	提供語法內容的說明
2. DATA*	資料指令	指定資料的型態與讀取方式
3. VARIABLE*	變數指令	指定變數的名稱與使用狀態
4. DEFINE	定義指令	定義變數的內容
5. ANALYSIS	分析指令	設定分析的方法
6. MODEL	模型指令	設定模型的內容
7. OUTPUT	輸出指令	指定分析結果的內容
8. SAVEDATA	存檔指令	指定分析結果的存檔方式
9. PLOT	繪圖指令	指定繪圖的方式與結果
10. MONTECARLO	蒙地卡羅指令	設定模擬研究的條件

註：*表示必須存在的指令。

A.3 Mplus 語法指令

A.3.1 資料指令（THE DATA COMMAND）

　　Mplus 的第一組必要指令是資料指令，用來定義資料的來源與狀態。主指令是 DATA:，其餘較常用的副指令列於表 A.3（指令中的粗體部分為可接受的縮寫）。其中最主要的一個副指令是指定資料檔案路徑與名稱的 FILE IS（IS 可用=代替）。值得注意的是，如果語法檔案與資料檔案放在同一個檔案夾當中，則無須指定路徑（S#1），如果放在不同檔案，則必須指定路徑（S#2）。

```
S#1    DATA: FILE IS data.dat;          !讀取檔案為 data.dat
S#2    DATA: FILE="C:\mplus\data.dat";  !指明路徑的檔名
```

表 A.3　主要的資料指令

DATA:		
FILE IS	file name;	讀入資料的路徑與檔名
FORMAT IS	format statement;	讀入資料的格式
TYPE IS	**IND**IVIDUAL;	資料類型為個體資料
	COVARIANCE;	資料類型為共變矩陣
	CORRELATION;	資料類型為相關矩陣
	MEANS;	資料類型為平均數
	STDEVIATIONS;	資料類型為標準差
	MONTECARLO;	資料類型為蒙地卡羅資料
	IMPUTATION;	資料類型為插補資料
NOBSERVATIONS=	#;	觀察值的數目
NGROUPS=	number of groups;	資料的組數
DATA WIDETOLONG:		
WIDE =	names of old variables;	原來的寬格式變數名稱
LONG =	names of new variables;	新的長格式變數名稱
IDVARIABLE =	name of ID variable;	用來辨識的 ID 變數
REPETITION =	repetition variable name;	標示重複狀態變數
DATA LONGTOWIDE:		
LONG =	names of old variables;	原來的長格式變數名稱
WIDE =	names of new variables;	新的寬格式變數名稱
IDVARIABLE =	name of ID variable;	用來辨識的 ID 變數
REPETITION =	name of repetition variable (values);	標示重複狀態變數與數值

另一個常用副指令是 TYPE IS，用來指定資料的型態。一般而言，如果讀取的資料是原始的逐筆個別資料（individual data），此一指令可以省略。但是如果使用摘要性資料（summary data），例如相關係數矩陣，則必須利用 TYPE IS 來設定資料形式，並提供其他必要資訊（例如觀察值數目 NOBSERVATIONS）（S#3）。

S#3　　TYPE IS CORR MEANS STD; NOBS=300;!摘要格式的資料設定

A.3.2 變數指令（THE VARIABLE COMMAND）

接續資料指令之後的必要指令是變數指令，用來設定讀入資料的變數名稱與使用情形，主指令是 VARIABLE:，最常用的變數副指令是 NAMES ARE（ARE 可用 =代替），其餘較常用的副指令列於表 A.4。

表 A.4 主要的變數指令

VARIABLE:		
NAMES ARE	names of variables;	讀入資料的變數名稱
USEOBSERVATIONS=	conditional statement to select observations;	用於分析的觀察資料（須指定選擇條件）
USEVARIABLES=	names of analysis variables;	用於分析的變數名稱
MISSING=	variable (#); .; * ;	遺漏值設為數值#,.,*
CATEGORICAL=	names of binary and ordered categorical (ordinal) dependent variables	類別依變數名稱（包括順序變數）
AUXILIARY=	names of auxiliary variables;	輔助變數名稱
CLUSTER=	name of cluster variable;	嵌套變數名稱
WEIGHT=	name of sampling weight variable;	加權變數名稱
BWEIGHT=	name of between-level sampling weight variable;	組間層次加權變數名稱
CLASSES =	names of categorical latent variables (number of latent classes);	類別潛在變數名稱與組數
KNOWNCLASS=	name of categorical latent variable with known class membership (labels);	已知分組的類別潛在變數名稱與組數
WITHIN=	names of individual-level observed variables;	組內／個體層次變數
BETWEEN=	names of cluster-level observed variables;	組間／總體層次變數

一般而言，Mplus 讀入的資料數量與實際使用的資料或變數數量並不相同，此時必須使用 **USEO**BSERVATIONS ARE 或 **USEV**ARIABLES ARE 來指定所使用的觀察值狀態或變數清單，這兩個副指令皆可進行簡化成為 USEO=或 USEV=。例如 S#4 當中讀入 gender yr mn y1-y6 共九個變數，但只使用 y1-y3，而且僅限 gender 為 1 的資料納入分析：

```
S#4     VARI= NAMES ARE gender yr mn y1-y6;
        USEV= y1-y3;
        USEO= (gender== 1);   !選取樣本當 gender EQ 1
```

混合模式必須利用變數指令之下的 CLASSES=指定潛在類別變數的名稱與組數，如果是多樣本混合模式分析，已知組別則以 KNOWNCLASS=指定之。

值得注意的是，當使用 USEO 選擇觀察值時，所下達的條件命令必須使用 Mplus 所指定的運算子（見表 A.5），例如等號必須以 EQ 指令為之，或以==符號代替，如果只用一個=將造成執行錯誤。

表 A.5 常用的條件運算與四則運算子

運算子		內容	範例
AND		與(logical and)	x == 1 AND y >= 1;
OR		或(logical or)	x == 1 OR y >= 1;
NOT		非(logical not)	x == 1 NOT y < 1;
EQ	==	等於(equal)	x == 1;
NE	/=	不等於(not equal)	x /= 1;
GE	>=	大於等於(greater than or equal to)	x >= 1;
LE	<=	小於等於(less than or equal to)	x <= 1;
GT	>	大於(greater than)	x > 1;
LT	<	小於(less than)	x < 1;
+		加(addition)	y + x;
-		減(subtraction)	y - x;
*		乘(multiplication)	y * x;
/		除(division)	y / x;
**		冪次(exponentiation)	y**2;
%		百分比(remainder)	remainder of y/x;
LOG		自然對數(base e log)	LOG (y);
LOG10		取10為底對數(base 10 log)	LOG10 (y);
EXP		指數(exponential)	EXP (y);
SQRT		開根號(square root)	SQRT (y);
ABS		絕對值(absolute value)	ABS(y);

A.3.3 定義指令（THE DEFINE COMMAND）

如果所讀入的資料必須進行四則數學運算來產生新變數，或是需要進行平移平減等程序，可利用定義指令來完成，主指令是 DEFINE:，較常用的副指令列於表A.6。例如要將出生年（yr）月（mn）轉換成年齡，可用 S#6 完成；若要創造年齡變數的二次方，可利用 S#7 完成；若要產生組平均數為變數可利用 S#8 完成：

```
S#5    DEFINE:    age=(2017 - yr)+(12-mn)/12;
S#6    DEFINE:    age2=age**2;
S#7    DEFINE:    agebar=CLUSTER_MEAN(age);
```

如果有一組 10 個題目（i1-i10）的問卷要求取總分或平均數，可利用 SUM 與 MEAN 函數功能來進行，如 S#8 與 S#9 所示。取對數如 S#10。

```
S#8    DEFINE:    total=SUM(i1-i10);
S#9    DEFINE:    itemmean=MEAN(i1-i10);
S#10   DEFINE:    logitemmean=log(itemmean);
```

表 A.6 主要的定義指令

DEFINE:	
variable = mathematical expression;	數學轉換
variable = MEAN (list of variables);	求取平均數
variable = SUM (list of variables);	求取總和
variable = CLUSTER_MEAN (variable);	求取組平均
IF (conditional statement) THEN transformation statements;	條件轉換
_MISSING;	轉成遺漏值
CUT variable or list of variables (cutpoints);	分割變數
CENTER list of variables (**GRAND**MEAN);	總平減
CENTER list of variables (**GROUP**MEAN);	組平減
CENTER list of variables (**GROUP**MEAN label);	組平減
STANDARDIZE variable or list of variables;	變數標準化
DO (number, number) expression;	執行迴圈運算
DO ($, number, number) DO (#, number, number)	執行迴圈運算

　　進一步的，如果要將某個變數進行標準化，可使用 STANDARDIZE 指令，如 S#11 可分別將 S#8 與 S#9 所求得的總分（total）與平均分數（itemmean）進行標準化，此一指令並不會創造新變數，而是直接將已讀入或已創造的新變數以原來的變數名稱進行標準化。

```
S#11    DEFINE:    STANDARDIZE total itemmean;
```

　　值得注意的是，利用 DEFINE 指令所創造的新變數，並非從資料庫當中讀取而得，因此必須在選擇變數副指令 USEV 的最後逐一列出。例如前面的 S#4 當中並沒有 age、age2 與 agebar 變數，為了利用 DEFINE 來創造這三個新變數，必須先在 USEV 最後增加 age、age2 與 agebar，如 S#12，才能順利產生這三個新變數。

```
S#12    VARIABLE: NAMES ARE gender yr mn y1-y6;
        USEV=y1-y3 age age2 agebar;
```

　　如果使用 IF 與 THEN 指令，可以進行條件式轉換。例如進行重新分組（S#13），或是將某些數值轉換成遺漏值（S#14），以及把遺漏值轉換成特定值（S#15），副指令的條件命令須使用表 A.5 的條件運算子。

```
S#13    DEFINE:    IF (gender EQ 1 AND age GE 30) THEN group = 1;
S#14    DEFINE:    IF (age LT 30) THEN group=_MISSING;
S#15    DEFINE:    IF (group == _MISSING) THEN u=1;
```

　　至於在 MLM 常用的平減轉換，可利用 CENTER 指令完成，但是值得注意的是，每一個 CENTER 指令只能搭配組平均數（**GROUP**MEAN）或總平均數（**GRAND**MEAN）副指令的其中一個來進行組平減或總平減，若有兩組變數分別需要進行組平減與總平減時，必須以兩個 CENTER 指令來分別進行：

```
S#16    DEFINE:    CENTER x1-x3 (GROUPMEAN);
S#17    DEFINE:    CENTER w1 (GRANDMEAN);
```

A.3.4 分析指令（THE ANALYSIS COMMAND）

在完成了資料讀取與定義之後，Mplus 必須指定分析的內容，亦即分析指令的使用，主指令為 ANALYSIS:。由於分析指令內容繁多，涉及不同的統計模型、估計法的選擇、模型參數化、演算法設定等等，本節僅就本書所涉及的 TYPE、ESTIMATOR、BOOSTRAP 的部分內容加以列表介紹（如表 A.7）。

首先，TYPE 指令用來指定分析的類型，包括 GENERAL、MIXTURE、TWOLEVEL、THREELEVEL、CROSSCLASSIFIED、EFA 等六種，預設分析方法為 GENERAL，可進行迴歸分析、路徑分析、驗證性因素分析、結構方程模式分析、成長模型、離散時間存活分析、連續時間存活分析、單樣本時間序列分析（N=1 time series analysis）。

分析指令當中的 MODEL 副指令則是用於測量恆等性的評估。三個選項 CONFIGURAL、METRIC 與 SCALAR 可以單獨使用，也可以同時使用，結果將列出不同限定條件下的模型估計卡方差異統計量，藉以判定恆等性是否成立。

除了 TYPE，另一組重要的分析指令是估計法設定指令，對於不同的分析方法，能夠使用的估計法與預設估計法並不相同。值得注意的是，所有的估計法都需以原始個別觀察值的完整資訊來進行運算，如果輸入的資料是相關係數或共變矩陣等摘要資訊，僅適用於 TYPE=GENERAL 下的 ML 估計法。此外，如果資料當中帶有遺漏值，MLM、MLMV、GLS、WLS 等估計法無法使用，使用者必須先進行插補才可使用這些估計法。

A.3.5 模型指令（THE MODEL COMMAND）

在 Mplus 當中，最關鍵的指令可說是設定模型內容的模型指令 MODEL:，由於 Mplus 能夠處理的統計模型類型眾多，對於特定模型所涉及到的 MODEL:指令內容有所不同。但有三個關鍵指令 ON、BY、WITH 最常見：

ON	設定迴歸關係	例如 y ON x1-x3;	!y 被 x1-x3 解釋
BY	設定潛在變數	例如 f1 BY y1-y4;	!f1 由 y1-y4 估計而得
WITH	設定共變關係	例如 f1 WITH f2;	!f1 與 f2 的共變納入估計

表 A.7 主要的分析指令

ANALYSIS:		
TYPE =	**GEN**ERAL;	基本模型分析
	BASIC;	可估計樣本統計量與描述統計資訊
	RANDOM;	可估計隨機截距與斜率
	COMPLEX;	可估計分層取樣資料的模式資訊
	TWOLEVEL;	雙層 MLM 分析
	BASIC;	基本模型分析
	RANDOM;	帶有隨機斜率
	MIXTURE;	帶有混合分配的模式資訊
	COMPLEX;	可估計分層取樣資料的模式資訊
	EFA # #;	探索性因素分析
	BASIC;	
	MIXTURE;	
	COMPLEX;	
	TWOLEVEL;	
ROTATION =	**GEO**MIN;	斜交轉軸
	PROMAX;	斜交轉軸
	QUARTIMIN;	斜交轉軸
	VARIMAX;	直交轉軸
ESTIMATOR=	ML; MLM; MLF; MLR; MLMV; MUML;	
	WLS; WLSM; WLSMV; ULS; ULSMV; GLS	
ALGORITHM=	EM; EMA; FS; ODLL; **INTE**GRATIONS;	
MODEL=	**CONFIG**URAL;	測量恆等性檢驗之形貌恆等
	METRIC;	測量恆等性檢驗之尺度恆等
	SCALAR;	測量恆等性檢驗之量尺恆等
	NOMEANS;	測量恆等性檢驗之無平均數設定
	NOCOVARIANCES	測量恆等性檢驗之無共變數設定
PROCESSORS=	# of processors # of threads;	中央處理器數目(1)與執行緒數目(1)
LOGHIGH=	max value for logit thresholds;	閾限最大值(+15)
LOGLOW=	min value for logit thresholds;	閾限最小值(-15)
UCELLSIZE=	minimum expected cell size;	最小細格期望規模(.01)
VARIANCE=	minimum variance value;	最小變異數值(.0001)
TOLERANCE=	simplicity tolerance value;	容忍值(.0001)
BOOTSTRAP=	#;	
STARTS=	# #	初始階段起始值數目；最終階段最佳化數目(100 10)
STITERATIONS=	#	初始階段迭代次數(10)
STCONVERGENCE=	#	初始階段收斂標準(1)
STSCALE=	#	隨機起始量尺(5)
STSEED=	#	隨機起始值的隨機種子

　　如果 ON 與 WITH 前面增加一個 P，則可設定配對關係，例如 f2 f3 PON f1 f2;表示 f2 被 f1 解釋且 f3 被 f2 解釋。另外，f1 f2 f3 PWITH f4 f5 f6;表示 f1 與 f4、f2 與 f5、f3 與 f6 的共變納入估計，也可簡化成 f1-f3 PWITH f4-f6;。

　　迴歸模型的設定主要是以 ON 來進行，ON 的左側是依變數，右側是自變數，並可將各係數以括弧進行標籤，如果不同的迴歸係數有相同的標籤，表示這些係數設定為相同數值，如 S#18 所示：

```
S#18    y ON x1 (beta1);      !x1→y 與 x2→y 係數標籤為 beta1 且等值
        y ON x2 (beta1);
        x1 WITH x2 (corr1);   !設定 x1 與 x2 相關並標籤為 corr1
```

　　如果涉及潛在變數模型，則會涉及另一系列的模式設定：因素負荷量、結構係數、變異數（包括潛在變數與殘差變異）、平均數或截距（以[]表示）自由估計（*）、設定為特定數值（@）、或設定為特定標籤並進行設限處理的各種狀況，如 S#19 至 S#27 所示。

```
S#19    f1 BY y1-y4;          !f1 由 y1-y4 估計且自動將 y1 設定為 1.0
S#20    f1 BY y1    @1.0;     !人為將 y1 因素負荷量設定為 1.0
        f1 BY y2-y4 * ;       !y2-y4 因素負荷量自由估計
S#21    f1 BY y1-y4 *.9;      !y1-y4 因素負荷量自由估計（以.9 為起始值）
S#22    f1 y1-y4 *;           !f1 的變異數與 y1-y4 的殘差變異自由估計
S#23    y1-y4 @0;  !觀察變數 y1-y4 的殘差變異設定為 0
        f1@1.0;               !潛在變數 f1 的變異數設定為 1.0
        f1 WITH f2 @0;        !潛在變數 f1 與 f2 的共變數設定為 0
S#24    [y1-y4 *]; !觀察變數 y1-y4 的截距自由估計
        [x1 @0];              !觀察變數 x1 的截距設定為 0
S#25    [f1-f2 *]; !f1 與 f2 的平均數自由估計
        [f1-f2 @0];           !f1 與 f2 的平均數設定為 0
S#26    f1 ON x1 (gamma1);    !x1→f1 係數標籤為 gamma1
        f2 ON x2 (gamma2);    !x2→f2 係數標籤為 gamma2
S#27    S1 | f1 ON x1;        !x1→f1 的迴歸係數具有隨機效果 S1
        S2 | f1 ON x2;        !x1→f2 的迴歸係數具有隨機效果 S2
```

　　當使用@符號時，必須附加一個特定數值作為限定值，但是*後面則可不加上任何數值或特定數值，此時 Mplus 將以預設方式進行該參數的起始值來進行估計，

如果加上特定數值則以該數值作為起始值。

　　如果是多層次模式，Mplus 的設定方式是在模型指令當中以**%WITHIN%**來設定組內（個體層次），以**%BETWEEN%**來設定組間（總體層次）。

表 A.8　主要的模式指令

MODEL:		範例
BY	定義潛在變數	f1 BY y1-y5;
ON	定義迴歸關係	f1 ON x1-x9;
PON	定義配對迴歸關係	f2　f3 PON f1 f2;
WITH	定義變數相關	f1 WITH f2;
PWITH	定義變數配對相關	f1-f3 PWITH f4-f6;
list of variables;	定義變異數或殘差變異數	f1 y1-y9;
[list of variables];	定義平均數、截距、閾值	[f1, y1-y9];
*	定義參數自由估計或給定起始值	y1* y2*.5;
@	固定參數為預設值或特定值	y1@ y2@0;
(number)	標籤參數或進行參數限定	f1 ON x1 (1); f2 ON x2 (1);
{list of variables};	多樣本分析基準因素（第一組變異數為 1 其他組自由估計）	{y1-y9};
|	定義參數的隨機效果	s | y1 ON x1;
AT	定義隨機效果變數的測量變數	s | y1-y4 AT t1-t4;
XWITH	定義兩個變數的交互作用	f ON x1 XWITH x2
MODEL INDIRECT:	定義間接效果與總效果	
IND	定義特定的間接效果	
VIA	定義特定中介變數的間接效果	
MOD	定義特定間接效果且被調節	
MODEL TEST:	進行限定參數的 Wald 檢定	
DO	設定迴圈	
MODEL:		
%OVERALL%	設定混合模式	
%class label%	設定各潛在類別標籤	
MODEL:		
%WITHIN%	定義個體層次模型	
%BETWEEN%	定義總體層次模型	
%BETWEEN label%	定義總體模型（三層或交叉嵌套）	
MODEL CONSTRAINT:	進行參數的線性與非線性設限	
NEW	定義限定條件下的新參數	
DO	設定迴圈	
PLOT	描述 Y 軸變數	
LOOP	描述 X 軸變數	

混合模式的設定是利用%OVERALL%來設定整體模型，個別潛在類別的編號則以%class label%標示，例如潛在類別變數為 C 有兩個潛在類別，兩個潛在類別的標籤分別為%C#1%與%C#2%，在這三個指令之下都可各自設定模型內容與待估參數進行自由估計或設定為等值。

至於路徑分析與中介效果分析所關心的間接效果，可以利用指令來估計，例如 S#28 所示：

```
S#28      MODEL:
            y ON m1 m2 x;        !y 被 m1 m2 x 三者解釋
            m1 m2 ON x;          !m1 m2 被 x 解釋
          MODEL INDIRECT:
            y IND x;             !估計 x→m1→y 與 x→m2→y 的間接效果
            y IND x VIA m1;      !估計 x→m1→y 的間接效果
```

最後，MODEL 指令可利用 MODEL TEST:指令來進行某參數是否等於特定值的 WALD 檢定。另外，MODEL CONSTRAINT:指令則可用來創造模型當中所沒有的新參數，進而得以製圖描繪參數狀態。

A.3.6 輸出指令（THE OUTPUT COMMAND）

Mplus 執行完畢後，可利輸出指令 OUTPUT:來設定所欲檢視的分析結果，如表 A.9 所示。

首先，SAMPSTAT 副指令將輸出連續變數的樣本平均數、變異數、共變數與相關係數，以及樣本數與偏態、峰度、中位數、最大與最小值等單變量資訊。如果是二分或順序變數，則將會輸出樣本閾值、四元相關（tetrachoric correlation）與多元相關（polychoric correlation）等資訊。這些統計量都是以可辨識的 ASCII 格式撰寫，可以利用 SAVE:主指令下的 SAMPLE 副指令存於外部檔案另做應用。

進一步的，STANDARDIZED 副指令除了可以輸出 STDYX（完全標準化）、STDY（Y 標準化）、STD（潛在變數標準化）三種標準化參數估計數之外，還可得到 R^2 解釋力與標準化參數的標準誤等資訊。其中完全標準化所得到的 b_{StdYX} 與 Y 標準化所得到的 b_{StdY} 公式如下：

$$b_{\text{StdYX}} = b \times \text{SD(x)}/\text{SD(y)}$$

$$b_{\text{StdY}} = b/\text{SD(y)}$$

CINTERVAL 副指令可列出參數估計數與 90%、95%、99%的對稱信賴區間（confidence intervals），若是拔靴估計，則可利用 CINTERVAL(BOOTSTRAP)列出參數的拔靴信賴區間，或是以 CINTERVAL(BCBOOTSTRAP)列出偏誤校正信賴區間（bias-corrected bootstrap confidence intervals）。

最後，輸出指令還可指定 16 種技術指標，多數技術輸出指令與混合模式分析有關，如表 A.10 所示。

A.3.7 繪圖指令（THE PLOT COMMAND）

最後所介紹的 Mplus 指令是繪圖指令，藉以得到特定的統計圖表輸出，主指令為 PLOT:。主要的副指令為 TYPE=PLOT1 PLOT2 PLOT3;，可得到三類報表。

表 A.9 主要的輸出指令

OUTPUT:	
SAMPSTAT;	列出樣本統計量
CROSSTABS;	列出列聯表
STANDARDIZED;	列出參數的標準化值
STDYX;	列出參數的完全標準化值
STDY;	列出參數對 Y 標準化值
STD;	列出涉及潛在變數標準化值
RESIDUAL;	列出殘差資訊
RESIDUAL (**CLUS**TER);	列出嵌套資料下的殘差資訊
CINTERVAL;	列出信賴區間
CINTERVAL (**SYM**METRIC);	列出對稱信賴區間
CINTERVAL (**BOOT**STRAP);	列出拔靴信賴區間
CINTERVAL (**BCBOOT**STRAP);	列出偏誤校正拔靴信賴區間
CINTERVAL (**EQ**TAIL);	列出等尾信賴區間
CINTERVAL (**HPD**);	
TECH1;至 TECH16;	列出技術資訊

表 A.10 各技術指令的功能與使用時機

技術編號	功能	使用時機
TECH1*	列出參數設定與起始值	TYPE=EFA 除外
TECH2*	列出參數導數值	TYPE=EFA 除外
TECH3*	列出參數的共變數與相關係數估計值	TYPE=EFA、ESTIMATOR= ULS、ANALYSIS: BOOTSTRAP 除外
TECH4*	列出潛在變數的平均數、共變數與相關係數估計值	TYPE=EFA、RANDOM 除外
TECH5*	列出模式最佳化過程	TYPE=EFA 除外
TECH6*	列出模式最佳化過程(類別觀察變數)	TYPE=EFA 除外
TECH7*	列出分群後各群樣本統計量	用於 TYPE=MIXTURE
TECH8*	於電腦螢幕列出模式最佳化過程（預設為自動開啟）	用於 TYPE=RANDOM、MIXTURE、TWOLEVEL 與數值積分運算
TECH9	列出錯誤拔靴重抽發生的錯誤訊息	用於 MONTECARLO、IMPUTATION 與 BOOTSTRAP
TECH10*	列出類別依變數有關的適配資訊(包括觀察次數、期望次數、標準化殘差)	用於 TYPE=MIXTURE 與帶有類別或計數變數的 ML 估計
TECH11*	列出 Lo-Mendell-Rubin 概似比檢定	用於 TYPE=MIXTURE 與 ESTIMATOR=MLR
TECH12*	列出觀察與重製描述統計量數的殘差	用於 TYPE=MIXTURE 當模型中有連續依變數時
TECH13*	列出模型的單變量、雙變量與多變量偏態與峰度(Mardia's 量數)的雙側檢定	用於 TYPE=MIXTURE 且 DATA: LISTWISE=ON 但 TYPE=TWOLEVEL MIXTURE、ALGORITHM=INTEGRATION、BOOTSTRAP 除外
TECH14*	列出拔靴概似比檢定 bootstrapped likelihood ratio test	用於 TYPE=MIXTURE，可搭配 ANALYSIS 中的 LRTBOOTSTRAP 進行完整拔靴抽樣得到精確 p-value
TECH15*	列出帶有類別潛在變數的各群邊際與條件機率	用於 TYPE=MIXTURE、PARAMETERIZATION=LOGIT 或 PROBABILITY 且當潛在類別變數有兩個以上
TECH16	列出變異成分是否大於 0 的貝氏因子檢定統計量	用於 ESTIMATOR=BAYES 帶有 MODEL PRIORS 設定時

註：標示*者可用於混合模型分析（TYPE=MIXTURE）

PLOT1 可得到讀入資料的描述統計圖表資訊，例如直方圖（histograms）、散布圖（scatterplots）、時間序列圖，如果是多層次模型，則可得到組間層次的直方圖與散布圖。

PLOT2 所提供的圖表資訊則視語法當中所選擇的分析與估計方法有關，比較重要的是可得到模型估計描述統計量（平均數、中位數、眾數、百分位數等）、調節效果圖、敏感度分析圖、拔靴分配。

PLOT3 則可提供前述之外的一些特殊圖表，例如多層次嵌套模型下的組間樣本統計量、估計值、殘差等。或是潛在變數估計得到的一些估計資訊統計圖（例如因素分數、極端值、殘差等）。

如果是帶有時間遞延資訊的變數，可以利用 SERIES IS 副指令來描繪隨時間每遞增一單位的趨勢圖，例如 SERIES = y1-y4 (*);可在 X 軸依序列出 y1-y4 四個變數的資訊，SERIES = y1-y4 (SLOPE); 可在 X 軸依序列出 y1-y4 四個變數的以 SLOPE 命名的斜率值。如果不是隨時間遞變的資訊，則需逐一指定 X 軸上每增加一個單位的變數為何。

如果使用者對於 Mplus 語法撰寫或指令內容有疑義，可從軟體當中所提供的協助功能或指導手冊得到解答。如果自行查閱這些文件仍無法解決問題，還可以直接到 Mplus 論壇提問，但必須要有合法有效的軟體序號。

附錄 B χ^2 分配

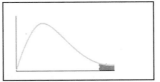

df	右側 α					
	.1	.05	.025	.01	.005	.001
1	2.71	3.84	5.02	6.63	7.88	10.83
2	4.61	5.99	7.38	9.21	10.60	13.82
3	6.25	7.81	9.35	11.34	12.84	16.27
4	7.78	9.49	11.14	13.28	14.86	18.47
5	9.24	11.07	12.83	15.09	16.75	20.52
6	10.64	12.59	14.45	16.81	18.55	22.46
7	12.02	14.07	16.01	18.48	20.28	24.32
8	13.36	15.51	17.53	20.09	21.95	26.12
9	14.68	16.92	19.02	21.67	23.59	27.88
10	15.99	18.31	20.48	23.21	25.19	29.59
11	17.28	19.68	21.92	24.72	26.76	31.26
12	18.55	21.03	23.34	26.22	28.30	32.91
13	19.81	22.36	24.74	27.69	29.82	34.53
14	21.06	23.68	26.12	29.14	31.32	36.12
15	22.31	25.00	27.49	30.58	32.80	37.70
16	23.54	26.30	28.85	32.00	34.27	39.25
17	24.77	27.59	30.19	33.41	35.72	40.79
18	25.99	28.87	31.53	34.81	37.16	42.31
19	27.20	30.14	32.85	36.19	38.58	43.82
20	28.41	31.41	34.17	37.57	40.00	45.31
21	29.62	32.67	35.48	38.93	41.40	46.80
22	30.81	33.92	36.78	40.29	42.80	48.27
23	32.01	35.17	38.08	41.64	44.18	49.73
24	33.20	36.42	39.36	42.98	45.56	51.18
25	34.38	37.65	40.65	44.31	46.93	52.62
26	35.56	38.89	41.92	45.64	48.29	54.05
27	36.74	40.11	43.19	46.96	49.64	55.48
28	37.92	41.34	44.46	48.28	50.99	56.89
29	39.09	42.56	45.72	49.59	52.34	58.30
30	40.26	43.77	46.98	50.89	53.67	59.70
35	46.06	49.80	53.20	57.34	60.27	66.62
40	51.81	55.76	59.34	63.69	66.77	73.40
50	63.17	67.50	71.42	76.15	79.49	86.66
60	74.40	79.08	83.30	88.38	91.95	99.61
70	85.53	90.53	95.02	100.43	104.21	112.32
80	96.58	101.88	106.63	112.33	116.32	124.84
90	107.57	113.15	118.14	124.12	128.30	137.21
100	118.50	124.34	129.56	135.81	140.17	149.45
200	226.02	233.99	241.06	249.45	255.26	267.54
500	540.93	553.13	563.85	576.49	585.21	603.45
1,000	1,057.72	1,074.68	1,089.53	1,106.97	1,118.95	1,143.92

	左側 α					
df	.1	.05	.025	.01	.005	.001
1	.02	.00	.00	.00	.00	.00
2	.21	.10	.05	.02	.01	.00
3	.58	.35	.22	.11	.07	.02
4	1.06	.71	.48	.30	.21	.09
5	1.61	1.15	.83	.55	.41	.21
6	2.20	1.64	1.24	.87	.68	.38
7	2.83	2.17	1.69	1.24	.99	.60
8	3.49	2.73	2.18	1.65	1.34	.86
9	4.17	3.33	2.70	2.09	1.73	1.15
10	4.87	3.94	3.25	2.56	2.16	1.48
11	5.58	4.57	3.82	3.05	2.60	1.83
12	6.30	5.23	4.40	3.57	3.07	2.21
13	7.04	5.89	5.01	4.11	3.57	2.62
14	7.79	6.57	5.63	4.66	4.07	3.04
15	8.55	7.26	6.26	5.23	4.60	3.48
16	9.31	7.96	6.91	5.81	5.14	3.94
17	10.09	8.67	7.56	6.41	5.70	4.42
18	10.86	9.39	8.23	7.01	6.26	4.90
19	11.65	10.12	8.91	7.63	6.84	5.41
20	12.44	10.85	9.59	8.26	7.43	5.92
21	13.24	11.59	10.28	8.90	8.03	6.45
22	14.04	12.34	10.98	9.54	8.64	6.98
23	14.85	13.09	11.69	10.20	9.26	7.53
24	15.66	13.85	12.40	10.86	9.89	8.08
25	16.47	14.61	13.12	11.52	10.52	8.65
26	17.29	15.38	13.84	12.20	11.16	9.22
27	18.11	16.15	14.57	12.88	11.81	9.80
28	18.94	16.93	15.31	13.56	12.46	10.39
29	19.77	17.71	16.05	14.26	13.12	10.99
30	20.60	18.49	16.79	14.95	13.79	11.59
35	24.80	22.47	20.57	18.51	17.19	14.69
40	29.05	26.51	24.43	22.16	20.71	17.92
50	37.69	34.76	32.36	29.71	27.99	24.67
60	46.46	43.19	40.48	37.48	35.53	31.74
70	55.33	51.74	48.76	45.44	43.28	39.04
80	64.28	60.39	57.15	53.54	51.17	46.52
90	73.29	69.13	65.65	61.75	59.20	54.16
100	82.36	77.93	74.22	70.06	67.33	61.92
200	174.84	168.28	162.73	156.43	152.24	143.84
500	459.93	449.15	439.94	429.39	422.30	407.95
1,000	943.13	927.59	914.26	898.91	888.56	867.48

參考文獻

中文部分

1 余民寧 (2006)。潛在變項模式：SIMPLIS 的應用。臺北：高等教育。

2 余民寧 (2009)。試題反應理論(IRT)及其應用。臺北：心理出版社。

3 邱皓政 (2007)。斷裂時代中的量化研究：統計方法學的興起與未來。αβγ 量化研究學刊，1(1)，1-34。

4 邱皓政 (2011)。結構方程模式：LISREL/SIMPLIS 的原理與應用（第二版）。臺北：雙葉書廊。

5 邱皓政 (2017)。多層次模式與縱貫資料分析：Mplus8 解析應用。臺北：五南圖書公司。

6 邱皓政 (2019)。量化研究法(一)：研究設計與資料處理 (第二版)。臺北：雙葉書廊。

7 邱皓政 (2020)。貝氏統計：原理與應用。臺北：雙葉書廊。

8 邱皓政 (2021)。量化研究法(二)：統計原理與分析技術 (二版增修版)。臺北：雙葉書廊。

9 邱皓政、周怡君、林碧芳 (2010)。工作特徵量表信效度衡鑑與工作結構潛在類別分析。測驗學刊，57(1)，139-179。

10 曾明基 (2019)。縱貫性網路使用行為對學業成就的影響：潛藏轉移模型分析取向。教育科學研究期刊，64(4), 31-59。

11 曾明基、邱皓政 (2015)。研究生評鑑教師教學的結果真的可以與大學生一起比較嗎？多群組混合 MIMIC-DIF 分析。測驗學刊，62(1)，1-24。

12 楊志堅、吳齊殷 (2001)。潛藏轉移模式在社會縱貫研究之應用：以青少年暴力行為發展研究為例。調查研究，9，5-33。

外文部分

1 Agresti, A. (1994). Simple capture-recapture models permitting unequal catchability and variable sampling effort. *Biometrics, 50*, 494-500.

2 Agresti, A. (2002). *Categorical data analysis* (2nd Ed.). New York: Wiley.

3 Akaike, H. (1973). Information theory and an extension of the maximum likelihood principle. In B. N. Petrov & F. Csaki (Eds.), *Second international symposium on information theory.* Budapest: Akademiai Kiado.

4 Akaike, H. (1974). A new look at the statistical identification model. *IEEE Transmission Auto Control, 19*, 716–723.

5 Akaike, H. (1987). Factor analysis and AIC. *Psychometrika, 52*, 317-322.

6 Andrews, R. L., & Currim, I. S. (2003). Retention of latent segments in regression-based marketing models. *International Journal of Research in Marketing, 20*, 315-321.

7 Andrews, R. L., & Currim, I. S. (2003). A Comparison of segment retention criteria for finite mixture logit models. *Journal of Marketing Research, 40*, 235-243.

8 Arminger, G., Stein, P., & Wittenberg, J. (1999). Mixtures of conditional mean- and covariance-structure models, *Psychometrika, 64*(4), 475-494.

9 Asparouhov, T., & Muthén, B. (2014). Auxiliary variables in mixture modeling: Three-step approaches using Mplus. *Structural Equation Modeling, 21,* 329–341.

10 Asparouhov, T., & Muthén, B. (2010). *Bayesian analysis of latent variable models using Mplus. Technical report.* Los Angeles, CA: Muthén & Muthén.

11 Asparouhov, T., & Muthén, B. (2011). Using Bayesian priors for more flexible latent class analysis. *Proceeding of Joint Statistical Meeting*, 4979–4993.

12 Asparouhov, T. & Muthén, B. (2018). *Variable-specific entropy contribution.* https://www.statmodel.com/download/ UnivariateEntropy.pdf

13 Asparouhov, T., & Muthén, B. (2021). Advances in Bayesian model fit evaluation for structural equation modeling. *Structural Equation Modeling, 28*, 1-14.

14 Asparouhov, T., & Muthén, B. (2012). *Using Mplus TECH11 and TECH14 to test the number of latent classes.* Mplus Web Notes 14. Retrieved from statmodel.com/examples/webnotes/ webnote14.pdf

15 Bacci, S., Pandolfi, S. & Pennoni, F. (2014). A comparison of some criteria for states selection in the latent Markov model for longitudinal data. *Advances in Data Analysis and Classification, 8*, 125-145.

16 Bacher, J. (2000). A Probabilistic Clustering Model for Variables of Mixed Type. *Quality & Quantity, 34*(3), 223-235.

17 Bakk, Z., & Kuha, J. (2018). Two-step estimation of models between latent classes and external variables. *Psychometrika, 83*, 871-892.

18 Bakk, Z., & Vermunt, J. K. (2016). Robustness of stepwise latent class modeling with continuous distal outcomes. *Structural Equation Modeling: A Multidisciplinary Journal, 23*, 20–31.

19 Bakk, Z., Oberski, D. L., & Vermunt, J. K. (2014). Relating latent class assignments to external variables: Standard errors for correct inference. *Political Analysis, 22*, 520–540.

20 Bakk, Z., Tekle, F. B., & Vermunt, J. K. (2013). Estimating the association between latent class membership and external variables using bias adjusted three-step approaches. In T.F. Liao (ed.), *Sociological Methodology*. Thousand Oake, CA: SAGE publications.

21 Bandeen-Roche, K., Miglioretti, D. L., Zeger, S. L., & Rathouz, P. J. (1997). Latent variable regression for multiple discrete outcomes. *Journal of the American Statistical Association, 92*, 1375-1386.

22 Banfield, J. D., & Raftery, A E. (1993). Model-based Gaussian and non-Gaussian clustering. *Biometrics, 49,* 803-821.

23 Bartolucci, F., Montanari, G. E., & Pandolfi, S. (2014). A comparison of some estimation methods for latent Markov models with covariates. In *Proceedings of COMPSTAT 2014— 21st International Conference on Computational Statistics* (pp. 531–538).

24 Bauer, D. B., & Curran, P. J. (2003). Distributional assumptions of growth mixture models: Implications for overextraction of latent trajectory classes. *Psychological Methods*, 8, 338–363.

25 Baum, L. E., Petrie, T., Soules, G. W., & Weiss, N. (1970). A maximization technique occurring in the statistical analysis of probabilistic functions of Markov chains. *Annals of Mathematical Statistics, 41*, 164-171.

26 Becker, J.-M., Rai, A., Ringle, C., & Völckner, F. (2013). Discovering unobserved heterogeneity in structural equation models to avert validity threats. *MIS Quarterly, 37*, 665-694.

27 Benaglia, T., Chauveau, D., Hunter, D. R., & Young, D. (2009). Mixtools: An R package for analyzing finite mixture models. *Journal of Statistical Software, 32*(6), 1-29.

28 Bensmail, H., Celeux, G., Raftery, A. E., & Robert, C. P. (1997). Inference in model-based cluster analysis. *Statistics and Computing, 7*, 1-10.

29 Bergman, L., & Magnusson, D. (1997). A person-oriented approach in research on developmental psychopathology. *Development and Psychopathology, 9*(2), 291-319.

30 Berlin, K. S., Williams, N. A., & Parra, G. R. (2014). An introduction to latent variable mixture modeling (part 1): Overview and cross-sectional latent class and latent profile analyses. *Journal of Pediatric Psychology, 39*(2), 174–187.

31 Biernacki, C., & Govaert, G. (1997). Using the classification likelihood to choose the number of clusters. *Computing Science and Statistics, 29*:451–457

32 Bijmolt, T. H., Paas, L. J., & Vermunt , J. K. (2004). Country and consumer segmentation: Multi-level latent class analysis of financial product ownership. *International Journal of Research in Marketing, 21*, 323-340

33 Boker, S. M., Maes, H. H., Spiegel, M., Brick, T. R., Bates, T. C., ... Kirkpatrick, R. M. (2018). *OpenMx user guide (release 2)*. Retrieved fromhttps://vipbg.vcu.edu/vipbg/OpenMx2/docs//OpenMx/latest/OpenMxUserGuide.pdf

34 Bolck, A., Croon, M., & Hagenaars, J. (2004). Estimating latent structure models with categorical variables: One-step versus three-step estimators. *Political Analysis*, *12*, 3–27.

35 Bollen, K. A. (1989). *Structural equation modeling with latent variables*. New York: John Wiley.

36 Bollen, K. A. (2002). Latent variables in psychology and the social sciences. *Annual Review of Psychology, 53, 605-634.*

37 Bozdogan, H. (1987). Model selection and Akaike's information criterion (AIC): The general theory and its analytical extensions. *Psychometrika, 52*, 345-370.

38 Bray, B. C., Lanza, S. T., & Tan, X. (2015). Eliminating bias in classify analyze approaches for latent class analysis. *Structural Equation Modeling, 22*, 1–11.

39 Burt, R. S. (1976). Interpretational confounding of unobserved variables in structural equation models. *Sociological Methods & Research*, *5*, 3–52.

40 Bye, B., & Schechter, E. (1986). A latent Markov model approach to the estimation of response error in multiwave panel data. *Journal of the American Statistical Association, 81*(394), 375–380.

41 Byrne, B. M., Shavelson, R. J., & Muthén, B. (1989). Testing for the equivalence of factor covariance and mean structures: The issue of partial measurement invariance. *Psychological Bulletin, 105*(3): 456–66.

42 Camilleri, L. (2009). Bias of standard errors in latent class model applications using Newton-Raphson and EM algorithms. *Journal of Advanced Computational Intelligence and Intelligent Informatics, 13*, 537-541.

43 Campion, E. D., & Csillag, B. (2022). Multiple jobholding motivations and experiences: A typology and latent profile analysis. *Journal of Applied Psychology, 107*(8): 1261-1287.

44 Celeux, G., & Soromenho, G. (1996) An entropy criterion for assessing the number of clusters in a mixture model. *Journal of Classification, 13*: 195–212

45 Celeux, G., Hurn, M., & Robert, C. P. (2000) Computational and inferential difficulties with mixture posterior distributions. *Journal of the American Statistical Association, 95,* 957-970.

46 Cheeseman, P., & Stutz, J. (1995). Bayesian classification (Autoclass): Theory and results. In Fayyad, U., Piatesky-Shapiro, G., Smyth, P., and Uthurusamy, R., editors, *Advances in Knowledge Discovery and Data Mining*, pages 153-180. AAAI Press, Menlo Park, CA.

47 Chen, F. F. (2007). Sensitivity of goodness of fit indexes to lack of measurement invariance. *Structural Equation Modeling, 14*: 464-504.

48 Chen, H., Han, L., & Lim, A. (2022). Beyond the EM algorithm: constrained optimization methods for latent class model. *Communications in Statistics-Simulation and Computation, 51*(9), 5222-5244.

49 Cheung, G. W., & Rensvold, R. B. (2002). Evaluating goodness-of-fit indexes for testing measurement invariance. *Structural Equation Modeling 9*: 233-255.

50 Chung, H., Lanza, S. T., & Loken, E. (2008). Latent transition analysis: Inference and estimation. *Statistics in Medicine, 27*(11), 1834-1854.

51 Chung, H., Loken, E., & Schafer, J.L. (2004). Difficulties in drawing inferences with finite-mixture models. *The American Statistician, 58*, 152 - 158.

52 Clark, S., & Muthén, B. (2009). *Relating latent class analysis results to variables not included in the analysis*. Retrieved from https://www.statmodel.com/download/relatinglca.pdf

53 Clogg, C. C. (1979). Some latent structure models for the analysis of Likert-type data. *Social Science Research, 8*, 287-301.

54 Clogg, C. C. (1981). New developments in latent structure analysis. In D. J. Jackson & E. F. Borgotta (Eds.), *Factor analysis and measurement in sociological research*. London: Sage.

55 Clogg, C. C. (1984). Some statistical models for analyzing why surveys disagree. In C. F. Turner and E. Margin (Eds.), *Surveying subjective phenomena* (Vol. 2, pp. 319–366). New York: Russell Sage Foundation.

56 Clogg, C. C. (1988). Latent class models for measuring. In R. Langeheine and J. Rost (Eds.), *Latent Trait and Latent Class Models* (pp. 173-205), New York: Plenum.

57 Clogg, C. C. (1995). Latent class models. In G. Arminger C. C. Clogg M. E. Sobel (Eds.), *Handbook of statistical modeling for the social and behavioral sciences* (pp. 311-359). New York: Plenum Press.

58 Clogg, C. C., & Goodman, L. A. (1984). Latent structure analysis of a set of multidimensional contingency tables. *Journal of the American Statistical Association, 79*, 762–771.

59 Clogg, C. C., & Goodman, L. A. (1985). Simultaneous latent structure analysis in several groups. In N. B. Tuma (Ed.), *Sociological methodology* (pp. 81–110). San Francisco: Jossey-Bass.

60 Clogg, C. C., & Goodman, L. A. (1986). On scaling models applied to data from several groups. *Psychometrika, 51*, 123–135.

61 Cole, D. A., Martin. N. C., & Steiger, J. H. (2005). Empirical and conceptual problems with longitudinal trait-state models: Introducing a trait-state-occasion model. *Psychological Methods, 10*(1), 3–20.

62 Collier, Z. K., & Leite, W. L. (2017). A comparison of three-step approaches for auxiliary variables in latent class and latent profile analysis. *Structural Equation Modeling: A Multidisciplinary Journal, 24*, 819–830.

63 Collins, L. M., & Flaherty, B. P. (2002). Latent class models for longitudinal data. In J. A. Hagenaars & A. L. McCutcheon (Eds.), *Applied latent class analysis* (pp. 287–303). Cambridge, England: Cambridge University Press.

64 Collins, L. M., & Lanza, S. T. (2009). *Latent class and latent transition analysis: With applications in the social, behavioral, and health sciences.* Hoboken, NJ: Wiley.

65 Collins, L. M., & Wugalter, S. E. (1992). Latent class models for stage sequential dynamic latent variables. *Multivariate Behavioral Research, 27*(1), 131–157.

66 Collins, L. M., Hyatt, S. L., & Graham, J. W. (2000). LTA as a way of testing models of stage-sequential change in longitudinal data. In T. D. Little, K. U. Schnabel, & J. Baumert (Eds.), *Modeling longitudinal and multiple-group data: Practical issues, applied approaches, and specific examples* (pp. 147–161). Hillsdale, NJ: Erlbaum.

67 Collins, L. M., Lanza, S. T., & Schafer, J. L. (2002). *WinLTA user's guide for data augmentation* [Computer software manual]. University Park, PA: Pennsylvania State University, The Methodology Center.

68 Dayton, C. M. (1991). Educational applications of latent class analysis. *Measurement and Evaluation in Counseling and Development, 24*, 131-141

69 Dayton, C. M., & Macready, G. B. (1988). Concomitant-variable latent class models. *Journal of the American Statistical Association, 83*, 173–178.

70 Dayton, C. M., & Macready, G. B. (2002). Use of categorical and continuous covariates in latent class analysis. In McCutcheon A and Hagenaars J (eds.), *Advances in Latent Class Modeling,* NY: Cambridge University Press.

71 Dayton, C. M., & Macready, G. B. (2007). Latent class analysis in psychometrics. In C. R. Rao & S. Sinharay, *Handbook of Statistics (Vol. 26): Psychometrics* (Eds.). Amsterdam: North Holland.

72 Davier, M., & Lee, Y. S. (2019). *Handbook of diagnostic classification models: Models and model extensions, applications, software packages.* New York: Springer.

73 De Boeck, P., Wilson, M., & Acton, G. S. (2005). A conceptual and psychometric framework for distinguishing categories and dimensions. *Psychological Review, 112*, 129–158.

74 Dempster, A. P., Laird, N. M., Rubin, D. B. (1977). Maximum likelihood from incomplete data via the EM algorithm. *Journal of the Royal Statistical Society, Series B 39*, 1–38

75 Dillon, W. R., & Mulani, N. (1984). Probabilistic Latent Class Model for Assessing Inter-Judge Reliability. *Multivariate Behavioral Research, 19*, 438-458.

76 Dolan, C., & van der Maas, H. (1998). Fitting multivariage normal finite mixtures subject to structural equation modeling. *Psychometrika, 63*:3, 227-253.

77 Dolan, C., Schmittmann, V. D., Lubke, G. H., & Neale, M. C. (2005). Regime switching in the latent growth curve mixture model. *Structural Equation Modeling, 12,* 94–119.

78 Eid, M., & Langeheine, R. (2003). Separating stable from variable individuals in longitudinal studies by mixture distribution models. *Measurement: Interdisciplinary Research and Perspectives, 1*(3), 179–206.

79 Eid, M., Holtmann, J., Santangelo, P., & Ebner-Priemer, U. (2017). On the definition of latent-state-trait models with autoregressive effects. *European Journal of Psychological Assessment, 33*(4), 285–295.

80 Eshima, N. (2022). *An introduction to latent class analysis: Methods and applications.* Springer, Cham.

81 Espeland, M. A., & Handelman, S. L. (1989). Using latent class models to characterize and assess relative error in discrete measurements. *Biometrics, 45,* 587-99.

82 Everitt, B. S. (1993). *Cluster analysis.* 3rd ed. Hoboken, NJ: John Wiley & Sons.

83 Everitt, B. S., & Hand, D. J. (1981). *Finite mixture distributions.* Chapman and Hall, London.

84 Ferguson, S. L., Moore, W. G., & Hull, D. M. (2020). Finding latent groups in observed data: A primer on latent profile analysis in Mplus for applied researchers. *International Journal of Behavioral Development, 44*(5) 458–468.

85 Garrett, E. S., & Zeger, S. L. (2000). Latent class model diagnosis. *Biometrics, 56*(4):1055-67.

86 Gelman, A., Carlin, J. B., & Stern, H. S. (2013). *Bayesian data analysis* (3rd ed.). Boca Raton, FL: CRC Press.

87 Gelman, A., Meng, X. L., & Stern, H. S. (1996). Posterior predictive assessment of model fitness via realized discrepancies. *Statistica Sinica, 6,* 733-807.

88 Gibson, W. A. (1959). Three multivariate models: Factor analysis, latent structure analysis, and latent profile analysis. *Psychometrika, 24,* 229-252.

89 Goodman, L. A. (1974). The analysis of systems of qualitative variables when some of the variables are unobservable: Part I-A modified latent structure approach. *American Journal of Sociology, 79,* 1179–1259.

90 Goodman, L. A. (1974). Exploratory latent structure analysis using both identifiable and unidentifiable models. *Biometrika, 61,* 215–231.

91 Goodman, L. A. (2002). Latent class analysis: The empirical study of latent types, latent variables, and latent structures. In J.A. Hagenaars and A.L. McCutcheon (eds.)(pp. 3-55), *Applied Latent Class Analysis.* New York: Cambridge University Press.

92 Grego, J. M. (1993). PRASCH: A Fortran program for latent class polychromous response Rasch models. *Applied Psychological Measurement, 17,* 238.

93 Grimm, K. J., Houpt R., & Rodgers, D. (2021). Model fit and comparison in finite mixture models: A review and a novel approach. *Frontier in Education, 6*: 613645.

94 Grimm, K. J., Mazza, G. L., & Davoudzadeh, P. (2017). Model selection in finite mixture models: a k-fold cross-validation approach. *Structural Equation Model, 24,* 246–256.

95 Haberman, S.J. (1979). *Analysis of qualitative data,* Vol 2, New Developments.

96 Hagenaars, J. A. (1988). Latent structure models with direct effects between indicators: Local dependence models. *Sociological Methods and Research, 16,* 379-405.

97 Hagenaars, J. A. (1988). LCAG: Loglinear modeling with latent variables: A modified LISREL approach. In W. E. Saris & I. N. Gallhofer (Eds.), *Sociometric research: Volume 2. Data analysis* (pp. 111-130). London, England: Macmillan.

98 Hagenaars, J. A. (1993). *Loglinear models with latent variables.* . Thousand Oaks, CA: Sage.

99 Hagenaars, J. A., & McCutcheon, A. L. (2002). *Applied Latent Class Analysis* (Eds.). NY: Cambridge University Press.

100 Han, J., Zhang, L., Car, R., & Weinan, E, (2018). Deep Potential: a general representation of a many-body potential energy surface, *Communications in Computational Physics, 23*, 629–639.

101 Heckman, J. J. (2001). Micro data, heterogeneity, and the evaluation of policy: Nobel Lecture," *Journal of Political Economy, 109*, 673–748.

102 Heinen, T. (1996). *Latent class and discrete latent trait models: Similarities and differences.* Thousand Oaks, CA: Sage.

103 Hogg, R. V., Mckean, J. W., & Craig, A. T. (2020). *Introduction to Mathematical Statistics*, 8th Ed., Pearson, Inc.

104 Hoijtink, H. (1998). Constrained Latent Class Analysis Using the Gibbs Sampler and Posterior Predictive P-values: Applications to Educational Testing. *Statistica Sinica, 8*, 691-711.

105 Holland, P. W., & Wainer, H. (1993). *Differential item functioning.* New York: Routledge.

106 Hu, L., & Bentler, P. M. (1998). Fit indices in covariance structure modeling: Sensitivity to underparameterized misspecification. *Psychological Methods* 3:424

107 Huber, P. J. (1967). *The behavior of maximum likelihood estimation under nonstandard conditions.* Proceedings of the Fifth Berkeley Symposium on Mathematical Statistics and Probability, 1, LeCam, L. M. and Neyman, J. editors. University of California Press, pp. 221–233.

108 Humphreys, K., & Janson, H. (2000). Latent transition analysis with covariates, nonresponse, summary statistics, and diagnostics. *Multivariate Behavioral Research, 35*, 89–118.

109 Humphreys, K., Skinner, C. J., Pol, F., & Langeheine, R. (1994). Panmark: Panel Analysis Using Markov Chains, Version 2.2.6, *Journal of the Royal Statistical Society Series C: Applied Statistics, 43*, Issue 2, 415–417,

110 Hurvich, C. M., & Tsai, C. (1989). Regression and time series model selection in small samples. *Biometrika, 76*, 297-307.

111 Jasra, A., Holmes, C. C., & Stephens, D. A. (2005). Markov Chain Monte Carlo methods and the label switching problem in Bayesian mixture modeling. *Statistical Science, 20*, 50-67.

112 Jedidi, K., Jagpal, H. S., & DeSarbo, W. S. (1997). Finite-mixture structural equation models for response-based segmentation and unobserved heterogeneity, *Marketing Science,* 16:1, 39-59.

113 Jeffreys, H. (1961). *Theory of Probability*, third edition. Oxford University Press.

114 Jones, B. L., Nagin, D. S., & Roeder, K. (2001). A SAS procedure based on mixture models for estimating developmental trajectories. *Sociological Methods & Research, 29*(3), 374–393.

115 Jöreskog, K. G. (1967). Some contributions to maximum likelihood factor analysis. *Psychometrika, 32*, 443-482.

116 Jöreskog, K. G. (1969). A general approach to confirmatory maximum likelihood factor analysis. *Psychometrika, 34*(2), 183-202.

117 Kass, R. E., & Raftery, A. (1995). Bayes factors. *Journal of the American Statistical Association, 90*(430), 773–795.

118 Kenny, D. A., & Zautra, A. (1995). The trait-state-error model for Multiwave data. *Journal of Consulting and Clinical Psychology, 63*(1), 52-59.

119 Kolmogorov, A. N. (1956). *Probability theory in Mathematics: Its contents, methods, and meaning* (Vol 2), Academy of Sciences USSR.

120 Komatsu, L. U. (1992). Recent views of conceptual structure. *Psychological Bulletin, 112,* 500–526.

121 Langeheine, R., & van de Pol, F. (1994). Discrete-time mixed Markov latent class models. In A. Dale & R. B. Davies (Eds.), *Analyzing social and political change. A casebook of methods* (pp. 170-197). London: Sage.

122 Langeheine, R., & van de Pol, F. (2002). Latent Markov chains. In J. A. Hagenaars & A. L. McCutcheon (Eds.), *Applied latent class analysis* (pp. 304–341). Cambridge University Press.

123 Langeheine, R., F., & van de Pol, A. (1990). Unifying Framework for Markov Modeling in Discrete Space and Discrete Time. *Sociological Methods and Research, 18,* 3.

124 Lanza S. T., Tan X., & Bray B. C. (2013). Latent class analysis with distal outcomes: A flexible model-based approach. *Structural Equation Modeling, 20,* 1-26.

125 Lanza, S. T., Dziak, J. J., Huang, L., Wagner, A. T., & Collins, L. M. (2015). *Proc LCA & Proc LTA users' guide* (Version 1.3.2). University Park: The Methodology Center, Penn State. Available from methodology.psu.edu.

126 Lanza, S. T., Flaherty, B. P., & Collins, L. M. (2003). Latent class and latent transition analysis. In J. A. Schinka & W. F. Velicer (Eds.), *Handbook of psychology: Vol. 2. Research methods in psychology* (pp. 663–685). Hoboken, NJ: Wiley.

127 Lanza, S., Lemmon, D., Schafer, J., & Collins, L. (2007). *Proc LCA & Proc LTA user's guide.* University Park, PA.

128 Lanza, S. T., & Collins, L. M. (2002). Pubertal timing and the onset of substance use in females during early adolescence. *Prevention Science, 3,* 69–82.

129 Lanza, S. T., Collins, L. M., Schafer, J. L., & Flaherty, B. P. (2005). Using data augmentation to obtain standard errors and conduct hypothesis tests in latent class and latent transition analysis. *Psychological Methods, 10,* 84-100.

130 Larntz, K. (1978). Small-sample comparisons of exact levels for chi-squared goodness-of-fit statistics. *Journal of the American Statistical Association, 73,* 253-263.

131 Lazarsfeld, P. F., & Henry, N. W. (1968), *Latent Structure Analysis*, Boston: Houghton Mifflin.

132 Leisch, F. (2004). FlexMix: A general framework for finite mixture models and latent class regression in r. *Journal of Statistical Software, 11*(8), 1-18.

133 Lin, T. H., & Dayton, C. M. (1997). Model selection information criteria for non-nested latent class models. *Journal of Educational and Behavioral Statistics, 22*(3), 249-264.

134 Lo, Y., Mendell, N., & Rubin, D. (2001). Testing the number of components in a normal mixture. *Biometrika, 88,* 767-778.

135 Love, H. A., & Durtschi, J. A. (2021). Suicidal ideation and behaviors in young adults: A latent profile analysis. *Journal of Family Psychology, 35*(3):345-355.

136 Lubke, G. H., & Campbell, I. (2016). Inference based on the best-fitting model can contribute to the replication crisis: assessing model selection uncertainty using a bootstrap approach. *Structural Equation Modeling, 23*, 479-490.

137 Lubke, G. H., & Muthén, B. (2005). Investigating population heterogeneity with factor mixture models. *Psychological Methods, 10*(1), 21-39.

138 Lubke, G., & Neale, M. C. (2006). Distinguishing between latent classes and continuous factors: Resolution by maximum likelihood? *Multivariate Behavioral Research, 41*:4, 499-532.

139 Markon, K. E., & Krueger, R. F. (2006). Information-theoretic latent distribution modeling: Distinguishing discrete and continuous latent variable models. *Psychological Methods, 11*(3), 228-243.

140 Masyn, K. E. (2013). Latent class analysis and finite mixture modeling. In T. D. Little (Ed.), *The Oxford handbook of quantitative methods: Statistical analysis* (pp. 551–611). Oxford University Press.

141 Masyn, K. E., Henderson, C. E., & Greenbaum, P. E. (2010), Exploring the latent structures of psychological constructs in social development using the dimensional-categorical Spectrum. *Social Development, 19*(3), 470-493.

142 McArdle, J. J., Ferrer-Caja, E., Hamagami, F., & Woodcock, R. W. (2002). Comparative longitudinal structural analyses of the growth and decline of multiple intellectual abilities over the life span. *Developmental Psychology, 38,* 115–142.

143 McCutcheon, A. L. (1987). *Latent class analysis.* Newbury Park, CA: Sage.

144 McCutcheon, A. L. (2002). Basic Concepts and Procedures in Single and Multiple Group Latent Class Analysis. In J.A. Hagenaars and A.L. McCutcheon (eds.) *Applied Latent Class Analysis* (pp. 56-88). NY: Cambridge University Press.

145 McLachlan, G. J., & Basford, K. E. (1988). *Mixture Models: Inference and Applications to Clustering.* New York, NY: M. Dekker.

146 McLachlan, G. J., & Krishnan, T. (1997). *The EM algorithm and extensions.* New York: John Wiley & Sons.

147 McLachlan, G., & Peel, D. (2000). *Finite Mixture Models.* New York: John Wiley.

148 Medin, D. L., & Coley, J. D. (1998). Concepts and categorization. In J. Hochberg & J. E. Cutting (Eds.), *Perception and cognition at century's end: Handbook of perception and cognitio*n (pp. 403–439). San Diego, CA: Academic Press.

149 Medin, D. L., & Schaffer, M. M. (1978). Context theory of classification learning. *Psychological Review, 85*, 207–238.

150 Meehl, P. E. (2004). What's in a taxon? *Journal of Abnormal Psychology, 113*, 39–43.

151 Meehl, P. E., & Yonce, L. J. (1994). Taxometric analysis: I. Detecting taxonicity with two quantitative indicators using means above and means below a sliding cut (MAMBAC procedure). *Psychological Reports, 74*, 1059–1274.

152 Meredith, W. (1964). Notes on factorial invariance. *Psychometrika, 29*, 177–85.

153 Meredith, W. (1993). Measurement invariance, factor analysis, and factorial invariance. *Psychometrika, 58*, 525–543.

154 Meyer, J. P., & Morin, A. J. S. (2016). A person-centered approach to commitment research: Theory, research, and methodology. *Journal of Organizational Behavior, 37*, 584–612.

155 Murphy, G. L. (2002). *The big book of concepts.* Boston: MIT Press.

156 Murphy, G. L., & Medin, D. L. (1985). The role of theories in conceptual coherence. *Psychological review, 92*(3), 289-316 .

157 Muthén, B. (2008). Latent variable hybrids: Overview of old and new models. In Hancock, G. R., & Samuelsen, K. M. (Eds.), *Advances in latent variable mixture models*, pp. 1-24. Charlotte, NC: Information Age Publishing, Inc.

158 Muthén, B., & Asparouhov, T. (2018). Recent methods for the study of measurement invariance with many groups: Alignment and random effects. *Sociological Methods & Research, 47*(4), 637–664.

159 Muthén, B., & Asparouhov, T. (2022). Latent transition analysis with random intercepts (RI-LTA). *Psychological Methods, 27*(1), 1-16.

160 Muthén, L. K., & Muthén, B. O. (2019). *Mplus user's guide* (8th ed.) [Computer software and manual]. Los Angeles, CA: Muthén & Muthén.

161 Nagin, D. S. (2005). *Group-based modeling of development.* Cambridge: Harvard University Press.

162 Neale, M. C., Hunter, M. D., Pritikin, J. N., Zahery, M., Brick, T. R., Kirkpatrick, R. M., ...Boker, S. M. (2016). OpenMx 2.0: Extended structural equation and statistical modeling. *Psychometrika, 81*(2), 535–549.

163 Neuman, R. J., Todd, R. D., Heath, A. C., Reich, W., Hudziak, J. J., Bucholz, K. K., et al. (1999). Evaluation of ADHD typol[1]ogy in three contrasting samples: A latent class approach. *Journal of the American Academy of Child and Adolescent Psychiatry, 38*, 25–33.

164 Nielsen, J. D., Rosenthal, J. S., Sun, Y., Day, D. M., Bevc, I., & Duchesne, T. (2014). Group based criminal trajectory analysis using cross-validation criteria. *Communications in Statistics - Theory and Methods, 43*(20), 4337–4356. https

165 Norris, L. N., & Pollock, K. H. (1996). Nonparametric MLE under two closed capture-recapture models with heterogeneity. *Biometrics, 52*, 639-649.

166 Nosofsky, R. M., & Palmeri, J. J. (1997). An exemplar-based random walk model of speeded classification. *Psychological Review, 104*, 266–300.

167 Nylund, K. L., Asparouhov, T., & Muthén, B. (2007). Deciding on the number of classes in latent class analysis and growth mixture modeling: A Monte Carlo simulation study. *Structural equation modeling, 14*, 535-569.

168 Nylund-Gibson, K., & Choi, A. Y. (2018). Ten frequently asked questions about latent class analysis. *Translational Issues in Psychological Science, 4*(4), 440-461.

169 Nylund-Gibson, K., Garber, A. C., Carter, D. B., Chan, M., Arch, D. A. N., Simon, O., Whaling, K., Tartt, E., & Lawrie, S. I. (2022). Ten frequently asked questions about latent transition analysis. *Psychological Methods*. Advance online publication.

170 Oberski, D. L. (2014). Evaluating sensitivity of parameters of interest to measurement invariance in latent variable models. *Political Analysis 22*: 45-60.

171 Oberski, D. L., Vermunt, J., & Moors, G. (2017). Evaluating measurement invariance in categorical data latent variable models with the EPC-interest. *Political Analysis, 23*(4), 550-563.

172 Pan, J. C., & Hueng, C. H. (2014). Bayesian inferences of latent class models with an unknown number of classes. *Psychometrika. 79*(4), 621-646.

173 Papastamoulis, P. (2016). label.switching: An R package for dealing with the label switching problem in MCMC outputs. *Journal of Statistical Software, 69*(1), 1-24.

174 Petras, H., & Masyn, K.E. (2010). General growth mixture analysis with antecedents and consequences of change. In: Piquero A, Weisburd D (eds) *Handbook of quantitative criminology.* Springer, New York, pp 69–100

175 PROC LCA & PROC LTA (Version 1.3.2) [Software]. (2015). University Park: The Methodology Center, Penn State.

176 Ram, N., & Grimm, K.J. (2009). Methods and Measures: Growth mixture modeling: A method for identifying differences in longitudinal change among unobserved groups. *International Journal of Behavioral Development, 33,* 565 - 576.

177 Ramaswamy, V., Desarbo, W. S., Reibstein, D. J., & Robinson, W. T. (1993). An empirical pooling approach fur estimating marketing mix elasticities with PIMS data. *Marketing Science, 12(1),* 103-124.

178 Reboussin, B., Reboussin, D., Liang, K., & Anthony, J. (1998). Latent transition modeling of progression of health-risk behavior. *Multivariate Behavioral Research, 33,* 457–478.

179 Richardson, S. & Green, P. J. (1997). On Bayesian analysis of mixtures with an unknown number of components. (with discussion) *Journal of the Royal Statistical Society B*, 59, 731–792.

180 Rubin, D. B. (1987). *Multiple imputation for nonresponse in surveys.* New York, NY: Wiley.

181 Rupp, A. A., & Templin, J. L. (2008). Unique characteristics of diagnostic classification models: A comprehensive review of the current state-of-the-art. *Measurement*, 6(4), 219–262.

182 Saris, W. E., Satorra, A., & van der Veld, W. M. (2009). Testing structural equation models or detection of misspecifications? *Structural Equation Modeling, 16*(4), 561-582.

183 Hancock, G. R., & Samuelsen, K. M. (2008). *Advances in latent variable mxture models.* Charlotte, NC: Information Age.

184 Schwarz, G. (1978). Estimating the dimension of a model. *Annals of Statistics, 6*(2), 461-464.

185 Sclove, S. (1987). Application of model-selection criteria to some problems in multivariate analysis. *Psychometrika, 52,* 333-343.

186 Scrucca, L., Fop, M., Murphy, T., & Raftery, A. (2016). Mclust 5: Clustering, classification and density estimation using Gaussian finite mixture models. *The R Journal, 8*(1), 289–317.

187 Smits, T., Storms, G., Rosseel, Y., & De Boeck, P. (2002). Fruits and vegetables categorized: An application of the generalized context model. *Psychonomic Bulletin & Review, 9,* 836–844.

188 Steinley, D., & McDonald, R. P. (2007). Examining factor score distributions to determine the nature of latent spaces, *Multivariate Behavioral Research, 42*(1), 133-156.

189 Stephens, M. (1997) Discussion of the Richardson & Green article. *Journal of the Royal Statistical Society B*, **59**, 768–769.

190 Sterba, S. K. (2013). Understanding linkages among mixture models. *Multivariate Behavioral Research, 48,* 775–815.

191 Stevens, J. (1996). *Applied multivariate statistics for the social sciences* (3re ed.). Mahwah, NJ: Lawrence Erlbaum Associates.

192 Storms, G., De Boeck, P., & Ruts, W. (2000). Prototype and exemplar based information in natural language categories. *Journal of Memory & Language, 42,* 51–73.

193 Uebersax, J. S. (1999). Probit latent class analysis: Conditional independence and conditional dependence models. *Applied Psychological Measurement, 23*, 283-297.

194 van der Nest, G., Lima Passos, V., Candel, M. J. J. M., & van Breuke[1]len, G. J. P. (2020). An overview of mixture modelling for latent evolutions in longitudinal data: Modelling approaches, ft statistics and software. *Advances in Life Course Research. 43*, 100323.

195 Vaziri, H., Casper, W. J., Wayne, J. H., & Matthews, R. A. (2020). Changes to the work–family interface during the COVID-19 pandemic: Examining predictors and implications using latent transition analysis. *Journal of Applied Psychology, 105*(10), 1073–1087.

196 Vermunt, J. K. (1997). *LEM 1.0: A general program for the analysis of categorical data.* Tilburg University.

197 Vermunt, J. K. (2010). Latent class modeling with covariates: Two improved three-step approaches. *Political Analysis, 18*, 450-469.

198 Vermunt, J. K., & Magidson, J. (2002). Latent class cluster analysis. In J. A. Hagenaars and A.L. McCutcheon (eds.)(pp. 89-106), *Applied Latent Class Analysis*. New York: Cambridge University Press.

199 Vermunt, J. K, & Magidson, J. (2005). Hierarchical mixture models for nested data structures. In C. Weihs and W. Gaul (eds), *Classification: The Ubiquitous Challenge*. Heidelberg: Springer.

200 Vermunt, J. K., & Magidson, J. (2020). *Upgrade manual for Latent GOLD 6.0*. Statistical Innovations Inc.

201 Vermunt, J.K., & Magidson, J. (2021). *Upgrade Manual for Latent GOLD Basic, Advanced, Syntax, and Choice Version 6.0*. Arlington, MA: Statistical Innovations Inc.

202 von Davier, M. (1994). *WINMIRA - A Program System for Analyses with the Rasch-Model, with the Latent Class Analysis and with the Mixed-Rasch Model*. IPN Software, Kiel, Germany.

203 Vuong, Q. (1989). Likelihood ratio tests for model selection and non-nested hypotheses. *Econometrica, 57*, 307 - 333.

204 Wagenmakers, E. J. (2007). A practical solution to the pervasive problems of p values. *Psychonomic Bulletin and Review, 14*(5), 779–804.

205 Wald, A. (1943). Tests of statistical hypotheses concerning several parameters when the number of observations is large. *Transactions of the American Mathematical Society, 54*, 426–482.

206 Wang, C. P., Brown, C. H., & Bandeen-Roche, K. (2005). Residual diagnostics for growth mixture models: Examining the impact of preventive intervention on multiple trajectories of aggressive behavior. *Journal of the American Statistical Association, 100* (3), 1054-1076.

207 Wang, M., & Hanges, P. J. (2011). Latent class procedures: Applications to organizational research [Introduction to the special issue]. *Organizational Research Methods, 14*, 24–31.

208 Wasserman, L. (2000). Bayesian model selection and model averaging. *Journal of Mathematical Psychology, 44*(1), 92–107.

209 Watson, D. (2003). Investigating the construct validity of the dissociative taxon: Stability analyses of normal and pathological dissociation. *Journal of Abnormal Psychology, 112*, 298–305.

210 White, H. (1982). Maximum likelihood estimation of misspecified models. *Econometrica, 50*, 1–25.

211 Wiggins, L. M. (1973). *Panel analysis: Latent probability models for attitude and behavior processes.* Jossey-Bass.

212 Wilks, S. S. (1938). The large-sample distribution of the likelihood ratio for testing composite hypotheses. *The Annals of Mathematical Statistics, 9*, 60–62

213 Woo, S. E., Jebb, A. T., Tay, L., & Parrigon, S. (2018). Putting the "Person" in the center: Review and synthesis of person-centered approaches and methods in organizational science. *Organizational Research Methods, 21*(4), 814–845.

214 Xue, Q. L., & Bandeen-Roche, K. (2002). Combining complete multivariate outcomes with incomplete covariate information: A latent class approach. *Biometrics, 58*, 110–120.

215 Yang, C.-C. (1998). *Finite mixture model selection with psychometrics applications.* Ph.D. Dissertation, University of California, Los Angeles, CA.

216 Yang, C.-C. (2006). Evaluating latent class analyses in qualitative phenotype identification. *Computational Statistics & Data Analysis, 50*, 1090–1104.

217 Yang, C.-C., & Yang, C.-C. (2007). Separating latent classes by information criteria. *Journal of Classification, 24*, 183–203.

218 Yoon, M., & Millsap., R. E. (2007). Detecting violations of factorial invariance using data-based specification searches: A Monte Carlo study. *Structural Equation Modeling 14*:435-463

219 Yuan, K. H., Marshall, L. L., & Bentler, P. M. (2003). Assessing the effect of model misspecifications on parameter estimates in structural equation models. *Sociological Methodology, 33*: 241-265.

220 Yung, Y. F. (1997). Finite mixtures in confirmatory factor-analysis models. *Psychometrika*, 62, 297-330.

221 Zachary, K. C., & Leite, W. L. (2017). A comparison of three-step approaches for auxiliary variables in latent class and latent profile analysis, *Structural Equation Modeling, 24*, 819-830.

222 Zhao, Y., & Pesin, Y. (2015). Scaled entropy for dynamical systems. *Journal of Statistical Physics, 158*, 447-475.

索引

中英文

1-6 劃

7-12 劃

13 劃以上

國家圖書館出版品預行編目(CIP)資料

潛在異質性分析：潛在結構模式與進階應用
邱皓政著. -- 初版. -- 臺北市：五南圖書出版股
份有限公司, 2023.05
　面；　公分. --(研究&方法)
ISBN 978-626-366-042-7(平裝)

1.CST: 統計方法 2.CST: 數學模式

511.2　　　　　　　　　　112005938

1H9C

潛在異質性分析：潛在結構模式與進階應用

作　　者 ― 邱皓政

發 行 人 ― 楊榮川

總 經 理 ― 楊士清

總 編 輯 ― 楊秀麗

主　　編 ― 侯家嵐

責任編輯 ― 侯家嵐　吳瑀芳

文字校對 ― 鐘秀雲

封面設計 ― 姚孝慈

出 版 者 ― 五南圖書出版股份有限公司

地　　址：106台北市大安區和平東路二段339號4樓

電　　話：(02)2705-5066　　傳　　真：(02)2706-6100

網　　址：https://www.wunan.com.tw

電子郵件：wunan@wunan.com.tw

劃撥帳號：01068953

戶　　名：五南圖書出版股份有限公司

法律顧問：林勝安律師

出版日期：2023年5月初版一刷

定　　價：新臺幣560元

經典永恆・名著常在

五十週年的獻禮——經典名著文庫

五南，五十年了，半個世紀，人生旅程的一大半，走過來了。

思索著，邁向百年的未來歷程，能為知識界、文化學術界作些什麼？

在速食文化的生態下，有什麼值得讓人雋永品味的？

歷代經典・當今名著，經過時間的洗禮，千錘百鍊，流傳至今，光芒耀人；

不僅使我們能領悟前人的智慧，同時也增深加廣我們思考的深度與視野。

我們決心投入巨資，有計畫的系統梳選，成立「經典名著文庫」，

希望收入古今中外思想性的、充滿睿智與獨見的經典、名著。

這是一項理想性的、永續性的巨大出版工程。

不在意讀者的眾寡，只考慮它的學術價值，力求完整展現先哲思想的軌跡；

為知識界開啟一片智慧之窗，營造一座百花綻放的世界文明公園，

任君遨遊、取菁吸蜜、嘉惠學子！